우리 시대의 회복적 정의

범죄와 정의에 대한 새로운 접근

25주년기념 개정판

우리 시대의 회복적 정의
범죄와 정의에 대한 새로운 접근

지은이	하워드 제어	HOWARD ZEHR
옮긴이	손 진
초판발행	2019년 4월 9일
초판2쇄	2020년 12월 24일

펴낸이	배용하
책임편집	배용하

등록	제364-2008-000013호
펴낸곳	도서출판 대장간
	www.daejanggan.org
등록한곳	충남 논산시 매죽헌로 1176번길 8-54
대표전화	전화 : 041-742-1424 전송 : 0303-0959-1424

분류	회복적정의	갈등해결	사법
ISBN	978-89-7071-471-4 (93360)
CIP제어번호	2019012520

 값 20,000원

여호와는 궁휼이 많으시고

은혜로우시며 노하기를 더디 하시고

인자하심이 풍부하시도다.

자주 경책하지 아니하시며

노를 영원히 품지 아니 하시리로다.

우리의 죄를 따라 우리를 처벌하지는 아니하시며

우리의 죄악을 따라

우리에게 그대로 갚지는 아니하셨으니.

예루살렘 성서 시편 103장 제8절~제10절

편집자 일러두기

· **Restorative Justice**는 기존 사법의 특성을 Retributive Justice^{응보적 사법/정의} 로 규정하였기 때문에 그 대안적 의미로 '**회복적 사법/정의**'로 표기하였음. 국내 법학계에서는 회복적 사법으로 사용되고 있으나, 이 책에서 강조하는 철학적 관점과 패러다임의 측면에서 문맥에 따라 회복적 사법과 회복적 정 의로 번역하였음.

· **Crime**은 **범죄**로 번역하였지만, 범죄를 저지른 사람은 회복적 정의에서 말 하는 범죄의 의미^{관계의 훼손}로 미루어볼 때, 국가가 정한 법을 어긴 범법자나 범죄자란 표현보다 저자가 구분한 **offender** 즉 **가해자**로 표기하였음. 간혹 범죄 가해자 또는 가해자, 범죄인으로 표기한 경우도 있음.

· **Victim-offender reconciliation program**은 **피해자-가해자 대화모임**으로 표기하였는데, 이는 현재 국내에서도 이와 같은 이름으로 회복적 정의사법 프로그램들이 진행되고 있는 현실을 감안하여 혼돈을 막기 위해 통일해서 표기하였음.

· **Mediation**은 **조정**으로 표기하였음. 중재라고도 번역될 수 있으나 분쟁 당 사자들이 직접 문제해결책을 제시하고 결정한다는 측면에서 제3자의 역할^{대 안 제시나 강제성의 결여} 등이 차이가 나기 때문에 조정으로 통일하여 표기하였음.

· **Family Group Conference**는 **가족간대화모임**으로 번역하였는데, 여기서 말하는 Family Group은 직계가족만이 아니라 확장된 의미에서의 가족^{친척이 나 이웃} 등을 지칭함.

· **Circle, Sentencing Circle, Healing Circle**은 **서클, 양형서클, 치유서클**로 표기하였음. 회복적 정의 프로그램으로서의 Circle의 형식과 내용의 의미를 담을 수 있는 말이 쉽지 않기 때문에 그대로 서클로 표기하였음.

· **Biblical Justice**는 성서에 나타난 하나님의 정의의 의미를 강조하는 측면에 서 **성서적 정의**로 표기하였고, Bible은 좀 더 구체적인 자료로서 성서로 표 기하였음.

우리 시대의 회복적 정의

범죄와 정의에 대한 새로운 접근

CHANGING LENSES

진정한 승리란 무엇인가?

분쟁과 갈등, 원한과 복수의 종국적 해결책

박원순 (전 희망제작소 상임이사)

나는 언젠가 미국 펜실베이니아 주에 있는 아미쉬 마을을 하루 구경한 적이 있다. 우주선이 달에 갔다 오는 이런 시대에 아직도 19세기적 삶, 목가적 삶을 태연하게 살아가는 사람들을 보면서 참 신기하고 아름답다는 생각을 하였다. 그 이후 이 아미쉬 마을에 우유배달을 하던 한 젊은이가 정신장애로 아미쉬의 한 가족을 살해한 사건이 있었고 그 생존 가족이 법정에서 그 가해자를 용서한 사건을 다룬 책을 읽었다. 도대체 어떻게 살인의 피해자가 가해자를 용서할 수 있는지가 신기했는지 미국에서도 이 책은 큰 관심을 끌었다고 한다.

그런데 그 의문이 하워드 제어Howard Zehr가 쓴 『우리 시대의 회복적 정의』라는 이 책을 읽고 완전히 해소되었다. 이 책에서 말하는 '회복적 정의'는 가해자와 피해자의 구별짓기, 가해자에 대한 응징, 피해자의 손해에 대한 보상의 현존하는 사법적 정의, 응보적 정의를 넘어서는 것이다. 법정의 현실에서는 가해자와 피해자, 원고와 피고, 고소·고발인과 피의자 사이에 상호 간의 공방의 과정을 거쳐 그 누군가는 승자가 되고 나머지 한 당사자는 울분의 패배를 당한다. 그는 억울해서 또 항소심, 대법원 그것도 모자라 헌법재판소까지 올라간다. 거기서 현실적·최종적으로 결판이 난다. 그러나 그 사건에 관련되었던 사람들에게 진정한 평화와 함께 분쟁이 끝나는가?

그렇지 않다. 여전히 불만과 분노가 가득차 있다. 나는 이른바 '사법적 피해자'라고 하여 모든 법적 분쟁해결 절차가 끝난 뒤에도 그 분노를 삭이지 못하여 끝없이 언론과 시민단체에 진정을 하고 다니는 사람들을 많이 보았다. 그들의 나머지 삶에는 어둠의 그림자가 드리워져 있다. 응보는 늘 원한을 남기고 심지어 그 응보적 정의를 이룬 사람조차 마음 한구석에 불만과 불안을 갖게 만든다.

회복적 정의는 바로 이러한 경우 마음으로부터의 용서와 화해를 통하여 진정한 평화를 이룩하는 것을 목표로 한다. 그것은 가해자든 피해자든 그 모두에게 만족을 준다. 외형적으로 보면 양보하는 형식일 수도 있고 포기일 수도 있지만, 실질적으로 만족을 가져다 주기 때문에 두 사람 모두에게 승리를 가져다 준다. 나는 이 회복적 정의가 단지 종교인들의 손 안에 남아 있을 것이 아니라 현실의 법정에서도 추구되어야 한다고 본다. 그런 점에서 이 책은 법조인들이나 사회운동가들에게도 유용한 책이다.

젊은 시절, 나는 원수를 사랑하라는 예수님의 말씀을 잘 이해하지 못하였다. 압제자 로마에 대해 물리력과 저항을 통해 그 식민지 상태를 극복해야 한다고 믿었던 것이다. 그러나 예수님은 평화와 사랑의 메시지를 통해 종국적으로는 로마인들의 마음을 움직였고 거꾸로 로마를 정복하기까지 하였다. 용서와 사랑의 힘은 한 인간을 변화시키고 사회와 역사를 바꾼다. 이 책을 읽음으로써 우리 자신과 우리 사회도 바뀌기를 바란다.

추천사

김성돈 (성균관대학교 법학전문대학원 교수)

어떤 분야의 가장 권위 있는 전문가를 표현할 때 우리는 '아버지'라는 단어를 사용한다. 형법의 아버지, 범죄학의 아버지, 모든 분야에는 그 분야의 아버지가 있다. 『우리 시대의 회복적 정의*Changing Lenses*』는 하워드 제어를 회복적 사법의 아버지라 부를 수 있게 만든 책이다. 그는 이 책에서 형벌을 범죄에 대한 주된 대응수단으로 삼고 범죄자에 대한 해악부과를 통해 사회적 비난을 표현하는 종래의 형사사법을 '응보적 사법Retributive Justice'이라고 부르며, '회복적 사법Restorative Justice'을 범죄에 대한 대응방식에 있어서 새로운 패러다임으로 부각시키고 있기 때문이다.

이 책에 나타난 회복적 사법의 철학과 이념을 알게 되면 범죄 문제에 대한 기존의 형사사법은 단순히 범죄 사건을 '처리'하는 수준에 지나지 않았다는 반성을 하게 된다. 뿐만 아니라 이 책에 나타난 회복적 사법의 새로운 사고 패턴을 접하게 되면 범죄를 둘러싼 모든 문제를 '해결'할 수 있는 수준의 프로그램들을 고안할 수 있는 상상력을 얻게 된다. 무엇보다도 이 책은 범죄에 대한 책임이 누구에게 있는가? 범죄 문제를 해결함에 있어서 누가 해결의 주체가 되어야 하는가? 범죄자, 범죄 피해자 그리고 우리 사회에 대해 우리가 무엇으로 응답해야 할 것인가?라는 세 가지 물음에 대해 답을 말할 수 있는 지혜를 제공해 준다. 그러기에 회복적 사법은 '강물 같다'라고 말하고 있는 하워드 제어를 어떤 이들은 회복적 사법의 '할아버지'라고 부르는 것인지도 모른다.

추천사

하워드 제어의 깊은 통찰은 우리를 회복적 정의로 인도하고, 우리에게 왜 새로운 길이 필요한지를 잘 보여준다.

2011년 노벨평화상 수상자 리마 보위(Leymah Gbowee)

25년 전, 하워드 제어의 *Changing Lenses*는 세상을 바꾸기 시작했다. 이번 기념판은 그의 통찰이 얼마나 시의적절했는지 잘 보여준다. 또한, 새로운 자료들로 최근의 동향을 반영하고 있다. 자신이 잉태시킨 운동에 대한 하워드의 성찰을 담은 마지막 장은 특히 중요한 가치가 있다.

Prison Fellowship International 산하 정의화해센터

집행이사 대니얼 반 네스(Daniel Van Ness)

'사법'의 문제가 부각되는 요즈음 반드시 필요한 책이다. 이 책은 더 나은 시스템뿐만 아니라 더 나은 자아를 가리킨다. 이 책은 깊은 통찰을 담고 있고, 치유와 함께 가르침을 준다. 제도 개선에 깔려 있는 정신과 정의의 깊은 영혼에 닿는다.

Northland, A Church Distributed 담임목사 조엘 헌터(Joel C. Hunter)

1991년 젊은 검사시절 *Changing Lenses*를 처음 접했다. 이 책은 개인적으로 직업적으로 나의 삶을 바꾸어 놓았다. 그 은유와 원칙은 아직도 내 삶에 영감을 주고 내 삶을 이끌어 주고 있다. 이번 판은 신세대에게 꼭 필요한 훌륭한 선물이다.

변호사, 조정자, *The Justice Diary* 저자 프레드 반 리우(Fred Van Liew)

더 정당한 형사제도를 향한 제안으로 가득찬 필독서.

National Catholic Reporter

내가 정의와 평화에 대한 이해를 형성하고, 학문적 경력과 직업의식을 정의하는데 *Changing Lenses* 보다 큰 영향을 준 것은 없다. 회복적 정의를 공부하기 위해 어떤 책을 읽어야 하느냐는 질문을 받을 때마다 나는 이 책을 맨먼저 권한다.

뉴질랜드 웰링턴 빅토리아대학교

회복적 정의 교수 크리스 마셜(Chris Marshall)

이 책은 당신의 생각을 새롭게 바꾸어 놓을 것이다. 깊은 통찰과 사고를 쉬운 말로 쓴 이 책은 내가 읽어본 책 중에 형사사법에 관한 최고의 책이다.

가족교정네트워크 발기인 짐 머스틴(Jim Mustin)

Changing
Lenses

차

례

머리말

2007년 스탠포드 로스쿨 형사사법센터에서 열린 범죄피해자 관련 학회에서 강연을 초빙하면서 하워드 제어를 처음 만났다. 하워드가 강연을 마칠 때 쯤, 오랜 기간 센터장을 역임한 로버스 와이스버그Robert Weisburg가 상기된 목소리로 말했다. "내가 커서 뭐가 되고 싶은지 발견했어! 하워드 제어야!"

나도 그날 와이스버그 교수의 말에 전적으로 공감했다. 그로부터 몇 년간 나는 하워드의 비범한 심성과 지성이 전염되기를 바라면서 그로부터 배울 수 있는 기회를 찾아다녔다.

하워드 제어는 렌즈를 바꾸라는 말로 수많은 인생을 바꾸어 놓았다고 해도 결코 과장된 말이 아니다. 나의 인생도 그 중 하나다. 피해자 변호인을 거쳐 국선변호인으로 일했던 나의 마음은 우리 법률시스템에 의하여 다른 방향으로 고통스럽게 끌려가고 있었다. "한쪽"을 위한 개혁은 언제나 다른 쪽의 희생으로 이루어졌고, 그나마 그 어떤 개혁도 범죄를 줄이기 위한 전략으로서 형벌이 얼마나 비효율적인지를 다루지 않았다. 이 책은 형사사법 개혁영역에서 내가 접한 유일한 진정한 패러다임 전환을 제시해 주었다. 하워드는 범죄피해자 스스로 확인한 요구를 중심에 놓음으로써 책임을 "타인이 나에게 해주기를 원하는 대로 타인에게 해주라"는 황금율의 후렴으로 재구성하였다.

하워드는 공동체는 일이 잘못됐을 때 구성원들을 지지하는 힘을 가지고 있다는 믿음을 바탕으로 범죄피해자의 요구를 더 잘 충족할 수 있고 징벌적 구금의 중독성을 종식시킬 수 있는 정의관을 제시하고 있다. 그의 비전은 아주 강력하다. 내가 그를 만난 후 오래지 않아 그의 아이디어가 캘리포니아 오클랜드에서 어떻게 운영되고 있는지 보기 위해 법률실무를 떠날 정도였으니 말이다. 하워드는 그 길의 굽이굽이마다 나의 친구이자 멘토가 되어주었다.

이 책에서 하워드는 "가능한 것과 불가능한 것에 대한 이해는 우리가 현실을 구성하는 방법에 기초한다. 이 구성물은 바뀔 수 있고 바뀐다"고 쓰고 있다. 이러한 구성물을 바꾸기 위해서는 우리에게 더 이상 도움이 되지 않는 뿌리깊은 관점을 도움되는 관점으로 과감하게 교체할 필요가 있다. 하워드 제어는 그런 사상가다. 1960년대 초 역사적 흑인 대학인 무어하우스 칼리지 Morehouse College로 전학해서 최초의 백인 졸업생이 되었다는 사실만 보더라도 그렇다. 이것은 하워드 제어가 렌즈를 바꾸기 위해, 역사적으로 주변화된 사람들과 함께하며, 스스로 불편한 자리로 내려가 배우고 성장하며, 궁극적으로 자신과 다른 경험을 하며 살아온 사람들에게 도움이 되기 위해 일찍부터 깊은 노력을 기울여 왔음을 보여주는 사례다. 이 책에서 보게 되는 것처럼, 이런 개인적 헌신이 그의 회복적 정의 이론에 고스란히 반영되어 있다.

이런 경험들이 하워드로 하여금 자기가 탄생시킨 실무에 직접 관여하도록 했을 것이다. 하워드는 풍부한 실무경험을 가진 몇 안되는 학자다. 이 책이 처음 출간된 후, 그는 범죄피해자와 가해자의 대화를 몸소 진행하였고, 전국 각지의 수많은 회복적 사법 서클에 참여하였다. 미국의 형벌이 인종적으로 편향되어 있다는 사실을 비롯하여 끊임없는 배움을 향한 하워드의 노력이 이번 25주년 기념판에 고스란히 녹아 있다.

그러나 이번 판은 하워드가 25년 전에 제안한 시공을 초월한 메시지를 담고 있다. 더 중요한 것은 이 책이 하워드의 후속 저작에서 제시하는 더 구체적인 제안의 깊은 신학적 기초를 놓고 있다는 점이다. 또한 그의 글은 기독교적이지만, 불교도이자 무신론자인 내가 보기에도 이 책은 피해를 경험하는 사람과 그것을 일으키는 사람에게 평등한 연민을 보여주어야 한다는 보편적 요구를 담고 있다.

다른 각도에서 사물을 볼 수 있는 하워드의 능력은 다방면에 걸친 개인적 관심과 직업적 관심으로부터 잉태되었다는 점은 의심할 여지가 없다. 우선 무엇보다도 그의 사진이 중요하고, 그 다음으로 픽업 트럭에 대한 사랑, 빈티지 AM 라디오 복원, 양봉 같은 수많은 궁금한 것들에 대한 도전이 있다. 그는 수 많은 원천으로부터 배운 것들을 그의 정의 작업에 끌어들인다. 그의 글에는 그것이 녹아 있으며, 그 못지않게 풍자와 절제된 유머, 개방적인 마인드, 완벽한 이야기 기법이 녹아 있다. 무엇보다도 하워드의 겸손이 독자들에게 읽기 쉬운 책을 선물하는 것이다. 그의 책은 마치 독자들과 대화를 나누는 것 같은 느낌이다. 그는 여전히 매일의 사물을 새롭게 보는데 열려 있다. 그래서 내가 하워드의 회복적 정의 프레임에 너무 깊게 빠져 있을 때면, 그는 "회복적 정의는 나침반이지 지도가 아니다"라고 부드럽게 일깨워준다.

하워드가 건설하기 시작한 나침반, 시간을 초월한 문장들, 그리고 우리/그들, 정복자/패배자, 승자/패자의 2분법적 정의관념에서 벗어날 수 있는 패러다임 이동에 대한 열망을 제시해 준 그에게 깊은 사람과 감사의 인사를 드린다. 양분의 정의에서 치유의 정의로.

수자싸 발리가(sujatha baliga)
MacArthur Fellowship을 수상한 변호사이자 회복적 정의사법 전문가

25주년 기념판 서문

마흔살이 되던 해, 미시건 호반을 걷다가 수평선을 바라보면서 이 책을 구상했던 일이 기억난다. 수평선에 위의 흐릿한 형체처럼 이 책은 현실이 아니라 멀리서 아른거리는 아이디어의 아지랑이 같은 것이었다.

나는 친구와 함께 일상에서 벗어나 근처 오두막에서 몇일을 보내면서 서로가 쓰고 싶은 글을 생각하고 있었다. 나는 내가 쓰고 싶은 책을 구상해 보았다. 어떤 독자를 위해, 무엇을 달성할 것이며, 외관은 어때 보일 것인가? 한가지는 분명했다. 나는 형벌에 대해서 닐스 크리스티Nils Christie의 작은 책 『고통의 한계Limits to Pain』가 나에게 해 준 것과 같은 역할을 할 수 있는 책을 만들고 싶었다. 나는 이 책을 도발적인 에세이로 상정했고, 바로 그것이 내가 쓰고 싶었던 것이다. 우리가 거의 되돌아보지 않는 가정을 확인하고 재고할 수 있도록 고무하고 새로운 가능성을 꿈꿀 수 있게 도와줄 수 있는 그런 책 말이다. 새로운 분야에 관심이 생길 때, 나는 그 분야를 해설해주는 좋은 언론인을 먼저 찾아본다. 이 새로운 책을 언론인의 민감성을 가지고 접근하고 싶었고, 오늘날의 범죄와 정의에 관한 큰 그림에 대하여 내부자든 외부자든 쉽게 읽을 수 있게 쓰고 싶었다.

1980년 초, 온타리오 키치너와 인디아나 엘크하트에서 진행된 소규모 피해자—가해자 화해 프로그램으로 수년간의 경험이 쌓여 있었고, 이 아이디어가 북미를 넘어 많은 공동체로 퍼져나가고 있었다. 애초에 이런 접근방법에 이르게 된 피해자, 가해자, 공동체에 대한 관심은 중심적인 위치에 있었지만, 우리가 무슨 일을 하고 있는지를 통합적으로 설명할만한 개념적 틀이 없었다. 이 시기, 나는 개념틀의 구성요소들을 그러모았고, 이것을 교도소 안에서 종교활동을 하고 있던 카톨릭 신부와 수녀 전국모임에서 처음으로 발표하였다. 이때 회복적 정의restorative justice라는 용어를 사용하기 시작했고, 운율에 맞추어 응보적 정의retributive justice와 대비시키기 시작했다. 이 개념틀은 1985년 메노나이트 중앙회Mennonite Central Committee에서 간행한 *Retributive Justice*, *Restorative Justice*라는 소책자로 처음 출판되었다.

그 후, Restorative Justice라는 용어를 내가 만든 것은 아닌데, 어디서 왔는지 기억할 수도 없었다. 수년 전 남아프리카 공화국의 앤 스켈턴Ann Skelton 이라는 변호사가 회복적 정의의 역사에 대해서 박사학위 논문을 쓰면서 나를 방문한 적이 있다. 연구실에서 책을 보던 앤은 앨버트 이글래쉬Albert Eglash가 쓴 논문이 수록된 책을 하나 찾아냈다.[1] 이 논문에서 그는 Restorative Justice라는 용어를 여러 번 사용하였다. 이 구절에 밑줄이 쳐 있었고, 나는 그때서야 그 용어를 거기서 처음 봤다는 기억을 떠올렸다. 나중에 앤은 1950년대 독일 신학자의 책[2]까지 용어의 기원을 추적하였다.

이글래쉬의 논문이 어느 정도 도움되기는 했지만, 그의 비전은 내가 이해하는 회복적 정의와는 다른 것이었다. 이글래쉬는 "지도된" 혹은 "창의적"

---

[1] Albert Eglash, "Beyond Restitution—Creative Restitution," in *Restitution in Criminal Justice*, ed. Burt Galaway and Joe Hudson (Lexington, MA: Lexington Books, 1977), 91–99.

[2] 역주—Heinz—Horst Schrey, Hans Hermann Walz, and W. A. Whitehouse, *The Biblical Doctrine of Justice and Law*, SCM Press, 1955를 말하는 것이다.

손해배상이 사법의 초점이 되어야 한다고 주장하면서, 피해자의 요구나 역할은 거의 강조하지 않았다. 사실, 그의 논문 말미에는 "피해자가 얻는 이익이 있다면 그것은 보너스 혹은 스테이크 소스이지, 스테이크와 감자튀김이 아니다"[3]고 쓰고 있다.

이것이 암시하는 것처럼 이 책과 내가 제시하는 회복적 정의의 개념은 다양한 출처와 논의로부터 얻어진 것이다. 그 과정은 이전 판의 서문에서 자세히 밝히고 있다. 그것은 발명이라기 보다 합성에 가깝다. 감사의 글과 인용에서 드러나는 것처럼 25주년 기념판에서는 특히 그렇다.

이 책을 지금 쓴다면, 몇 가지는 좀 다르게 말할 것 같다. 하지만, 이번판을 위해서 이 책을 다시 읽으면서 나는 대부분이 여전히 그대로라는 사실에 놀랄 수 밖에 없었다. 이런 이유와 이 책이 클래식으로 분류되고 있다는 점을 고려하여 최근의 전개상황을 반영할 필요가 있었던 9장 이외에는 기본 텍스트를 크게 바꾸지 않았다. 주석을 몇 개 추가하였고, 12장을 추가하는 과정에서 부록에 있던 내용을 본문으로 옮겼다. 또한, 자료 부분을 업데이트하여 새로운 교육학습자료를 포괄할 수 있도록 했다.

이 책은 기독교적 관점에서 쓴 책이지만, 더 넓게 공명하고 이용될 수 있도록 쓰고 싶었다. 사실, 실제로 그렇게 되고 있다. 풍부한 창의성, 경험, 지

---

3) 역주-이글래쉬는 자신의 용어에 대해 이렇게 말하고 있다.
  "…나도 범죄자 지향적이다. 처음부터 나는 범죄자를 도울 수 있는 방법, 범죄자를 위한 정의와 재사회화에 관해 생각하고 있었다. …나는 범죄자를 면담 …하고, 피해자에 대해서는 거의 생각하지 않는다. 나에게 restorative justice는 그 대안인 형벌이나 치료와 마찬가지로 주로 범죄자에 대한 것이다. 피해자가 얻는 이익이 있다면 그것은 보너스 혹은 스테이크 소스이지, 스테이크와 감자튀김이 아니다." (Eglash, A. 1977, p.99)

혜를 가지고 있는 불교인 수자싸 발리가가 머릿말을 써 준 것만해도 그렇지 않은가?

용어에 대한 노트: 최근, 회복적 정의 분야에서 피해자victim와 가해자of-fender라는 용어를 불편해하는 사람들이 늘고 있다. 형사사법의 맥락에서는 유용한 용어이고 거기서는 피할 수 없지만, 학교 환경에 적용하기는 부적절한 경우가 많기 때문이다. 더 중요한 것은, 앞서 언급한 것처럼 이 용어들이 사람을 지나치게 단순화시키고 범주화시키는 꼬리표가 된다는 점이다. 사실, 이런 꼬리표는 자기 충족적인 것이 될 수 있다. 범죄학의 낙인이론이 지적하는 것처럼, 사람들은 자기에게 붙는 꼬리표낙인처럼 되는 경향이 있다. 피해를 입은 사람the person harmed 또는 피해를 일으키는 사람the person causing harm 같은 대안은 더 어색하지만, 지금 이책을 쓴다면 그런 용어를 더 자주 쓸 것 같다. 뒤에서는 응보적retributive이라는 용어와 나의 주장에 있어서 중심이 되는 응보와 회복의 양분법에 대해 주의할 사항을 제시하였다.

앞의 판들은 예시적인 사건 이야기를 먼저 한 후, 이 책의 중심적 은유인 렌즈바꾸기changing lenses는 훨씬 뒤에서 소개하였다. 이제, 이 은유가 회복적 정의 분야에서 자리를 잡았으므로, 이것을 이야기 앞에서 소개한다. 그러니, 이제 범죄와 사법을 바라보기 위해 우리의 카메라에 끼워 놓은 렌즈에서부터 여정을 시작해 보자.

하워드 제어(Howard Zehr)

25주년 기념 한국어판 서문

*Changing Lenses*를 쓸 때만 해도, 미국 이외의 나라에서 어떤 관련성이 있으리라고는 생각조차 하지 못했다. 한국과 같은 문화적 맥락에 이 책과 회복적 정의의 관념이 받아들여질 수 있다거나, "범죄"라 불리는 것 이외의 상황에 적용되는 것을 진지하게 고려하지 않았다.

그러나, 오늘날 회복적 정의의 접근방법은 형사사법을 뛰어 넘어 학교에서, 직장에서, 역사적 피해의 현장에서, 전쟁과 폭력으로부터 평화로운 사회로 과도기에서 전세계적으로 받아들여지고 있다. 신세대 활동가들과 실무자들도 회복적 정의가 사회 정의 문제에 대해 품을 수 있는 의미를 고려하고 있다.

한국의 경우에도 미국처럼, 우선은 형사사법시스템에 적용되었지만, 요즈음은 교육분야에서 가장 급속하게 성장하고 있다. 이 분야에서 다양한 유형의 실무모델이 등장했고, 이들에 대한 전반적 연구결과는 대단히 긍정적이고 고무적이다.

이러한 방식의 미래는 유망하지만, 아직까지 폭넓게 채택되지는 못하는 실정이다. 그러나 우리의 제도와 시스템, 그리고 그 근저에 깔려 있는 가정을 고려해 본다면, 이처럼 더딘 속도가 놀랍지는 않다. 이 책에서 주장하는 것처럼, "렌즈"를 바꾸지 않으면 진정한 변화는 이루어지지 않는다. 즉, 회복적 정의의 렌즈가 어떤 변화를 만들어 내기 위해서는 기존 접근방식의 토대가 되는 기본적 가정과 관점인 "패러다임"의 변화가 필요한 것이다.

사실, 내가 보기에 회복적 정의가 제공하는 가장 중요한 것은 바로 "렌즈"다. 이 책에서 그려보는 그 렌즈가 범죄상황이나 우리의 일상생활 등 다양한 맥락에서 적용될 수 있는 것이다. 회복적 정의 프로그램에 관여하거나 관여하지 않는 사람들로부터 회복적 정의가 자기의 삶을 바꾸었다는 이야기 또는 심지어 그것이 "삶의 방식"이라는 이야기를 종종 듣는데, 아마 렌즈가 바뀌었다는 의미가 아닐까 싶다.

새로 출판된 25주년 기념판이 한국어로 출판될 수 있게 된 점을 영광으로 생각한다. 특히, 이 책 3판을 번역해 주었으며, 이 번 판을 위해 다시 한번 아낌없는 노고를 기울여주신 손진 박사께 깊은 감사의 말씀을 전한다.

먼저번 번역서의 서문에서 밝힌 것처럼, 이 책은 미국인이 미국에서 북미의 상황을 염두에 두고 쓴 것임을 언급할 필요가 있다. 따라서 이 책은 특정한 관점에 따른 편견과 관심을 반영한다는 점을 유념해야 한다. 이러한 한계에도 불구하고 이 책에서 여러분의 경험과 전통, 그리고 사회적 맥락에 맞는 요소를 발견할 수 있기를 바란다.

요컨대, 이 책은 우리가 인식조차 하지 못하고 있는 근본적 가정을 재고하자는 요청이며, 서로를 지지하고 함께 배워나갈 수 있도록 세계인들이 나누는 대화에 참여하기를 바라는 초청장이다.

하워드 제어(Howard Zehr)

초판 한국어 서문

이 책을 한국어로 출판하게 되어 영광이다.

이 책을 쓸 때만 해도 나는 두 가지 사법의 모델, 즉 현 사법제도의 기초가 되는 '응보적 사법'과 '회복적 사법'을 상호 배타적인 이분법적으로 받아들였다. 이러한 태도가 양자의 차이를 설명하는 데 유용한 것은 사실이지만, 돌이켜보면 지나치게 단순하고, 지나치게 비현실적이며, 나아가 불공정한 설명이었던 것 같다. 지금에 이르러 나는 사법의 약점뿐만 아니라 강점까지 인정하는 시각에서 정의와 사법을 하나의 연속체로 설명하고자 한다.

근대 사법은 인권과 법의 지배를 우선하는 등 나름 많은 장점을 가지고 있지만, 또한 중대한 결함을 지니고 있는데, 그것은 형사사법이 응보적retrib-utive이며 갈등구조적conflictual인 특징을 갖는다는 것이다. 이는 가해자로 하여금 자신의 책임과 감정의 변화를 거부하게 조장하고, 피해자와 가해자의 요구를 무시하고 해결과정의 절차 밖으로 이들을 방치한다. 나아가 범죄로부터 단절시키는 효과가 아니라 오히려 범죄의 악순환이 생기도록 환경을 조성하고, 상처를 치유하는 것이 아니라 오히려 상처를 악화시킨다. 사실 사법에 대한 응보적 접근은 사법과 치유를 별개의 문제로 바라보는, 심하게 말하면 양립할 수 없는 문제로 전제하기 때문에 생기는 현상이다.

실제로 사법에 대한 회복적 접근은 응보적 접근에 비해 훨씬 더 보편적이며 긴 역사를 가지고 있다. 회복적 접근은 범죄로 인한 피해와 그에 따른 요구 그리고 책임과 의무를 강조함으로써 그 초점을 배상에 더 치우치게 한다. 피해자의 요구와 권리는 더 이상 주변에 있지 않고 문제해결의 중심적인 위치를 차지한다. 가해자는 자기가 야기한 손해를 이해하고 그에 대한 책임을 지도록 장려된다. 방식에서도 당사자들의 참여와 대화가 장려되고, 공동체가 중요한 역할을 한다. 회복적 접근은 사법이 개인과 사회의 치유를 촉진할 수 있고, 촉진해야 한다고 전제한다. 다시 말해 전체적 관점이 보복 중심적이 아니라 요구 중심적이다.

이 책에서 제시하는 주장은 단순하다. "어떤 법이 위반되었는가? 누가 위반하였는가? 어떤 형벌이 마땅한가?" 등 기존 사법제도의 근간이 되는 질문에 초점을 맞추는 이상 진정한 의미에서 정의를 달성할 수 없다는 것이다. 진정한 정의는 "누가 상처 입었는가? 그들의 요구는 무엇인가? 이것은 누구의 의무이고 책임인가? 이러한 상황에 누가 관여해야 하는가? 어떤 절차를 통하여 해법을 찾을 수 있는가?"와 같은 질문을 요구한다. 범죄에 대한 회복적 접근회복적 사법은 우리에게 렌즈뿐만 아니라 질문까지 바꿀 것을 요구한다.

학자들은 회복적 정의의 근간에 여러 종교적 전통과 연관된 보편적인 원리와 이상이 존재한다고 믿는다. 이스턴 메노나이트 대학교Eastern Mennonite University 대학원 과정을 수강하는 각국의 학생들은 그들의 전통과 회복적 정의 사이에 통하는 점이 있음을 인정한다. 그러나 사법은 항상 현실 상황에 기초해야 한다. 즉, 사법은 현실의 공동체에 현존하는 사람들의 요구와 전통에 의하여 형성되어야 한다. 따라서 모든 상황에 적용될 수 있는 간단한 청사진은 어디에도 존재하지 않는다. 이 책에서 소개하고 있는 사법 모델은 다른 나라 다른 상황에서는 적절하지 않을 수도 있다. 하지만 적어도 현실의 한계를 변화시키기 위한 중요한 아이디어를 제공할 수는 있을 것이다.

이 책은 미국에서 미국인에 의하여 북미의 상황을 염두에 두고 쓰였다. 따라서 북미의 특정한 시각에 따른 편향성과 관심사를 반영한다. 이러한 한계를 인정하면서도 독자 여러분들이 여러분들의 경험과 전통에 맞는 요소를 발견하고, 그 이상을 현실화하는 데 기여해 주기 바란다.

2010년 10월 | **하워드 제어**(Howard Zehr)

역자 해제

저자 하워드 제어Howard Zehr가 이 책을 출판한 후, 그 동안의 실천과 현장에서 얻은 경험을 바탕으로 회복적 정의의 아이디어를 성찰해 보는 25주년 기념판을 내어 놓았다. 초판과 전체적으로 달라진 부분은 많지 않지만, 한 문장 한 구절씩 확인해가며 다시 작업하였다. 또 2010년에 나온 번역 1판은 원서 2판을 바탕으로 원서 3판 말미의 일부 내용을 포함하고 있어서 일부 혼동되는 측면도 있었기에 이번 기회에 원서와 평형을 맞추었다.

새 판에서는 저자가 의도했던 것처럼, "오늘날의 범죄와 정의에 관한 큰 그림에 대하여 내부자든 외부자든 쉽게 읽을 수 있게"25주년 기념판 서문 쓴 책의 접근성을 떨어뜨리지 않으려고 주의했다. 그래서 법학자들이나 변호사들이 쓰는 법률용어들을 최대한 걷어내고 일상적인 말을 사용하기 위해 노력했다.

＊　＊　＊　＊　＊

하워드 제어 교수가 회복적 정의Restorative Justice라는 개념을 처음 제안할 때만해도 범죄에 대한 대응인 형벌 또는 형사제재를 주로 염두에 두고 있었다. 초기의 프로그램들이 범죄와 관련된 문제의 해결에 포커스를 맞추고 있었고, 형법학, 심리학, 사회복지학 등 형벌과 관련된 학문을 연구하는 자들이 이 주제를 주로 다룬 것도 그런 이유다. 그러나, 지난 30여년간 이 개념은 단순히 범죄분야에 한정되지 않고 학교에서 벌어지는 학교폭력 해결, 직장

내 갈등 해결과 같은 교육 및 사회생활 영역으로, 더 나아가 진실화해위원회와 같이 전쟁이나 정치적 갈등관계 이후의 사회통합과정의 지도이념에 이르기까지 비약적으로 확대되었다. 이제 회복적 정의는 제어 교수의 말처럼, 한 방울 한 방울의 물이 만나 거대한 강물을 이루는 것과 같이 우리 사회의 갈등을 해결하는 방향을 가리키는 나침반이 되었다.

회복적 정의는 일반적으로 어떤 갈등에 이해관계를 가지는 모든 당사자들이 한자리에 모여서 갈등의 영향과 대응방법을 집합적으로 결정하는 과정으로 정의된다. 이 과정에서 피해자와 가해자를 존중함으로써 사과와 용서를 통해 화해할 수 있도록 하고, 가해자가 진정한 책임을 지도록 함으로써 피해자가 정상적인 삶으로 돌아올 수 있도록 도와주며, 공동체 구성원들이 갈등해결 절차에 참여하도록 함으로써 더욱 공정하면서도 견고한 공동체를 구축할 수 있다는 것이 회복적 정의의 이상향이다.

제어 교수는 이와 같은 이상향에 현실성을 부여하기 위해 현재의 형사사법, 갈등해결절차, 나아가 정의가 응보적 관점을 바탕으로 삼는 하나의 패러다임이라는 점을 부각시킨다. 제5장, 제6장 천동설과 지동설이 우주를 이해하는 방법이었던 것처럼, 죄를 저지르면 처벌받아야 한다는 응보적인 시각은 갈등해결을 바라보는 하나의 방법일 뿐이며, 갈등해결을 바라보는 방법이 응보적인 시각 하나만 존재하는 것은 아니라는 점을 드러낸다. 그 시각의 차이를 보여주기 위해서 사용하는 물건이 '카메라 렌즈'이고 제1장, 그래서 이 번역서 원서의 제목이 *Changing Lenses*다.

SLR 카메라가 대중화되어 있어서 독자들도 이해하시겠지만, 렌즈를 이

것 저것 바꿔 끼울 수 있는 카메라는 렌즈를 바꿀 때마다 찍을 수 있는 각도와 배율, 궁극적으로 사진이 달라진다. 제어는 응보적 시각을 SLR 카메라 렌즈와 마찬가지로 우리가 원한다면 언제든 바꿀 수 있는 것으로 만들어버렸다. 이러한 대체가능성은 정의正義를 새롭게 쌓아 올릴 수 있는 잠재력을 의미하는 것으로서 미국 뿐만 아니라, 우리나라처럼 권위주의적 시각에 갇혀 있던 나라에서 특히 중요한 의미가 있다.

제어 교수가 제시하는 다른 렌즈가 회복적 정의의 렌즈다. 이 렌즈에 정당성을 부여하기 위하여 제시하는 첫번째 근거가 회복적 정의의 역사성이다. 그는 역사학자 브루스 렌먼과 제프리 파커, 형벌폐지론자 허먼 비앙키, 법사학자 헤럴드 버만 등을 인용하면서 지금의 응보적인 시각이 공식적 형사사법의 자리를 차지한 것이 300년도 채 지나지 않은 일임을 강조한다. 이것을 증명하기 위해 공동체의 비공식적 갈등해결방법과 국가의 공식적 사법이 충돌하면서, 결국 국가가 승리하게 된 과정을 짧지만 생생하게 그려낸다.제7장

두 번째 근거는 성경이다. 보통 범죄와 형벌 문제를 다루는 학자들은 회복적 사법의 종교적 색채를 달갑게 생각하지 않는다. 근대적 법치주의의 이념은 종교가 들어오는 것을 반기지 않는다고 생각하는 것이 일반적이다. 그러나 헤럴드 버만이 그의 책 *Law and Revolution: The Formation of the Western Legal Tradition* 에서 밝히는 것처럼, 서구 법은 종교와 필연적 연관관계를 가지면서 발전해왔고, 우리나라는 서구법을 계수했으니 법치주의와 종교를 완전히 분리하기도 어려울 것 같다. 물론 제어 교수의 종교적인 설명에 전부

동의할 수는 없겠지만, 기존의 기독교적 입장을 비판하는 부분은 단순히 외면할 것만도 아니다. 예컨대, 눈에는 눈이라는 탈리오의 법칙을 종래 기독교적 관점에서는 응보로 보았지만, 제어는 그것을 '회복'을 의미하는 것으로 재해석한다. 특히, 예수께서 말했다고 하는 "법이 사람을 위해 만들어진 것이지 사람이 법을 위해 만들어진 것이 아니다"177쪽라는 문구는 우리 헌법의 정신이기도 하다. 헌법 제10조와 제37조 1항은 "국민의 자유와 권리는 헌법에 열거되지 아니한 이유로 경시되지 아니한다"고 쓰고 있다.

이런 논증과정을 거쳐 그는 응보적 렌즈와 회복적 렌즈를 하나의 표로 비교하고 있다.251쪽 전자는 과거지향적으로 비난을 확정하는데 골몰하며 국가와 가해자 사이의 싸움을 조장하는 모델인 반면, 후자는 미래지향적으로 문제를 해결하는데 집중하며 당사자들의 화해를 추구하는 대화모델이라고 설명한다. 기존의 갈등해결방식을 하나의 패러다임 또는 렌즈로 묘사하고, 새로운 패러다임을 제시하는 서술방식에 문제가 없는 것은 아니다. 이 표가 만들어진 이래, 형사사법의 양분법을 비판하면서 동시에 양분법을 조장하고 있다는 비판이 제기되어 왔고, 이에 대해서 제어 교수도 한쪽 끝에 완전한 응보적 정의가 있고 다른 한쪽 끝에 완전한 회복적 정의가 있는 연속선상에서 파악하는 것이 바람직하다며 진술방식을 일부 수정하였다

＊ ＊ ＊ ＊ ＊

제어 교수는 우리가 범죄와 정의에 대해 가지고 있는 6가지 근본적 가정을 통찰한다.113쪽

⑴ 범죄는 본질적으로 법 위반이다.

⑵ 사법이란 법 위반이 발생했을 때 규칙과 의도가 결과보다 우선시되는 갈등과정을 통해

⑶ 고통을 부과함으로써

⑷ 정당한 응보가 이뤄질 수 있도록

⑸ 유죄를 확정하는 것이다.

⑹ 국가가 진정한 피해자다.

그 중에서 가장 중요한 것은 제어 교수가 지적하듯 "국가가 진정한 피해자다"라는 가정이다. 역사적으로 군주가 있던 시대에는 군주가 자기 영토 내의 모든 사람과 자원을 운영할 수 있는 절대적인 힘이 있었고, 그 영토 안에서 평화를 깨뜨리는 행위를 행위로서 군주에 대한 직접적 공격으로 간주하였다. 즉 군주가 피해자다. 근대혁명미국, 프랑스, 영국을 거치면서, 군주는 사라졌지만 군주보다 더 강력한 국가권력이 형성되었고, 이와 함께 국민에 대한 공격이 있으면 국가가 피해자가 되었다. 국가가 피해자라는 점은 검사가 공소를 독점한다는 사실에서 명확히 드러난다. 국왕의 검사King's prosecutor 제도는 15세기 말에 처음 도입되었다가 프랑스 혁명 직후 제정된 형법1791년에서 앙샹레짐으로 분류되어 폐지되었다. 그러나, 1799년 군부쿠데타로 정권을 장악한 나폴레옹이 1810년 나폴레옹 형법전을 만들면서 부활시킨 것이다. 오늘날의 검사가 존재하는 이유를 이렇게 역사적/단편적으로 이해하는 것은 무리가 있지만, 적어도 '국가가 범죄의 피해자'라는 가정은 그 태생의

논리 속에 녹아 있다는 말이다.

이러한 논리를 뒷받침하는 이론적 장치로서 형법학에는 '법익보호원칙'이라는 것이 있다. 형법학자들 절대 다수가 '형법의 임무를 법익보호에 있다'고 한다. 법익보호원칙이란 형법규정이 법익을 보호한다는 비교적 단순한 원칙인데, 예를 들어 절도죄는 재산권이라는 법익을 보호하고, 살인죄는 생명권이라는 법익을 보호한다는 논리다. 즉, 살인죄는 살해당한 사람의 생명을 보호하는 것이 아니라 국가가 일반적으로 보호하는 생명의 자유라는 제도를 보호한다는 말이다. 이론적으로 형법은 사람을 보호하는 것이 아니라, 법제도를 보호한다는 말이 된다. 법제도의 수호자는 국가이기 때문에 국가가 범죄의 피해자가 되는 것이다. 뒤집어 보면, 법익보호원칙이란 국가가 범죄의 피해자로서 국가만이 범죄에 대응할 수 있다는 독점권을 확보하기 위해서 학자들이 공들여 만들어 놓은 구조물에 지나지 않는다. 약간의 논리비약을 하자면, 국가는 피해자만 될 수 있고 범죄자는 될 수 없기 때문에 진범을 풀어주고 억울한 사람을 17-8년씩 가두어 두더라도 국가는 감금죄로 처벌받지 않는다. 예컨대, 최근 박준형 변호사의 노력으로 재심에서 무죄 판결된 약촌오거리 택시기사 살인사건, 삼례 나라수퍼 살인사건 등

역자가 "국가가 진정한 피해자다"라는 제어 교수의 지적을 '위대한 발견'이라고 부르는이유는 국가에게 국민사람을 보호하는 것 이외에는 존립의 이유나 근거가 없기 때문이다. 국가가 진정한 피해자로 구성되어 있는 이상, 가해자인 사람을 엄벌에 처하는 방식으로 피해자인 사람을 보호한다는 이상한 논리밖에 나올 것이 없기 때문이다. 제어 교수가 끄집어 낸 것은 근대

혁명 이후 2세기 넘게 잊혀져 있던 사람의 인간성이며, 국가와 형법, 그리고 범죄 혹은 갈등해결절차가 지켜야 하는 것은 제도와 절차가 아니라 '사람'이라는 단순한 진리다. 바로 이런 근본적 철학 위에서 범죄혹은 가해행위의 속성을 "사람은 누구에게나 자신의 운명을 결정할 수 있는 자율성이 있다는 믿음을 깨뜨리는 것"51쪽이라고 정의하며, 피해자의 회복을 위해서는 "자신의 삶에 대한 자기 통제, 즉 자율성"52쪽을 회복해야 함을 강조한다. 가해자가 가해행위를 하게 되는 이유도 "자율성, 자기지배력이 부족하다는 것"63쪽 때문인데, 교도소라는 구금시설은 자율성을 더욱 박탈하는 도구 이기 때문에 가해자의 회복을 촉진할 수 없고, 진정한 책임회복을 지기 위해서는 당사자인 가해자가 자율적으로 참여 및 결정할 수 있도록 해야 한다고 주장한다. 제3장 이러한 설명은 범죄를 "형벌규범에 의하여 규정된, 타인의 권리를 침해하는 행위" 라고 정의한 죄형법정주의의 아버지 포이어바흐P.J.A. Feuerbach의 시각이나 "범죄자는 범죄자와 피해자를 비롯하여 세상에 권리를 가진 사람이 없다고 주장하는 것과 같다" 고 한 헤겔의 설명과도 맥이 통한다. 여기서 권리는 실정법률이 인정하는 권리가 아니라, 헌법이 말하는 '인간존엄성' 또는 '자율성'으로 읽는다. 헌법상 기본권은 인간존엄성을 보장하기 위한 개별 목록이다 이것은 다시 '한 사람의 자유는 다른 사람의 자유와 만나는 곳에서 끝난다.' 즉 다른 사람의 자유를 침범하지 않는 행위는 처벌할 수 없다는 칸트의 법치주의 사상과도 궤가 같다.

제어 교수는 여러 곳에서 "이러한 가정을 문제시하지 않고서는 어떠한 변화의 시도도 별다른 성과를 만들어 내지 못할 것"115쪽이라고 반복적으로 경고한다. 역자는 이 경고를 '국가중심적으로 구성되어 있는 형법학의 이론적 장치들을 사람중심적으로 바꾸지 않는 이상, 즉 범죄가 국가의 법질서를 깨뜨리는 것이라는 이해가 바뀌지 않는 이상 어떠한 변화의 시도도 별다른 성과를 만들어 내지 못할 것'이라는 말로 받아들인다.

그러나, 이 '위대한 발견'은 회복주의자나 반대론자에게나 부당하리만치 푸대접을 받았다. 형법학 안에서도 회복주의 혹은 회복적 사법을 지지하는 학자들이 늘어났지만, 형법이론과 우리 사회 전반에 견고하게 자리잡고 있는 국가중심적 이론구조물은 철거되거나 공격받지 않았다. 어느날 갑자기 '이제부터 사람이 피해자다'라고 약속한다고 해서 상황이 크게 달라지지 않는 것은 당연하며, 30여년의 역사를 가진 회복적 정의운동이 아직도 맹아기에 있다는 사실도 하워드 제어의 경고를 증명하고 있는 듯싶다.

이 책 말미에서 제어 교수는 "정책은 장기적인 실무적 및 철학적 함의를 검토하지 않은 채 시행되기 쉽다. 그러나 검증되지 않은 사소한 한 걸음으로 인해 우리가 가야 할 길에서 크게 벗어날 수 있다는 점을 기억해야 한다. 어쩌면 아무도 모르게 우리의 길을 잃어버릴지도 모른다"고 경고하고 있다. 회복의 비전이 왜곡되는 이유로 형사사법의 압력, 제도화의 역학, 프로그램 설계 상의 문제를 들고 있다. 역자는 여기에 한 가지를 덧붙인다. 즉 우리는 우리의 근본적 가정을 얼마나 바꾸었는가?

* * * * *

역자가 형법학자로서 정의론에 깊은 관심을 가지는 이유는 형법학이 흔들인 정의를 바로잡는 법이기도 하거니와 나에게 닥친 심각한 부정의 때문이었다. 부정의의 내용을 밝힐 자리는 아니지만, 자신의 이익을 위해 타인을 가치를 부당하게 훼손하기를 주저하지 않는 부조리한 사회를 꼬집어 준 두 분께서 나에게 정의에 대한 관점을 심어주셨다. 한분은 우리 회사 옴부즈만으로 일하시면서 나에게 닥친 부정의를 바로잡기 위해 당신의 직과 명예를 걸어주신 중앙대 황선웅 교수님이다. 다른 한분은 감사로 재직하시면서 정의가 무너진 조직에는 부정의가 판을 친다고 통렬한 비판을 하시며 후학에게 정의의 의미를 새기게 해 주신 한양대 임양택 명예교수님이다. 옳고 그름에 대한 공정한 판단없이 일방의 주장을 근거로 사회적 제명처분을 앞세우는 우리 시대에 끝까지 사람에 대한 믿음을 저버리지 않는 태도와 학자로서 끝까지 지켜야 할 양심도 이 분들께 배웠다. 이 자리를 빌어 깊은 감사를 드린다.

희망제작소 이사를 거쳐 지금은 서울시장으로 계신 박원순 시장께 감사드린다. 유난히 은사의 그늘을 벗어나고 싶어하는 제자가 자유롭게 토론하고 비판할 수 있도록 너른 장을 만들어 주시는 나의 은사 성균관대 김성돈 교수님께 감사드린다. 또 나의 마음을 누구보다 잘 이해해주고 언제나 무한한 믿음으로 답해주시는 조보행 선배, 제해문 선배 등 일일이 거명하지 못한 많은 분들께 감사드린다. 한 땀 한 땀 바느질 하듯 새번역판을 꿰매어 주신 대장간 편집부에도 감사드린다. 다른 누구보다도 나를 빚어주신 부모님과 나를 완전하게 만들어주는 나의 아내 태미와 하나님의 선물, 겸, 담, 강군에게 감사드린다.

손진

감사의 글

수년간의 경험과 연구, 논의를 거쳐 쓰게 된 이 책은 어떤 새로운 발명이라기보다는 다양하고 종합적인 연구 작업의 결과이다. 따라서 이 책은 여러 학자들의 생각과 경험에 기초하고 있다. 이 책을 쓰는 데 도움을 주신 모든 분들에게 감사의 말을 전하기에는 지면이 허락지 않지만, 적어도 다음 분들에게는 감사의 말씀을 전하고 싶다.

이 책을 끝낼 수 있게 나를 독려하고 내게 많은 아이디어와 제안을 해준 캐나다의 동료 학자 데이브 워스Dave Worth와 이 책의 원고를 읽고 여러가지 제안을 해준 마틴 라이트Martin Wright, 밀라드 린드Millard Lind, 알렌 크라이더 Alan Kreider, 올친W. H. Allchin에게 감사드린다.

이 책 곳곳에서 내가 감사의 뜻을 전하고 싶은 분들과, 구체적으로 인용할 수는 없지만 여러모로 이 작업에 도움을 준 많은 분들, 특히 이 책의 방향성을 제시해준 닐스 크리스티Nils Christie와 허먼 비안키Herman Bianchi, 그리고 지난 수년간 미국, 캐나다, 영국 등지에서 개최된 회의와 세미나에 참가해 이 책의 아이디어에 귀를 기울이고 평가해준 많은 분들과 미국, 캐나다, 영국 등지에서 피해자−가해자 화해 프로그램VORP 운동에 참가해 나에게 용기를 주고 현실적 근거를 마련해준 수많은 사람들에게 감사를 전한다.

나를 독려하고 이 책을 쓸 수 있는 자리를 마련해준 미국 메노나이트 중앙회Mennonite Central Committee 이하 MCC, 특히 나를 격 려해준 미국 MCC의 전이사 패너H. A. Penner, 영국으로 나를 초대하여 환대해 주고 그곳에서 이 책을 작업할 수 있도록 배려해준 존 하딩John Harding과 햄프셔Hampshire 보호관찰 서비스, 그리고 사무실을 떠나 연구할 수 있도록 조용한 장소를 마련해준 도리스 루프Doris Rupe도 잊을 수 없는 분들이다.

그 밖에도 많은 분들이 이 책을 쓸 수 있게 도움을 주셨다. 하지만 이 책은 MCC의 공식적 입장을 반영하거나 위에 거명한 분들의 입장을 반영하지 않으며, 이 책의 내용에 관한 책임은 전적으로 나에게 있음을 밝혀둔다.

이 책이 처음 출판된 후 회복적 정의restorative justice에 관한 담론은 프로그램의 다양성뿐만 아니라 이데올로기와 문화의 다양성을 포함하는 쪽으로 확대되어 왔다. 특히 흥미로운 것은 비서구권적인 접근 방법이다. 비서구권적인 접근 방법들은 이 책의 기본 구상들을 더욱 확고하게 하고 풍성하게 한다. 책의 재판再版 작업을 간소화하기 위해 본문은 부분적인 수정에 그쳤지만, 이 책 말미에 실린 '양형 서클과 가족집단협의회의 교훈'에서 앞으로의 발전 전망을 제시하고 있다.

제1부

범죄경험

제1장

에피소드

 나는 오랫동안 사진을 찍어왔다. 사진을 통해 배운 교훈 중의 하나는 내가 사용하는 렌즈가 결과에 중요한 영향을 미친다는 것이다. 내가 선택한 렌즈가 어떤 상황에서 어떻게 볼 수 있는지를 결정한다. 빛이 적은 상황에서 최대 조리개가 작고 '감광도가 낮은' 렌즈를 선택하면, 사진이 어두워지고 좋은 질의 사진을 얻기가 어렵다.

 렌즈의 초점거리도 중요하다. 광각렌즈는 찍을 수 있는 범위가 대단히 넓다. 하나의 프레임 안에 다양한 사물을 넣을 수 있지만, 뒤틀림 현상이 약간 나타난다. 가까운 곳에 있는 피사체는 크게 보이고, 배경에 있는 물체는 작게 보인다. 또한 프레임의 구석진 곳에 있는 물체의 형상이 변하고, 원은 타원처럼 보인다.

 망원렌즈는 찍을 수 있는 범위가 좁다. 시야각이 좁기 때문에 프레임 안에 들어갈 수 있는 피사체의 수가 적어진다. 여기에도 뒤틀림 현상이 있지만 와이드 앵글 렌즈와는 좀 다르다. 망원렌즈를 사용하는 경우, 물체는 커지면서 거리가 압축된다. 눈으로 볼 때보다 카메라로 볼 때 피사체가 더 가깝게 보인다.

결국 어느 렌즈를 선택하느냐가 사진을 결정한다. 그것은 또한 사진에 들어가는 피사체의 관계와 비율을 결정한다. 이와 마찬가지로 우리가 범죄와 사법을 평가하는 데 사용하는 렌즈에 따라서 우리가 무엇을 관련 변수로 생각하게 되는지, 그 상대적 중요성을 어떻게 보는지, 적절한 결과가 무엇인지에 대한 우리의 판단에 영향을 미친다.

우리는 특정한 렌즈를 통하여 범죄를 바라본다. 불행히도 그 렌즈를 사용하는 '형사사법'은 피해자와 가해자 어느 누구의 요구도 제대로 충족시키지 못하고 있다. 이 절차는 가해자에게 책임을 지우고 범죄를 예방한다는 명시적인 목적을 충족시키지 못함은 물론 피해자를 소외시킨다.

오늘날 이 같은 실패에 대한 위기감이 확산되어 형사사법시스템의 개혁을 위한 여러 가지 시도가 이루어지고 있다. 오늘날의 전자감시나 집중 감독 Intensive supervision 따위의 유행은 그 '해결'을 위한 많고 많은 노력 중에서 가장 최근의 것일 뿐이다. 그러나 형사사법시스템은 의미있는 개선 노력에 놀라울 정도의 저항력을 보이며, 개혁을 향한 노력을 무력화시켜 원래의 모습으로 되돌아가고 있다. '변하면 변할수록, 원래와 똑같아진다'는 프랑스 속담이 딱 들어맞는 대목이다.

나는 이 책에서 이러한 실패의 원인이 우리가 선택한 렌즈, 즉 범죄와 사법에 대한 우리의 가정假定에 있다고 주장한다. 잘못된 행동에 대한 우리의 대응방식을 지배하는 이러한 가정들은 사실 현실적인 범죄 경험과 동떨어져 있다. 더욱이 이런 현상은 기독교적 전통과도 어울리지 않으며, 서구적 역사와도 연결되지 않는다. 이런 미로 속에서 빠져나가기 위해서 우리는 대체형벌alternative punishments을 넘어서야 할 뿐만 아니라, 형벌에 대한 대안alternatives to punishment을 넘어서야 한다.1 문제와 그 해결방법을 바라보는 대안적 렌즈를 찾아야 한다는 것이다. 즉 문제와 "해결방법"의 프레임은 그것을 바라보는 렌즈가 결정한다. 그리하여 이 책의 중심적 내용은 형사사법을 바라보는 새로운 렌즈에 관한 것이다.

이 책은 원칙과 이상에 관한 것이다. 나는 이 책을 통해 범죄와 정의justice 그리고 함께 살아가는 방법에 대해서 우리가 만들고 있는 **기본적 가정**을 확인하고 이것들을 평가해 보려고 한다.2 또한 우리가 어떻게 이런 가정을 가지게 되었는지 개괄적으로 살펴보고, 그에 대한 몇 가지 대안을 제시하려고 한다.

이런 작업은 추상적일 수 밖에 없겠지만, 추상의 영역으로 제한되어서는 안 된다. 그와 같은 한계를 벗어나기 위해서 우선 범죄와 사법에 대한 현실적 경험을 자세히 살펴볼 필요가 있다. 현실에 확고한 근거를 둘 때, 우리가 무엇을 하고 있는지, 왜 그렇게 하는지, 더 나은 방법은 없는지를 이해할 수 있을 것이기 때문이다.

그렇지만 범죄 경험을 이해한다는 것은 말처럼 쉽지도 않을 뿐만 아니라, 기꺼이 할 만한 일도 아니다. 누군가에게 피해를 주거나 타인에게 피해를 당한다는 것이 어떤 의미인지 이해하려고 할 때 생기는 강렬하고 두려운 감정을 느끼기보다는 차라리 무시하는 편이 나을 것이기 때문이다. 더구나 범죄를 직접 경험해 보지 않고서는 가해나 피해의 경험을 전적으로 공감하기도 어려울 것이다. 범죄 경험을 이해하는 것이 이처럼 불완전하고 고통스러울 수 있는 일이라도 그 노력을 멈추어서는 안 된다.

바로 이 지점에서 이 책은 출발한다.

⋯ 에피소드

몇 해 전, 나는 17세의 피고인과 함께 어느 작은 마을 법정에 앉아 있었다. 메노나이트 화해봉사부MCS에서 일하는 나와 내 동료는 법원에 제출할 양형제안서를 준비해 달라는 부탁을 받았다. 당시 우리는 판사의 형선고를 기다리고 있었다.

여기까지 오게 된 사건 뒤에는 불행한 이야기가 있었다. 사건 당시에 16세였던 이 소년은 캄캄한 복도에서 한 젊은 여성을 칼로 위협하다가, 몸싸움을 벌이던 과정에서 그 여성의 눈을 잃게 만들었다. 이제 이 소년의 운명이 결정되려 하고 있었다. 자세한 내용은 불확실하지만, 아마 당시 다음과 같은 일이 일어났던 것 같다. 아동학대도 경험했을 만큼 불행한 가정환경에서 자란 소년이 여자친구와 함께 멀리 도망치기로 결심했다. 하지만, 돈이 없는 게 문제였다. 이 소년은 폭력 전과도 없었다. 하지만, 텔레비전의 영향으로 인해, 누군가를 협박하면 돈을 넘겨줄 것이고 문제가 해결될 수 있을 것이라고 생각했던 것 같다.

범죄 대상으로는 주변에서 몇 번 본 적이 있는 여성을 선택했다. 한두 번 말을 붙여보려 했다가 거절당했던 사람이다. 그녀가 잘 살거라고 생각했으므로 나름 합리적인 선택이었다.

소년은 손에 칼을 들고피고인은 의도적으로 작은 칼을 골랐다고 주장했다. 복면을 한 채 그녀가 사는 아파트 복도에서 기다리다가, 그녀가 들어오자 뒤에서 그녀를 붙잡았다. 그런데 그 여성은 그가 예상한 대로 순순히 돈을 건네주지 않고 겁에 질려 소리를 지르며 몸부림을 치기 시작했다. 아마 누구라도 그랬을 것이다. 소년의 어머니에 따르면, 소년은 누군가가 자기에게 고함을 치면 이성을 잃는다고 한다. 어머니의 이러한 설명은 그 이후 그의 행동을 설명해 준다. 그녀가 몸부림을 치자 소년도 겁에 질려서 그녀의 몸을 여러 차례 칼로 찔렀고, 그 와중에 그녀의 눈도 찌르게 된 것이다.

그러고는 그녀의 아파트로 데리고 들어갔는데, 여기서 소년이 그녀를 감금하려 한 것인지 아니면 도와주려 한 것인지에 대해 양측의 이야기가 다르다. 소년은 그녀를 도와주려고 했고, 그녀도 협조했다고 주장한다. 체포될 당시 그는 "그러려고 했던 게 아니에요. 누가 다치는 걸 원하지 않았어요. 미안하다고 전해 주세요."라고 이야기했다고 한다. 어쨌든 그는 아파트를 떠나려고 할 때 체포되었고, 결국 유죄판결을 받았으며, 이제 형선고를 기다리고 있었다.

작은 마을의 이 좁은 법정에서 소년은 판사 앞의 피고인석에 변호인과 함께 앉아 있었다. 그 뒤에는 소년의 가족들이 앉아 있었고, 뒷줄에는 피해자의 가족과 친척들이 앉아 있었다. 그 외에 관심 있는 방청객 몇 명과 형사사법 전문가들이 방청하고 있었다.

형선고 전에 나는 제한적 징역형과 보호관찰, 피해자에 대한 손해배상, 공동체에 대한 손해배상, 카운셀링, 교육, 체계적 생활, 고용 등을 요구하는 양형제안서를 제출했고, 피고인에게는 최후 변론의 기회가 주어졌다.

소년은 자신의 행동을 후회하고 있고, 그 행동이 피해자에게 어떤 의미로 받아들여 졌을지 이해하려고 노력한다고 말했다.

"제가 엄청난 고통을 초래했다는 것을 알고 있습니다. OOO씨는 다시는 돌려받을 수 없는 눈을 잃어버렸습니다. 그 분이 다시 볼 수만 있다면, 제 눈이라도 기꺼이 드리고 싶습니다. 저의 행동에 사과드리며, 용서해 주시기 바랍니다. 앞으로는 그녀의 가족에게 어떠한 피해도 끼치지 않겠습니다." 라고 말했다.

그리고 형을 선고할 시간이 되었다. 그러나 판사는 형을 선고하기에 앞서 양형의 일반적 목적, 즉 응보의 필요성, 가해자를 사회로부터 고립시킬 필요성, 사회복귀의 필요성, 예방의 필요성 등을 조목조목 나열했고, 소년으로 하여금 자신의 행위에 책임을 지게 할 필요성도 빼놓지 않았다.

판사는 또한 소년의 범의를 살폈다. 소년은 특수강도와 살인미수상해로 기소되어 있었는데, 판사는 강도할 당시에 살해의 고의가 없었다는 소년의 주장을 받아들이는 것 같았다. 그러나 판사는 결국 몸싸움 과정에서 그와 같은 고의가 형성되었고 기소된 내용들이 모두 인정되고 죄질이 나쁘다는 결론을 내렸다.

결국 판사는 단기 20년, 장기 85년의 징역형을 선고하고 최소 형기를 복역할 때까지는 가석방이 불가능하다고 못 박았다. 소년이 석방되려면 최소한 37세가 되어야 한다. 판사는 이러한 형을 언도하면서 소년에게 "나는 피고인이 교도소에서 이 사건과 같은 폭력범죄에 이르게 된 행동 패턴을 잊어버릴 것이라고 믿는다"고 훈시했다.

이 이야기가 비극이라는 사실은 누구도 부인할 수 없다. 하지만 두 사람 사이의 이 비극적 사건은 법정 절차와 언론에 의해 '범죄crime'와 '범죄자criminal'라는 추상적인 두 개념 사이의 드라마로 변질 된다. 여기서 피해자는 부수적이차적으로 기억될 수밖에 없는 존재가 되고 만다. 이렇듯 당사자들의 경험과 동기가 완전히 무시될 정도로 현실의 사건은 비현실적 드라마가 되고 신비한 일이 된다.

이제 렌즈를 바꾸는 것에서부터 시작해보자. 연극이 되어버린 비극을 다시 현실의 문제로 만들어 보자. 이제 범죄를 우리와 똑같은 현실의 사람들 사이에서 일어나는 인간적 비극으로서 보면서 그 경험을 해체해 보자.

제2장

피해자

나는 피해 여성을 만나보지 못했다. 한편으로 형사사법의 당사자주의 원칙 때문이기도 하지만, 다른 한편으로 내가 사건에 직접 관여하고 있었기 때문이다. 그리고 솔직히 나도 어떻게 할 방법을 몰랐기 때문이다. 되돌아보면 한 번쯤 시도는 해봤어야 하는 것이 아닌가 싶은 생각이 든다. 하지만 다른 피해자의 경험에 비추어 그녀가 겪은 일을 상상해 보기로 하자.3

피해자의 경험

피해자가 자기집 현관에서 복면을 한 채 칼을 들고 있는 남자에게 공격을 받았을 때, 그녀는 공포에 질렸다. 피해자가 보인 첫 반응은 충격과 믿을 수 없다는 생각이다. "이건 꿈일꺼야." 피해자들 중에는 처음에는 몸이 마비되어 움직일 수 없었다고 말하는 사람들도 있지만 그녀는 소리 지르며 몸부림쳤다. 당시 그녀는 자신이 정말 죽는구나 싶었다고 한다.

심리학자들은 피해자들이 극심한 공포로 인한 순응 현상*frozen-fear compliance*을 공통적으로 보인다고 하는데, 공중납치 피해자와 같이 극한 공포로 저항할 수 없는 상황에 처한 피해자들은 공격자에게 협조하는 듯이 보인다는 것이다. 성폭행과 같은 범죄에서 이런 자연스러운 심리적 반작용은 자발적인 협력으로 오인되기도 한다. 그러나 그것은 극단적인 공포로 인한 반응이다.

최초의 공격이 지났을 때, 이 여성도 똑같은 반응을 보였다. 가해자는 자기가 무슨 짓을 하고 있는지 정신을 차리고 나서, 피해자를 도와주려 했다고 한다. 따라서 가해자의 관점에서는 피해자가 협조적이었던 것으로 비칠 수 있다. 하지만 사실은 소년에게 공포를 느꼈고 그의 힘에 완전히 제압당했기 때문에 가능한 한 협조해서 소년을 진정시키려고 했던 것이었다.

최초의 '충격impact' 단계에서 그녀의 반작용은 다른 피해자들과 다르지 않다. 그녀는 혼란, 무력감, 공포심, 취약함vulnerability에 압도당한 것이다. 이런 감정들은 비록 강도는 약해지더라도 사건이 있은 후 상당 기간 지속되었을 것이다. 그리고 시간이 지날수록 분노, 죄책감, 의심, 우울함, 무의미함, 자기 회의, 후회 등 새로운 감정이 더욱 강렬하게 일어난다.

이러한 '반작용recoil' 단계에서 피해자는 새로운 환경에 적응하려고 노력하면서 심한 감정의 기복을 경험했을 것이다. 어떨 때는 쾌활하고 낙천적인 성격을 회복한 듯 하다가도, 심각한 우울증과 분노의 나락으로 빠지기도 하며, 다른 사람, 특히 낯선 사람을 의심하게 되고, 작은 일에도 쉽게 놀라게 된다.

피해자는 무섭고 생생한 꿈을 꾸기 시작하고, 자신에게 이런 짓을 저지른 사람에 대한 잔인한 복수를 상상하는 등 원래의 성격이나 가치관과 상반되는 공상을 하기 시작한다. 이런 공상은 피해자가 평소에 추구하던 가치관과 상반되는 것이기 때문에 불안감과 죄책감을 불러온다. 눈을 뜨고 있는 동안은 왜 하필 그렇게 대처했을까, 어떻게 했으면 좋았을까를 생각하면서 사건과 자신의 대응을 계속해서 되새기게 된다.

대개의 범죄 피해자와 마찬가지로 그녀도 수치심과 비난으로 발버둥 쳤을 것이다. 왜 그런 일이 일어났으며, 왜 자신이 그렇게 대처했으며, 다른 방법은 없었는지를 계속해서 되묻고, 자신에게도 어느 정도 책임이 있다는 생각을 하기도 한다. '그 소년이 말을 걸어올 때 거절하지만 않았어도 …. 그날 밤에 외출만 하지 않았어도 …. 내가 전에 한 일에 대해 벌 받고 있는 것인지도 모른다. …'는 생각이 꼬리를 물고 떠오를 것이다.

또한 피해자는 취약함과 무력감뿐만 아니라 두려움에서 벗어나기 위해 끊임없이 투쟁할 것이다. 누군가가 피해자의 삶을 장악하고 아무것도 할 수 없는 상태에 빠뜨린 후에 피해자가 다시 안정을 되찾고 자신감을 회복한다는 것은 여간 어려운 일이 아니다. 동시에 피해자는 작게는 타인, 크게는 세상에 대한 믿음을 되찾으려고 노력하게 되지만, 누군가 자신의 세상을 침범한 후에는 사람, 가정, 이웃, 세상이 주는 안락함을 되찾기는 쉽지 않다.

피해자들은 범행을 저지른 사람, 그리고 그것을 예방할 책임이 있는 사람, 나아가 범행을 허락하거나 야기했을지도 모를 신에게 강한 분노를 느낀다. 이처럼 강한 분노는 피해자가 추구하던 가치와 모순되어 피해자의 죄책감을 높이는 역할을 한다. 종교적인 사람이라면 신앙심의 위기에 직면할 수도 있다. 피해자는 '왜 이런 일이 일어났는가, 이런 일을 당할 만큼 나쁜 짓을 한 적이 있는가, 사랑과 정의의 하나님이 어떻게 이런 일이 벌어지게 내버려둘 수 있는가'라는 질문을 하게 되고, 이에 대해 만족스러운 답을 얻지 못하면 심각한 신앙의 위기에 빠질 수도 있다.

사건 발생 후 몇 주 동안 피해 여성은 새로운 환경에 적응하려고 노력했다. 눈을 잃었고 순수한 마음을 잃었다는 사실에 슬퍼하며, 분노와 죄책감 그리고 취약감 같은 새롭고 강렬한 감정을 해결하기 위한 방법을 찾아보았으며, 세상과 자신을 바라보는 시각을 바꿔야 할 필요도 있었다. 이제 피해자에게 세상은 잠재적으로 위험하고 자신을 배신한 곳이며, 더 이상 예전처럼 편안하고 예측 가능한 환경이 아니다. 그녀는 자신이 순진했다고 생각하고, 더 이상 '친절하고 남을 잘 믿는' 사람이 되지 말자고 결심한다. 새로운 감정에 휩싸여 자신의 자아상까지도 바꾸기 시작한다. 예전에는 자신이 남을 배려하고 사랑스러우며 사회성이 좋은 사람이라고 생각해왔지만, 이제 그런 자아상은 산산이 부서진 지 오래다.

이런 어려움 속에서 피해자의 친구들은 어떻게 대응했는가?

운이 좋았다면 친구나 교회 친구들, 직장 동료, 이웃이 찾아와 줬을지도 모른다. 피해 여성에게 필요한 사람은 피해자의 감정을 인정해주고 그 감정을 이해하든 하지 못하든 어떠한 판단도 내리지 않으며, 몇 번이고 같은 이야기를 들어줄 수 있는 사람이다. 어떤 일이 일어났고 어떻게 대응했는지에 대해서 피해자가 자신을 비난하지 않도록 도와주고, 덩달아 감정에 휩싸이지 않으면서 용기를 북돋워줄 친구가 필요하다.4

그러나 불행하게도 친구들은 이런 문제를 피하려는 경향을 갖는데, 보통은 피해자의 이야기에 쉽게 지칠뿐만 아니라, 그런 일은 이제 과거사로 접어두고 새롭게 출발할 필요가 있다고 생각한다. 그들은 피해자에게 화내지 말라고 타이르고, 피해자도 사건 발생에 어느 정도 기여한 점이 있고 따라서 일정부분은 비난받아야 한다는 생각을 다양한 방법으로 암시한다. 어떻게 보면 그것이 신의 뜻이었는지도 모른다 피해자가 벌을 받을 일을 했거나, 크게 쓰시려고 고난을 주는 것이나, 무언가를 가르치려고 했는지도 모른다고까지 말한다. 이런 말은 피해자로 하여금 자신을 비난하고 신앙에 의문을 갖도록 부채질한다.

이 같은 친구나 지인의 반응은 심리학적 용어로 '이차 피해secondary victim-ization'5를 일으키는 예다. 범죄 이야기나 피해자의 이야기를 들으면 우리도 역시 모종의 피해 의식을 경험하는데, 우리는 이런 고통스러운 감정을 피하고 싶어한다. 그래서 우리는 그 주제를 회피하고 남을 비난하는 경향이 있다. 결국 피해자의 행동이나 성격에서 문제의 원인을 찾아낼 수 있다면, 피해자의 상황으로부터 거리를 둘 수 있을 것이고, 나에게는 그런 일이 생기지 않는다고 믿을 수 있게 된다. 이 과정을 통해 사람들은 안도감을 얻는다.

이제 피해자는 마음껏 슬퍼할 수도 없다. 자신의 아픔을 함께 나누는 가까운 친구들의 대응 방식이 제각기 달라서 서로 간에 긴장이 때문이다. 예컨대, 살인으로 자식을 잃은 부모의 이혼율이 높게 나타나는 이유도 부부가 슬퍼하고 적응하는 방식이 다르기 때문인데, 슬퍼하는 방식의 차이를 서로 확인하고 이해하지 않으면 그 차이 때문에 부부가 갈라설 정도로 심각한 긴장관계가 형성된다는 것이다.

범죄의 피해자가 되는 경험은 너무나도 강한 것이어서 삶의 모든 부분을 흔들어놓을 수도 있다. 위 사례의 피해자에게 범죄는 수면과 식욕과 건강에 악영향을 주었다. 감정을 이기기 위해 약물과 술에 의존하게 되었고, 의료 비용도 큰 부담이 되었다. 생업을 유지하기도 힘들게 되었을 뿐만 아니라, 새로운 경험을 하거나 특별한 일이 있을 때마다 고통의 기억이 되풀이되었다. 기혼이었다면 결혼생활에도 문제가 생겼을 것이고, 성적 관심이나 행동에도 영향이 있었을 것이다. 이처럼 범죄 피해자에게 범죄의 후유증은 깊은 상처를 남기고 오랫동안 아물지 않는다.

직접적 피해자가 아닌 사람이 피해자의 위기를 완전히 헤아리기는 어렵다해도, 이 사건과 같은 폭력범죄에서 피해자가 느끼는 범죄 경험의 범위와 강도를 짐작하기는 그다지 어렵지 않다. 그러나 우리가 경미하다고 생각하는 범죄 피해자의 경험도 이것과 유사하다는 점을 간과해서는 안 된다. 야간 주거침입 절도의 피해자가 말하는 범죄 경험도 성폭행 피해자의 그것과 크게 다르지 않다. 피해 정도가 약한 것으로 생각되는 기물 파손이나 차량 절도의 피해자도 폭력적 공격의 피해자와 거의 비슷한 반응을 보고하고 있다.6

그토록 상처가 깊은 이유는 무엇인가?

피해자는 왜 이런 반응을 보였을까? 왜 범죄는 인간을 황폐하게 하고, 왜 인간은 범죄를 극복하기가 어려운가? 그것은 범죄가 본질적으로 자아에 대한 침해이며, 우리의 존재, 우리의 믿음, 우리의 사적 영역에 대한 침해이기 때문이다. 범죄로 인해 세상이 질서 있게 돌아가는 의미 있는 공간이라는 믿음과 **사람은 누구에게나 자신의 운명을 결정할 수 있는 자율성이 있다**는 믿음을 깨뜨리기 때문에 삶이 황폐하게 되는 것이다. 이 두 가지 믿음이 온전한 삶의 근간이 되는 것이다.

사람들은 대부분 세상 또는 적어도 그 일부가 질서정연하고, 예측 가능하며, 이해할 수 있는 곳이라고 생각한다. 세상만사가 원하는 대로 돌아가지는 않겠지만, 적어도 세상에서 일어나는 대부분의 일에 답이 있다고 생각한다. 일반적으로 우리는 무엇을 기대해야 하는지 알고 있다. 그렇지 않으면 어떻게 일말의 안도감이라도 가지고 살아갈 수 있겠는가?

하지만 범죄는 이와 같은 의식을 뒤집어 놓는다. 이것은 마치 암이 환자의 정신을 뒤집어 놓는 것과 같다. 그 결과, 범죄 피해자도 암 환자와 마찬가지로 범죄의 근본적 원인에 대한 답을 찾게 된다. 피해자를 괴롭히는 몇 가지 질문을 들어보면, '왜 나에게 이런 일이 일어났는가? 어떻게 했어야 예방할 수 있었단 말인가?' 이런 물음에 답을 찾는 것은 잃어버린 질서와 삶의 의미를 회복시킨다는 관점에서 중요한 의미를 지닌다. 이 물음에 대한 답을 찾을 수 있다면, 세상은 다시 이치가 통하는 공간이 된다. 그러나 답을 찾지 못한다면, 피해자는 자신은 물론 타인을 비난하게 되고, 심지어 자신이 믿는 하나님까지 비난하게 된다. 따지고 보면 비난도 삶의 의미를 회복하고 온전해 보이는 삶의 외형을 되찾는 답을 제시하는 중요한 방법이 되기도 한다.

그러나 온전한 삶을 되찾기 위해서는 **자신의 삶에 대한 자기 통제, 즉 자율성을 인식**할 필요가 있다.7 의지에 반하여 자기 통제력을 박탈당하고, 타인의 통제를 받는다는 것은 상당히 수치스럽고 비인간적인 일이다. 범죄는 자율성 인식을 파괴한다. 누군가가 나의 삶과 재산, 나의 영역을 장악해 버리는 것이 범죄다. 그러므로 범죄 피해자는 속수무책의 무방비 상태에 빠지고, 자기를 통제할 수 없으며 인간이 아니게 되는 것이다. 이런 상황의 원인을 자신의 행위에서 찾아낼 수 있으면, 원인된 행동을 피할 수 있고, 따라서 자기 통제권을 되찾을 수 있을지도 모르기 때문에 자기 비난이 범죄 극복의 메커니즘으로 작동될 수 있다는 것이다.

그렇다면 위 이야기의 여성은 단순한 신체적 공격의 피해자가 아니라, 예측 가능한 세상을 살아가는 자율적 인간이라는 관념, 즉 자아의식에 대한 공격의 피해자인 것이다. 심리적 효과가 신체적 상해보다 훨씬 심각한 결과를 초래하기 마련이다.8

회복 과정

온전한 삶 또는 자율성의 회복을 위해서는 '반작용' 단계에서 스스로를 다시 추스르는 '재편성reorganization' 단계로 진행해야 한다. 즉, 피해자는 가해 행위와 가해자의 통제력을 벗어나야 한다.9 그러나 이 과정은 상당히 어렵고 시간도 많이 걸려서 미완으로 남기 쉽다.

회복을 위해서 피해자에게 필요한 것은 무엇인가? 이 질문에 대해서는 어떤 식으로 답하더라도 불완전할 수밖에 없다. 사람의 요구란 각인각색이기 때문에 오직 피해자만이 확실한 답을 할 수 있다. 그렇지만 일반적으로 범죄 피해자는 다음과 같은 요구를 가지고 있다고 할 수 있다.

피해자의 요구 중 가장 명백한 것은 손실에 대한 보상일 것이다. 범죄로 인해 피해자는 현실적인 금전적·물질적 부담을 지게 된다. 손실의 상징적 가치가 물질적 손실보다 중요한 경우도 있다. 어쨌든 손실 변상은 피해자의 회복에 도움이 된다. 물질적·정신적 피해를 완전히 배상하기란 당연히 불가능하겠지만, 상실감이나 그로 인한 물질적 회복 필요성은 대단히 중요한 문제일 수 있다.

앞의 사건에서 누구도 피해자에게 눈을 되돌려줄 수는 없지만, 수술비용 등의 변상은 피해자의 부담을 덜어줄 수 있는 동시에 상징적인 차원에서 회복감을 제공할 수 있다.

그런데, 범죄 피해자 조사에서 나타나는 것처럼 물질적 손실만큼 다른 요구들도 중요하다. 그 중의 하나가 질문에 대한 답, 즉 정보다. 왜 나인가? 범인이 나에게 원한을 갖고 있었는가? 또 다시 그럴 것인가? 내 물건은 어떻게 되었나? 어떻게 하면 피해를 입지 않을 수 있었는가? 등과 같은 질문에 대한 정보와 답이 제시되어야 한다.

상처의 치유를 위해서 피해자는 다음 여섯 가지의 기본적 질문에 답을 얻어야 한다고 할 수 있다.10

1.무슨 일이 일어났는가?

2.왜 나에게 일어났는가?

3.당시 나는 왜 그렇게 행동했던가?

4.그 사건 이후로 나는 왜 이렇게 행동하고 있는가?

5.그런 일이 다시 일어나면 어떻게 할 것인가?

6.이 일이 나 자신과 나의 인생관신앙, 세계관, 미래에 어떤 영향을 미치는가?

이것들 중 일부는 피해자 자신만이 대답할 수 있는 것들이다. 예컨대, 사건 당시와 사건 이후 자신의 행동에 대한 설명이나 장래에 비슷한 상황이 생길 경우의 대처 방법은 스스로 찾아야만 한다. 그러나 처음의 두 질문, '무슨 일이 일어났는가? 왜 나에게 일어났는가?'는 범죄의 사실 관계와 관련이 있다. 이에 관한 정보는 피해자에게 대단히 중요한 것으로서, 그 답을 얻을 때 비로소 회복의 길로 접어들 수 있고, 반대로 답이 없다면 회복은 어려워진다.

질문에 대한 답이나 배상 외에도 피해자는 노여움, 두려움, 고통과 같은 감정을 표출하고 타인의 공감을 얻을 기회가 필요하다. 비록 그런 이야기가 들어서 기분 좋거나 한 번쯤 느껴보고 싶은 감정은 아니지만, 이러한 감정은 범죄라는 침해에 대한 인간의 자연스러운 반응이다. 사실 노여움이란 괴로움을 극복해 가는 과정으로서 간단히 멈출 수 있는 것이 아니다. 괴로움과 고통은 범죄의 일부이고, 피해자가 표현하고 누군가가 들어줘야 하는 것이다. 피해자에게는 자신의 감정과 고통을 표출할 기회뿐만 아니라 자신의 입장을 인정받을 수 있는 기회가 있어야 한다. 즉, 피해자에게는 자신의 '진실'을 들어주고, 그 진실을 확인해줄 사람이 필요하다.

또한 피해자는 힘을 받을 필요가 있다. 범죄로 인해 자신의 삶에 대한 자율성을 박탈당했기 때문에 자기 통제 의식을 되찾아야 한다. 여기에는 주변 환경을 통제한다는 의식도 포함된다. 피해자는 범죄 위험성을 줄이기 위해 스스로 자물쇠나 보안 장치를 바꾸거나 생활양식을 바꾸기도 한다. 마찬가지로 피해자는 자기 사건의 해결 과정을 통제하거나 적어도 관여한다는 의식을 가질 필요가 있다. 즉, 피해자가 자기 삶에 대한 선택권을 가지고 있고, 이 선택권을 현실적으로 행사할 수 있다고 느껴야 한다.

보통의 피해자들은 안전의 중요성을 절감하기 때문에 자신에게든 남에게든 범죄가 다시는 일어나지 않는다는 보장을 원하고, 이를 위해서 일정한 조치가 취해지고 있는지를 알고 싶어 한다.

결국 피해자가 안전하다고 인식하기 위해서는 '정의justice'를 경험해야 한다. 정의의 경험이 보복으로 나타나는 경우도 있지만, 보복을 요구하는 것은 긍정적인 정의를 경험하는 데 실패했기 때문에 나타나는 현상일 뿐이다. 사실 피해자가 정의를 경험할 수 없다면 범죄 피해를 온전히 치유한다는 것은 도저히 불가능하다.

피해자에게 정의의 경험은 여러 가지 의미를 가진다. 위에서 본 의미 이외에, 피해자에게는 자신에게 일어난 일이 잘못된 것이며, 불공정하고 정당치 않은 일이라는 확인이 필요하다. 그들에게는 괴로움 등 자신이 겪은 범죄의 진실을 이야기할 기회가 필요하고, 그 이야기를 들어주고 확인해줄 사람이 필요하다. 가정폭력 피해여성을 돕는 사람들은 이러한 필요성을 '진실한 대화', '침묵 탈피', '개인의 문제 혹은 별것 아닌 일로 치부하지 않기' 등으로 요약한다.

잘못을 바로잡고 재발을 방지하기 위한 조치가 취해지고 있다는 인식도 정의 경험의 일부이다. 앞서 언급한 바와 같이 피해자들은 단순한 물질적 배상 측면뿐만 아니라, 범죄가 부당한 행위였다는 확인과 그 부당함을 바로잡기 위한 노력을 통해 나타나는 도덕성 진술 측면에서 손해배상을 원한다.

정의는 상태일 뿐만 아니라 경험이기도 하다. 즉, **정의는 현실적으로 경험할 수 있어야 한다.** 따라서 피해자들은 누군가가 사건을 처리하고 있음을 확인하는 것만으로 만족하지 못하고, 그 처리에 관한 정보를 지속적으로 알고 싶어 하며, 일정한 단계에서는 최소한 의견이라도 제시해 사건에 관여하기를 원하는 것이다.

범죄는 인간의 기본적 욕구 중 하나인 의미인식sense of meaning을 뒤틀어놓을 수 있다. 따라서 회복과정은 의미의 재발견 과정이며, 회복을 위한 여섯 가지 질문도 의미의 재발견을 위한 것이라 할 수 있다. 철학자이자 역사학자인 마이클 이그너티에프Michael Ignatieff가 말하는 것처럼, 정의는 범죄 경험을 이해하기 위한 의미의 틀을 제공하기 때문에 피해자의 요구 중 가장 기본적인 것이다.11 그래서 나는 다음과 같은 결론을 내리게 되었다.

첫째, 범죄피해victimization는 큰 상처를 남기는 경험이다. 그것은 사람의 근본에 대한 침해, 즉 의미 있는 세상에서 살아가는 자율적 인간이라는 관념과 타인과의 신뢰 관계를 침해하기 때문이다.

둘째, 이런 현상은 우리가 심각한 것으로 여기는 살인과 성폭행 등의 폭력범죄에 대해서뿐만 아니라, 우리 사회가 경미한 범죄로 취급하는 배우자 학대, 야간 주거침입 절도, 기물 파손, 자동차 절도 등에서도 똑같이 나타난다.

셋째, 피해자의 성격, 상황, 범죄 행위의 차이를 고려할 때, 피해자들의 반응에는 공통점이 나타난다. 대부분의 피해자에게서 두려움이나 분노와 같은 감정을 발견할 수 있으며, 조정 단계를 거치는 경우가 많다.

마지막으로, 범죄의 피해자가 되면 일련의 요구가 발생되고, 이것들이 충족될 때 회복 과정이 진행될 수 있다. 이러한 요구들이 충족되지 못하는 피해자는 상처의 치유가 매우 어렵거나 불완전하다.

우리의 반응

위에서 언급한 피해자의 요구를 종합해 보면, 피해자는 정의를 이루기 위한 사법 절차의 중심에 서야 하고 그들의 요구가 사법 절차의 주요 관심사가 되어야 논리적일 것이다. 피해자들이 기소의 내용에 대해 일정한 목소리를 내고, 최종적인 처리 단계에서 피해자 및 피해자의 요구가 고려될 것이라 기대할 수 있고, 최소한 가해자가 확인되었다는 사실을 통보받고, 사건의 진행에 대한 정보를 얻을 수 있을 것이라 예상할 수도 있다.

그러나 이렇게 되는 경우는 거의 또는 전혀 없다. 피해자는 기소 여부나 죄목에 관해서 아무런 목소리도 내지 못한다. 피해자들은 증인으로 필요한 경우에만 고려될 뿐이고, 가해자가 체포되었다는 통보를 받는 경우도 드물다.[12] 법원은 법률에 의해 요구되는 경우에만 피해자에게 사건의 진행 과정을 통지하거나 판결에 관한 의견을 제출하도록 요구하는 형식적인 노력을 할 뿐이다.

이런 사실은 내가 진행을 맡았던 세미나에서 어느 여성이 생생하게 설명해 주었다. 내가 범죄 피해자의 고통, 요구사항, 사법 절차에서 소외되는 현실을 설명하고 있을 때, 뒤에서 어떤 여성이 일어나 이렇게 말했다.

"맞아요! 저는 집에서 도둑을 맞은 적도 있고, 어두운 길거리에서 폭행을 당한 적도 있습니다. 공소 절차가 끝날 때까지 뭔가 고지를 받거나 의견을 진술한 적이 없습니다. 그런데 말입니다. 제가 검사거든요! 제 부하직원들조차 저에게 아무런 정보를 제공하지 않았습니다."

검사가 이 정도였다면 검사가 아닌 사람들은 어떻겠는가? 피해자는 범죄를 신고한 직후부터 이런 현실을 마주하게 된다. 피해자는 자신의 의사와 상관없이 공소를 진행하거나 포기한다는 사실에 놀라고, 사건에 관한 정보를 거의 제공받지 못한다는 사실에 또 한 번 놀란다.

이처럼 피해자를 무시하는 태도는 단순히 피해자의 요구를 만족시키지 못할 뿐만 아니라, 피해자의 상처를 악화시킨다. 많은 사람들이 형사사법 기관과 절차에 의한 '이차피해secondary victimization' 문제를 말하고 있는데, 그 중심에는 개인의 '힘'에 관한 문제가 있다. 범죄 피해의 비인격성이 피해자의 '힘'을 박탈하는 방법에서 기인하는 것인데, 사법 시스템은 피해자를 사법 절차에 참여시켜 박탈된 '힘'을 되찾게 해주는 것이 아니라, 다시 한 번 피해자의 '힘'을 부정함으로써 상처를 악화시키는 것이다. 결국 사법 절차는 피해자에게 도움을 주기는커녕 상처를 가중시킬 뿐이다.

미국에서는 각 주에서 시행되고 있던 피해자 원조 및 보상 프로그램을 지원하기 위한 연방 법률이 미국 의회를 통과했다. 보상 프로그램은 엄격한 기준을 충족시킨 대인 범죄의 피해자에게 비용 상환을 청구할 수 있게 하고, 피해자 원조 프로그램은 피해자에게 카운슬링 등의 서비스를 제공하도록 하고 있다. 영국에서는 자원봉사자를 활용해 사법 절차나 회복 단계에서 피

해자를 물적·심적으로 원조하는 지역적 피해자 지원 프로그램이 발전을 주
도하고 있다.13

이런 프로그램들의 발전은 피해자에 대한 새로운 관심을 이끌어내는 데
중요한 역할을 수행한다. 그러나 불행하게도 이러한 노력은 시작 단계에 그
치고 있고 필요성에 비하면 조족지형에 지나지 않는다. 피해자는 여전히 사
법 절차의 주변인으로 남아 있고, 법적 절차에서 '범죄의 각주'에 다름 아니
다.

피해자를 진지하게 받아들이지 못한 결과, 두려움과 의심, 분노, 죄책감
이라는 심각한 잔재가 남는다. 이것은 지속적으로 강해지는 복수의 요구로
이어지며, 고정관념을 구축하도록 조장한다.이런 방법 말고는 만나지도 못한 가해
자를 이해할 방법이 없지 않은가? 이 고정관념은 더욱 심각한 불신으로 이어지고,
급기야 차별주의적 태도를 조장한다.

무엇보다도 가장 안좋은 일은 피해자의 입장에서 범죄에서 벗어날 수 없
다14는 것이다. 피해자가 타인의 도움을 받지 못하고 그 요구가 충족되지 못
하면, 범죄 경험은 과거의 일로 잊혀지기 어렵다. 실제로 다수의 피해자들
은 수년 전의 사건을 마치 어제 일처럼 생생하게 떠올리게 되는데, 이것은
자신에게 일어난 사건을 완전히 극복할 수 있게 해주는 경험을 하지 못했기
때문이다. 그래서 가해자와 그의 가해행위가 피해자의 삶을 지배하고, 피해
자는 계속해서 힘을 부인 당한다. 게다가 이런 감정은 피해자 본인에게만 국
한되는 것이 아니고, 그 비극을 전해들은 가족과 친구 등 타인들도 함께 느
끼게 된다. 아물지 않은 상처는 더 큰 의심과 두려움, 분노와 무력감을 공동
체 전역으로 퍼뜨린다. 그렇게 공동체 의식이 잠식되어 가는 것이다.

그러나 피해자의 요구에 관심을 기울이지 않는다고 해서 사법 절차나 뉴

스에서 피해자를 전혀 언급하지 않는다는 뜻은 아니다. 오히려 우리는 피해자가 진정으로 원하는 것이 무엇인가에는 관심도 없으면서 범죄를 일으킨 가해자에게 온갖 제재를 가하기 위해 피해자의 이름을 빌어 쓴다. 화려한 미사여구에도 불구하고 피해자에게 직접 도움이 되는 일은 거의 없는 것이 현실이다. 우리는 피해자의 고통과 피해자의 요구를 들으려 하지 않고, 피해자가 잃어버린 것을 되돌려주려고 하지 않으며, 피해자가 사건의 해결 방향을 결정하는 데 영향을 미칠 수 있는 기회를 주지 않는다. 피해자가 상처를 회복할 수 있게 도와주지도 않을뿐만 아니라 사건이 어떻게 처리되는지조차도 알려주지 않는다!

범죄로부터 가장 직접적인 고통을 받은 사람이 범죄의 해결에는 참여하지 못한다는 사실이야말로 궁극적인 아이러니이며 비극이다. 그러나 피해자의 문제는 앞으로 살펴볼 수많은 문제의 일부에 지나지 않는다.

제3장

가해자[16]

지금까지 살펴본 바에 의하면, 위 이야기에 등장하는 상처입은 피해자도 진정한 정의를 경험하지 못했으리라는 추측이 가능하다. 그러면 그녀에게 범죄를 저지른 소년은 어떻게 됐을까?

그는 자신의 이익을 대변하는 전문가변호인가 국가의 이익을 대변하는 다른 전문가검사와 싸움을 벌이는 정교하고도 긴 절차를 경험한다. 이 절차는 정교한 미로와 같이 짜여 있는 '적법 절차'라는 원리에 의해 진행된다. 이 원리는 가해자의 권리와 사회의 권리이 권리가 반드시 피해자의 권리를 의미하는 것은 아니다를 보호하도록 설계되어 있는데, 이 절차를 통해 전문가들검사, 판사, 보호관찰관, 정신과 전문의이 가해자의 법적 유·무죄 여부를 판단하는 역할을 한다. 여기서 판사는 피고인이 법에서 정의하는 죄를 범했는지, 그리고 그 행위에 고의성이 있었는지를 판단하고, 가해자에게 어떠한 조치를 취해야 하는지를 결정한다.

이 절차에서 가해자는 방관자다. 가해자의 주된 관심사는 자신의 운명일 것이기 때문에 자신이 직면해야 하는 각종 장애물, 결정, 절차의 진행단계에 지대한 관심을 가질 수밖에 없다. 그럼에도 불구하고 대부분의 결정은 타인이 가해자를 위해서 내려준다.

교도소 경험

이제 소년은 교도소에 수감되어 있다. 미국의 형기 계산 방법은 캐나다나 서유럽과는 다르지만, 교정시설에 구금하는 방식은 큰 차이가 없다. 사실 현대 서구 사회에서 범죄에 대한 전형적인 대응 방식은 교도소 수용이다. 한마디로 우리의 시스템은 징역 추정의 원칙에 의해 운영되고 있다고 할 수 있다. 징역형은 판사가 정당화하고 합리화해야 하는 최후 수단이 아니라 지극히 규범적인 것이어서, 오히려 판사가 징역형 이외의 형벌을 부과하는 경우에 합리적으로 설명할 의무를 진다.

징역 추정의 원칙은 미국의 수감률이 왜 이렇게 높은지 잘 설명해 준다. 미국인들은 국가가 '범죄에 미온적'이라고 생각한다. 간혹 가해자가 '쉽게 빠져나가는' 것처럼 보이는 사례가 있기는 하지만, 전국적으로 보면 현실은 그렇지 않다. 국제적으로 비교해보면 미국은 범죄에 대단히 가혹하다. 사실 미국의 구금율은 세계에서 가장 높다.16 이러한 대량 구금은 인종적 불균형을 특징으로 한다.17

징역형은 최후가 아닌 최초 수단이다. 이런 현상은 폭력범죄에 대해서만 나타나는 것이 아니다. 외국의 논자들은 구금자 중 상당수가 재산범죄나 마약범죄와 관련된 수감자라는 사실에 놀라움을 표시한다. 징역형을 규범적인 것으로 생각하는 이상, 미국의 수감률은 높을 수밖에 없다.

앞의 사건에서 가해자에게 형을 선고할 때, 판사는 이 소년이 교도소에서 비폭력적인 행동 패턴을 배울 것이라는 기대를 표시했다. 그러나 그가 교도소에서 배우게 될 것은 과연 무엇인가?

이 책을 쓰고 있는 지금 쯤이면, 이 소년도 교도소 내에서 폭력의 피해자가 되었을 것이다. 그가 배우게 될 교훈은 무엇인가? 갈등은 정상적인 것이고, 폭력은 가장 좋은 해결책이며, 살아남기 위해서는 폭력을 사용해야만 하고, 좌절에는 폭력으로 대응한다는 것을 배울 것이다. 이런 현실이 교도소라는 뒤틀린 세상의 정상적인 모습이다!

소년은 어리고 체구가 작기 때문에 폭력뿐만 아니라 동성 간의 성폭력 피해자가 될 가능성도 높다. 나이 많은 가해자들이 어린 가해자들과 섞여 있는 교도소에서 동성 간의 성폭력은 흔한 일이다. 동성 성폭력은 교도소 생활에서 오는 장기간의 성적 박탈과 좌절을 반영하는 것일 수도 있지만, 합법적인 형태의 힘과 의미를 부인당한 사람들이 타인에 대해 '힘'을 주장하는 왜곡된 방법이 되는 경우가 더 많다. 교도소 내의 성폭력은 경멸의 표시, 즉 타인의 자존심을 짓밟는 수단이기도 하다. 그리고 이것은 남성성과 여성성에 대한 잘못된그러나 아주 흔한 이해를 반영하는 것이다. 이 소년의 불안정서로 미루어 보면, 그의 가치의식과 인간성은 이런 경험으로 인해 심각하게 손상 및 왜곡될 가능성이 크다.

교도소를 통해 폭력적 행동 패턴을 잊을 것이라는 판사의 기대는 여기까지다. 판사는 이 가해자에게 폭력을 권장하고 가르치는 분위기 속에서 최소한 20년 동안 살도록 명했다. 결국 폭력은 소년에게 살아가는 방법이자 문제해결 방법, 그리고 대화의 방법이 될 것이다.

이 소년이 문제에 빠진 이유는 부분적으로 가치의식, 자율성, 자기 지배력이 부족하다는 것이다. 그러나 교도소 경험은 가치의식과 자율성을 얻을 수 있는 길을 합법적인 방법으로 제한해, 가치의식과 자율성의 보호막을 한층 더 벗겨내 버린다.

나는 대다수의 범죄와 폭력이 자신의 정체성과 지배력을 주장하고 표출하는 수단이라고 확신한다. 이것은 연쇄 무장 강도로 17년간 교도소에 복역한 후 지역교회의 도움으로 사회에 복귀할 수 있었던 한 친구가 잘 표현해 주었다. 바비Bobby는 흑인으로 가난하게 자랐다. 수위였던 아버지는 탈출할 희망이 없는 감옥 같은 세상에 갇혔다고 느끼는 알코올 중독자였다. 바비에게 범죄는 희망 없는 감옥에서 탈출하는 것이었다. 그는 "적어도 손에 엽총을 들었을 때만큼은 나도 대단한 사람이었지!"라고 말했다. 자기 자신도 존중하지 않는 마당에 어떻게 남을 존중할 수 있단 말인가?

심리학자 로버트 존슨Robert Johnson은 사형선고를 받은 살인범에 관한 글에서 폭력의 의미와 기원을 잘 포착하고 있다.

> 그들의 폭력은 아무런 이유 없이 행사되는 망령이나 질병이 아니며, 단순히 잘못된 욕망을 표현하는 편리한 수단도 아니다. 오히려 그들의 폭력은 황폐하고 잔인한 삶에 대한 적응 방식이다. … 대다수 폭력적인 사람의 [폭력]은 궁극적으로 타인에 대한 증오심과 타인의 학대에 의해 태어났고, 낮은 자신감과 분열된 자긍심을 먹고 자란다. 역설적으로 그들의 폭력은 그 폭력을 유발한 나약하고 무기력한 느낌을 확인해주는 왜곡된 형태의 자기방어다. 그들의 폭력이 무고한 피해자를 원할 때, 그것은 용기의 승리가 아니라 통제력의 상실을 나타낸다.18

대개의 가해자는 자존의식과 자율성이 빈약하다는 특징을 보이는데, 교도소 내에서 가벼운 언쟁이나 갈등이 쉽게 큰 폭력으로 번지는 것도 이 때문이다. 돈 한 푼에 사람을 죽일 수도 있는 것이다.

우리의 소년은 애초에 빈약한 자존의식과 자기 지배력 때문에 범죄에 빠지게 되었다. 그의 범죄는 자신이 대단하다는 것을 말하고, 자신의 삶과 타인의 삶에 대한 약간의 통제력을 주장하려는 왜곡된 시도였을 것이다. 그러나 교도소의 환경은 그가 가진 힘과 자존의식을 더욱 약화시킬 것이다.

교도소는 인간성을 말살시키는 구조로 짜여 있다. 재소자들은 번호와 규격화된 의복을 부여받고, 개인적 공간을 거의 갖지 못하며, 개인적 의사결정을 하거나 자기 삶을 지배할 가능성은 전혀 없다. 교도소라는 환경은 복종, 즉 명령을 받아들이는 학습에 초점을 두고 있는 것이다. 이런 상황에서 허락되는 선택권이란 매우 제한적이다. 재소자가 학습하는 복종과 순종은 교도소가 재소자에게 원하는 반응이긴 하지만, 이런 식의 반응이 자유로운 사회로 돌아가는 데 도움이 될 가능성은 지극히 적다. 그 소년은 자제력이 없었기 때문에, 즉 합법적인 방법으로 자신의 삶을 책임지지 못했기 때문에 범죄에 휘말렸고, 교도소는 그런 능력을 영영 빼앗아버린다. 따라서 교도소의 규칙을 잘 지키면 복역 후 사회공동체에 성공적으로 복귀할 수 있다는 등식이 성립되지 않는다는 사실은 그리 놀라운 일이 아니다.

규칙에 순응해야 한다는 압력에 직면했을 때 나타나는 두 번째 반응은 반항이다. 많은 사람들이 반항한다. 그러한 반항은 부분적으로 자아의식을 유지하고자 하는 시도라고도 할 수 있다. 일반적으로 교도소 내에서 반항하는 사람이 반항으로 인해 가석방될 가능성은 줄어들겠지만 순응하는 사람보다 사회복귀 성공률이 오히려 높다. 그러나 여기에는 예외가 있는데, 반항이 지나치게 폭력적이거나 장기간 지속되면, 그와 같은 반항 패턴과 폭력에 익숙해질 수 있다는 점이다.

잭 애보트Jack Abbott는 교도소 생활에 적응하는 데 인생의 대부분을 써버린 재소자다. 그의 책 『야수의 뱃속에서In the Belly of the Beast』19는 교도소 생활을 정확하게 통찰하고 있다. 그는 교도소에서 여러 해를 보내고 석방된후, 모욕을 느꼈다는 이유만으로 다시 사람을 죽이고 말았다.

재소자의 세 번째 대안은 자신의 자유 영역을 보유하기 위해 순응하는 척하는 것이다. 이것은 교도소에서 배우는 또 다른 교훈, 즉 조작이 정상적인 것이라는 교훈으로 이어진다. 어쨌거나 이것도 교도소의 규칙에 대처하는 방식이거니와, 교도관이 재소자를 다루는 방법이기도 하다. 그렇지 않고서야어떻게 적은 수의 교도관들이 제한된 자원으로 수많은 재소자를 관리할 수 있겠는가? 요컨대 재소자는 사기 치는 방법을 통해 살아남는 법을 배운다.

앞에 소개된 소년은 올바른 선택을 할 능력이 없어서 범죄에 말려들었다. 그는 교도소 경험으로 인해 올바른 선택을 할 수 있는 능력을 한층 더 상실할 것이다. 20년 이상의 교도소 생활에서 그에게는 선택을 하거나 책임을 지도록 하는 자극이나 기회가 주어지지 않을 것이다. 그가 배울 것은 의존성밖에 없다. 교도소에 있는 동안은 집세를 내지 않아도 되고, 돈을 관리할 필요도 없으며, 가족을 부양할 책임도 질 필요가 없으므로, 재소자는 자신을보살펴주는 국가에 의존하게 된다. 따라서 형기를 마치더라도 그에게는 사회에 적응하기 위한 기술이 거의 없다. 직업을 구하고, 저축하며, 예산을 짜고, 돈을 치르는 방법을 어떻게 배울 수 있겠는가?

교도소에서 소년은 타인과의 관계에서 뒤틀린 유형을 체득할 것이다. 즉, 그 관계가 배우자이든 친구이든 사업상 관계이든 간에 타인에 대한 지배를 목표로 삼을 것이다. 배려는 약함으로 비치고, 약함은 수탈을 의미하게 된다.

이 소년은 자신이 가치 있는 사람으로서 올바른 선택을 할 수 있는 힘과 책임을 가지고 있다는 사실, 타인과 타인의 재산을 존중하는 태도, 그리고 좌절과 갈등에 평화적으로 대처하는 방법을 배워야 한다. 그에게는 삶에 맞설 기술이 필요하다. 그러나 그는 삶의 방식으로, 문제해결의 수단으로, 자신을 확인하기 위한 방법으로 폭력에 의존하는 자세를 체득한다. 그 결과 그의 가치의식과 자율성은 희박해지거나 위험한 근거를 가지게 될 것이다.

이러한 맥락에서 볼 때, 판사의 기대는 믿을 수 없을 정도로 순진하고 그릇된 것이었다. 교도소가 그에게 비폭력적인 행동 패턴을 가르쳐줄 것인가? 그럴 가능성은 매우 희박한 반면, 더 폭력적인 사람으로 만들 가능성은 대단히 크다. 징역형이 가해자로부터 사회를 보호할 수 있는가? 당분간은 그렇겠지만, 결국은 그도 출소할 것이고 사회에 어울리지 않는 사람이 되어 있을 것이다. 그리고 교도소에서 다른 재소자에 대한 위험이 될 수 있다.

그러면 범죄 예방 효과는 있는가? 그를 수감함으로써 다른 사람들이 유사한 죄를 범하지 못하게 하는 효과가 있는가에 관해서는 논란의 여지가 있겠지만, 범죄를 저지른 당사자 자신의 미래 범죄를 예방할 가능성은 크지 않다. 앞서 지적한 바와 같이 삶에 대처할 기술도 없고, 교도소에서 배우는 행동 패턴으로 인해 범죄 성향은 커지기만 한다. 더욱이 교도소의 위협은 더 이상 공포의 대상이 아니다. 이미 그곳에서 살아남을 수 있다는 것을 알기 때문이다. 그리고 보면, 20년이 지나면 교도소가 집이 될 것이고 교도소 밖에서는 오히려 불안감을 느낄 것이다.

그 정도의 시간을 교도소에서 보낸 사람 가운데는 익숙한 교도소로 돌아가려고 석방되자마자 범죄를 저지르는 경우도 있다. 즉, 외부세계의 불확실성과 위험에 직면하니 자신이 대처할 수 있는 곳에 머무르려 하는 것이다. 최근 나는 영국의 전과자를 위한 데이센터day center에서 개최된 그룹 미팅에 초대된 적이 있는데, 그곳에 참가하고 있는 청년 중에 교도소에 여러 번 갔다 온 사람이 있었다. 그는 "나가고 싶기는 한데, 안에서도 바깥만큼 행복해요."라고 말했다. 교도소의 위협은 이런 사람의 범죄는 예방하지 못한다.

또한 교도소의 위협은 바깥세상의 삶이 감옥같이 생각되는 가난하고 소외된 사람들의 범죄도 예방하지 못한다. 그런 상황에 있는 사람에게 징역형이란 감옥의 종류를 바꾸는 것 이상은 다른 의미가 없기 때문이다. 그런데도 징역형은 주로 가난하고 힘없는 사람들에게 부과되고 있다.

어떻게 해야 하는가?

이 소년에게 형을 선고할 때, 판사는 가해자에게 책임을 지울 필요가 있음을 지적했다. 우리 대부분은 이에 동의할 것이다. 그렇다. 가해자는 자기 행위에 책임을 져야 한다. 그러나 책임이란 무엇인가? 판사를 비롯해 오늘날을 살아가는 사람들이 인식하는 책임은 예방을 위해서든 형벌을 위해서든 가해자가 자신의 행동에 책임을 진다는 응보적 결과, 흔히 교도소를 경험해야 한다는 것을 의미한다. 다시 말해 '사람에게 책임을 지게 한다'는 것은 사람에게 '약을 먹도록' 강요하는 것과 같다교도소와 같이 강력한 수단에 대해서는 좀 어색한 비유이기는 하지만고 할 수 있다.

이런 설명은 책임을 지극히 제한적이고 추상적으로 이해한 것이다. 행위와 결과 사이에 필연적인 관련성이 없으면 진정한 책임이란 불가능해지고, 재판 결과가 가해자의 의지와 상관없이 결정되는 이상, 책임은 도덕적 책임과 무관하게 된다.

죄를 저지르고도 죄책감 없이 살아가기 위해서 가해자들은 자신의 행동을 정교하게 합리화하는데, 교도소는 자기 합리화를 위한 시간을 벌어주는 구실을 한다. 가해자는 자신의 행동이 그다지 심각한 것이 아니고 피해자는 그렇게 당해도 '마땅하고', 누구나 죄를 질 수 있으며 손실이 발생하면 보험이 해결해줄 것이라고 주장하게 된다. 나아가 자기에 대한 비난을 다른 사람이나 상황으로 돌리는 방법을 찾아내고, 잠재적피해자에 대한 고정관념을 이용해 무의식적으로, 심지어 의식적으로 피해자와 자신을 분리시킨다. 주거침입 절도범 중에는 피해자를 생각하지 않기 위해서 피해자 사진을 벽 쪽으로 돌려놓고는 절도를 계속하는 사람도 있다.

하지만, 형사사법 과정의 어디에서도 이처럼 '잘못된 책임전가'를 문제삼지 않는다. 오히려 형사사법 절차의 당사자주의 원칙은 가해자로 하여금 자기 합리화를 조장하고 범죄와 사회에 대한 고정관념을 강화하는 경향이 있다.20 가해자에게 당사자주의 절차는 난해하고 고통스러울 뿐만 아니라 참가조차 할 수 없기 때문에 가해자는 피해자의 피해에는 관심을 기울이지 않고 자신이 느끼는 부당함에 초점을 맞추게 된다. 즉, 많은 가해자들이 부당한 대우를 받았다고 느끼기 때문에그럴 만도 하다 이들은 피해자의 곤경이 아니라 자신의 곤경에 초점을 맞추게 되고, 형사 절차의 복잡성과 가해자 중심으로 이뤄지는 재판 과정으로 인해 자신의 법률적 상황에 매몰될 수밖에 없다.

그 결과, 범죄를 저지른 가해자가 자기 행위가 다른 사람의 삶에 미치는 영향, 즉 집에 도둑이 들거나 차를 도난당하는 것이 어떤 의미인지, 누가 왜 그런 행동을 했는가에 대한 의문과 두려움이 어떤 것인지, 눈을 잃는다는 것이 어떤 의미인지, 피해자는 어떤 사람인지 등의 현실적 문제를 생각해 볼 가능성은 점점 희박해진다. 가해자가 경험하는 사법의 어느 단계에서도 이런 쟁점을 다루지 않는다. 가해자로 하여금 자기합리화와 고정관념을 깨도록 강제하는 것은 아무 것도 없다. 앞의 사례에서, 범죄 소년은 자기 행위의 의미를 이해하기 위해 어느 정도의 노력을 기울이기는 했지만, 그 이해는 불완전할 뿐만 아니라 그나마도 형사사법과 형벌을 경험하면서 기억에서 지워질 것이다.

그렇다면, 진정한 책임을 지기 위해서는 자기 행위가 다른 사람의 삶에 미치는 결과를 이해할 기회와 자신의 행위 자체 및 그 행위의 피해자를 직면할 기회가 필요하다고 할 수 있다. 나아가 자기 행위의 결과에 도덕적 책임을 지는 것도 필요하다. 잘못을 바로잡고, 피해를 회복하기 위해서 무엇이 필요한지를 결정하는데 범죄의 당사자인 가해자가 스스로 참여할 수 있게 해야 한다.

데니스 챌린Dennis Challeen 판사는 대부분의 형벌이 가해자에게 법적 책임을 지게 하면서도형벌을 받는다는 의미에서, 도덕적 책임을 지도록 하지 않는다고 지적한다. 그런데 가해자들은 애초에 도덕적 책임감이 없어서 문제로 빠져들게 된 사람들 아닌가. 챌린에 따르면, 책임감 있는 사람에게 형벌을 부과하면 책임감 있게 대응하지만, 무책임한 사람에게 제재를 부과하면 그로 인해 더욱 무책임하게 될 수 있다.21

일부 법원에서는 피해자에 대한 배상restitution을 형벌로 도입하기 시작했다. 이것은 올바른 방향으로 진일보 한 것이라 할 수 있다. 하지만 배상형의 이론적 근거가 분명치 않은데다가 오용되는 경우도 많다. 즉, 배상형은 피해자를 회복하는 방법으로서가 아니라 가해자를 처벌하는 방법으로 여겨지고 있다. 또한, 법원이 부과하는 것이기 때문에 가해자가 배상결과에 대해서 주인의식을 가지지 못한다. 다시 말해, 일반적으로 가해자는 배상형 결정에 참여하지 못하기 때문에 피해자의 손실을 거의 이해할 수 없다. 그러므로 배상형은 가해자에게 잘못을 바로잡고 타인에 대한 의무를 이행하도록 하려는 노력으로 이해되지 않고, 새로운 유형의 응보적 제재로 받아들여지기 쉬운 것이다. 요컨대 형벌로 부과되는 배상형은 가해자가 도덕적 책임을 지도록 하는데 도움이 되지 않는다. 이것은 일부 배상형 프로그램의 이행률이 낮게 나타나는 주된 이유이기도 하다.

우리는 가해자로 하여금 가능한 모든 방법을 통해 자기의 행위에 대한 책임을 지도록 해야 한다. 즉, 자기 행위의 의미─자기 행위가 타인에게 어떤 의미를 가지는가를 최대한 완전하게 이해할 수 있도록 해야 한다. 나아가 최대한 잘못을 바로잡도록 고무하고, 그 방법을 모색하는 데 참여하도록 해야 한다. 그것이 진정한 의미의 책임이다.

이 같은 의미의 책임accountability은 피해자의 요구를 일부 충족시켜줌으로써 피해자의 범죄극복에 도움이 된다. 또한 가해자의 범죄 극복에도 도움이 된다. 자기가 타인에게 입힌 상처를 이해함으로써 앞으로는 그와 같은 손해를 입히지 않을 동기가 생기는 것이다. 잘못을 바로잡을 기회를 갖는다는 것─생산적인 시민으로 거듭난다는 것은 가해자의 자긍심을 강화하여 합법적으로 행위하도록 장려할 수 있다.

그러나 현실은?

앞으로 20년간 우리의 소년에게 위와 같은 일은 일어나지 않을 것이다. 그렇다면 어떤 결과가 나타날 것인가?

그에게는 범죄로 인해 생겨난 고정관념과 자기합리화를 깨뜨릴 기회가 부여되지 않는다. 오히려 교도소 안에서 확장되고 정교해질 뿐이다. 담장 저편의 사회에서 성공적으로 살아가는 데 필요한 대인기술이나 생존수단을 습득하지 못하고, 오히려 잘못된 대인기술을 배울 것이고, 그나마 가지고 있던 생존수단마저 잃게 된다. 가해자는 자기 행위의 결과를 직접 대면하여 잘못을 바로잡을 방법이 없다.

가해자는 범죄로 인한 죄책감을 해결할 방법이 없다. '잊혀진 존재'인 가해자가 사법 절차의 어느 구석에서도 자기 잘못을 바로잡았다고 느낄 수 있는 곳은 없다. 이런 절차가 가해자의 자아상에 미치는 효과를 생각해 보자. 그에게는 대안이 별로 없다. 가해자는 자기합리화를 통해 문제를 회피하거나, 자기의 분노를 자기에게 돌려 자살을 시도하거나, 타인을 원망할 수 있을 뿐이다. 어느 경우이든 형벌을 통해 '빚을 갚은' 후에도 계속해서 가해자로 정의될 것이고, 교도소에서 키운 증오와 폭력이 슬픔과 절망의 자리를 대신할 것이다.

피해자와 마찬가지로 가해자도 범죄 경험을 해소할 기회가 없다. 그의 상처는 결코 아물지 않는다.

앞에 소개된 소년은 자신의 행위로 인해 타인을 침해했고, 공동체의 신뢰관계를 훼손했지만, 형사사법의 어느 단계에서도 가해자로 하여금 이런 보이지 않는 문제들을 이해할 수 있게 도와주는 절차는 없다.

우리의 예에서 범죄는 타인의 침해를 당한 적이 있는 사람이 저질렀다. 그렇다고 해서 정당화될 수는 없지만, 그 행위는 가해자 스스로 경험했던 학대로부터 비롯된 것이다. 소년은 어릴 적에는 신체적 학대를, 성장해서는 심리적·정신적 학대를 당했고, 그 학대는 자아의식과 세상과의 관계를 손상시켰다. 하지만, 형사사법 절차는 이 점을 고려하지 않는다. 다시 온전한 인간이 될 수 있도록 도와주는 방법이 형사사법에는 존재하지 않는다.

제4장

공통의 주제

앞에서는 피해자와 가해자를 따로따로 살펴보았지만, 이 장에서는 공통된 주제에 대해서 살펴보고자 한다.

회개와 용서

지금까지 피해자와 가해자의 경험과 요구를 주로 경험적·심리학적 차원에서 분석해 보았다. 이제 피해자와 가해자의 딜레마를 기독교적 관점에서 간략히 살펴보자.

우리의 사건에서 두 사람 모두 상처를 치유할 필요성이 있다. 진정한 치유를 위해서는 적어도 두 가지의 전제 조건이 충족되어야 하는데, 그것은 회개와 용서다.

피해자의 입장에서 용서는 상처를 치유하는 데 도움이 된다. 신학적 관점에서 이 점은 상당히 솔직하게 표현되고 있는데, 하나님이 우리의 죄를 용서하셨던 것과 같이 우리를 해하는 원수를 용서하라고 요구하신다. 당연한 말이겠지만, 증오심에 사로잡혀 있는 한 누구도 자유로울 수 없다.

현실적·경험적인 관점에서 보면 용서란 대단히 어렵고, 어쩌면 불가능할지도 모른다. 아이를 잃은 부모가 자식을 죽인 사람을 어떻게 용서할 수 있겠는가? 어떻게 노여움과 복수심을 극복할 수 있겠는가? 그런 일을 경험조차 해보지 않은 사람이 감히 제안이나 할 수 있겠는가? 신변이 안전해질 때까지 용서를 생각할 수 있겠는가? 그리고 신변의 안전을 되찾는 것이 가능하겠는가?

용서를 하거나 받는 일은 쉽지도 않고, 경솔하게 제안할 수 있는 것도 아니다. 더구나 용서할 의사가 없는 사람에게 또 다른 죄책감을 느끼도록 자극해서도 안 된다. 진정한 용서는 의지로 할 수 있는 것도 아니고 강제할 수 있는 것도 아니며, 하나님의 도움으로 할 수 있는 때가 되면 하게 되는 것이다.[22] 용서는 선물이지 부담이 되어서는 안 된다.[23]

용서를 어떻게 이해할 것인가? 흔히 우리는 지난 일을 잊고 기억에서 지우거나 가해자가 쉽게 궁지를 벗어나게 하는 것이 용서라고 생각한다. 그러나 용서는 잊는 것을 의미하지 않는다. 앞의 사건에서 젊은 여성은 정신적 외상과 피해를 깨끗이 잊지 못할 것이고, 잊어서도 안 된다. 우리도 그런 기대를 해서는 안 된다. 용서는 범죄를 범죄가 아니라고 말하는 것을 의미하지도 않는다. 즉, "뭐, 그 일 너무 신경 쓰지 마. 괜찮아, 문제 될 것 없어"라고 치부하는 것은 위험한 발상이다. 가해자의 행위는 악한 행위였고 이로 인해 여러 가지 문제가 생겼다는 사실을 부정하는 태도는 피해자가 겪은 고통과 그 고통에 대해 책임있는 사람의 인간성 자체를 폄하하는 것이기 때문이다.

용서란 피해자가 범죄 행위와 가해자의 지배에서 벗어나는 것이다. 즉, 더 이상 범죄 행위와 가해자가 자신을 지배하도록 내버려 두지 않음을 의미한다. 용서를 경험하지 못하면 상처는 곪아터지고, 단 한 번의 침해가 우리의 의식을, 나아가 삶 자체를 집어 삼킬 수 있다. 우리의 삶이 가해자와 범죄의 지배를 받는 것이다. 그렇다면, 진정한 용서란 힘을 되찾는 것empowerment을 의미하며, 용서가 있어야 비로소 피해를 극복할 수 있다.

피해자가 범죄를 극복하는 다른 방법도 있을 수 있다. 피해자 중에는 비극이 있은 후에 성공하는 것이 최고의 복수라고 생각하며 '잘 살아 보임'으로써 범죄를 극복하려는 경우도 있다. 이는 '두고 보라'는 식의 접근 방식으로서 심리학적 가치가 없는 것은 아니지만, 이 방법의 중심에는 여전히 범죄행위와 가해자가 자리 잡고 있다. 반면에 용서는 범죄 경험을 인생의 중요한 부분으로 받아들이면서도 그 영향이 지속되는 것을 방치하지 않는다.

용서에 도움이 되는 몇 가지 조건이 있다. 가해자가 도덕적 책임, 후회, 회개 등을 표시하는 것도 큰 도움이 될 수 있지만, 대개의 경우 타인의 지지와 이해를 얻고 정의를 경험하는 것이 무엇보다 중요하다. 기도는 '기억의 치유'에서 중요한 구실을 한다. 목회자들은 잘못에 대한 고백을 들어줄 수 있다. 교회 공동체는 이런 일이 이뤄질 수 있게 환경을 조성할 책임이 있다.

앞서 살펴본 바와 같이 정의의 경험은 여러 가지 차원을 갖고 있다. 그중 하나가 시편 곳곳에 표현되고 있는 '비탄'으로 포착되어 있다. 신학자 월터 브루거만Walter Brueggemann은 그의 글에서 이를 잘 설명하고 있다.

우리가 성숙해지는 길은 내면의 모든 부정적인 것들을 낱낱이 표출하여 말하는 것이다. 목회자들이 "다 하셨습니까? 더 할 말은 없습니까?"라고 말하는 이유도 그 때문이다. 타인이 받아들일 수 있는 합리적인 방법으로 내면의 어두운 부분을 표출할 수 있다면, 우리는 정말로 새롭고 자유로운 삶을 살아갈 수 있다. 그러나 우리가 적절하게 슬

품을 표현할 기회를 갖지 못하고, 하나님의 성소에서 애통한 심정을 털어놓지 않는다면, 우리는 그 마음의 한을 깔고 앉아 평생 가슴에 품고 살아야 할 것이다. 세상의 많은 사람들은 하나님께 이것을 드러내 놓고 말할 수 있는 기회를 기다리고 있다.

그러한 감정을 하나님께 솔직하게 말하더라도, 하나님은 놀라거나 상처 입거나 소원해하지 않고, 오히려 더 다가온다는 것은 미스터리다. 감정을 절제하도록 억압하는 문화에서는 자신의 분노와 증오, 상처, 공포를 적절히 표현하도록 허용되어야 한다. 자신의 손실과 상처와 슬픔을 낱낱이 말하지 않았다면, 사람들은 똑같은 자유와 능력으로 하나님을 찬송할 수 없다. 목회자의 임무는 그 일이 가능하게끔 사람들에게 내면의 부정적인 것을 표출할 수 있게 북돋워 주는 것이다.

이런 점에서 교회의 역할은 무언가 좋은 말을 하는 것이 아니라 때로는 고통스럽더라도 진실을 이야기하는 것이다. 시편 88편은 그런 때를 위한 시다. 이 시가 전해 주는 유일한 진실은 오늘밤 고통스럽더라도 상처에 바람을 쏘이는 편이 낫다는 것이다. 내일이면 상처에 약을 바르겠지만, 상처에 바람을 쏘이기 전에는 약을 바를 수 없다. 시편 88편은 말할 수 없는 인생의 단편들이 있다는 고통스러운 진실 앞에서 등을 돌리지 말아야 함을 이야기하고 있다.24

이 과정에서 교회에게 중요한 책임이 지워져 있다. 그러나 불행하게도 교회는 고통을 회피하고 비탄을 받아들이지 않으면서 피해자에게 용서를 강요하는 경우가 많다. 그러는 한편, 가해자, 사회, 신에 대한 분노와 증오라는 자연스러운 감정을 갖게 되는 피해자를 용서하는 일에는 주저하고 있다.

피해자가 용서를 경험할 필요가 있듯이 가해자에게도 용서가 필요하다. 그렇지 않고 어떻게 가해자가 그 죄책감을 해결할 수 있겠는가? 어떻게 새로운 삶을 살 수 있겠는가? 어떻게 건강한 주체의식과 가치의식을 발전시킬 수 있겠는가? 어떻게 구원을 받을 수 있겠는가?

일반적인 생각과 달리, 대부분의 가해자들은 자신의 행위에 대해 죄책감을 느낀다. 그런데 죄책감은 사람의 가치의식과 정체성을 크게 위협할 수 있다. 어느 연구에 의하면, 가해자들이 느끼는 엄청난 두려움 중에서 가장 큰 두려움은 '무의 상태zero-state', 자기의 무가치함이라고 한다.[25] 이 때문에 가해자들은 죄책감을 피하기 위해 다양한 방어 기술을 이용해 자신의 가치의식을 유지한다.

그 기술 중 하나가 이그너티에프가 말하는 '변명 기법'—자신의 죄책감을 편향시키거나 부인하는 방법—이다.[26] 가해자들은 누구나 하는 일이다, 그 피해자는 당해도 싸다, 그 정도 손실은 아무것도 아니다, 정신줄을 놓을 정도로 나를 화나게 만들었다는 말을 한다는 것이다. 또한 그들은 사회 심리학적 결정주의의 언어로 '나는 가지지 못해 타락하게 되었다'고 하기도 한다. 자신이 부당한 일을 당한 적이 있다는 사실에 집착하는 경향도 죄책감이라는 부담으로부터 자신을 분리하는 방법일 수 있다.

가해자들 중에는 범죄로 인한 죄의식을 잊기 위해 자신의 정체성과 행위를 정교하게 가공하는 경우도 있다. 어떤 사람들은 범죄 행위를 한 자아와 그렇지 않은 자아를 엄격하게 구분한 나머지, 이중인격자처럼 행동하기도 한다. 나는 가해자가 표현하는 분노의 이면에 죄책감이 있다고 생각한다. 가해자가 죄책감을 수용하면 그것은 자신에 대한 분노가 되고, 죄책감을 부인하면 타인에 대한 분노가 된다. 어느 쪽이든 대단히 파괴적이다.

형벌을 통해서 죄책감을 제거해야 한다고 주장하는 사람도 있다. 형벌을 받음으로써 사회에 진 빚을 갚고 죄책감을 없앨 수 있다는 것이다.27 그러나 이런 주장은 이론적 타당성은 차치하고, 적어도 현실적으로는 타당하지 않다. 형벌이 죄책감을 해소하는 과정이라면, 가해자가 형벌을 합법적이고 정당한 것으로 느껴야 한다. 그러나 현실에서 그렇게 느끼는 경우는 매우 드문 일에 속한다. 더욱이, 범죄가 사회에 대한 침해여서 사회에 빚을 진다고 생각하는 가해자는 거의 없다. 이런 생각은 너무 추상적이다.

우리에게는 사회에 진 빚을 갚아서 죄가 끝났음을 인정하는 의식儀式이 없다. 이그너티에프의 지적처럼, 빚은 형벌로 갚을 수 있는 것보다 용서로 갚을 수 있는 정도가 더 크다. 그러나 우리는 용서가 가능하려면 처벌이 먼저 이루어져야 한다고 생각한다. 그렇지만, 현실적으로 우리는 부당하다고 느껴지는 방식으로, 가해자로부터 용서받을 수 있는 기회를 박탈하는 방식으로 형벌을 집행한다.

새로운 삶을 위해서는 용서와 고백이 모두 필요하다. 가해자가 진정으로 온전한 삶을 되찾으려면, 자신의 잘못을 고백하여 그에 대한 책임을 받아들이고 그로 인한 피해를 인정해야만 한다.28 그래야 회개가 가능하고, 새로운 인생을 시작할 수 있다. 가해자의 고백과 회개는 가해자에게 치유의 열쇠가 됨은 물론, 피해자의 치유에도 도움이 된다.

회개, 고백, 하나님 또는 피해자의 용서 중 어느 것도 범죄 행위의 결과를 되돌리지는 못한다. 은혜는 그 정도로 값싼 것이 아니다. 피해자에 대한 책임은 여전히 남아 있다. 그렇지만, 구원과 자유는 가능하다.

목회자들과 교도소 봉사자들은 흔히 구원의 길이 자신의 죄 많음과 무가치함을 절대적으로 인정하는 데 있다고 한다. 죄sin는 자기애self-love에 근원

을 두고 있는 것이기 때문이란다.29

가해자는 보통 자기 욕구에 심취되어 있고, 타인과 공감할 수 있는 능력으로 정의되는 도덕감이 없다. 그러나 나는 이 같은 자아도취가 실은 약한 자아상 또는 자기 증오에서 기인한 것임을 지적한 바 있다. 만약 그렇다면, 치유의 전제 조건은 자기가 무가치함을 확인하는 것이 아니라 사랑받고 있는 가치있는 사람이라는 자각이라고 할 수 있다.

요컨대 피해자나 가해자 모두 상처를 치유해야 하고, 이를 위해서 용서, 고백, 회개, 화해의 기회가 필요하다. 이것은 당사자와 그들의 하나님, 교회, 공동체 사이에서 이루어져야 하겠지만, 피해자와 가해자의 관계범죄 전에는 존재하지 않았더라도 범죄로 인해 생긴 관계도 빼놓아서는 안 된다.

그러나 불행하게도 현재의 형법 시스템은 이들 중 어느 것도 권장하지 않는다. 오히려 형법 시스템은 적대심을 가중시키고, 화해 가능성을 가로막는다. 법적 절차에는 회개가 들어설 자리가 없고, 용서가 들어설 자리는 더욱 없다. 더욱이 당사자주의의 특성상 가해자로 하여금 자신의 죄를 부인하고 자신이 처한 상황에 집중하도록 조장한다. 또한 형법 시스템은 가해자와 피해자가 서로의 적이 되도록 적극 조장하고, 범죄 및 해결책에 관한 공통의 이해를 찾지 못하도록 서로를 갈라놓으려고 한다.

이 점은 범죄 경험이 있는 한 청년이 잘 설명해 주었다. 교도소에 복역하는 동안 기독교인이 된 그가 가석방될 때, 가석방 위원회는 이런 이야기를 했다고 한다. "기독교인이 되었다고 들었습니다. 사회로 돌아가서 피해자에게 저지른 잘못을 바로잡으려고 노력할지도 모르겠군요. 피해자 근처에만 가도 이곳으로 직행할 줄 아십시오!" 이런 반응을 이해할 수 없는 것은 아니지만, 그래도 역시 비극이다.

힘의 문제

힘과 자율성의 문제는 피해자와 가해자 모두가 경험하는 것이기 때문에 범죄와 사법 현상의 중심이 되어야 한다.

피해자가 트라우마를 겪는 가장 중요한 이유는 가해자가 피해자의 자율성을 부정했다는 사실이다. 사람이 완전하기 위해서는 자기의 삶과 운명을 통제할 수 있다는 의식이 필요한데, 이것을 갑자기 자의적으로 박탈하는 행위는 대단히 비인간적인 것이다. 가해자는 피해자로부터 자기 삶에 대한 지배력을 강탈함으로써 피해자를 객체, 즉 '물건'으로 만들어버린다. 이것은 대단히 비인격적인 일이다.30

자율성과 같이 기본적인 것을 박탈당하면, 그것을 재확인할 수 있는 방법을 모색하는 것이 사람의 본성이다. 피해자는 이러한 의식을 되찾기 위해서 여러 가지 방법을 시도한다. 별일 아닌 것처럼 범죄를 극복하거나 잘 살아감으로써 얻는 경우도 있고, 보호 수단을 강구하는 등 자신의 인생에 대한 지배력을 회복함으로써 되찾는 경우도 있다. 혹자는 복수와 형벌을 요구함으로써 충족하려 하기도 하고, 혹자는 기독교적 용서를 통해 힘을 얻기도 한다. 어쨌든 힘의 문제그 박탈과 재확인는 피해자 경험의 근간이다.

이 문제는 가해자 경험의 핵심이기도 하다. 무가치하고 무기력하다고 느끼는 사람들이 많다. 우리 사회에서 젊은 남성들은 힘의 박탈을 남성성에 대한 공격으로 받아들인다. 통상적으로 남성성과 힘이 같은 것으로 취급되기 때문이다. 이와 같은 자율성에 대한 갈증을 충족하면서 사회의 '피해자'가 되고 있다는 생각에 대응하는 방법 중 하나가 자신이 지배할 수 있는 다른 피해자를 찾는 것이다. 교도소 내의 동성 성폭행도 그와 같은 현상으로 볼 수 있다. 즉 대다수의 범죄는 자기의 힘과 가치를 주장하는 왜곡된 방법이

자, 어설프게 자신을 주장하고 표현하는 방법이다.

우리 시대의 사람들이 진정으로 이 정도의 자기 지배력밖에 가지고 있지 못한가? 확실히 이 주장은 개인의 능력에 따라 보상이 달라진다는 미국적인 신화와는 다르다. 미국적인 신화는 열심히 일할 의지와 능력이 있는 사람은 누구나 성공할 수 있고, 실패의 책임은 자신에게 있다는 것이다. 성공은 물질적으로 평가되며, 부와 권력은 성공의 기본적 척도이자 가치의 척도이다. 그러나 이와 같은 개인의 선택과 보상에 관한 신화가 맞는지는 차치하더라도 이런 신화가 적용될 수 있는 사람이 얼마나 되는지도 의문이다 가난한 사람 중에 이것을 곧이곧대로 받아들이는 사람은 그리 많지 않으며, 적어도 자신은 해당사항이 없다고 생각한다.

생각해 보면, 하류층과 중산층을 나누는 진짜 분계선은 교육과 부富 자체보다는 선택 가능성, 즉 힘과 더 깊은 관계가 있는 것 같다. 중산층에 속하는 사람들 대부분은 자신이 자기 운명을 통제한다고 믿으며 자라난다. 장애물이 있을지도 모르고, 운이나 신의 섭리가 작용할 수도 있지만, 자기 운명을 결정할 수 있는 힘, 즉 선택권을 자신이 가지고 있다고 믿는다.

가난한 사람들은 이것을 믿지 않는다. 그들의 관점에서 보면, 자기에게 일어나는 일은 자신이 한 것이 아니라 우연히 닥친 것일 뿐이다. 성공은 열심히 일한 대가가 아니라 운이 좋았기 때문이고, 범죄로 체포되는 것은 자신의 행위 때문이라기보다 운이 나빴기 때문이다. 중요한 것은 실제로 선택권을 가지고 있는지가 아니라, 많은 사람들이 선택권을 가지지 못한다고 믿는다는 점이다. 따라서 어떤 사람들은 범죄를 통하지 않고서는 얻을 수 없다고 느끼는 자기 통제의식을 확인하는 방법으로 범죄를 저지를 수 있다.

가난한 사람들 중 대다수는 자신의 미래를 통제한다고 생각하기보다 미래가 일어날 뿐이라고 믿는다. 이런 믿음은 형벌의 예방 효과에 있어서 중요한 의미가 있다. 즉, 범죄 예방 효과가 나타나려면 자기 행동을 선택하고, 그 선택이 결과에 영향을 미친다는 믿음이 있어야 한다. 그러나 파커 로스맨 Parker Rossman이 뉴욕 주의 비행 청소년을 인터뷰한 후에 제시한 그림은 전혀 다르다.31

그들은 죄 없는 사람들이 체포되고, 죄지은 사람들이 풀려나는 장면을 매일같이 본다. 이들에게 형벌은 범죄와 관계된 것이 아니라, 오히려 비와 같은 것이다. 어떤 날은 비가 오고, 어떤 날은 갠다. 비는 정당한 사람에게 도 부당한 사람에게도 똑같이 내린다. 그들 대부분은 앞으로 체포와 형벌을 경험할 것으로 예상하며 살아간다. 그들에게 그것은 다른 일과 마찬가지로 저항할 수 없는 힘에 의해 일어나는 하나의 사건일 뿐이다.

우리 사회의 많은 사람들에게 힘이 없고, 범죄는 그 힘을 확인하는 방법 일 수 있다. 이런 맥락에서 볼 때, 자신의 힘을 확인하기 위해 타인의 힘을 빼앗는 자에게 우리가 내리는 처방은 대단히 이상하다. 우리의 처방은 그들 의 자율성을 박탈하는 것이다. 사법 시스템은 힘은 국가에게 있고 가해자 자신에게는 없다는 사실을 각인시킴으로써 자율성을 박탈하도록 설계되어 있다. 여기서 가해자는 절차의 졸卒이다. 그리고 교도소로 보내지고, 그곳 의 뒤틀린 하위문화에서 힘과 가치의식을 빼앗지 못하면 더욱 더 빼앗긴다. 그 래서 그들은 피해자가 범죄에 저항하는 것과 똑같은 이유로 '교정'에 저항하 는 것이다. 바로 자율성을 부정당하기 때문이다. 상황이 이러한데, 어떻게 가해자들이 타인을 지배하면서 느끼는 것이 아닌 제대로 된 가치의식을 가 지고 사회로 되돌아올 것이라고 기대할 수 있겠는가?32

형사사법 절차를 거치면서 피해자의 힘도 부정된다. 피해자의 요구를 무시하고 피해자를 절차 밖으로 쳐 내어 놓으니 피해자의 피해의식은 깊어만 간다.

피해자와 가해자 모두 형사사법 절차에서 힘을 부정당하고, 이것은 양측 모두에게 해로운 결과를 가져온다. 형사사법 절차에서 나타나는 힘의 일방성에는 또 다른 의미가 있다. 즉, 힘의 집중은 사람을 취하게 하여 마치 자기가 법위에 있는 사람처럼 착각하게 만든다. 이 같은 힘의 집중은 교육 수준 및 사회적 지위 차이와 결합되어 핵심적 역할을 하는 사람들로 하여금 힘 없는 자가해자 또는 피해자와 동일시하지 않도록 만든다.33 그들은 보통 타인의 생각을 받아들이려 하지 않는다. 검사와 판사에게 지배력이 집중되는 현상으로 인해 힘의 문제는 더욱 악화된다.

요컨대, 범죄는 가해자가 자기가치의식을 얻기 위하여 힘을 주장하는 방법일 수 있다. 그 범죄에서 가해자는 피해자의 힘을 박탈한다. 따라서 피해자가 완전성을 되찾기 위해서는 자율성을 되돌려 주어야 한다. 반면, 가해자가 완전성을 되찾기 위해서는 타인을 지배하는 형태가 아닌 스스로에 의한 자율성을 개발해야 한다. 그러나 형사사법 절차는 소수의 손에 위험하게 권력을 집중시키는 한편, 피해자와 가해자로부터 정당한 힘을 박탈함으로써 문제를 악화시킨다.

이제 다소 다른 측면에서 피해자 경험과 가해자 경험의 유사성을 살펴보자.

챌린Challen 판사에 따르면, 자기가 재판하는 상당수의 가해자가 사회적 기준에 의할 때 패자敗者라는 특징이 있다고 한다.34 스스로를 패자라고 생각하는 사람들은 그렇지 않은 사람들에 의해 범죄를 통해서 자신의 정체성을 확인하려고 할 가능성이 높다. 또한 이들에게는 자기 행위의 결과에 대한 두려움이 범죄 예방 효과를 나타낼 가능성도 낮다. 범죄 예방 효과는 가장 필요한 사람사회적·경제적 착취를 당하고 있는 사람, 잃을 것이 별로 없는 사람, 체포와 형벌의 효과에 별 관심이 없는 사람에게 가장 적게 나타난다는 것이다.

피해자로 돌아가서, 노르웨이 범죄학자 닐스 크리스티Nils Christie는 피해자가 된다는 것 자체는 '아무것도 아니다'라고 지적한다.35 그것은 당사자가 상황을 어떻게 해석하느냐에 관한 문제라는 것이다. 똑같은 경험을 두고 자신을 피해자라고 정의하는 사람이 있는가 하면, 자신을 패자라고 정의하는 사람도 있고, 심지어 승자라고 해석하는 사람도 있다. '피해자'가 상황을 어떻게 해석하느냐는 여러 가지 요인에 따라 결정된다. 자신이 부당한 일을 당했음을 확인할 수 있고, 누가 어떻게 했는지 확인할 수 있으면 피해자라고 생각할 가능성이 높다. 반면, 패배에 익숙한 사람, 즉 피해자가 되는 일에 익숙한 사람도 있다. 이런 사람들은 누구에게 어떻게 부당한 일을 당했는지 명확하게 확인할 수 없으면 똑같은 경험을 두고 또 다른 상실, 즉 자신이 패자라는 또 하나의 증거로 받아들일 수 있다는 것이다.

닐스 크리스티와 사회학자인 리처드 세네트Richard Sennett, 조나단 콥Jonathan Cobb은 모두 우리 사회가 하위계층에 있는 사람들로 하여금 스스로를 피해자가 아니라 패자로 보도록 조장하고 있다고 주장한다.36 노동계층의 자녀들은 자신의 패배를 사회적 제약의 증거로 보지 않고 개인적 실패로 보는 경향이 있다. 그렇기 때문에 특히 가난한 사람들은 자신을 패자로 정의하는 경우가 많다.

자신을 패자로 인식하는 사람은 자신의 정체성을 확인하는 한 방편으로서 범죄를 저지를 수 있다. 그러나 그들은 자신의 미래를 결정할 수 있는 힘을 갖고 있지 않고, 자신에게 일어난 일은 '그저 일어났을 뿐'이라고 믿는데 익숙하기 때문에 형벌의 위협에 의하여 범죄를 억제할 수 있는 가능성은 매우 낮다. 그 결과 또 다른 피해자 계층, 범죄 피해자를 만들어 내는 것이다.

이렇게 만들어진 피해자들 중 일부는 자신을 범죄 피해자로 생각할 것이고, 일부는 그렇지 않을 것이다. 불운에 익숙하고, 매일같이 범죄를 경험하는 사람들은 자신을 패자로 볼 것이고, 자기가 인생을 통제할 수 없다고 생각할 것이며, 범죄를 또 하나의 불운이라고 받아들일 것이다. 그들에게 범죄 피해자가 된다는 것은 자신의 궁핍한 처지를 확인해 주는 것에 불과하다. 이 집단에서 더 많은 가해자들이 나오고, 피해자화의 악순환은 반복된다.37

범죄의 신비화

우리의 소년이 젊은 여성을 강도 상해한 사건은 그 지역 공동체에서 상당한 관심을 끌었다. 그러나 다른 사건과 마찬가지로 사건 자체는 물론이고 사건에 관련된 사람들은 법률 절차와 미디어에 의해 변형되었다.

한 여성에게 피해를 입힌 그 소년은 '범죄자'라는 이름을 얻었고, 고정관념에 사로잡힌 추상적인 개념으로 다루어졌다. 피해 여성은 '피해자'라는 이름을 얻었지만, 그녀의 요구는 별로 관심을 얻지 못했을 것이다. 나아가 사건은 범죄가 되고, 범죄는 실제 관련된 사람과는 이질적이고 상징적인 법률 용어로 설명되고 다루어졌다. 이렇게 형사사법절차는 신비화 신화화되어 대중매체와 정치적 과정을 위한 유용한 도구로 전락되어 버린다.

'범죄'는 대중매체에서 눈에 잘 띄는 곳에 배치된다. 연구에 의하면 그래야 잘 팔리기 때문이란다. 사람들은 센세이셔널한 일에 끌린다. 그러나 범죄 뉴스가 대중매체에 자주 등장하는 것은 '얻기 쉬운 뉴스'이기 때문이기도

하다. 기자는 경찰이나 검사에게 전화 한 통만 하면 쉽게 범죄 뉴스를 구할 수 있다. 기자는 이런 뉴스를 질문이나 독자적인 검증없이 공식적 정보원으로부터 무비판적으로 받아들인다. 그 이유는 기자들이 정보원에게 계속해서 접근하기 위해서는 정보원경찰 검찰과 좋은 관계를 유지해야 하기 때문이다. 그렇기 때문에 객관성이 확보되지 않는다. 그 결과 범죄 뉴스는 법적 절차와 전문가의 시각으로 보도되며, 편파적일뿐 아니라 범죄의 추상화와 신화화를 조장한다.

범죄는 정치인에게도 중요한 도구다. 상대방을 공격할 수 있는 기회가 되기 때문이다. 그래서 범죄에 대한 입장은 우리 사회 내에서 자신의 위치를 잡는 중요한 방법이다. 당신은 강경한 현실주의자인가? 온건한 이상주의자인가? 미국 대통령 선거에서 흔히 볼 수 있는 것처럼, 미국 사회에서 범죄에 대한 입장은 정치적 편을 가르는 방법이다.

그러는 사이, 범죄라고 불리는 사건 뒤의 피해와 사건 그 자체는 잊혀져 간다. 절차는 전설이 될 때까지 신화화되고 신비화된다. 이런 절차를 통해 우리의 두려움은 더 커진다.

이 모든 것들이 공동체 의식에 영향을 미친다. 범죄에 직면했을 때 우리는 몇 가지 선택안이 있는데, 첫째, '적'에 대항해 방어적으로 힘을 규합할 수 있다. 이 경우 공동체 의식 자체는 높아질지 몰라도, 방어적이고 배타적이며 위협받는 공동체가 된다. 둘째, 타인을 믿지 못하고 각자의 집을 요새화할 수도 있다. 이 경우에는 이미 약한 공동체 의식이 더욱 약해진다.[38]

그러므로 잘못에 대한 우리의 대응은 우리의 미래에 대해 중요한 의미를 가지는 것이다.

미주

1. 역주-대체형벌(alternative punishments)은 기존의 형벌보다 효과적이거나 인도
적인 형벌방법을 말하고, 형벌에 대한 대안(alternatives to punishment)은 종전에
형벌로 대응하던 문제를 형벌이 아닌 방법으로 대응하는 것을 말한다. 이곳에서
말하는 저항력이란 기존의 형벌제도가 대체형벌이나 형벌대안의 아이디어에서
철학은 버리고 논리와 방법만을 취사선택함으로써 아무 것도 바뀌지 않는 현상
을 지적하는 말이다. 예를 들어, 근대 초기 벤담이 제안한 팬옵티콘의 모습으로
등장한 교도소는 그 이전의 강제추방형에 대한 대안으로 제시된 것이었지만, 머
지않아 대체형벌이 되었다. 또한 교도소 구금형에 대한 대안으로 제시된 사회내
처우가 대체형벌로 변질되었다. 같은 맥락에서 회복적 사법은 애초에 형벌에 대
한 대안으로 제시되었지만, 최근 들어 사회내처우 또는 사회복귀에 효과가 있는
대체형벌로 받아들이는 경향이 두드러지게 나타나고 있다. 하워드 제어는 '문제
와 해법의 새로운 프레임을 만들기 위한 렌즈,' 즉 실천적 방법이 아니라 철학을
강조하는 이유도 여기에 있다.
2. 역주-저자가 말하는 '기본적 가정'은 제5장 참조.
3. 피해자의 경험에 관한 연구가 활발히 진행되고 있다. 특히 Morton Bard와 Dawn
Sangrey의 *The Crime Victim's Book*(New York: Brunner-Mazel, 1986), 2d
ed.를 참조했다. 또한 Shelley Neiderbach, *Invisible Wounds : Crime Victims
Speak* (New York: The Hayworth Press, 1986) 및 Doug Magee, *What Murder
Leaves Behind: The Victim's Family* (New York: Dodd, Mead and Co., 1983)
를 참조할 것. '살해된 어린이들의 부모 모임(Parents of Murdered Children,
Inc.)'의 공동 설립자인 샬럿 헐링거(Charlotte Hullinger)가 중요한 도움을 주었
다. 또한 Howard Zehr, *Transcending: Reflections of Crime Victims* (Intercourse,
PA: Good Books, 2001)도 참조.
4. '살해된 어린이들의 부모 모임(Parents of Murdered Children)'의 공동 설립자이
자 범죄 피해자인 샬럿 헐링거는 피해자 친구들의 반응이 네 가지로 나뉜다고 한
다. **구조자**(The Rescuer) : 공포로 인해 즉각적인 해결책을 찾고자 하는 유형이
다. 피해자의 이야기를 듣지 않고, 남에게 의존시키는 제안을 하며, 피해자의 감
정 표현을 불안하게 받아들인다. 이 유형은 고통받는 모습을 참지 못하고, 문제
를 직접 해결하고 싶어 한다. **적대적 조력자**(The Hostile Helper) : 두려움 때문에
화가 나는 유형이다. 이들은 피해자를 비난하기도 하고, 직접 판단을 내리며 피
해자로부터 거리를 유지하려고 한다. 두려움이 앞서기 때문에 자기가 피해자의
입장이었다면 그런 일은 없었을 것이라고 생각한다. **무력한 조력자**(The Helpless
Helper) : 공포에 압도당하는 유형이다. 피해자보다 더 심한 공포를 느끼기 때문
에 피해자의 말에 귀 기울이지 않는다. 피해자를 불안하게 만들고 피해자가 조
력자에게 미안함을 느끼도록 만든다. **적극적 조력자**(The Positive Helper) : 이 유

형은 공포를 직접 대응하고 이에 맞선다. 직접 판단을 내리지 않고 피해자의 이야기에 귀를 기울이며, 시기를 잘 파악한다. 이 유형은 "엄청 화가 날 겁니다." "시간이 좀 걸릴 거예요." "잘 대 처하셨어요." "힘들었겠군요." 등의 공감대응을 한다. 결국 이 유형은 피해자에게 이야기할 수 있는 기회를 준다.

5. 역주—이차 피해(secondary victimization)은 범죄로 한 번 피해를 입은 사람이 수사기관, 법원, 지인 등의 태도와 사건에 대한 평가로 인해서 다시 한 번 심리적인 피해(자책감, 자괴감, 억울함 등)를 입는 현상을 나타내는 말이다. 우리나라 학자들은 이것을 '이차 피해자화'라고 번역하며, 이 책 국문판 제1판에서도 그 용례를 따랐다. 그러나 여기서는 일반인들이 쉽게 받아들일 수 있도록 '이차 피해'로 옮긴다.

6. 역주—제어 교수는 여기서 말하고자 하는 것은 피해자의 상처가 '폭력범죄에서만 특징적으로 나타나는 것이 아니라, 정도의 차이는 있지만 비폭력적 재산범죄 등 모든 종류의 대인범죄에서 공통적으로 나타난다'고 한다. 근본적으로 범죄가 '예측 가능한 세상을 살아가는 자율적 인간이라는 자아의식에 대한 공격'이기 때문이다. 즉, 제어 교수에 의하면, 범죄가 단순히 신체적 피해만 일으키는 것이 아니라 물질적 피해, 심리적 트라우마 및 관계의 파열 등 여러 가지 차원의 피해를 일으키므로 피해자의 요구도 물질적, 정신적, 관계적인 측면을 가지며, 범죄에 대한 대응도 이런 측면을 포괄하는 것이어야 한다고 한다.

이 같은 피해경험, 피해차원, 피해자 요구의 일반화는 회복주의 문헌의 일반적 속성으로 자리잡고 있는데, 스트랭(Strang)은 피해자들이 사법절차에서 일반적으로 자기의 관점을 고려하고 자기 사건에 대해 더 많은 정보를 제공하는 비공식적인 절차; 더 많은 참여;존중; 물질적 손실과 피해에 대한 회복; 사과와 확인을 통한 '정서적 회복' 등을 "공통적"으로 요구한다고 한다.(Strang, H., *Repair or Revenge: Victims and Restorative Justice*, Clarendon Press. 2002 이와 유사한 우리나라의 문헌으로는 김은경, 이호중, 학교폭력 대응방안으로서 회복적 소년사법 실험연구, 한국형사정책연구원, 2006) 많은 회복주의자들은 이와 같은 일반화에 기초하여 회복적 절차가 모든 종류의 범죄피해자에게 유익할 수 있으므로 범죄유형에 상관없이 전면적으로 확대 적용해야 한다고 주장한다. 즉 회복적 정의가 모든 범죄에 적용되는 패러다임이라고 주장한다. 바로 이것이 회복주의 이론의 가장 중요한 가정(假定)이다.

그런데 피해자의 경험은 범죄유형에 따라서 사람에 따라서 모두 다르다. 어떤 사람은 피해인식조차 없을 수 있고, 어떤 사람은 피해를 크게 생각하지 않을 수 있으며, 어떤 사람은 일생동안 피해를 극복하지 못할 수도 있다. 피해자는 범죄 경험에 의해 일률적으로 만들어지는 동질적인 성격을 가진 존재가 아니라, 개인적 속성, 유형 및 그들이 경험한 피해 정도, 절차에 대한 반응 등에서 이질적이기 때문이다. 총론적으로 이들이 느끼는 감정의 요소가 같고, 개념적 회복 단계가 같을 수는 있어도 각론적으로 어느 요소를 더 크게 느끼느냐, 어느 단계가 가장 길게 나타나느냐는 사람마다 다르다. 따라서 회복적 절차에 참여하는 것이 피해자의 성격, 태도, 경험과 관계없이 모든 피해자에게 똑같이 유익하다고 하기 어렵다.

현실적 경험을 깊이 있게 고찰하여 그로부터 어떤 일반적 이론을 구성하려고 하는 제어 교수도 회복적 절차가 모든 피해자를 만족시킬 수 있을 것이라고 생각하지 않는다.

회복을 중심에 놓는 사법개혁운동이 성공하려면, 우선 이 가정부터 극복해야 할 것이다

7. 역주ー'자율성 회복에 의한 온전한 삶의 회복'이 저자가 말하는 '회복'의 개념이자 대상이다.

8. 역주ー여기서 보는 자율성 침해로서 범죄 개념은 회복주의가 바라보는 범죄의 개념으로 매우 중요한 의미가 있다. 저자를 비롯한 회복주의자들은 자율성 침해를 심리적 효과처럼 묘사하고 있지만, 사실 자율성 침해는 실질적 법치주의에 입각한 범죄개념이기도 하다. 오늘날 법률에 따라 처벌되는 행위(범죄) 중에는 사람의 자율성과 무관한 것들이 있는데, 예를 들어, 위장전입죄(주민등록법)나 신용카드 사용거절죄(여신전문금융업법) 등은 행정질서나 경제질서를 침해하는 것이지 개인의 자율성과는 거리가 멀다. 법치주의적 범죄개념에 비추어보면, 행정질서 위반은 징역이나 벌금 등 형벌로 처벌할만한 범죄가 아니며, 과태료 같은 행정벌로 다루어야 할 일이다. 법 앞에 모든 사람의 인간성을 평등하게 대우해야 한다는 법치주의는 다른 사람의 인간성을 침해하지 않는 행위를 이유로 한 사람의 인간성을 침해하는 형벌을 부과하지 않는다. 위장전입죄 같은 규정은 법률주의의 산물이지 법치주의의 결과가 아니다.

9. 원문은 "심각한 범죄인 경우에는 피해자에서 생존자로 탈바꿈해야 한다"로 번역되는데, 여기서 생존자는 피해자와 달리 범죄의 지배력을 벗어난 상태를 의미한다.

10. Charles Finley, "Catastrophes: *An Overview of Family Reactions*," in *Stress and the Family, Vol.2: Coping with Catastrophe*, ed. Charles Finley and Hamilton I. McCubbin, (New York: Brunner/Mazel, 1983)에서 인용.

11. Michael Ignatieff, "Imprisonment and the Need for Justice," 1987년 토론토에서 개최된 캐나다 형사사법회의 발표 자료. 1988년 1월 *Liaison*에 편집 게재.

12. 역주ー저자가 이 책을 처음 집필하던 1990년 경에는 피해자에 대한 정보제공이 전혀 이루어지지 않았다. 그러나, 지난 35년 여 동안 전세계적으로 회복적 사법운동이 전개되면서 적어도 정보제공에 대한 상황은 많이 달라져 있다. 회복적 사법 분야에서 가장 모범적인 뉴질랜드에서는 피해자권리보호법(Victims' Rights Act 2002) 제11조에서 제14조까지에서 피해자에 대한 정보제공을 상세히 규정하고 있고, 영국의 범죄피해자를 위한 실무처리지침(Code of Practice for Victims of Crime)에서도 같은 내용을 정하고 있다. 우리나라도 범죄피해자보호법 제8조에서 절차관련 정보의 제공을 규정하고 있다:제8조(형사절차 참여 보장 등) ① 국가는 범죄피해자가 해당 사건과 관련하여 수사담당자와 상담하거나 재판절차에 참여하여 진술하는 등 형사절차상의 권리를 행사할 수 있도록 보장하여야 한다.② 국가는 범죄피해자가 요청하면 가해자에 대한 수사 결과, 공판기일, 재판

결과, 형 집행 및 보호관찰 집행 상황 등 형사절차 관련 정보를 대통령령으로 정하는 바에 따라 제공할 수 있다.

13. National Association of Victim Support Schemes, https://www.victimsupport. org.uk. 미국의 경우, National Center for Victim of Crime 이 피해자 서비스와 정보의 저장소 역할을 하고 있다. http://www.victimsofcrime.org.

14. "구판에서 나는 이 부분에 closure(마침표)라는 말을 사용하였다. 이 말은 피해자 친화적인 말이 아니므로 최근 들어서는 쓰지 않는다. 살인으로 아들을 잃은 엠마 조 스나이더(Emma Jo Snyder)는 나에게 이런 말을 했다: "눈이 시커멓게 멍드는 느낌일 겁니다." Zehr, *Transcending*, 39 "

15. 역주-종전의 번역에서는 Offender와 Offense의 역어로 학계의 일반적 용례에 따라 가해자와 가해라는 용어를 사용하였다. 이와 함께 저자가 Criminal과 crime 이라는 용어를 의식적으로 회피한다고 하였다. 그러나, 후자 대신 전자를 사용하는 것은 영미법학계의 일반적인 용법이고, 특별한 의미가 담겨 있는 것 같지는 않다. 한편 번역어로서 가해자와 가해는 범죄사건을 마치 민사사건이나 형사사건으로 다루기에는 경미한 것 같은 색채를 풍긴다는 문제점이 있을 뿐만 아니라, 이 책에서 다루고 있는 문제도 일차적으로는 범죄행위와 그 행위자인 가해자이지 민사사건으로 다루어지는 불법행위가 아니다. 그러나, 범죄라는 용어에 붙는 씻을 수 없는 속성 뿐만 아니라, 범죄라는 용어를 사용함으로써 회복주의의 정신을 형사사법의 테두리로 가두게 되는 문제점을 고려하여 가해자와 가해라는 말을 계속 사용하기로 하였다. 독자들께서는 하나의 행위를 가해라고 부를 때와 범죄라고 부를 때 어떤 느낌의 차이가 있는지, 정말 나쁜 사람만 범죄자라고 불리고 있는지 생각해 보기 바란다.

16. Roy Walmsley, "World Prison Population List," 10th ed., *International Centre for Prison Studies*, last modified November 21, 2013, http://www.prisonstudies. org/research-publications?shs_term_node_tid_depth=27.

17. Michelle Alexander, *The New Jim Crow: Mass Incarceration in the Age of Colorblindness* (New York: New Press, 2010) 참조.

18. Robert Johnson, "A Life for a Life?" *Justice Quarterly*, 1, No. 4 (December 1984), 571.

19. Jack Henry Abbott, *In the Belly of the Beast: Letters from Prison* (New York: Random House, 1981

20. 뉴질랜드의 프레드 맥엘리어(Fred McElrea)판사는 서구 법률시스템의 중심적 원칙이 "국가의 입증책임"이라고 한다. 다시 말해, 유죄를 입증할 책임은 국가에게 있다는 것이다. 이 때문에 변호인들은 피고인에게 무죄를 주장하도록 권장하고, 이것이 책임 부인을 강화하게 된다.

21. Dennis A. Challeen, *Making It Right: A Common Sense Approach to Criminal Justice* (Aberdeen, SD: Melius and Peterson Publishing,, 1986

22. 용서에 관해서는 Marie Marshall Fortune의 글이 유용하다. 예컨대, *Sexual*

Violence: The Unmentionable Sin (New York: Pilgrim Press, 1983), "Justice-
Making in the Aftermath of Woman-Battering," in *Domestic Violence on Trial*,
ed. Daniel Sonkin(New York: Springer Publishers, 1987), pp.237-248. 또
한 Jeffrie G. Murphy & Jean Hampton, *Forgiveness and Mercy* (Cambridge,
England: Cambridge University Press, 1988) 및 Thomas R. Yoder Neufeld,
"Forgiveness and the Dangerous Few: The Biblical Basis," address to the
Christian Council for Reconciliation, Montreal, Quebec, November 18, 1983 참
조.Morton MacCullum-Paterson은 용서가 복수 의사를 포기하려는 의지와 관
련이 있다고 주장한다. 즉, 용서를 위해 문제해결을 하나님의 의사에 맡기려는
의지와 관련이 있다는 의미이다. 그는 신약에 나오는 용서의 근본적 의미는 용
서의 통제권을 신에게 넘기거나 제쳐놓은 것이라고 지적하고 있다. *Toward a
Justice That Heals* (Toronto: The United Church Publishing House, 1988), p.56
을 볼 것.

23. 이 구별은 Dave Worth가 알려준 것이다.

24. 1980년 온타리오 토론토에서 개최된 시편에 관한 워크숍 발표 자료. 1987 년
5월 캐나다 오타와에서 개최된 워크숍에서 National Associations Active in
Criminal Justice 워킹그룹이 제출한 미발간 토론 자료 "A Reflective Analysis on
Reconciliation as It Relates to Criminal Justice"에서 재인용.

25. David Kelley, "Stalking the Criminal Mind: Psychopaths, 'Moral Imbeciles,'
and Free Will," Harper's, August 1985

26. Ignatieff, "Imprisonment and the Need for Justice."

27. 제임스 길리건(James Gilligan)은 *Violence: Reflections on a National Epidemic*
(New York: Vintage, 1997)에서 형벌이 죄책을 덜어주는 반면 수치심을 키우는
경향이 있다고 주장한다. 그는 수치심이 폭력의 주된 원인이라고 주장한다.

28. 역주-회복적 사법을 종교적으로 설명하면, 형법학자나 교정실무자들은 고개를
돌린다. 그러나 이 책에 나타나는 저자의 종교적 설명은 기존의 기독교적 입장
을 비판하는 시각을 가지고 있어서 단순히 종교적 설명이라고 외면할 것은 아니
다. 예컨대, 눈에는 눈이라는 탈리오의 법칙을 종래 기독교적 관점에서는 응보
로 보았지만, 제어는 그것을 '회복'을 의미하는 것으로 재해석한다. 그러나, 종
교적인 회개를 설명하는 "자신의 잘못을 고백하여 그에 대한 책임을 받아들이
고 그로 인한 피해를 인정해야만 한다"는 부분은 좋은 말이기는 하지만, 심각한
결과를 초래할 수 있는 말이다. 즉, 이 책 서두에 제시된 사건과 같이 가해자가
일방적으로 피해자를 공격한 상황에서는 이런 고백이 옳을 수 있지만, 대부분
의 사건은 두 사람 사이의 분란이 어느 시점에 법적 한계선을 넘어서면서 한 사
람은 가해자가 되고 다른 사람은 피해자가 된다. 이런 상황에서는 어느 한 쪽에
게 일방적 책임이 있지도 않고, 일방적으로 책임을 인정해서도 안 된다. 이런 한
계는 아직까지 극복되지 않았다. 지금도 회복적 사법이라 불리는 제도들은 어느
한 쪽이 책임(유죄)을 인정해야 비로소 시작될 수 있는 절차로 받아들여지고 있
는 것도 그 한계를 보여주는 단면이다.

29. Gerald Austin McHugh, *Christian Faith and Criminal Justice: Toward a Christian Response to Crime and Punishment* (New York: Paulist Press, 1978), 172ff.

30. 역주-이런 이해는 헤겔의 법철학과도 맥이 통한다. 헤겔은 '가해자는 가해자와 피해자를 비롯하여 세상에 권리를 가진 사람이 없다고 주장하는 것과 같다'고 했다고 한다. Stillman, P. G., Hegel's Idea of Punishment, Journal of the History of Philosophy 14(2), 1976, p.171. 그러나 헤겔은 이성적 인간상으로부터 이와 같은 결론을 도출하였고, 하워드 제어는 이 결론을 피해자 심리로부터 도출한다는 점에서 중요한 차이가 있다.

31. Parker Rossman, *After Punishment What?* (Cleveland, Ohio: Collins, 1980).

32. 힘의 문제에 관해서는 Richard Korn, "Crime, Criminal Justice, and Corrections," *University of San Francisco Law Review* (October 1971)를 참조할 것

33. 역주-법치주의는 법 앞에 인간성의 평등이다. 일상적으로는 같은 죄를 저질렀으면 똑 같이 처벌해야 한다는 의미로 받아들여지는데, 그렇게 되는 철학적 이유가 인간성이 같기 때문이다. 즉 군주나 공주나 판사나 검사나 조폭이나 노숙자나 모두 동일한 인간성을 가지고 있고, 누구도 다른 사람 위에 존재하거나 아래에 존재하지 않으며, 특히 법을 기준으로 보면 모두 법 아래에 동순위이기 때문에 평등하게 대우받아야 한다는 것이다. 국가가 국민 개개인이 가진 호칭(판사, 검사, 피고인, 피해자, 대통령, 국회의원)에도 불구하고 모든 국민의 인간성을 평등하게 대우하기 위해서는 자기동일시가 전제되어야 한다. 가해자를 다룰 때, "우리와 근본적으로 다른 범죄병을 앓고 있는 사회적으로 위험한 골칫거리"(손진, p.224)를 다루고 있다고 생각한다면, 가해자를 인간으로 취급할 이유가 없다. 그렇게 되면, 법치주의와 정의는 모두 헛소리에 지나지 않게 된다. 피해자에 대해서도 같은 이야기가 성립될 수는 있지만, 요즈음에는 검사는 피해자를 보호하는 국가기관으로 과도하게 자기를 동일시하는 것이 문제다. 자세한 이야기는 (손진, 형법의 정치도구화에 대한 성찰: 국가와 국민의 불편한 권력관계에 대하여, 성균관대학교 박사학위논문, 2016)참조.

34. Dennis A. Challeen, *Making It Right* (Aberdeen, SD: Milieus and Peterson Publishing, 1986), 21ff. and 43ff.

35. Nils Christie, "The Ideal Victim" (캐나다 브리티시컬럼비아 주 밴쿠버에서 개최된 33차 International Course in Criminology에서 발표된 미간행 자료). (역주-이 자료는 Fattah, Ezzat ed., From crime policy to victim policy (MacMillan, 1986)의 제1장(The Ideal Victim)으로 간행되었다.)

36. Jonathan Cobb and Richard Sennett, *The Hidden Injuries of Class*, reprint ed. (1977; New York: W. W. Norton and Company, 1993).

37. 피해자/가해자 사이클에 대해서 자세한 것은 Carolyn Yoder, *The Little Book of Trauma Healing* (Intercourse, PA: Good Books, 2005).

38. 역주-회복주의는 전통적으로 아미타이 에치오니(Amitai Etzioni)의 정치적 공동체주의를 사상적 기반으로 삼고 있다. 이 사상은 "권리에는 책임이 따른다"는 만

트라로 대변되는데, 오늘날 개인주의적이고 소비주의적인 경향으로 인해 권리는 너무 많고 공동체에 대한 책임의식은 너무 없어서 공동체가 붕괴되고 있으며, 공동체의 쇠퇴가 비공식적 사회통제의 결여로 이어지고, 이것이 다시 범죄율과 사회악의 증가에 결정적 요인이 되고 있으며, 그로 인해 다시 공동체의 비도덕화가 초래된다고 본다. 이 시각에서는 범죄통제가 성과를 거두기 위해서는 공동체의 가치와 공동체에 대한 의무를 중심으로 공동체를 재구축하여야 한다고 본다. 이 사상의 가장 중요한 문제점은 공동체를 위해서 개인의 자유는 좀 희생되어도 된다고 생각하는 경향이 강하다는 점이다. 이것이 강해지면 "자유로운 공존"의 범위를 넘어서서, 공동체의 가치에 반하는 사람을 공동체에서 배제하는 상황에 이르게 된다. 역자는 오늘날의 상황이 그런 지경에 이르렀다고 보며, 공동체주의를 폐기하거나 상당한 수정을 가해야 한다고 본다(자세한 내용은 나의 박사학위논문 참조). 영국 범죄학자 영(Young)도 오늘날의 상황을 "배제사회"라고 부른다(Young, J., *The Exclusive Society: Social Exclusion, Crime and Difference in Late Modernity*, Sage. 1999.). 제어도 여기서 이런 상황을 우려하는 것이다. 그러나 공동체주의를 사상적 바탕으로 삼는 이상, 회복주의가 배제사회에 기여하지 않으리라 장담할 수 없다. 따라서 회복주의는 공동체의 결속을 강화하면서도 배제사회로 흘러가지 않아야 하는 아주 좁은 길에 서 있다고 할 수 있다.

제2부

사법 패러다임

제5장

응보적 사법

형사사법 절차에서 피해자와 가해자의 상처와 요구는 무시된다. 나아가 더욱 심각해질 수 있다. 이 절차를 거치면서 범죄 현상은 전설이 된다. 범죄는 정치와 언론에 의해 쉽게 조작될 수 있는 상징을 만들어내면서 신화가 되고 신비한 현상이 되는 것이다.

지난 수 세기 동안 많은 사람들이 이러한 절차를 개혁하기 위해 노력해 왔다. 이러한 노력이 '백약이 무효nothing works'라거나 성과가 없었다는 결론을 내리기는 어렵다 해도, 수많은 노력이 빗나간 것은 사실이다. 개혁의 노력에는 의도하지 않은 갖가지 결과가 뒤따랐고, 원래 예정했던 목적과는 전혀 다른 목적을 위해서 사용된 경우도 많았다. 교도소만 하더라도 원래는 신체형이나 사형에 대한 인도적인 대체 형벌로 도입된 것으로서, 가해자의 개선을 촉진하면서도 사회의 형벌 및 보호 요구를 충족시키려는 것이었다. 그러나 교도소는 도입 후 얼마 지나지 않아 두려움의 대상이 되었고, 곧 교도소 개혁운동이 시작되었다.

교도소의 부적절함과 오용에 대한 인식은 곧 교도소에 대한 '대체 형벌'

의 탐색으로 이어졌다.1 수많은 대안들이 도입되었지만, 그 역사는 그다지 고무적이지 못하다. 이들은 흔히 교도소에 대한 대체 형벌이 아니라 다른 '대체 형벌'의 대안으로 사용되었고, 대개는 공식적인 무無조치에 대한 대안으로 사용되었다. '대체 형벌'이 확장되는 동안 교도소의 구금 인구도 계속해서 증가하였고, 국가의 통제와 감독을 받는 사람의 총수도 늘어났다. 통제와 간섭의 '그물'이 확대되었지만, 범죄에 대한 가시적인 효과는 나타나지 않았고 피해자와 가해자의 핵심적 요구도 충족되지 않고 있다.

왜 이렇게 된 것일까? 왜 사법 절차에서는 범죄와 관련된 사람들피해자든 가해자든의 현실적 요구가 소외되고 있는 것일까? 왜 개혁으로 의도된 변화들이 이러한 패턴을 바꾸지 못하는 것일까? 그 답은 도대체 범죄와 형사사법이 무엇인가에 대한 우리의 이해에 들어 있다. 우리의 이해에 들어있는 근본적인 관념을 해결하지 않고서는 진정한 변화를 기대하기 어려울 것이다.

범죄와 사법이 무엇인지에 대한 일반적인 가정이 있는가? 겉으로 보기에는 형사사법 전문가들 사이에서도 일치된 의견을 찾을 수 없다. 예컨대, 똑같은 사건을 놓고도 어떤 결과가 적절한지, 그 이유가 무엇인지에 대해 판사들의 생각은 큰 차이를 보인다. 이 때문에 양형에 일관성이 없어지는 것이다. 이 같은 철학과 의견의 다양성은 판사들에게 동일한 사례를 주고 적절한 형량을 산정하도록 묻는 경험적 연구에 의해 밝혀지고 있다. 그 대답의 차이는 실로 놀라울 정도다. 각각의 판사, 검사, 보호관찰관이 무엇이 적절한지에 대한 자신의 이해에 따라서 직무를 수행하고 있고, 그 이해는 각인각색이다.

따라서 범죄를 어떻게 다루어야 하는지에 대한 이해가 달라진다. 미국 사람들은 이러한 다양성을 자유주의와 보수주의라는 말로 설명한다. 보수주의자들은 신속하고 확실하며 엄격한 형벌을 요구하고, 가해자의 권리를 보호하는 원칙을 비난하며, 가해자가 처한 환경과 무관하게 가해자의 선택을 강조한다. 반면, 자유주의자는 가해자의 권리와 가해자의 환경에 더 많은 관심을 기울인다. 우리는 범죄와 사법에 대한 자유주의자와 보수주의자의 접근방법이 대단히 다르다고 생각한다.2

그러나 이 두 가지 '반대 입장'을 자세히 분석해보면, 자유주의와 보수주의라는 꼬리표를 초월하는 공통의 가정假定을 발견할 수 있다. 그 중에는 형법에 구체화되어 있는 것도 있고, 그렇지 않은 것도 있다. 그것이 무엇인지 이해하는 것이 중요하다.

어떤 행위를 범죄로 인식하고 나면, 몇 가지 기본적 가정이 우리의 대응을 결정한다. 그 가정은 다음과 같다:

1. 유죄가 확정되어야 한다.
2. 유죄인 자는 '정당한 응보'를 받아야 한다.
3. 정당한 응보를 위해서는 고통의 부과가 필요하다.
4. 정의는 절차에 의해 평가된다.
5. 범죄는 법 위반으로 정의된다.

이 가정들을 자세히 살펴보자.

유죄가 확정되어야 한다

유·무죄를 밝히는 것은 형사사법 절차의 중심축이다. 즉, 형사사법 절차의 중심적 활동은 유·무죄의 확정이고, 모든 것이 그것을 향해 움직이거나 그로부터 나온다.

유죄의 확정이 너무 중요하고 그 결과가 중대하기 때문에 아주 정교한 원칙이 그것을 지배하고 있다. 그러나 일단 유죄가 확정되고 나면, 절차적 보장과 권리에 대한 관심은 현저하게 떨어진다.

유죄 확정이 중심에 놓인다는 것은 사건의 결과에 대해서 관심이 떨어진다는 것을 의미한다. 법률 훈련은 유죄 확정에 관한 원칙과 절차를 중심으로 이루어지며, 로스쿨 학생들은 형량의 협상이나 양형의 내용에 대한 훈련을 거의 받지 않는다. 그 결과, 형사사건의 적절한 결과에 대해서 훈련된 판사가 드물고, 변호사는 더 드물다.

비난을 확정하는데 몰두한다는 사실은 사법이 과거지향적인 경향이 있음을 의미한다. "무슨 일이 일어났는가?" "누가 그랬는가?" 이런 질문이 범죄 때문에 발생된 문제 또는 범죄 발생의 원인이 된 문제를 어떻게 해결해야 하는지보다 우선시된다. 법률전문가는 문제의 재발을 방지하기 위한 대책을 찾는데 별로 시간을 할애하지 않는다.

사법절차를 지도하는 유죄의 개념은 매우 좁고 고도로 기술적인 것으로 "객관적" 또는 서술적인 성질을 가진다. 행위자가 법에서 금지하는 행위를 하였는가? 고의가 있었는가? 그 행위가 법에 반하는 것인가? 법적 의미의 유죄는 피고인이 실제로 어떤 행위를 범하였는가? 그렇다면 법적 책임을 져야 하는가? 만을 따진다.3

법률 시스템에서 범죄와 유죄문제는 피해자와 가해자가 현실적으로 경험한 것과는 전혀 다르게 구성된다. 법적 의미의 죄책은 현실의 범죄와 별로 관련성이 없는 것 같고, 유·무죄의 판단은 현실적으로 발생된 일과 별로 관련성이 없는 것 같다. 이 시스템을 옹호하는 자들이 최근 인정한 것처럼 "사실상의 죄가 아니라 법적 유죄가 … 형사사법 절차의 토대다."4

　이러한 이해는 피고인에게 절실한 문제가 아닐 수 없다. 피고인은 자기의 실제 행위와 전혀 다른 죄목으로 기소될 수 있기 때문이다. 죄목은 변호인과 검사의 협상 결과일 수도 있다. 실제로 범죄를 저질렀더라도 법적으로는 유죄가 아닐 수 있으므로 '무죄 주장'을 하라는 조언을 받을 수 있다. 그리하여 피고인은 자신이 실제로 죄가 없다고 믿을 수 있게 된다. 법적으로 유죄인 경우라도, 변호인은 어느 시점에 '무죄'를 주장하라고 조언할 가능성이 높다. 법률 용어로 '무죄'란 '재판을 받고 싶다' 또는 '시간이 더 필요하다'고 말하는 방법이다. 이 모든 것이 유·무죄의 경험적이고 도덕적인 현실을 모호하게 만든다.

　법적으로 유죄는 양자택일의 문제다. 범죄의 심각성은 다를 수 있지만, 결국 유죄의 정도는 존재하지 않는다. 유죄이거나 무죄일 수밖에 없는 것이다. 누군가는 이겨야 하고, 누군가는 져야 한다. 닐스 크리스티는 이러한 의미를 잘 지적하고 있다: 우리는 법원이 사회규범을 가르치고 지탱한다고 생각하지만, 사실은 사람들이 지극히 단순한 양분법에 의해 평가될 수 있다는 숨겨진 메시지를 가르친다.5

　법률가의 유죄 개념이 기술적이고 서술적인 한편, 신학자 톰 요더 뉴펠트 Tom Yoder Neufeld가 말하는 처방적prescriptive 관점을 가진 전문가도 있다. 이러한 책임 개념은 사회학적 또는 심리학적 시각에서 원인관계와 예측가능성에 초점을 맞추어 범죄의 원인을 설명6하는데 관심을 기울인다.7

　예컨대 심리학자는 법적이지도 도덕적이지도 않은 방식으로 유죄 개념에 접근한다. 사실 그들은 법적 개념과 도덕적 개념을 모두 회피하고, 범죄 행위를 질병이나 중대한 기능 장애의 증거로 보면서 그 행위에 이르게 된 정신적 인자가 무엇인가를 살펴본다. 한편, 사회학자는 가족, 공동체 및 사회에서 작동되는 사회적 힘으로 행동의 패턴과 원인을 분석한다. 법학자들이 가해자를 어느 정도는 의식적 선택을 행하는 자율적 인간으로 보는 반면, 사회학자나 행동과학자는 범죄를 상위의 여러 가지 힘에 대한 반응으로 본다. 이러한 관점은 가해자 개인이 어디까지 책임져야 하는가, 그를 피해자가 아니라 가해자라고 부를 수 있는 범위는 어디까지인가 등의 문제를 제기한다.

법학자나 사회과학자들에게는 유죄 문제를 고려하는 특유의 방식이 있지만, 대다수의 형사사법 종사자를 비롯하여 일반인들은 제3의 관점을 가지고 있다. 이 관점은 도덕주의적이고 '귀속적'이다. 일반인들에게 유죄는 단순히 행위에 대한 서술이 아니라 행위자의 도덕적 질에 대한 진술이다. 즉 죄책은 범죄행위를 한 사람의 특징을 말해 주는 것으로서 그 사람에게 고착되어 씻어낼 수 없는 성질이 있다. 그것은 행위자에게 거의 영구적으로 고착되어 있으며, 그것을 씻어낼 수 있는 방법은 별로 없다. 죄책은 행위자를 정의하는 특징이 된다. 절도죄의 유죄가 밝혀진 사람은 도둑, 즉 범죄자가 되고, 교도소에서 복역한 사람은 기결수 또는 전과자가 된다. 이것은 행위자의 정체성이 되고, 제거하기가 매우 어렵다.

앞에서 본 사례에서 소년은 아무리 좋은 성격을 갖게 되더라도 여전히 자신이 저지른 범죄에 의해 어떤 사람인지 정의될 것이다. 사실 범죄를 저질렀다는 사실이 그의 직업 기회, 잠재력, 그리고 일평생을 결정할 것이다. 그의 다른 특질은 중요하지 않고, 오로지 유죄 판결 여부가 결정적인 판단요인이 된다. 이런 문제를 극복할 수 있도록 해 주는 것이 형사사법 절차에는 없다. 형기를 마쳐 '사회에 진 빚'을 갚아도 달라질 것은 없다.

법적 유죄 개념은 고도로 기술적이며 현실의 경험과는 동떨어져 있다. 그러나 구체적 사건에서는 여러 가지의 유죄 개념이 사용되고, 이 점은 가해자를 혼란스럽게 만든다. 변호인은 기술적인 의미의 유죄를 말해 줄 것이고, 가해자는 법적으로 유죄가 확실하거나 다른 방법이 없는 경우가 아니면 책임을 부인할 것이다. 한편, 가해자는 자기의 행위를 심리학적으로 이해할 수 있도록 도와주면서 개인적 책임의식을 잠재울 수 있는 심리평가사나 심리치료사를 만날 수 있으며, 도덕적 죄뿐만 아니라 자비와 용서를 이야기하는 성직자를 만날 수도 있다. 성직자들은 가해자의 죄가 단순히 기술적일뿐만 아니라 현실적인 것이지만, 해결 역시 가능하다고 한다. 그리고 유죄가 현실적인 것일 뿐만 아니라 제거하기도 어렵다고 보는 일반적 이해를 가진 교도관을 만날 수도 있다. 이제 가해자는 '나쁜' 사람이다.

그렇다면 유죄는 무엇을 의미하는가? 범죄를 저지른 사람은 유죄를 어떻게 이해해야 하는가? 그는 실제로 가해자인가 아니면 피해자인가? 범죄자는 정말 유죄인가? 무엇에 대해 유죄인가? 새출발은 불가능한가? 뉴펠트가 지적하는 바와 같이, 가해자는 계속해서 유죄라는 용어를 접하게 되지만, 그것을 이해할 수 있는 언어와 의미의 명확성은 제공되지 않는다. 더욱이 이것을 해소할 메커니즘은 없다.

범죄에 대한 우리의 대응을 지배하는 법적인 유죄 개념과 대중적인 유죄 개념은 혼란스럽기도 하고 모순되기도 하지만, 다음과 같은 공통점이 있다. 둘 다 대단히 개인주의적이다. 서구의 법과 가치는 인간이 자유로운 도덕적 행위자라는 믿음에 기초하고 있다. 이에 따라 범죄 행위는 인간의 의지에 의한 것이라고 생각하며, 자유롭게 선택한 결과이기 때문에 형벌을 받아 마땅하다고 여긴다. 따라서 범죄에 대한 책임은 개인이 직접 지는 것이다. 즉 유죄는 개인적인 것이다.

인간의 자유와 개인적 책임에 대한 기본적 가정은 중요하다. 물론 단순한 결정론8을 받아들일 수는 없겠지만, 자유와 책임에 대한 일반적 이해방식에도 문제가 있다.

즉 가해자들이 자유롭게 행위하지 않는다거나 스스로를 자유롭게 행위할 수 있는 존재로 인식하지 않는다는 사실을 보여주는 증거가 많이 있다. 앞 장에서 밝힌 바와 같이, 우리 사회의 많은 사람들은 스스로를 자기 삶에 책임을 지는 자유로운 행위자로 인식하지 않는다. 대신 사회경제적 힘 또는 신의 섭리라는 저항하기 어려운 힘에 의해 좌우되는 존재라고 생각한다. 이러한 맥락에서 인간의 자유와 그에 따르는 책임에 대한 생각은 필연적으로 다른 색깔을 띨 수밖에 없다.

유죄와 책임에 대한 원자론적 이해도 행위의 맥락을 고려하지는 못한다. 누구나 자신의 선택에 책임을 져야 하지만, 우리가 속해있는 사회적·심리적 맥락이 현실적·잠재적인 선택에 영향을 준다. 행위의 사회적·경제적·정치적·심리적 맥락이 중요한 의미를 가짐에도 불구하고, 개인적인 유죄 개념은 그 맥락을 무시한다.

잘못을 실행하는 동기는 개인주의적 접근방법이 인식하는 것보다 훨씬 복잡하다. 사도 바울은 잘못에 대한 책임이 얼마나 복잡한지 인식하고 있었다. 그는 인간이 선택을 하고 자신의 행위에 대해 책임을 져야 한다고 하면서도, 인간을 완전히 자유로운 행위자로 단순화하는 이미지는 악의 침투성과 힘을 제대로 설명하지 못한다고 하였다. 로마서 7장에서 그는 자기에게도 하지 말아야 할 일을 하려는 경향이 있다고 하면서 악이 자기 삶에 미치는 영향력을 고뇌하였고, 자유란 인간에게 고유한 것이 아니라 선물과 같은 것으로 보아 현실적 자유와 잠재적 자유 사이에 차이가 있다고 하였다. 잘못wrongdoing 은 여러 가지 힘에 의해 형성된 하나의 패턴일 수 있다. 그 중 일부는 선택의 결과이고 일부는 그렇지 않다. 그 패턴을 깨는 것은 대단히 어렵다.

개인주의적인 유죄와 자유의 개념을 바탕으로 우리는 인간에게 선택의 자유가 있고, 그 선택의 결과를 예상하며, 선택 결과를 고려하여 행동을 수정한다고 본다. 또한 장기적 결과를 예상할 수 있는 능력이 있으며, 행위와 결과를 관련지어 행동할 것이라고 예상한다. 이러한 논리는 사람들이 자신에게 자유 의사나 선택의 자유가 있다고 생각하느냐라는 문제를 무시할 뿐만 아니라, 잘못의 복잡성을 무시하며 행위의 사회적·경제적·심리적 맥락을 무시한 발상이다. 결과적으로 가해자에 대한 사법 절차는 사회 정의와 무관하고 현재 상태status quo를 위협하지 않는 선에서 진행될 수 있는 것이다. 다시 말해 형벌은 사회적 환경이 정당한가라는 문제와는 상관없이 정당하게 부과될 수 있는 것이다.

사람의 가치를 물질적·사회적 성공으로 정의하고, 성공과 실패를 오로지 개인적인 문제로 정의하는 개인주의적이고 경쟁적인 문화에서 이런 유죄 및 책임 관념은 불가피한 것일지도 모르겠다. 이러한 문화에서 사람은 부와 권력에 대한 접근가능성으로 판단된다. 성공하지 못한 책임은 자신에게 있다. 즉, 이들은 모두 패자이다. 유죄에 대해서도 사정은 별로 다르지 않다. 유죄는 개인적 실패로 정의된다. 여기서 행위의 맥락은 무관하다. 가해자에게 선택가능성이 있었는데도 부당한 것을 선택했으므로 유죄로 낙인찍힌다.9

요컨대, 비난을 확정하는 것이 사법 이해의 중심이다. 사법은 유·무죄의 문제가 지배하는 일종의 연극과 같아서 재판 또는 유죄 답변으로 연극의 절정에 이르며 형의 선고로 대단원의 막을 내린다. 그 결과, 사법은 미래를 손상시키면서 과거에 집착한다.

　사법 절차를 지도하는 법적인 유죄 개념은 고도로 기술적인 것이며, 현실적 경험과 동떨어진 추상적인 것이다. 이로 인해 가해자들은 자기 행위에 대한 책임을 회피하기 쉬워진다. 또한 이것은 법적 설명과 자신의 경험을 일치시킬 수 없는 피해자들에게 좌절을 안겨준다. 피해자와 가해자는 자신의 언어 대신 '법률 시스템'의 언어를 사용하고, 법률 시스템의 용어로 현실을 정의하도록 강제된다.

　유죄가 개인의 행위를 중심으로 좁게 정의되는 까닭에 범죄의 사회·경제적 뿌리와 맥락을 무시할 수 있게 된다. 그래서 우리는 종종 여러 가지 관련 변수를 제거한 상태에서 정의를 구현하려고 한다. 또한 유죄를 양자택일의 문제로 보기 때문에 사물을 '선과 악' 또는 '우리'와 '그들'로만 보는 지극히 단순한 세계관을 갖도록 요청받는다. 사법은 단순한 세계관을 조장하는 죄책의 드라마이자 도덕성의 연극이 된다.

　그러나 법적인 유죄 개념은 다른 개념들과 혼재되어 있다. 혼재된 개념들은 관련자의 혼란을 부추길뿐만 아니라 가해자의 책임 부인을 조장할 수 있다. 그리고 그 관념 중 유죄의 씻을 수 없는 속성 같은 것들은 가해자에게 중대하고도 장기적인 영향을 끼친다.

　가해자로 하여금 자기 행동에 책임accountability을 지도록 할 필요가 있는데, 책임이란 자신의 잘못을 이해하고 인정하는 것이다. 우리의 유죄 개념은 좋게 말해서 이러한 책임을 고무하지 못하고, 나쁘게 말하면 더 어렵게 만든다. 다시 말해, 자신의 죄를 해소할 수 있는 절차가 없어서 유죄의 무거운 부담으로부터 스스로를 보호하는 방법으로 합리화나 고정관념 등 '변명전략exculpatory strategies'을 활용하도록 부추기는 결과가 생긴다. 그렇지 않으면, 가해자는 범죄자라는 꼬리표에 들어 있는 예언을 따르도록 조장될 수 있다.

사법 절차는 피고인의 유죄와 책임의 문제를 집중 조명하는 반면, 결과에 대한 책임을 분산시키면서 가해자에 대한 집합적 책임의 문제를 부인하는 경향이 있다. 사법 절차의 의사결정자판사, 검사, 변호사, 보호관찰관들은 자신의 임무가 법의 집행이라고 생각하고, 사건의 결과에 대한 책임은 '시스템'에 귀속되는 것으로 보도록 유도된다. 이것은 사법의 집행자들이 그 결과에 대한 책임을 부인할 수 있음을 의미한다. 또한 그들은 인간으로서 가해자와 자신의 공통점을 인식하도록 고무되지 않는다.

레너트 모어Renate Mohr는 캐나다 형법에 관해 쓴 글에서 이 점을 잘 말해 주고 있다.

> 처벌은 어떻게 하는가? 형사사법 시스템에서는 누구도 타인의 자유 박탈에 대한 책임을 지지 않는다. 형사사법 시스템은 엄중하고 독립적인 일련의 구역으로 정교하게 디자인되어 있다. 공소를 제기하는 자, 형량을 거래하는 자, 형을 선고하는 자, 형을 집행하는 자는 모두 상호간에 또는 피고인과 거의 접촉하지 않는 각기 다른 사람들이다. 판사의 구역을 봉인하는 특별한 말도 있다. 판사는 형벌을 부과함으로써 그 '임무를 완수한다.' 이것은 판사들이 타인에게 부과한 형벌의 고통에 더 이상 관심을 가질 필요도 없고, 가져서도 안 된다는 것을 의미한다. 사법 절차는 그렇게 아무도 책임지지 않은 채 매일매일 타인에 대한 폭력이 일어날 수 있도록 철저하게 보장하고 있다.[10]

유죄인 자는 '정당한 응보'를 받아야 하며, 정당한 응보를 위해서는 고통의 부과가 필요하다.

일단 유죄가 확정되면 두 번째 가정이 작동된다. 가해자들은 '정당한 응보just desert'를 받아야 하고, 가해자는 그것이 무엇이든 주어진 것을 감내해야 한다. 사법은 눈에는 눈으로 응징하여야 한다. 범죄는 갚아야 할 도덕적 빚을 만들어내고, 사법은 저울의 균형을 잡는 절차다. 우주에 형이상학적인 저울이 있는 데, 이 저울이 기울었으므로 다시 바로잡아야 한다는 말이다.

이러한 사법 관념은 현실의 피해가 아니라 추상적 관념에 초점을 두고 있다. 이러한 관념은 개별 사건에서 보복하는데 필요한 것을 알 수 있고 이것을 달성할 수 있다고 전제하며, 저울의 균형을 잡기 위해 즉, 빚을 갚기 위해 필요한 것은 형벌이라고 가정한다. 형사사법 관계자는 자신의 직업이 적절한 수준의 형벌을 찾아내는 일이라고 생각하며, 가해자는 형벌을 받음으로써 사회에 진 빚을 갚는다고 믿도록 조장된다.

그러나 자세히 살펴보면, 가해자들은 이런 식으로 '빚을 갚는다'고 느끼기 어렵다. '갚는다'는 것은 엄청나게 추상적인 개념이며, 언제 빚을 갚았는지 공식적인 기준도 없다. 더구나 이런 방식은 공동체에도 별 도움이 되지 못할 뿐만 아니라, 공동체의 비용을 소모한다. 가해자에게 '당신이 누군가에게 피해를 입혔으므로 우리가 당신에게 피해를 입힘으로써 균형을 잡을 것이다'라고 말하는 것은 단순히 세상에 존재하는 해악과 고통의 양을 증가시키는 것일 뿐이다.

유죄와 형벌은 사법 시스템의 양대 축이다. 누구든지 타인에게 고통을 야기하면 고통을 받아야 한다. 오로지 고통의 부과만이 저울의 균형을 잡을 수 있다.

우리의 언어사용은 좀 더 솔직해져야 한다. 형벌이라는 것은 의도적으로 고안된 '고통의 부과'를 말한다. 닐스 크리스티는 형법을 '고통 법pain law'이라고 한다. 형법은 고통의 '정당한' 분량을 부과하기 위한 정교한 기구이기 때문이라는 것이다.11

일반적으로 우리는 이러한 현실을 감추고 싶어 한다. 우리의 문화는 고통스러운 현실을 바라보지 않으려고 노력하는 문화다. 우리는 우리의 의식에서 죽음을 추방하려고 노력했고, 그래서 죽음을 전문가들에게 맡겨버렸다. 또한 우리는 죽음을 죽었다고 하지 않고 '돌아가셨다'고 우회적으로 표현한다.12

고통 분배의 불편함은 복수라는 동기를 금기시하는 태도로 인해 더 복잡해진다. 이 때문에 우리는 우리가 하는 일의 성질과 동기를 부인할 필요성이 높아졌다. 우리는 고통과 복수를 좋아하지 않을 뿐만 아니라, 고통을 부과한다고 비치고 싶어 하지 않는다. 그래서 그 본질을 숨기려고 한다. 그러나 바로 그것이 우리의 '사법'이 하는 일이다. 우리는 범죄에 대응하여 고통을 부과한다.

형벌이 보이지 않는 곳에서 수행되도록 형벌을 전문가에게 맡겨버렸고, 감옥 대신 '교도소', 간수 대신 '교도관'이라고 부르는 등 여러 가지 논거와 용어로 형벌의 현실을 감추려고 노력한다.

우리는 고통 부과를 위한 다양한 이론적 근거를 고안하고 있다. 때로는 사회복귀를 위한 치료의 이름으로 고통을 부과하고, 때로는 유사한 결과에 대한 공포를 유발해 잠재적 범죄인을 억제'일반 예방'할 뿐만 아니라 당해 범죄인의 범죄의지를 좌절'특별 예방'시키는 등 범죄를 예방하기 위해 고통을 부과한다. 형벌에 실제로 예방 효과가 있는가에 대해 제기되는 중요한 문제에도 불구하고 예방이라는 이름으로 고통을 집행한다. 타인의 범죄를 예방할 가능성이 있다는 이유로 한 사람에게 고통을 부과하는 일의 도덕성에 관한 비판에도 불구하고 예방의 이름으로 고통을 집행한다. 피해자의 요구나 범죄의 원인된 문제와 무관한 경우에도 고통 집행은 멈추지 않는다. 존 램펜 John Lampen이 지적하는 것처럼 우리가 고통을 부과하는 이유는 '사법은 굴욕과 고통을 주는 것이고, 악은 사랑이나 이해가 아닌 엄중한 처벌로 저지되어야 하는 것이라고 믿도록 교육받아 왔기 때문이다.'13

고통 부과 중심성은 첫 번째 가정유죄의 확정과 상충되는 역설을 일으킨다. 형벌의 위협 때문에 가해자들은 진실을 인정하려 들지 않을 것이고, 그 징벌적 결과가 너무나 심각하기 때문에 가해자의 권리에 대한 정교한 보장규정이 필요해지며, 이로 인해 진실에 도달하기 어려워진다. 더구나 판사와 배심도 형벌이 지나치게 가혹하다고 생각되는 경우에는 유죄 판결 자체를 하지 않을 가능성도 있다.14

정당한 응보와 고통 부과의 가정은 가해자가 보복의 세상에 갇혀 있다는 것을 의미한다. 이것은 잘못은 잘못으로 되갚아야 하고, 죄를 범한 자는 보복당해 마땅하다는 가해자들의 인생관과 경험을 확인해 주기에 충분하다. 상당수의 가해자들이 가족, 이웃, 지인 등을 '심판처벌'하기 위해 범죄를 저지른다.

사형에 관한 연구들은 사형의 예방 효과를 증명할 만한 증거를 발견하지 못하고 있다. 나아가 사형이 살인을 초래함을 보여주는 증거도 제시되고 있다.15 적어도 잠재적 가해자 중 일부에 대해서는 살인이 잘못된 행동이라는 메시지보다는 오히려 잘못을 행하는 자는 죽어 마땅하다는 메시지를 전달하는 것이 분명하다. 이것은 가해자들이 형벌이라는 응분의 대가를 치루어야 한다는 메시지는 원래의 의도를 크게 벗어난 메시지를 전해 주는 것이다.

복종하지 않는 자에게 고통을 부과하겠다는 위협은 오랫동안 근대법의 기초로 인식되어 왔다. 정치학자들은 흔히 국가의 본질을 폭력에 대한 '합법적' 독점이라고 이해한다. 정치철학자 모어J.W. Mohr의 지적과 같이, 법의 제도와 수단은 폭력의 해법이 아니라 폭력 순환의 일부다.16

정의는 절차에 의해 평가된다.

형사사법의 일차적 목표는 유죄를 확정해 고통을 부과하는 것이다. 그러나 사법은 고대 로마법의 원리에 따라 결과보다도 절차에 의해서 정의된다.17 절차가 실체보다 우선한다. 올바른 규칙과 절차를 준수했는가? 그렇다면, 정의가 이루어진 것이다.

미국의 상소 절차는 이 점을 잘 설명해 준다. 재판 결과를 결과 그 자체 또는 사실관계를 이유로 상소할 수 있는 경우는 특별한 경우로 제한되고, 일반적 상소는 올바른 절차를 준수했는지를 따진다. 따라서 상소법원은 원심에 제출된 증거를 검토하지 않는다.

이러한 절차의 몇 가지 특징에 주목할 필요가 있다.

이 절차는 당사자주의18를 근간으로 한다. 이 형식은 당사자 사이의 이익 충돌을 가정하고 장려한다. 대립되는 이익의 규제된 충돌 속에서 결국 진실이 드러나고 당사자의 이익이 보장될 수 있다는 것이다. 이 과정은 화해될 수 없는 이익을 가정해 놓고, 실제로 화해될 수 없음을 천천히 확인해 간다. 당사자주의는 자기가 한 예언을 스스로 실행해 가는 시스템이다.

제롤드 아우어바흐Jerold Auerbach는 미국의 분쟁해결사分爭解決史에 관한 글에서 당사자주의 모델이 대단히 개인주의적이고 경쟁지향적인 모델임을 설득력 있게 지적한 바 있다. 이 모델은 분열되고 경쟁적인 사회에서 자라날 뿐만 아니라 그런 사회를 촉진하는 구실을 한다는 것이다.19

당사자주의가 갖는 장점도 있다. 그러나 그것은 본질적으로 싸움의 모델, 즉 규제된 결투다. 그러므로 정치인과 공권력이 '범죄에 대한 전쟁'이라는 말을 자주 사용하는 것도 우연이 아닌 것 같다.

미국의 자유주의자와 보수주의자들이 강조하는 점은 각각 다를 수 있지만, 사법을 일정한 규칙으로 지도되는 갈등으로 본다는 점은 다르지 않다. 보수주의자는 '범죄 통제'를 지향하면서 피고인의 권리보다 범죄 투쟁용어에 주목!을 우선시하는 경향이 있다. 그러나 자유주의자는 개인적 권리가 중심이 되는 이른바 '적법 절차' 모델을 강조한다. 그러나 사법을 규칙에 의하여 규제되는 적대적 당사자 사이의 싸움이라고 보는 시각은 양자 모두 동일하다.

이렇게 규칙과 절차를 강조하고 보면, 정의의 판단기준으로 처우의 평등을 우선시할 수밖에 없다. 그 의도는 피고인을 평등하게 취급한다는 것이다. 이러한 사상에 대해서는 두 가지 특징을 주의해야 한다. 첫째, 현실적 결과보다 의도를 중시한다는 것이다. 교도소와 사형수의 인종 구성을 보면 알 수 있듯이, 실제 결과에서는 평등이 아니라 평등에 인접한 결과조차 달성하지 못하지만, 피고인을 불평등하게 대우하려는 의도가 있었음을 입증하지 못하는 이상 이러한 결과에 대해서 이의를 제기할 수 없다.

정의는 눈을 가린 채 저울을 들고 있는 여신으로 그려진다. 여기서 초점은 절차의 평등이지 환경의 평등이 아니다. 형사사법 절차는 모든 피고인들을 법 앞에 평등한 것처럼 대우하려고 노력하면서 각자의 사회적·경제적·정치적 차이를 무시해야 한다고 주장한다. 이렇듯 형사사법 절차가 불평등한 자들을 평등하게 대우하려고 하는 까닭에 기존의 사회·정치적 불평등은 유지될 수 있는 것이다. 역설적으로 말해서, 사법은 평등의 이름으로 불평등을 유지한다.

사법 절차는 복잡한 규칙으로 둘러싸여 있기 때문에 가해자와 국가는 전문 대리인에게 의존할 수밖에 없다. 이는 사법 절차의 영향을 받는 사람과 공동체를 사법 절차로부터 멀어지게 만든다. 그 결과 피해자와 가해자는 자기 사건의 직접 참여자가 아니라 방관자가 되고, 법조인이라고 하는 거대 관료주의가 탄생하며, 우리 사회는 문제해결을 전문가에게 의존하려는 경향을 점점 키워나가게 된다.

요컨대, 우리는 사법을 싸움이나 게임의 절차로 정의한다.[20] 그리하여 우리는 상황의 평등이나 결과의 평등에 대한 고려없이 평등하게 대우하려 했다는 과정의 평등을 중시한다. 결국 복잡한 절차 속에서 전문 대리인에게 의존하고 있는 자신을 발견하게 된다.

범죄는 법 위반으로 정의된다

우리 사회에서 정의는 법의 적용으로, 범죄는 법 위반으로 정의된다. 우리는 피해자와 가해자가 실제로 어떤 경험을 했고 어떤 피해를 입었는지는 무관심하고, 오로지 법 위반 행위에만 관심을 기울인다. 즉, 피해나 갈등이 아니라 법 위반 행위가 범죄를 정의하고, 그것이 사법 절차의 시작점이 된다.

범죄나 죄책 개념이 순수하게 법률 용어로 정의될 수 있는 것도 법 위반을 강조하기 때문이다. 앞서 언급한 바와 같이 도덕적·사회적 문제는 부차적인 문제일 뿐만 아니라 무관한 문제이며, 범죄 행위의 상황이나 맥락은 법적

의미가 없는 한 고려의 대상이 되지 못한다. 크리스티는 이 점을 정확하게 지적하고 있다:

> 법률 훈련이란 단순화의 훈련이다. 그것은 당해 상황의 모든 가치를 보지 않고 법적으로 관련된 것, 즉 사법 시스템과 관련된 것이라고 정의되는 것만을 선택하는 훈련된 무능력이다.[21]

이러한 지적과 같이, 사회적·도덕적·개인적 요인은 법률에 의해 관련된 것으로 정의되는 경우에만 관련된다. 그런데 사회 정의의 문제에 관련성이 인정되는 경우는 거의 없다. 판단의 중심에는 '범죄 행위'라는 개념이 있고, 그것은 대단히 좁고 기술적으로 정의되어 있다.

누가 피해자인가?

우리는 지금까지 범죄와 정의에 대해 내리는 다섯 가지 가정을 살펴보았다. 우리의 가정을 정리하면,

1. 범죄는 본질적으로 법 위반이다.
2. 사법이란 법 위반이 발생했을 때 규칙과 의도가 결과보다 중시되는 갈등과정을 통해
3. 고통을 부과함으로써
4. 정당한 응보가 이뤄질 수 있도록
5. 유죄를 확정하는 것이다.[22]

여기까지만 보더라도 상당수의 사법 시스템의 폐단을 설명할 수 있지만, 정작 핵심적인 문제는 따로 있다. 그것은 피해자에 대한 우리의 인식이다.

형법에서 범죄는 국가에 대한 공격으로 정의된다. 즉, 개인이 아니라 국가가 피해자로 정의되고, 따라서 국가가, 오로지 국가만이 범죄에 대응할 수 있다.

국가가 피해자이기 때문에 형법은 가해자와 국가 사이에 싸움을 붙인다. 이것은 가해자를 대리하는 전문 대리인변호인과 국가를 대리하는 전문가검사가 심판 및 중재 역할을 하는 제3의 전문가판사 앞에서 공방을 하는 것을 의미한다.

국가권력은 너무나 막강하고 시민의 자유는 너무나 중요하기 때문에 복잡한 보장 조항이 반드시 필요하다. 국가는 비개인적이고 추상적인 것이기 때문에 용서와 자비가 설 자리는 없다.

국가가 피해자로 정의되고 있다는 점을 두고 보면, 현실의 피해자가 사법 절차에서 일관적으로 배제되고 피해자의 요구가 관심의 대상이 되지 못한다는 사실도 그다지 놀라운 일이 아니다. 피해자는 범죄라는 방정식에 포함되지도 않는데 피해자의 요구를 인식할 필요가 없는 것은 당연하지 않은가? 피해자는 기껏해야 증인으로서 필요한 경우에만 법적 필요성이 생기는 형사 사법 절차의 부수적인 존재에 불과하다.

최근 들어 피해자 보상 및 원조 프로그램이 대중화되고 있다. 바람직한 현상이다. **그러나 범죄의 정의를 재검토하지 않고서는 이들 프로그램이 상당한 영향력을 가질 것이라고 예상하기는 어렵다.[23] 피해자가 범죄 정의의 본질적 요소가 되지 못하는 이상, 그들은 참여자가 아니라 장기판의 말에 지나지 않는다.**

피해자와 가해자의 관계는 중요하지 않기 때문에 사법 절차는 양자의 화해를 추구하지 않는다. 피해자와 가해자가 범죄 방정식의 일부로 인식되지도 않는데 어떻게 그들의 감정이 심각하게 고려될 수 있겠는가?

그러므로 **"국가가 진정한 피해자다"**라는 여섯 번째 가정이 가장 중요한 것이다.

범죄는 국가의 권위와 질서에 대한 침해다. 사법은 일정한 규칙에 의해 지도되는 싸움에서 비난을 확정하고 고통을 집행하는 것이다. 절차는 국가의 책임독점에 속한다.

이러한 가정을 문제시하지 않고서는 어떠한 변화의 시도도 별다른 성과를 만들어내지 못할 것이다. 우리의 사법 모델은 본질적으로 응보24주의 모델이고, 여러 가지 문제의 뿌리에 바로 이 모델이 있음을 직시해야 한다.

제6장

패러다임으로서 사법

지난 세기를 거치면서 우리는 한때 우리가 틀림없다고 믿어온 사실들에 대해 좀 더 신중하게 생각하게 되었다. 우리가 우주에 대해 알고 있다고 생각하던 것들이 외계의 객관적 현실을 정확하게 그리는 것인지 확신하기 어려운 시대가 되었다.

역사적·비교문화적 관점의 도움으로 우리는 어떤 렌즈를 통해 보느냐에 따라 세계를 바라보는 시각이 달라질 수 있음을 알게 되었다. 근대 심리학은 인간의 행동과 생각에 숨겨진 동기를 밝혀주었고, 복잡하고 다원적인 의식과 무의식의 세계가 있음을 밝혀주었다. 그 결과, 우리는 실재임을 알고 있다고 생각하는 것들이 보기보다 훨씬 더 복잡하고 불확실하다는 사실을 인정할 수밖에 없게 되었다.

한때 물리학은 실재의 성질과 구조에 관한 확실성을 약속하는 것 같았다. 그러나 21세기 들어서면서 과학자들은 그들의 그림이 우주를 정확하게 반영하고 있다는 것을 예전만큼 확신하지 못하게 되었다. 또한 그들의 방법이 실재의 모든 영역에 똑같이 적용될 수 있다는 주장도 예전처럼 강하지 않다. 예전의 과학자들이 확실성을 주장하고 정답을 약속하는 무례함을 보였다면, 오늘날의 과학자들은 현실 인식에 일정한 한계가 있음을 인정한다. 자신의 주장이 현실을 찍은 사진이 아니라 단순히 모델이나 '패러다임'에 불과하다는 점을 인식하게 된 것이다.

패러다임의 중요성

17세기 이전까지만 해도 서양의 세계관은 천동설에 의해 지배되었다. 사람들은 지구와 인간이 물리적 우주의 중심에 서 있고, 각 행성들은 동심원적 유리구에 박혀 있는 지구라는 핵의 주위를 돌고 있다고 이해했다. 이러한 우주의 이미지는 사물의 목적성과 '본성'에 의해 운동을 설명한 아리스토텔레스의 물리학과 궁합이 맞았고, 신학과 물리학이 서로를 뒷받침해 주었다.

사람들은 천동설이 우주를 정확하게 투영하고 있다고 생각했고, 천동설에 맞아떨어지지 않는 것은 모두 넌센스라고 생각했다. 이 모델은 오늘날의 우리에게 이상하게 보이는 만큼이나 중세와 르네상스 초기 사람들에게는 상식이었다.

17세기의 과학혁명은 세계를 전혀 새롭게 그려냈고, 이 관점이 현대적 이해를 형성하였다. 코페르니쿠스나 뉴턴 등 선구자들에 의해서 형성된 새로운 틀에서는 태양을 중심에 두고 지구를 하나의 행성으로 인식한다. 이것은 신학을 물리학으로부터 분리한다. 태양 중심의 우주를 해명한 뉴턴의 물리학은 가지可知적이고 합리적인 법칙에 들어맞는 합리적·기계론적 우주를 상정한다. 뉴턴은 우주에 규칙성이 존재하고 그러한 현상을 발견 수량화할 수 있다고 가정하였다. 이것은 사건을 원인과 결과로 설명할 수 있음을 의미한다. 따라서 과거는 현재의 원인 또는 설명이 될 수 있고, 현재는 미래를 형성하지만 미래는 현재를 형성하지 못한다고 한다.

인간이 정확한 요인을 발견할 수 있다고 봄으로써 우주는 예견가능하게 되었다. 세계에는 기본적 합리성이 존재하고, 이 합리성에 의해 세계를 이해할 수 있다는 것이다.

뉴턴적 또는 '과학적' 접근방법은 가시적·물리적 세계에서 발생하는 여러 현상을 설명하고 예측하는데 효과적이었고, 이에 따라 얼마동안 그의 접근방법은 세계의 구조를 정확하게 투영하고 있어서 물리적 세계뿐만 아니라 심리적 세계에도 적용될 수 있다는 신뢰를 얻게 되었다. 결국 우리의 상식이 된 것이다.

그러나 오늘날 우리는 이러한 이해에 명백한 한계가 있음을 알게 되었다. 그 한계는 심리적 영역에서 뿐만 아니라 물리적 세계 자체에도 존재한다.

뉴턴의 이론은 '정상적' 속도로 운동하는 '정상적' 크기의 물체, 즉 '감각세계'에 대해서는 타당하다. 그러나 과학자들은 물체가 작아지거나 대단히 빨리 움직이는 경우에는 뉴턴의 이론을 적용할 수 없음을 밝혀냈다. 유전학의 영역에서도 뉴턴의 가정은 쉽게 무너진다. 여기서는 확률이 '법칙'과 예측가능성의 자리를 차지하기 때문에 원인과 결과로 미래를 예측하기 어렵다. 더구나 우주에서 고속으로 진행하면 시간과 공간의 정형이 깨어지고 서로 혼동되기 때문에 '상식적인' 시공 개념은 더 이상 적절하지 않게 된다. 이러한 세계에서는 아인슈타인의 물리학이 뉴턴의 물리학을 대신하고, 세계의 다른 그림을 사용해야 한다.

『아인슈타인의 공간와 반 고흐의 하늘*Einstein's Space and Van Gogh's Sky*』에서 물리학자 로렌스 레션Lawrence Leshan과 심리학자 헨리 마지노Henry Margenau는 전통적인 '과학적' 세계관이 예술, 심리학, 정신세계에도 역시 타당하지 않음을 보여준다.25 이러한 영역에서는 다른 역학이 작용되므로 다른 인식방법을 사용해야 한다는 것이다. 예컨대, 인간은 미래를 계획할 수 있고 그에 따라 자신의 행위를 형성할 수 있기 때문에 미래가 현재에 영향을 미칠 수 있다. 그러므로 원인과 결과는 목적 개념으로 조정되어야 하고, 합리적이고 기계론적인 '법칙'을 전제할 수 없다. 따라서 현실에 대한 다른 설명을 사용해야 한다. 심리학적 영역에서 전통적 과학의 한계는 '동물심리학의 제1법칙First Law of Animal Psychology'에 잘 나타나 있다.

> 잘 알려진 안정적인 유전적 배경을 가진 동물을 통제된 실험실 환경에서 조심스럽게 기르고, 정확하게 측정된 자극제를 투여하면, 그 동물은 제멋대로 행동한다.26

레션과 마지노는 과학철학자들이 오랫동안 해왔던 이야기들을 해명하고 확장하고 있다. 즉 어떤 문화와 시대에서 실재에 대한 정의는 그 실재를 구성하는 방법이라는 것이다. 그 정의는 모델이고 패러다임이다. 패러다임은 잘 맞아 들어가는 경우도 있고, 그렇지 않은 경우도 있다. 패러다임은 특정한 필요와 가정에 의해서 형성된 실재의 그림에 불과하고, 대단히 불완전하다.

패러다임은 물리적 세계에 관한 것뿐만 아니라 사회적·심리적·철학적 세계에 대한 우리의 접근방식을 형성한다. 패러다임은 우리에게 현상을 이해할 수 있는 시각을 제공해 주며, 문제를 해결하는 방식을 결정하고, 가능 또는 불가능에 대한 우리의 '지식'을 형성한다. 패러다임은 우리의 상식을 형성하기 때문에 패러다임 밖에 놓인 것들은 불합리하게 보일 수밖에 없다.

패러다임은 실재를 구성하는 방식이고, 응보적인 사법 이해도 그런 구성물이다. 즉, 응보주의 패러다임은 실재를 조직화하는 하나의 특정한 방법이다. 패러다임은 문제를 어떻게 정의할 것인지, 무엇을 적절한 해결방법으로 인식할 것인지를 결정한다. 그것은 곧 상식이 된다.

그러나 이것도 하나의 패러다임일 뿐이다. 다른 모든 패러다임과 마찬가지로 장점이 있지만, 다른 모든 패러다임과 마찬가지로 하나의 함정이다.

크리스티는 패러다임의 중요성을 이렇게 설명한다:

> 전사는 갑옷을 입고, 연인은 꽃을 준비한다. 그들은 어떤 일이 일어날 것이라는 기대에 따라서 장비를 갖추고, 그들의 장비는 그 기대가 실현될 가능성을 높여준다.

패러다임의 문제는 형법 제도에서도 똑같이 나타난다.27

패러다임의 적용

우리는 응보적 패러다임을 대단히 제한된 상황에서만 적용한다. 수많은 갈등과 피해가 일어나지만 대부분 비공식적으로나 사법 외적으로 해결되고, 지극히 일부만이 법적 절차로 진입한다. 다시 말해 법률 시스템은 갈등과 분쟁을 해결하는 여러 가지 방법 중의 하나에 불과하고 그나마 잘 사용되지도 않는다.

법률 시스템에 진입하는 소수의 갈등 중에서도 대부분은 민법이라는 경로를 통해 해결된다. 민사 절차에서 개인은 국가가 아니라 다른 개인을 상대로 싸우고, 국가는 심판과 중재자의 역할을 수행한다. 민사 절차를 이용할 것인지의 여부는 관련 당사자의 재량에 맡겨져 있고, 해결책을 찾으면 언제든지 절차를 중단할 수 있다.

민사 절차는 자유와 생명의 박탈이 아니라 갈등의 해결에 초점을 두고 있기 때문에 형사 절차만큼 엄격히 규제되지 않는다. 따라서 유죄의 정의와 기준도 엄격하지 않다. 사실 민사 절차에서 문제가 되는 것은 책임과 의무이지 유죄 여부가 아니며, 책임의 정도를 따지는 것도 가능하다. 또한 형사 사건에 비해 민사 사건의 결과는 일정한 형태의 보상으로 이루어지기 때문에 승패의 양분법으로 보일 가능성도 적다.

전체 분쟁 중에 지극히 일부만이 형법의 특수한 절차에 진입한다. 그러나 일단 진입한 뒤에는 완전히 다른 가정과 이해로 채워진다. 여기서 응보적 패러다임이 그 위력을 발휘한다. '범죄화될 수 있는' 분쟁과 손해는 극소수에 불과하고, 그 일부만이 실제로 '범죄화'된다.28 더구나 범죄로 규정하고 실제로 범죄로 취급하기로 하는 선택은 대단히 변덕스럽고 자의적이다.

우선 '범죄'의 정의는 시간과 공간에 따라 다르고, 대단히 자의적으로 이루어지는 경우가 많다. 예컨대 우리는 개인에 의한 여러 가지 피해는 범죄로 정의하지만, 기업이 저지르는 중대한 피해는 많은 사람들에게 영향을 미침에도 불구하고 쉽게 무시한다. 그리고 '범죄' 행위 중에서도 일부만이 형사 사건화가 되는데, 그 선택도 대단히 자의적이다. 예컨대 피해자와 가해자의 지위, 인종, 민족과 같은 요소에 따라서 결과가 달라지고, 검사와 경찰, 법원 시스템의 우선순위나 업무량도 선택에 영향을 미친다.

우리가 범죄라고 부르는 것이 피해와 갈등이라는 빙산의 일각에 불과하다는 점을 인식하는 것이 중요하다. 그러한 행위 중 일부만이 범죄화될 수 있고, 그 중 일부만이 실제로 범죄화된다는 것이다. 대부분의 잘못과 갈등은 다른 방식으로 처리된다.

일단 일정한 사건이나 행위를 범죄화하기로 결정하고 나면, 우리는 현실을 참가자의 경험에 상응하지 않는 상당히 다른 방식으로 정의하기 시작한다. 응보적 패러다임이 실재를 구성해 가는 것이다. 여기서 범죄는 국가에 대한 것이기 때문에 국가가 그에 대한 대응을 결정한다. 국가는 해결이나 화해가 아니라 형벌을 적절한 결과로 간주하고, 도덕적 책임이 아니라 죄책에 의해 책임을 정의하며, 피해자와 가해자가 거의 참여하지 않는 상태에서 결과를 부과한다. 무엇을 할 수 있고 무엇을 해야만 하는가에 대한 우리의 인식은 응보적 패러다임이 장악한 것이다.

패러다임의 변화

가능과 불가능에 관한 이해는 실재의 구성에 기초하는 것으로서 이 구성물은 변할 수 있고 또한 변한다. 토마스 쿤Thomas Kuhn은 『과학혁명의 구조 The Structure of Scientific Revolutions』라는 유명한 책에서 일련의 패러다임 이동을 통해서 과학적 견해의 변화가 일어난다고 주장한 바 있다.29

하나의 모델이나 패러다임이 다른 모델이나 패러다임을 대체하고, 그 결과 세계를 바라보고 이해하는 방식의 혁명적 변화를 촉발한다는 것이다. 이러한 변화의 패턴은 일반적인 패러다임 변화의 패턴을 설명할 수 있다.

17세기까지 서구의 이해를 지배한 천동설의 패러다임은 천체 현상에 적합한 것으로 보였다. 밤에 누워서 북극성을 기준으로 하늘을 보면, 별과 행성이 지구를 중심으로 하는 원구에 있는 것처럼 보일뿐만 아니라 회전하는 것 같아 보인다. 우주가 지구를 중심으로 하는 일련의 동심원적 '수정구'라고 생각한 것도 이해가 된다.

지구를 중심으로 하는 우주는 철학적·신학적 가정에도 들어맞았다. 인간은 하나님의 피조물 중 정점을 의미하기 때문에 인간이 살고 있는 곳이 우주의 중심이라고 해야 논리적이었던 것이다.

이 패턴에 들어맞지 않는 현상이 있었다. 망원경이 발명되면서 그 수가 점점 늘어났다. 예컨대 혜성은 유리구를 가로 질러 이동하는 것처럼 보였고, 거리 계산도 정확하지 않아 보였으며, 행성도 어느 지점에 이르면 후퇴하는 것처럼 보였다.

역행현상이라고 불리는 이 현상은 성가신 것이었는데, 행성이 유리구에 박혀 있다면 어떻게 그런 현상이 생길 수 있는지 이해하기 어려웠기 때문이다. 그래서 과학자들은 큰 궤도 속에서 작은 궤도로 운동하는 행성이 있다는 결론에 이르게 되었다. 이러한 현상을 주전원epicycle이라고 불렀고, 점점 더 많은 역행현상이 관측되자 주전원의 수도 경이적으로 늘어나게 되었다.

천동설적 이해의 기능 장애는 17세기 초에 급격히 증가되었다. 이와 동시에 케플러Kepler가 '케플러 법칙'을 발표했고, 갈릴레오Galileo가 운동의 법칙을 주장하는 등 새로운 발견과 이론이 등장했다. 특히 갈릴레오가 직접 개발한 망원경으로 천체를 관측하고 브라헤Brahe가 천구의 운동을 체계적으로 기록하면서 점점 더 많은 현상들이 천동설적 패러다임의 기대에 들어맞지 않게 되었다.

그렇지만 천동설적 이해를 폐기하기란 쉬운 일이 아니었다. 어쨌든 그것은 수 세기 동안 상식의 자리를 차지하고 있었고, 여러 가지 철학적·신학적 이해와 밀접하게 연관되어 있었기 때문에 이 패러다임을 폐기한다는 것은 혁명적이고 무서운 일이었다. 그래서 과학자들은 그 모든 것을 미봉하기 위해서 수많은 주전원을 인정했고, 그들의 주장에 반론을 제기하는 혁신론자들에게 반론을 포기하도록 상당한 압력을 가했다.

그러나 17세기 초반에 이르자 천동설적 패러다임으로 설명할 수 없는 현상이 더 많아졌고, 이와 동시에 과학자들은 계속해서 새로운 발견을 해냈다. 아이작 뉴턴은 기능장애의 파편들을 끼워 맞춰 새로운 패러다임을 만들었는데, 이것은 너무나 설득력 있고 실용적이어서 회피할 수 없었다. 이로써 뉴턴의 물리학은 새로운 패러다임의 가능성을 제시하면서 코페르니쿠스의 우주를 작동시켰다.

쿤은 이러한 과학적 혁명에서 지식혁명의 패턴을 발견할 수 있다고 한다. 그는 우리가 현실을 이해하는 방식은 특정한 모델, 특정한 패러다임에 의해 지배된다고 한다. 이 지배적 패러다임은 대부분의 현실에 적합한 것으로 보이지만, 이에 들어맞지 않는 현실에 대해서는 다양한 예외를 만들어낸다.

시간이 지나면서 그 패러다임으로 설명할 수 없는 현상이 늘어나고 기능장애가 발생하기 시작하지만, 그 조각들을 하나로 모을 수 있는 주전원을 고안해 패러다임을 지키려고 한다. 하지만 결국은 팽배해진 기능장애 의식 때문에 기존의 패러다임이 붕괴되고 새로운 패러다임이 관철된다는 것이다. 그러나 이런 일은 새로운 '물리학'이 전개되기 전에는 일어나지 않는다. 즉, 새로운 종합이 가능해지고 새로운 상식이 나오기 위해서는 많은 구성단위들이 마련되어야 한다는 것이다.

랜디 바넷Randy Barnett은 한 논문에서 사법 패러다임의 역사가 패러다임 변화의 증상을 보이고 있다고 주장한 바 있다.[30] 그에 따르면 17세기의 과학적 혁명과 같이 사법 패러다임에 일정한 부적절함과 기능장애가 있다는 사실이 오랫동안 인식되고 있고, 이러한 기능장애를 설명하기위해 일련의 '주전원'이 사용되고 있지만, 기능장애의 의식이 너무 커져서 쉽게 고칠 수 없게 되었다는 것이다.

범죄의 경중과 형벌 사이에 아무런 관계가 없을 정도로 심각하게 오용되는 지경이었던 초창기의 응보적 형벌은 그 남용에 대한 안전장치가 없었다. 계몽주의의 영향으로 범죄의 경중에 걸맞은 비례적인 형벌이 필요하다는 의식이 생겨났고, 합리적인 최적의 형벌을 추구하게 되었다. 형벌을 범죄에 적합하게 하여 자의성을 배제할 수 있다면, 형벌이 권력의 손에 휘둘리지 않고 이치에 닿을 수 있을 것이라는 생각이다.

비례적 형벌을 적용하는 방법으로는 교도소가 일반화되었다. 징역형은 시간의 길이로 측정될 수 있고 범죄에 맞게 등급을 매길 수 있으므로 과학적이고 논리적인 것으로 생각될 수 있다. 과학과 합리성이 중요하게 여겨지던 시대에 비례적인 형벌은 형벌 패러다임을 지탱하는 현명한 방법일 수 있었다. 징역형의 형기는 그와 같은 개념을 '과학적으로' 적용하는 방법으로 인식되었다.

또 다른 주전원도 구성되었는데, 예컨대 사회복귀는 20세기 전반기에 양형을 지배하는 사상이었다. 사회복귀는 한때 새로운 형벌 근거를 제시하는 것으로 인식되기도 했지만 1960년대에 이르러 신뢰를 잃었고, '치료' 모델의 일부였던 재량적인 부정기형不定期刑 제도를 포기하기에 이르렀다. 사회복귀라는 주전원은 오늘날 '필요적 정기형定期刑'의 사상적 기반이라 할 수 있는 정당한 응보로 대체되었다.

교도소에 대한 대안의 모색은 패러다임을 미봉하기 위한 또 다른 노력을 의미한다. 대안 운동은 형벌에 대한 대안을 모색하는 대신, 대체 형벌을 제시한다. 교도소보다 싸고 매력적인 형벌 방법을 제시함으로써 패러다임을 지탱하려는 것이다. 대체 형벌은 주전원에 불과하므로 형벌에 관한 근본적 가정을 문제 삼지 않기 때문에 원래 의도했던 문제예컨대 교도소의 과밀화를 해결하지 못했다.

예컨대 사회봉사 명령이 대중적인 제재 수단이 되고 있는데, 애초에 도입될 때만 해도 교도소행 가해자를 떠맡아서 교도소의 과밀화를 덜어주겠다고 약속했지만, 현실적으로는 형벌을 받지 않을 가해자를 처벌하는 새로운 형태의 형벌을 제공하고 있다. 오늘날 가해자에 대한 전자 감시전자발찌 등는 형벌과 통제의 새로운 가능성을 주장하고 있다.

피해자 보상과 원조도 또 다른 주전원으로 여겨질 수 있다. 이 문제는 미국에서는 피해자의 권리에 기초하는 경향이 있는 반면, 영국에서는 피해자의 필요와 복지를 중심으로 다루고 있는 문제다. 양국의 접근 방식이 기존 패러다임의 문제를 개선하려는 것이기는 하지만, 어느 것도 사법에서의 국가와 피해자의 역할에 관한 기본적 가정을 문제 삼지는 않는다. 즉, 법적인 문제는 인식하지만 그 문제의 근원은 인식하지 못하고 있다.

이제 기능장애와 위기의식이 만연하는 동시에 범죄라고 불리는 상황을 이해하고 대응하기 위한 새로운 '물리학'의 모색이 시작되고 있다. 어쩌면 패러다임의 전환을 위한 기초가 마련되고 있는지도 모른다.

내가 주장하고 싶은 것은 지금까지 우리가 실패해온 원인은 범죄와 정의를 바라보는 렌즈에 있고, 그 렌즈는 현실을 구성하는 특정 한 구조, 즉 패러다임이다. 그리고 지금까지 우리가 가지고 있는 패러다임이 유일한 패러다임이 아니라는 것이다.

제7장 이후로는 역사적·성서적 이해를 통해 정의에 대한 응보적 패러다임이 비교적 최근에 도입된 것에 불과함을 알아보고, 그것과 다른 대안적 패러다임의 기초 이론을 모색해 본다.

미주

1. '대체 형벌'의 역사와 효과에 대한 문헌은 상당히 많다. 예컨대, David T. Rothman, *Conscience and Convenience: The Asylum and Its Alternatives in Progressive America* (Boston: Little, Brown, and Co., 1980), M. Kay Harris, "Strategies, Values, and the Emerging Generation of Alternatives to Incarceration," *New York University Review of Law and Social Change*, 12, No.1 (1983-84), pp. 141-170 참조.

2. 자유주의 및 보수주의적 접근에 관해서는 Elliott Currie, *Confronting Crime: An American Dilemma* (New York: Pantheon Books, 1985)를 볼 것. Cf. Nils Christie, "Crime, Pain, and Death" in *New Perspectives on Crime and Justice*, Issue No.1 (Akron, PA: Mennonite Central Committee,, 1984)2

3. 역주-하워드 제어나 회복주의자들은 형사사법이 법리적 해석에만 매몰되어 있다는 점을 지적하면서도 기존의 형법이나 처벌법규가 정하고 있는 범죄목록을 주어진 것으로 받아들인다. 대신 형사제재를 활용하여 범죄의 원인된 사회문제를 해결해야 한다고 주장한다.

   독일의 형법학자 프란츠 폰 리스트(Franz v. Liszt)이후 보편화된 범죄체계론은 구성요건해당성, 위법성, 책임으로 이루어지는데, 이 접근방법은 법률의 규정을 주어진 것으로 받아들이기 때문에 법률이 처벌하는 행위가 과연 나쁜 행위인가, 즉 "범죄인가"를 물을 수 없도록 만들어져 있다. 이런 시각에서 범죄란 '그때 그때의 법률이 처벌하는 행위'이지, 사람의 자율적 영역을 침범하는 행위 혹은 도덕적으로 나쁜 행위가 아니다. 이런 시각을 흔히 '법실증주의'라고 부르고, 폰 리스트의 시각을 특히 '자연과학적 법실증주의'라고 부른다. 폰리스트는 한 편으로 개선가능성이 있는 자를 개선하고 개선가능성이 없는 자를 사회에서 격리하는 것이 형벌의 목적이라고 주장하였고(가해자의 재범방지를 중심으로 한다고 해서 특별예방주의라고 부른다), 범죄를 초래한 사회적 환경을 중요시하면서 사회정책을 잘펴면 범죄통제가 이루어질 것이라는 의미에서 "최선의 사회정책이 최선의 형사정책"이라는 말을 남겼다. .

4. Donald R. Ranish and David Shichor, "The Victim's Role in the Penal Process: Recent Developments in California," *Federal Probation*, XLIX, No. 1 (March 1985), p.55

5. Nils Christie, *Limits to Pain* (Oslo, Norway: Universitetsforlaget, 1981), p.45.

6. 역주-범죄의 원인을 설명하는 학문을 범죄학이라고 부른다. 범죄학은 이러저러한 과학적 방법 -유전공학, 심리학, 사회학 등- 을 이용해 일탈·범죄 행위의 원인을 파악하고 향후 범죄발생을 예측한다. 이렇게 파악되는 원인을 통제하는 정책을 형사정책이라고 부른다.

7. 유죄에 대한 논의는 Tom Yoder Neufeld, Guilt and Humanness: The Significance of *Guilt for the Humanization of the Judicial-Correctional System* (Kingston, ON: Queen's Theological College, 1982)에 크게 영향을 받은 것이다. Gerald Austin McHugh, *Christian Faith and Criminal Justice*(Mahwah, NJ: Paulist Press, 1978), 제7장 및 Patrick Kerans, *Punishment vs. Reconciliation: Retributive Justice and Social Justice in the Light of Social Ethics* (Kingston, ON: Queen's Theological College, 1982) 참조.

8. 역주-결정론은 인간의 행동이 소질 환경 등 개인적·사회적 요인에 따라 결정된다는 학설이다. 반대의 학설은 비결정론으로 인간은 다른 조건의 제약을 받지 않고 자신의 의사를 결정할 수 있는 능력이 있다고 본다. 아주 단순화시키자면, 인간에게 자유의사가 있느냐 없느냐에 대한 철학적 대립이다. 정치철학적으로 말하자면, 결정론은 인간은 문화 속에서 태어나서 문화적으로 양육된다는 공동체주의의 시각에 견줄 수 있고, 비결정론은 무지의 베일 속에서 이성적 판단을 내리는 자유주의에 견줄 수 있다.

9. 이 문제에 대한 중요한 논의는 Philip Zimbardo, *The Lucifer Effect: Understanding How Good People Turn Evil* (New York: Random House, 2008)에서 볼 수 있다.

10. 1987년 캐나다 오타와에서 개최된 Conference on Feminist Perspectives on Criminal Law Reform에서 발표된 Renate M. Mohr, "A Feminist's Analysis of the Objectives and Alternatives Re: Punishment."

11. Christie, *Limits to Pain*.

12. Christie, "Crime, Pain, and Death."

13. John Lampen, *Mending Hurts* (London: Quaker Home Service, 1987), 61, 67ff.

14. 역주-우리나라 형법학계에서 유명한 두 가지 사건이 있다. 첫째는 "평원닭집 고양이 사건"(대법원 1983.9.13. 선고 83도1792, 83감도315)이다. 이 사건은 평원 닭집 소유 시가 7,000원 상당의 고양이를 "그날 피고인이 다른데서 빌려가지고 있다가 잃어버린 고양이인 줄 잘못알고 가져가다가 주인이 자기 것이라고 하여 돌려[준]' 일에 대해 광주고등법원은 피고인을 상습절도로 판단하여 보호감호 10년에 처했다. 둘째는 "빈 두부상자 사건"(대법원 1989.1.17. 선고 88도971판결)이다. 서울지방법원은 수퍼 주인이 어떤 이유로 쓰레기통 옆에 신문지를 덮어 내어놓은 시가 1,200원 상당의 두부상자 1개를 피고인이 훔쳤다고 해서 절도죄로 처벌한 사건이다.

15. 예컨대, William J. Bowers and Glenn L. Pierce, "Deterrence or Brutalization: What Is the Effect of Executions?" *Crime and Delinquency*, 26, No.4 (October 1980), pp.453-484.

16. John Howard Society 주관으로 1986. 6. 캐나다 오타와에서 개최된 회의 "Violence in Contemporary Canadian Society"에서 발표된 J. W. Mohr, "Causes of Violence: A Socio-Legal Perspective."

17. 1993년 미연방 대법원은 올바른 절차를 준수했다면 사형수가 새로운 무죄 증거를 제시했더라도 사형 집행이 정당화될 수 있다고 판시한 바 있다. 이 점에 관해서는 Herman Bianchi, "Justice as Sanctuary"(Eugene, OR: Wipf and Stock, 2010)를 볼 것.

18. 역주-당사자주의란 검사와 피고인(소송당사자)에게 소송의 주도적 지위를 인정하여 당사자 상호 간에 공격 방어를 중심으로 심리를 진행하고, 법원은 중립적 제3자가 되어 양당사자의 주장과 증거를 평가하는 형사소송방식을 말한다.

19. Jerold S. Auerbach, *Justice Without Law?* (New York: Oxford University Press, 1983), pp. 138ff.

20. John Griffiths, "Ideology in Criminal Procedure or a Third 'Model' of the Criminal Process," *The Yale Law Journal*, 79, No. 3 (January 1970), pp. 359-415도 참조.

21. Christie, *Limits to Pain*, p.57.

22. 역주-원문에서는 1, 5, 4, 3, 2 순으로 서술되어 있다.

23. 역주- 범죄의 정의(定義)를 재정립하는 것은 형사사법의 변화와 회복적 사법의 성공을 위해서 반드시 필요한 전제조건이다. 그러나 저자의 이러한 엄중한 주장에도 불구하고 많은 회복주의자들은 기존의 형법이나 처벌법규가 정하는 범죄목록을 주어진 것으로 받아들인다. 어느 한 쪽이 유죄를 인정해야 비로소 회복적 절차가 시작될 수 있다고 받아들여지는 것도 그 때문이다.
저자는 이 책 말미에서 회복주의 운동이 변질되어 가고 있는 문제점을 지적하면서, 자금제공자가 국가이기 때문에 변질이 불가피하다고 진단한다. 모든 프로그램은 자금의 성격을 따라갈 수밖에 없다는 것이다. 역자는 그와 더불어, 회복주의자들이 "범죄의 정의를 재검토하지 않고서는 … 상당한 영향력을 가질 것이라고 예상하기는 어렵다"는 저자의 경고를 진지하게 받아들이지 않았기 때문이라고 본다.

24. 응보라는 용어에 대해서 주의할 점은 제10장 참조

25. Lawrence Leshan and Henry Margenau, *Einstein's Space and Van Gogh's Sky: Physical Reality and Beyond* (New York: Collier Books, 1982). 이 책은 패러다임 이론을 상당히 진보시키고 있다. 이 장에서는 그들의 작업을 많이 참조했다.

26. Leshan and Margenau, *Einstein's Space*, p. 150.

27. Christie, "Images of Man in Modern Penal Law", *Contemporary Crises: Law, Crime and Social Policy*, 10, No. 1 (1986), 95

28. Louk H. C. Hulsman은 여러 가지 상황에서 이 점을 주장하고 있다. "Critical Criminology and the Concept of Crime," *Contemporary Crises: Law, Crime and Social Policy*, 10, No. 1 (1986), pp. 63-80을 볼 것. John R. Blad, Hans van Mastrigt and Niels A. Uildriks, eds., *The Criminal Justice System as a Social Problem: An Abolitionist Perspective* (Rotterdam, Netherlands: Erasmus University, 1987).

29. Thomas Kuhn, *The Structure of Scientific Revolutions*, 50th anniv. ed. (1970; Chicago: University of Chicago Press, 2012).

30. Randy Barnett, "Restitution: A Paradigm of Criminal Justice" in *Perspectives on Crime Victims*, ed. Burt Galaway and Joe Hudson (St. Louis, Missouri: C.V. Mosby Co., 1981), pp. 245-261. 역주-바넷은 회복주의자들 사이에서 패러다임이라는 말을 처음 사용한 것으로만 알려져 있다. 현재 죠지타운 대학교 교수로 재직 중인 그는 대표적인 자유방임주의 법학자다. 인간의 권리를 중심에 놓고, 판결과 집행을 시장에 맡겨 놓으면 부당한 권리 침해와 형벌에 의한 공리추구의 비효율성이 제거될 것이라고 주장한다. 1977년에 처음 발표한 위의 논문은 그와 같은 이유 때문에 형벌의 완전한 폐지를 주장한 것이다. 이런 프레임을 그는 "restitutive justice"라고 부른다. 사실, 위의 논문을 잘 이해하기 위해서는 Barnett, R., & Hagel, J., Assessing the criminal: *Restitution, retribution, and the legal process* (Ballinger Publishing Company, 1977)의 제1장 "Assessing the criminal: Restitution, retribution, and the legal process"을 반드시 읽어보아야 한다. 최근의 책 Barnett, R., *The structure of liberty: Justice and the rule of law* (Oxford University Press, 2014)는 그의 법사상을 종합한 글이다.

제3부

정의의 뿌리와 표지

제7장

공동체 사법 : 역사적 대안

가해자는 국가의 법을 위반했기 때문에 형벌을 받아야 하고, 형벌 부과는 국가가 담당해야 한다는 명제는 너무나 자연스럽고 불가피해 보인다. 분명 응보적 패러다임은 아주 오랫동안 우리와 함께 존재했던 것 같고, 그것이 그 이전에 있었던 문제점을 개선했던 것 같다. 분명 그랬을 것이다.

그러나 서구에서 사법을 생각한 방식에는 응보적 사법 모델만 있었던 것은 아니다. 사실 우리 역사의 대부분은 다른 사법 모델에 의해 지배되어 왔는데, 지난 몇 세기 동안 응보적 패러다임이 우리의 관점을 독점했을 뿐이다.

응보적 패러다임의 승리가 반드시 개선을 의미하는 것도 아니다. 역사를 진보로 해석하는 것은 역사에 대해 흔히 저지르는 오류 중의 하나다. 최근의 변화를 과거에 대한 불가피한 개선이라고 생각하는 경향이 있지만, 현재는 과거를 당연히 내포하지도 않고 현재가 언제나 진보를 의미하지도 않는다.

역사적 해석은 '형사사법' 역사의 두 가지 전개에 초점을 맞추고 있다. 사적 사법을 포기하고 공적 사법이 생겼다는 점, 그리고 형벌에서 징역형에 대한 의존도가 높아졌다는 점이다. 양자 모두 일정한 형태로 전개되었다는 점은 의문의 여지가 없으나, 최근 들어 그 전개의 패턴과 의미에 대해 문제가 제기되고 있다.

통상 과거에는 '사적 사법'이 지배했을 것이라고 생각한다. 사적 사법의 특징은 통제되지 않은 잔인한 사적 복수라고 한다. 반면, 근대의 '공적 사법'의 특징은 통제된 사법으로서 사적 사법에 비해 인도적이고 균형적이며 징벌성이 낮다고 한다. 예컨대, 교도소는 그 이전의 형벌에 비해 징벌성이 낮고 계몽된 것으로 받아들여진다. 이런 시각에서 보면, 사법과 형벌의 집행은 더 문명화되고 합리화되었다고 할 수 있을지도 모른다.

그러나 현실은 이와 같은 전통적 그림이 내포하는 것처럼 단순하지 않다. '사적'사법이 반드시 사적인 것 또는 보복을 의미하는 것은 아니었으며, 사적 해결이 반드시 징벌성은 높고 억제력은 낮으며 계몽되지 못한 것도 아니었다. 오히려 공적 사법이 더 징벌적이고 결과선택의 폭은 더 좁을 수 있는 것이다. 보복만 하더라도 −국가 중심의 사법이 성립되기 전에 사용된 것은 분명하지만− 여러 가지 선택 가능한 결과 중 하나에 불과했다. 그렇다면, 소위 사적 사법에 결함이 있었던 것은 분명하다해도, 일반적으로 받아들여지는 만큼 그렇게 단순하지는 않았다.[1]

공동체 사법

서구의 역사에는 수많은 구조와 관습이 포함된다. 따라서 사법도 시간과 장소에 따라 다르다. 그러나 근대 이전의 시대에는 범죄와 사법이 무엇인지에 대해 대체로 유사한 이해를 가지고 있었다. 이런 유사함은 그리스 로마와 게르만 부족 문화에 의하여 형성된 중세 세계관, 유사한 경험과 요구 등 어느 정도 공통적인 전통을 반영하는 것이다.

중세가 시작된 이후 한참동안 범죄는 사람 사이의 관계 문제, 즉 대부분의 범죄는 사람을 향한 잘못 또는 사람 사이의 갈등으로 이해되었다. 따라서 대다수 범죄에서 문제되는 것은 '민사적' 갈등에서와 같이 현실적 피해였지, 법 위반이나 추상적인 사회적·도덕적 명령 위반이 아니었다. 이렇게 이해된 범죄는 어떤 식으로든 바로잡아야 할 채무와 부채를 발생시켰다. 그 방법으로는 반목도 있었지만, 협상, 손해배상, 화해도 있었다. 이런 과정에서 피해자와 가해자, 그리고 그 친척과 공동체가 중요한 역할을 담당하였다.

범죄가 채무를 만들어내는 것으로 여겨졌기 때문에 사법 절차의 전형적 결과도 일종의 결제settlement로 이루어졌는데, 사람을 상대로 하는 범죄에서조차 손해배상이나 보상이 주종을 이루었다. 여러 지역의 법과 관습에서 재산범죄 및 대인범죄에 대한 적절한 보상의 범위를 규정하고 있었고, 신체 상해를 물질적 보상으로 환산하는 공식도 정해져 있었다. 오늘날 우리가 사용하는 죄책 형벌의 개념은 이 같은 교환원칙이 변형 또는 왜곡된 것일 수도 있다. 그리스어 'pune'은 발생한 손해에 대한 금전적 교환을 뜻하는 말인데, 'punishment'는 이 단어에서 유래한 것으로 보인다. 또한 'guilt'는 독일어 'geld'와 같이 금전의 지급을 의미하는 앵글로색슨의 'geldan'이라는 말에서 유래된 것으로 생각된다.2 즉, 범죄는 부채를 만들어내고 사법은 손실을 바로잡는 조치를 요구하는 것이었다.

가해자와 피해자살인사건에서는 피해자의 가족는 우리가 범죄라고 부르는 행위를 포함해서 대부분의 분쟁과 잘못을 법원을 거치지 않고 가족과 공동체의 맥락에서 해결했다. 교회와 공동체의 지도자는 화해를 주선하고 그 과정을 조정하며, 일단 합의가 이루어지면 그 합의를 등록하는 등 분쟁해결의 중추적인 역할을 담당했다. 사법 행정은 규칙을 적용하여 판결을 부과하는 것을 주로 하는 절차가 아니라 조정과 협상을 주로 하는 절차였다.

교회의 역할에 대한 이 같은 이해를 반영하여 1681년 어느 프랑스 개신교 장로는 "교회는 종교법원consistory이 알게 되는 모든 다툼을 화해시킬 수 있도록 성실히 노력해야 한다"고 촉구한 바 있다.3 이 다툼에는 우리가 범죄라고 부르는 행위들도 포함되어 있었다. 이에 따라 장로들은 분쟁의 목록을 만들고, 당사자에게 화해하도록 독려하며, 합의하지 않은 사람들은 성체성사Eucharist에 참여하지 못하도록 했다. 프랑스에서 '수용행위act of accommodation'란 이와 같은 합의를 의미하는 것으로 공증인에게 등록되었다.4

사법에 대한 이런 접근 방식은 사적 사법이라기보다 공동체 사법이라고 하는 편이 더 적절할 것이다. 국가적 사법이 아니라는 의미에서 사적이지만, 범죄로 인해 발생된 손해와 그로 인한 사법 절차가 공동체의 맥락에 자리잡고 있었음은 명백하다. 잘못은 집합적인 것으로 여겨져서, 가족 중 한 사람이 잘못을 당하더라도 가족 전체와 공동체도 그것을 잘못으로 받아들였다. 더구나 가족과 공동체는 잘못의 해결에 실질적으로 관여하였다. 그들은 화해하라는 압력을 만들어 내거나 조정자 또는 중재자의 역할을 할 수 있었으며, 경우에 따라서는 증인이 되거나 합의의 강제집행을 도와주었다.

공동체 사법은 협상을 통한 법외적 해결보통은 보상에 방점을 두고 있었다. 그렇지만, 두 가지의 대안적 접근방법이 존재했는데, 이 방법들은 협상을 강제하거나 협상에 이르지 못했을 때 선택될 수 있는 최후 수단의 성격을 가지고 있었다. 결국 이들 대안은 규범의 작동을 담보하는 역할을 할 수 있었겠지만, 어떻든 일종의 실패를 의미하는 것이었다.

응보에 의한 해결

두 가지 대안 중 첫 번째는 복수다. 복수는 실패의 위험성이 있을 뿐 만 아니라 상호 폭력과 유혈반목으로 이어지기 일쑤이기 때문에 흔히들 생각 하는 것처럼 자주 사용되지는 않았다. 상호 밀접하게 조직된 소규모의 공동 체에서는 타인과의 관계를 유지할 필요성이 강조될 수밖에 없었다. 이런 사 회에서는 협상과 보상이 폭력보다 훨씬 의미가 있었다.

물론 복수의 가능성이 존재했음은 부인할 수 없지만, 그 사용은 제한적 이었고, 그 역할과 의미도 우리가 생각하는 것과는 달랐다.

복수의 한계로서 협상에 의한 사법의 중요성을 확인해 주는 것이 성소의 존재다.5 적어도 프랑스 혁명기까지의 중세 서유럽에는 법과 권력으로부터 독립된 안전지대가 많이 있어서, 죄를 범한 자는 사적 복수나 권력을 피하기 위해 이곳으로 도망할 수 있었다. 대부분 장기적 피난처는 아니었지만, 협 상이 진행되는 동안 체류 기간이 정해진 경우도 있었다. 평정을 찾도록 해주는 안 전지대로 이용되었다. 적어도 성소에 머무는 동안은 안전할 수 있었다.

네덜란드 범죄학자 허먼 비안키Herman Bianchi는 성소의 또 다른 역할을 주 장하고 있다. 비안키와 그 공동연구자에 의하면, 속죄를 위해 여행하던 순 례단이 성소에 체류했는데, 이들은 순례를 범죄에 대한 속죄로 여긴 것 같다 고 한다. 이것은 일정한 범죄에 대해서는 속죄와 보상이 적절한 대응으로 여 겨졌음을 의미한다.

내가 영국 윈체스터Winchester에서 안식년을 보낼 때, 나는 거기서 '가드비 갓의 집House of GodBegot'이라는 곳을 알게 되었다. 지금은 옷가게가 된 이 건 물은 1052년에 엠마Emma 여왕이 교회에 기증한 '가드비갓 장원'의 흔적이라 고 한다. 이곳에는 '모든 관리들을 몰아낼' 수 있는 권리를 비롯해 완전한 자치권이 부여 되어 있었는데, 이 장원에 남아 있는 법원 기록을 보면 헨리 8세가 16세기에 이곳을 해체할 때까지 가해자를 위한 성소로 이용되었다고 한다.

법원 기록에 의하면 성소에서 가해자가 체포된 경우가 몇 차례 있었는데, 이것이 성소에 대한 침해로 간주되었다고 한다. 13세기의 윈체스터 법은 부담금을 내지 않고는 윈체스터나 이 장원에 살 수 없다고 정하고 있었는데도, '중죄범'에 대해서 예외를 인정했다는 점은 깊은 의미가 있다. 이는 이 장원이 가해자를 위한 성소 구실을 했음을 보여주는 것이다.

복수는 법과 관습에 의해서도 제한되었다. 예컨대, 중세 유럽에서는 협상을 시도했으나 상대방이 이를 거부한 경우가 아니면 집안 간의 반목이 정당한 것으로 인정되지 않았다. 그 유명한 구약의 공식 '눈에는 눈'도 서구 역사에서는 사적 복수를 규제하기 위한 공식의 일종이었다.

물론 '눈에는 눈'을 문자 그대로 받아들일 수도 있었을 것이고, 그런 복수는 잔인했을 것이다. 그러나 공식적인 법과 절차가 없는 사회였음을 감안하면, 이 공식은 그와 같은 행위를 명령하는 것이 아니라 무한 보복 폭력을 제한하는 것이었다. "이만큼 하라. 그러나 딱 이만큼만 하라!" 즉, 잘못에 대한 대응은 잘못에 비례하는 것이어야지, 폭력을 증폭시키는 것이어서는 안된다는 의미다.

역사적으로 심각한 폭력범죄에 대해서도 금전이나 재물에 의한 화해가 일반적으로 이루어졌다는 점을 보면, 이 공식은 보상의 정도를 결정하는 방정식, 즉 '눈 하나의 가치에 눈 하나의 가치'로 이해되었음을 알 수 있다.

'눈에는 눈'은 문자 그대로 받아들여진 경우에도 보상으로 여겨졌다. 예컨대 공동체의 어느 구성원이 죽었다거나 다쳤다면, 부족, 씨족 기타 집단들 사이에 유지되어온 힘의 균형이 흔들리는데, 이 균형은 수의 균형을 잡음으로써 원상회복될 필요가 있기 때문이다. 다시 말해 공식에 의한 폭력은 정량의 복수를 의미함과 동시에 힘의 균형을 잡기 위한 것이었다.

예나 지금이나 피해자는 도덕적 정당성을 얻으려 한다. 그래서 사람들이 자기의 피해를 인정해 주고 가해자가 그 책임을 공개적으로 인정하기를 원한다. 물질적 보상이 도덕적 정당성을 위한 하나의 방법이었음은 주지의 사실이지만, 때로는 응보도 그와 같은 역할을 할 수 있었다. 경우에 따라서는 응보의 위협만으로도 가해자로 하여금 공개적으로 책임을 인정하도록 자극할 수 있었다.

응보의 위협이 존재했던 것은 확실하지만, 그것은 그 자체로 목적이었던 만큼 수단이었을 것이다. 더구나, 응보의 의미와 기능은 보상이라는 목적을 반영하고 있었다. 사법 시스템의 최우선 과제는 피해자에 대한 보상과 관계 회복이었다. 이것은 가해자의 책임과 부채를 인정하는 화해를 향한 협상을 요구하였다.

역사를 살펴보면 일정한 유형의 범죄에 대해서는 이와 같은 원상회복적 사법restitutive justice에 대한 예외가 있었다. 초창기 신정 사회에는 특별하고 '비정상적인' 대응을 필요로 하는 종교적 차원의 범죄가 몇 가지 있었다. 예컨대 성범죄 중에는 신성을 침해해 전체 사회에 집합적인 죄책감을 가져 오는 것으로 간주되는 종류가 있었는데, 그와 같은 행위에 대해서는 비난을 표현함으로써 죄책감을 공유하지 않기 위한 상징적인 정화 과정이 요구되었다. 그러나 여기에 속하는 범죄는 소수에 불과했으며 법과 관습에 의해 신중하게 정해져 있었고, 대다수 '범죄' 행위에 대해 일반적으로 적용되지는 않았다.

유럽의 근대 초기에도 마법, 근친상간, 수간獸姦, 특히 흉악한 살인 등 소수의 범죄만이 도덕적·정치적 질서에 대한 도전으로서 폭력적 대응을 요구하는 것으로 인식되었다.

법원에 의한 해결

복수는 협상에 의한 원상회복적 사법이라는 이상에 대한 하나의 대안이다. 다른 하나는 확립된 법원에 호소하는 것이다. 그러나 이 대안도 복수와 마찬가지로 협상이 실패하거나 법과 관습에 의해 요구되는 상황에서만 사용되는 최후 수단으로서, 협상에 의한 해결을 촉진하기 위한 수단으로 선택된 것이다. 현대인의 사고방식에서 보면, 당시의 사회 구성원들은 공식적 사법 기구를 기피하는 증상이 심각했던 것 같다.

중세 서유럽에는 국가 또는 왕실, 교회 또는 지방 자치 단체, 영주에 의해 운영되는 다양한 '공식적' 법원들이 있었다. 그러나 국가의 법원도 공동체 사법의 원리에 따라 운영되는 경향을 띠고 있었다.

중세의 법원은 '탄핵주의'6 를 취하고 있어서, 일부 범죄예컨대 군주의 신체에 대한 범죄를 제외하고는 피해자나 피해자 가족의 고소가 없으면 왕립 법원도 소추를 개시할 수 없었다. 공적인 검사도 없었고,7 군주가 실제 피해자인 경우가 아니면 국가가 독립적으로 소추할 법적 근거도 별로 없었다.

일단 누군가 소추를 개시하면, 법원의 역할은 당사자들이 협조하도록 하는 것이었다. 법원은 가능한 한 당사자들의 힘의 균형을 맞추고, 갈등을 규제하는 일종의 심판과 같은 기능을 수행했다. 당사자들이 합의에 이르면 언제든지 소송을 종료할 수 있었고, 국가는 고소인 없이 소추를 계속할 수 있는 법적 권한이 없었다. 소추의 개시나 계속은 오로지 당사자만이 결정할 수 있었다.

이 시대의 사람들은 상대방에게 책임을 인정하고 화해에 적극적으로 임하라는 압력을 행사하기 위해서만 법원에 호소했다. 법원 외적인 공동체 사법에 대한 선호는 근대 이후에도 오랫동안 지속되었다. 법원에 호소하는 것을 주저한 이유는 여러 가지가 있는데, 우선은 협상에 의한 해결을 선호했기 때문이겠지만, 중앙 권력에 대한 지방의 저항도 주요한 요인 중 하나다. 또한 소송비용 문제도 무시할 수 없으며, 위험의 상호성 원칙도 한 몫하는 원인으로 꼽을 수 있다. 위험의 상호성 원칙이란 고소인이 승소하지 못하면 자기가 그 죄책을 져야 한다는 것으로서, 고소인은 소추를 개시하기 전에 강력한 증거를 가지고 있어야만 했다. 마지막으로 왕립 법원이 부과한 주된 형벌은 벌금이었는데, 벌금은 법원에 귀속되므로 피해자에게는 별 이익이 되지 않았다는 점이다.

이와 같이 오늘날 법원의 구조와 절차의 모태가 된 탄핵주의 모델은 보상과 참여자의 절차 개시를 중심으로 하는 공동체 사법의 맥락 속에서 운영되었다. 다시 말해, 탄핵주의 법원은 공동체 사법의 중심성을 확인하는 것이다.

평가

전근대의 사법은 근대 사법의 합리성과 인도주의와는 대조적으로 보복의 색채가 강하고 야만적인 것으로 그려지는 것이 보통이다. 이 그림이 지나치게 단순하고 냉혹한 것은 분명한 사실이지만, 그렇다고 해서 잃어버린 황금기로 돌아가자고 하는 것도 잘못이기는 마찬가지다. 공동체 사법에는 중대한 결함이 있었다. 즉, 다툼이 있는 사건에서 죄책을 확정하는 방법이 자의적이고 정확하지 못하며, 그 오류를 방지하기 위한 장치도 결여되어 있었다. 이러한 형태의 사법은 평등한 사람들 사이에서는 만족스럽게 작동할 수 있지만, 가해자가 종속적 관계에 있었을 경우에는 모든 절차가 생략된 잔인한 절차가 되었을 것이다.

또한 공동체 사법은 절차의 개시와 계속을 피해자의 결정에 의존하였기 때문에 아마 비용도 피해자가 부담했을 것이다 피해자에게 무거운 부담이 되었다. 또한 특별히 흉악한 범죄에 대한 처벌은 야만적이었을 수 있다.

그러나 공동체 사법의 기본 원리인 타협과 보상에 의한 해결은 범죄와 사법에 대한 대안적 이해를 보여준다. 즉, 전통적인 사법 개념은 범죄로 인해 사람이 피해를 입었고, 따라서 그와 관련된 사람들이 범죄 해결의 중심이 되어야 하며, 범죄의 해결에서는 피해의 회복이 가장 중요하다는 점을 인식하고 있었다. 공동체 사법은 관계의 유지, 즉 화해를 중심에 놓는다. 따라서 공동체 사법의 패러다임은 '계몽된' 오늘날의 패러다임보다 범죄의 현실을 더욱 잘 반영할 수 있다.

전통적 사법은 보통 징벌적인 사법으로 특징지어진다. 그러나 형벌은 범죄에 대해 적용될 수 있는 여러 가지 결과 중 하나에 불과할 뿐만 아니라 어떤 의미에서는 이상理想의 실패를 의미하는 것이었다. 공동체 사법이 제시하는 결과의 범위는 현대의 응보적 패러다임이 제시하는 것보다 더 넓다. 적어도 전통적 사법에 응보와 화해의 가능성이 공존했던 점을 반영하여 그에 대한 인식을 수정할 필요가 있다.

법적 혁명

중세 유럽에는 현재 우리가 이해하는 것과 같은 형법 시스템이 존재하지 않았다. 범죄가 되는 행위와 그에 대한 형벌을 정하는 명문의 법전도 없었고, 법률 전문가가 사건을 처리하는 일도 일반적이지 않았다. 정치 사법 당국에게도 일정한 역할이 인정되기는 했지만, 그 범위는 대단히 제한적이었고, 각종 법원이 있었지만 전반적으로 공동체 사법의 원리와 범위 내에서만 작동되었을 뿐만 아니라 그 사용도 상당히 자제되었다.

그러나 11~12세기에는 일련의 변화가 시작되었고, 이것이 그 후 여러 세기 동안의 범죄와 정의에 관한 전혀 새로운 접근 방식의 기초가 되었다. 이 변화가 성숙되는 데는 여러 세기가 걸렸고, 그에 대한 저항도 만만치 않았다. 이 새로운 모델은 19세기에 이르러서야 비로소 승리를 거두었다. 이처럼 장기간에 걸쳐 이루어진 변화를 법사학자 헤럴드 버만Herold J. Berman은 법적 혁명이라고 부른다.8

초기의 정치권력은 관습적 이해와 관행의 틀 속에서 '법'을 형성하는 데 어려움을 겪었다. 중세 후기가 되자 신법을 만들고 구법을 폐지할 수 있는 권리를 주장하게 되었고, 비로소 새로운 원리를 담은 성문법전이 관습을 대체하기 시작했으며, 18~19세기에 이르러서는 범죄라고 불리는 일정한 피해와 분쟁을 포섭하기 위해 특별한 성문법이 개발되었다.

새로운 논증과 절차에 따라 일정한 사건에 국가가 개입해 법적 절차를 개시할 수 있는 길이 열리게 되었다. 유럽 대륙에서는 국가를 대리하는 검사가 출현하기 시작했고, 영국에서는 치안판사가 제한적으로 국가를 대리하기에 이르렀다. 법원들은 소극적·중재적 역할에서 벗어나 일정한 사건에 대해 소유권을 주장하게 되었고, 법적 절차의 개시 및 증거수집에 대한 주도권을 가지게 되었다.

유럽 대륙에서는 법원의 스타일이 탄핵주의에서 규문주의9로 변화되었다. 여기서 법원은 소추를 개시하고, 사실관계를 수집하며보통 비밀리에 결과를 결정하는 권한을 가지고 있었다. 영국에서는 배심의 역할과 사소私訴제도 때문에 탄핵주의의 골격이 유지되었다고 할 수 있지만, 여기서도 국가의 대리인이 '형사' 사건을 주도하는 위치에서 시민의 자리를 대신하기는 마찬가지였다.

그리하여 결과의 성질이 변질되었다. 형벌이 화해에 우선하게 되었고, 국고로 귀속되는 벌금이 피해자에 대한 손해배상을 대체하게 되었으며, 고문이 용인가능한 형벌이었을 뿐만 아니라 진실을 밝히기 위한 수사 도구로 사용되었다. 이러한 과정을 통해 실제 피해자의 이익은 감소될 수밖에 없었다.

이러한 과정은 국가가 갑자기 많은 종류의 사건을 인수해서 일어난 일은 아니다. 국가의 대리인들이 탄핵주의 절차 속으로 점차 파고들면서 처음에는 수사자로 시작하여 결국 소추자에 이른 것이다. 1498년에 이르러 프랑스법은 국왕이나 국왕의 검사가 모든 소송의 당사자임을 선언하였다. 즉 **국가는 소송에 참가할 권리가 있다는 주장으로 시작해서 결국 소송 당사자임을 주장하게 된 것이다.**

국가의 법률가들은 다양한 법적 장치와 논증을 사용해 이러한 국가의 관여를 정당화했다. 탄핵주의 절차는 피해자 또는 그 친지가 사건을 개시하는 것이 통상적 방법임을 인정하고 있었다. 일부 제한적 상황에서 법원이나 국가가 '특별'히 소추할 수 있는 여지를 남겨둔 곳도 있었다. 예컨대 14세기의 프랑스에서는 법원이 범죄를 인지할 수 있는 방법이 몇 가지 있었다. 일반적인 방법은 고소인의 고소였지만, '현행범present misdeed' 또는 '공개범common report; 범죄와 가해자가 일반적으로 알려진 경우'인 경우에는 직접적 고소인 없이도 법원이 개입할 수 있었다. 또한 '고발denunciation'에 의해 소송을 개시할 수 있다는 규정도 있었다. 이 경우의 고발자는 있기는 하지만, 전면에 드러나지 않고 최소한의 역할만 하였다. 특별한 절차로 예정되었던 것이 결국 일반적인 절차로 바뀌게 된 것이다.10

이러한 법적 장치의 사용과 새로운 주장이 결합되어, 급기야 군주는 자신이 평화의 수호자라고 주장하기에 이른다. 따라서 **평화가 침해되면 국가가 피해자라고 주장하기는 어렵지 않은 일이 되었다.** 이 과정에서 현실적 피해자의 역할과 주장이 사라졌다는 것은 놀라운 일이 아니다.

캐논법Canon Law의 역할

중앙집권 체제가 권력 투쟁을 위해 이처럼 새로운 법 시스템을 개발했다는 것도 우연한 일이 아니다. 종교와 세속 사이에서 헤게모니 투쟁은 사법의 작동방식을 근본적으로 바꾸어놓았다. 이와 같은 투쟁에서 가장 중요한 부분이 캐논법가톨릭 교회법이다.

기독교 초기, 교회는 분권화되어 있었다. 점차 권위를 주장하는 몇몇 힘의 중심이 생겨났고, 이로 인해 교회의 내부규율 문제가 생겼다. 따라서 중세시대 교황의 주된 관심사는 교회 내의 권력을 통합하는 것이었다. 이와 동시에 교황은 '세속적' 정치권력과 동등하거나 상위에 위치하는 권력을 확보하기 위해 투쟁하고 있었다.

같은 시기 국가권력도 비슷한 이유로 중앙집권화되기 시작했다. 그들도 영토 내의 권력을 통합할 필요에 따라 교회 등 다른 권력 중심을 굴복시킬 방법을 찾고 있었다.

종교권력과 국가권력 모두 권력 통합을 위한 새로운 논거와 장치를 모색하고 있었다. 후기 로마제국의 법이 우선 교회에게, 다음으로 국가에게 그 도구를 제공하였다.

로마 공화정 시대만 해도 범죄는 일차적으로 사적 문제이거나 공동체 문제였고, 국가의 역할은 제한적이었다. 그러나 제국이 등장하면서 법 제정과 사법 집행에 관한 국가의 광범위한 역할을 인정하는 법 전통이 발전하기 시작한다.

이 법은 6세기 이후에 대부분 자취를 감췄다. 11세기 후반의 유스티니아누스 법전이 재발견되었는데, 교황권이나 세속권력의 지지자들이 오랫동안 탐색해 왔을 것임을 생각해보면 우연한 발견이 아니었을 것이다. 11세기에 재발견된 로마법은 캐논법의 기초가 되었고, 캐논법은 교회의 기본법이 되었다. 그 후 서유럽 대륙의 세속권력들이 캐논법 체제를 계수했으며, 영국법에도 어느 정도 영향을 미쳤다.

이 법과 그 계수과정을 검토한 버만에 의하면, 로마법은 일반적 관행과 크게 다른 것이었다고 한다. 즉 그것은 시간적으로 문화적으로 이질적인 문명이 개발해 놓은 자율적인 법체제였다. 이 법이 중요한 새로운 요소를 도입하였다.

로마법은 논리와 조리에 기초한 공식적이고 합리적이며 법전화된 법으로서, 관습 및 역사에 기초를 두지 않은 독립적인 법이다. 따라서 그것은 중앙권력에게 신법을 제정하고 '구법즉, 관습과 역사'을 폐지할 수 있는 가능성을 열어주었을 뿐만 아니라, 중앙집권체제를 가정했기 때문에 중앙권력이 '적법하게' 소송을 개시할 수 있는 기초를 제공하였다. 그리고 보면, 로마법의 매력은 중앙권력에게 중요한 역할을 부여했다는 점이다.

로마법은 구체적 관습과 무관한 원리를 바탕으로 하는 성문법이었으며,

법을 평가하고 개발하기 위한 수단—예컨대 스콜라주의scholasticism을 가지고 있었다. 따라서 로마법은 체계화되고 확장될 수 있었으며 국경을 초월하여 연구되고 전파될 수 있었다. 이러한 보편성이 서유럽 전역으로 급속히 퍼져나갈 수 있었던 로마법의 호소력을 설명해 준다.

교회는 로마법의 기초 위에서 최초의 근대 법률 시스템인 캐논법의 정교한 구조를 구축했다. 캐논법은 교황에게 교회 내에서 그리고 세속정치권력과의 관계에서 우월성 투쟁을 위해 사용할 수 있는 중요한 무기를 제공했다는 측면에서 혁명적 발전이었다.

이 법은 또한 중앙권력의 소추권을 규정함으로써 교회 내의 이단과 성직남용을 공격할 수 있는 기초를 확립했다. 이처럼 새로운 제도의 가장 극단적인 표현이 교황의 대리인이 이단을 수색하고 증거확보 및 사건해결을 위해 그들을 고문했던 종교재판Inquisition이다.

여기서 개인은 더 이상 주된 피해자가 아니다. **종교재판에서는 전체 도덕질서가 피해자가 되었고, 중앙권력이 그 수호자가 되었다.** 잘못은 더 이상 회복해야 하는 단순한 피해가 아니라 죄악sins이 되었다.

여기서 알 수 있듯이 캐논법은 체계적·공식적 법의 도입과 중앙권력의 역할 확대만을 의미하는 것이 아니라, 범죄와 사법에 대한 전혀 다른 관념을 의미하는 것이었다. 이제 사법은 규칙을 적용하고 유죄를 입증해 형벌을 부과하는 것을 의미하게 되었다. 초기의 기독교 관행은 화해와 회복의 필요성을 강조하면서 잘못의 수용과 용서에 초점을 두고 있었지만,11 캐논법과 그에 병행된 신학은 범죄를 도덕적 또는 형이상학적 질서에 대한 집합적 잘못으로 이해하기 시작했다. 캐논법적 이해에 의하면, 범죄는 죄악이고 사람뿐만 아니라 신에 대한 것이며, 이러한 범죄로 오염된 세계를 정화하는 일이 교회의 임무다. 이런 시각으로부터 사회질서가 신의 의지에 따라 결정되는 것이고, 범죄는 사회질서에 대한 죄악이라는 가정은 쉽게 도출된다. 따라서 교회나 중에는 국가는 그 질서를 집행해야 하는 것이다. 그리하여 당사자 사이의 '화해'에서 권력에 의한 '처벌'로 초점이 이동되었다는 것도 별로 놀랍지 않다.12

캐논법과 신학은 자유의지와 자기 책임의 개념을 공식화하였고, 이것이 형벌 논리의 기초가 되었다. 징역은 방종한 수도사를 처벌하는 수단이 되었고, 18~19세기에 이르러서는 형벌로서 폭넓게 사용되었다.

캐논법이 도입한 새로운 원리는 국가권력에 의해 채택되어 영국, 폴란드, 헝가리에 이르기까지 세속적인 법률 시스템의 중요한 모델이 되었다.

캐논법의 예는 국가 중심의 응보적 사법 제도가 어떻게 발전해 왔는가에 대한 완전한 설명이 될 수 없다. 유럽 대륙보다 캐논법의 영향을 비교적 적게 받은 영국도 규문주의 사법 시스템을 받아들이지는 않았지만, 국가 중심적인 형법 시스템을 발전시켰다. 사회의 트렌드와 신생국가의 요구를 놓고 보면, 캐논법이 없었더라도 사법은 비슷한 방향으로 전개되었을지도 모른다. 어쨌든 로마법의 계수를 통해 얻어진 패턴이 정치권력의 위상강화를 위한 중요한 도구와 개념을 제공했다는 점은 분명하다.

이러한 과정에서 기독교 신학의 역할은 확실치 않다. 일부 역사학자들에 의하면 신학적 유죄 개념과 도덕적 책임 개념이 국가에 의해 구현된 새로운 범죄, 사법, 권한 개념 생성의 원인이 되었다고 주장한다. 근대적 사법의 발전이 신생국가의 정치적 필요성이나 사회경제적 과정에 기초한 것이라고 주장하는 자들도 있다. 그리고 이와 같은 새로운 형태를 정당화하는 신학이 뒤를 잇는다. 즉, 신학이 이러한 발전에 어떤 식으로든 관련성이 있다는 것

은 분명하다.13

국가적 사법의 승리

역사학자 브루스 렌맨Bruce Lenman과 제프리 파커Geoffrey Parker에 의하면,
서구 역사는 두 가지의 기본적 사법 모델, 즉 공동체 사법과 국가적 사법의
변증법으로 볼 수 있다고 한다.14

국가적 사법은 일찍이 싹을 틔운 바빌로니아의 함무라비 법전이나 고대
그리스 솔론Solon의 법 개혁에서 그 요소를 볼 수 있다. 그러나 국가적 사법
이 승리를 거두고 범죄에 관한 우리의 관점을 독점하게 된 것은 불과 수 세
기 전의 일이다.

공동체 사법은 협상에 의한 손해배상과 같이 원상회복적 정의라고 표현
될 수 있는데, 그 의미는 **수평적**이고 합의로 이루어지는 평화를 의미하는 게
르만어 'frith'로 포착된다. 그러나 국가적 사법은 '왕의 평화'이고, 그것은
수직적 · 계급적이고 부과되며 징벌적이다.15

공동체 사법과 국가적 사법은 반대 개념으로 볼 수 있지만, 수많은 변형
이 있을 수 있는 연속체의 양극으로 보는 것이 더 정확할 것이다.16 한쪽 극
단에는 관련 당사자 사이의 협상에 의한 화해를 의미하는 '순수한' 공동체
사법이 있다. 여기에 조정자나 공증인들은 국가가 지명할 수도 있다이 참가하면
좀 더 공식적인 사법이 되고, 국가의 역할을 정하는 탄핵주의 법원은 이보다
더 공식적이다. 저울의 반대쪽 끝에는 국가가 소추권, 재량권, 통제권을 행
사하고 피해자가 되는 전형적인 국가적 사법이 있다.

근대 초기 유럽에서 운영된 공동체 사법에는 국가적 사법의 요소가 들어
있는데, 아마 두 가지 사법 형태가 혼합, 공생 관계를 이루었기 때문에 공동

체 사법이 그 효과를 나타낼 수 있었는지도 모른다. 즉, 국가적 사법이라는 위협이 공동체 사법의 작동에서 윤활유 구실을 했을 것이며, 문제해결의 장을 선택할 수 있었다는 점도 주목할 만하다. 그러나 진정한 의미의 국가적 사법이 승리한 후에는 범죄 해결에 적합하고 가능한 것에 관한 이해가 변화되었고, 우리가 범죄라고 부르는 대부분의 사건에 대해 공동체 사법은 더 이상 대안이 될 수 없게 되었다.

16세기 말에 이르러 국가적 사법의 초석이 마련되었다. 프랑스, 독일, 영국의 새로운 법전은 일정한 범죄의 공적 차원을 확대했고, 국가에 더 큰 역할을 부여하였다. 형률criminal code은 그 적용 대상이 되는 범죄를 명시하고 형벌을 강조하게 되었다. 형벌 중에는 고문이나 사형 등 극도로 중한 것도 있었지만, 경제적 제재도 여전히 형벌 목록에 포함되어 있었다.

16세기의 프로테스탄트 종교개혁도 국가의 징벌적 제재 집행에 일조한 것 같다. 루터Luther는 국가를 신의 대리인으로서 형벌을 집행하는 주체로 인정하였다.17 칼뱅이즘은 신의 이미지를 징벌적인 판단자로 강조하였을 뿐만 아니라, 국가에게 도덕적 질서를 집행하는 중요한 역할을 부여하였다.

국가적 사법이 미래의 추세를 의미한 것은 사실이지만, 아직은 지배적이거나 독점적이지는 못했다. 18세기의 계몽주의와 프랑스 혁명이 있은 후에야 국가적 사법은 비로소 그처럼 급진적인 주장을 할 수 있게 되었다.18 18세기에 이르러 군주는 절대권력을 쥐고 이를 자의적으로 남용하면서 상상조차 할 수 없는 고문과 형벌을 자행했다. 고문과 형벌은 정당하게 유죄 판결을 받은 '범죄인'에 대해서뿐만 아니라, 용의자나 정치범에게도 여지없이 적용되었다. 군주는 법 위에 군림하려 했고, 법은 관습과 원리, 논리와 자의성, 특별 이익과 공적 관심이 광적으로 얽혀 있는 미로로 둔갑했다.

계몽주의 개혁가들은 법을 정부 위에 두고, 법에 합리적인 논거를 마련하기 위해 노력했다. 그들은 전통과 종교를 미신적이고 비논리적이라고 비판하며, 자연법과 합리적 원리에 기초한 세속적인 법 형태를 포용하게 된다. 이 과정에서 계몽주의 사상가들은 묵시적 사회계약론에 따라 사회와 국가의 새로운 관념을 형성하기 시작하는데, 법은 사회의 의지를 반영하는 것이어야 하고, 정부는 그러한 법을 밝히고 집행해야 한다고 주장하게 된다. 그렇다고 일반인이 정치적 결단을 내리는 것으로 보았다는 말은 아니다. 결정적으로 계몽주의 사상가의 대부분은 민주주의자가 아니었다! 그러나 그들은 정부를 특정한 이익집단이나 왕족이 아닌 전체 사회의 이익을 대표하는 자로 정의하기 시작했다.

18세기 개혁자들은 절대권력을 주장하는 국가의 권력 남용에 직면해 국가의 중앙집권을 직접 비판할 수도 있었지만, 그 대신 강력한 국가를 가정하고 새로운 논리와 새로운 책임에 뿌리를 두는 확장된 권력의 기초를 제공했다. 새로운 논리는 사회계약과 폭넓은 주민의 구성과 법에 대한 새로운 책임 개념으로 이루어진 것이었다.

1764년에 발간되어 근대 형법의 기초로 인용되는 체사레 베까리아Cesare Beccaria의 『범죄와 형벌On Crime and Punishment』도 계몽주의적 접근의 표현이라고 할 수 있다. 베까리아에 의하면, 법은 전체 공동체의 의지에 근거하는 합리적인 것으로서 모든 사람에게 평등하게 적용되고 국가에 의해 합리적으로 집행되어야 한다고 한다.

베까리아는 사람들이 선택의 결과로 생기는 고통과 쾌락에 대한 기대에 기초해 행동을 결정한다고 가정한다. 따라서 법은 범죄로부터 도출되는 쾌락을 초과하는 데 필요한 고통의 총량을 고려해 합리적이고 제한된 분량의 고통만을 부과해야 하고, 이렇게 부과되는 고통은 범죄의 정도에 비례해야 한다는 것이다.

베까리아의 책이 국가 및 전통적 법의 형벌권 남용을 공격할 수 있는 유용한 무기가 된 것은 사실이지만, 그것은 사법에 관한 국가의 중심적 역할을 문제 삼는 대신 새로운 합법성을 제시해 주었다.19 더욱이 그가 합리적이고 '공리적인' 법 개념을 전제했다고들 하지만, 사실 그가 전제한 법은 징벌적, 나아가 응보적인 색채가 강하게 드러나는 것이다.20

1789년에 시작되어 다음 세기까지 이어진 프랑스 혁명도 계몽주의에 사상적 뿌리를 두고, 계몽주의가 그랬던 것처럼 관습과 특권을 공격하며 합리적인 법 개념과 새로운 국가 개념으로 기존의 법과 국가 개념을 대체하려고 했지만, 계몽주의와는 별개의 역학구도에 따라 국가권력을 절대왕정보다 더 강한 것으로 개념 정의했다.

혁명 정부와 나폴레옹 정부가 채택한 새로운 형법전은 이러한 경향을 잘 설명해 준다.21 이들은 국가에 강력한 소추권을 부여하고 징벌성을 강화함과 동시에 합리성과 평등성도 강조했다.

따라서 18세기와 19세기 초반은 근대적 형태의 응보적 사법을 형성하는 과정에서 중요한 의미를 갖는 시기다. 이 시기에 국가는 권력을 행사하기 위한 새로운 장치와 새로운 정당성을 얻었다. 법 위반에 대한 비난 가능성은 커졌고, 그에 따른 결과는 '받아 마땅한' 것이 되었으며 법은 새로운 신성함을 얻게 되었다.

계몽주의 사상과 그 후의 실무는 범죄를 현실의 피해가 아닌 법 위반으로 정의하려는 경향을 가속하게 된다. 피해가 중요시 되더라도, 사적 측면보다는 공적 측면이 점점 더 크게 강조되었다. 국가가 대중의 의지와 이익을 대표한다면, 국가를 피해자로 정의하고 국가의 독점적 개입을 정당화하기 쉬워지기 때문이다. 무엇보다 중요한 것은 계몽주의가 고통의 새로운 물리학을 제시했다는 점이다.

계몽주의나 프랑스 혁명 사상가들은 범죄에 대해 고통을 부과해야 한다는 생각 자체를 문제 삼지는 않았다. 그 대신 그들은 이런 생각을 새로운 방식으로 정당화하면서, 고통 부과의 합리적인 지침을 마련하고 형벌을 적용하기 위한 새로운 수단을 도입했다.

우선 교도소가 고통 부과의 기구로 등장한다. 이 시기에 징역을 형사 제재로 도입하게 된 이유는 여러 가지가 있는데, 범죄에 따라서 기간의 등급을 정할 수 있다는 매력도 그 이유 중 하나다. 즉, 징역에 의하면 시간의 단위로 형벌을 측정할 수 있게 되고, 고통의 적용에 있어서 합리성과 나아가 과학적이라는 외관까지 얻을 수 있다는 것이다.

또한 교도소는 시대적 감정과 요구에 잘 어울릴 수 있었다. 즉, 구제도하에서는 절대군주가 자신의 권력을 과시하기 위해 잔인하고 공개적인 형벌을 사용할 수밖에 없었기 때문에 형벌이 공개적이고 신체적 고통이라는 특징이 있었다. 그러나, 대중적 기반이 튼튼한 신정부로서는 정통성을 획득하기 위해 권력을 공개적으로 과시할 필요성이 줄어든 데다 고통과 죽음에 관한 사람들의 태도도 변화되었다. 인생의 어두운 측면을 숨기고 심지어 부정할 필요성에 따라 죽음과 질병을 대하는 방법이 달라졌다.22 이러한 맥락에서 교도소는 사람들이 볼 수 없는 곳에서 비밀리에 고통을 부과할 수 있는 방법을 제공했던 것이다.

고통 부과의 기술이 달라지면서 그 의도의 범위도 달라졌다. 근대 초기의 형벌이 신체적 고통 부과에 중점을 두었다면, 교도소는 프랑스 사학자 미셸 푸코Michael Foucault가 지적하는 바와 같이23 수감자의 정신을 변화시키는 데 중점을 두었다. 미국의 퀘이커Quaker 교도들도 교도소24가 수감자의 회개와 정신개조를 촉진할 수 있을 것이라는 기대로 교도소를 옹호했는가 하면, 교도소가 행동 방식과 사고 패턴을 변화시키고 인성을 재형성하기 위한 실험실이라고 하는 등 '목적을 지닌 고통'을 부과하는 교도소를 정당화하기 위한 각양각색의 이유들이 고안되기에 이르렀다.

공식적 국가 중심적 사법의 뿌리는 수 세기 전으로 거슬러 올라가지만, 그에 대한 저항도 만만치 않았을 뿐만 아니라 결국 승리를 거둔 것도 불과 몇 세기 전의 일이다. 미국의 경험은 이를 잘 보여준다.25 흔히 미국의 사법은 초기부터 법적·공적 형태의 사법이 발전해 왔고, 공식적 공적 검사의 기원도 혁명 이전부터 찾아볼 수 있다고 한다. 그러나 최근의 연구에 의하면, 이 시대의 공적 검사의 역할은 지극히 제한적이었고 19세기 중반 이후까지 사건의 개시나 포기에 관한 재량을 거의 갖지 못했다. 그 대신에 다른 형태의 사법중재, 조정 및 민사소송 절차 등이 대중적으로 활용되었고, 이들은 국가적 사법이 승리를 거둔 후에도 오랫동안 지속되었다고 한다. 적어도 재산적 피해에 관해서는 배상이 대중적인 화해 형태였고, 이 과정에서 피해자가 중요한 역할을 수행하였다.

결국 국가적 사법이 승리를 거두었고, 폭넓은 재량권을 가지는 공적 검사는 교도소의 확대와 결합해 국가적 사법의 중요한 일부가 되었다. 그 결과 오늘날 "법은 미국의 종교이고, 법률가는 성직자가 되었으며, 법원은 우리 시대의 수난극을 상영하는 성당이 되었다."26

법적 혁명의 다양한 차원

국가적 사법이 승리하는 데는 꽤 오랜 시간이 걸렸다. 그러나 그것은 중대한 의미를 가지는 법적 혁명이다. 우리가 사법을 수행하고 사법에 대해 생각하는 방식의 혁명은 다음과 같이 요약될 수 있다.

첫째, 사적 또는 공동체 사법이 공적 사법으로 이동되었다는 것이 이 혁명의 핵심이다. 이러한 이동은 국가가 소추를 개시할 수 있는 가능성이 열리면서부터 시작되었고, 국가는 사법에 대해 **처음에는 협력을, 다음에는 소유권을, 결국 범죄라고 불리는 침해행위와 갈등에 대한 독점**을 주장하기에 이르렀다. 여기서 국가가 법적인 의미의 범죄 피해자로 재정의되고, 현실의 피해자는 추상화되어 범죄 문제 또는 그 해결의 주변인으로 전락했다.27

둘째, 이와 동시에 사법은 관습이나 구체적 상황을 고려하지 않고 공식적 법에 따라서만 운영되기에 이르렀다. 또한 사법은 전문가가 해석하고 운영하는 성문법과 동일시되어 갔으며, 점차 결과가 아니라 절차에 의하여 목적 달성을 평가받게 되었다.

사람들 사이에서 나타나는 침해행위와 갈등 중에서 국가가 지배하는 형사 절차를 작동시키는 것과 당사자들이 재량과 권한을 가지는 민법에 맡겨지는 것으로 양분되었다.

셋째, 공동체 사법에서는 복수가 가능했지만, 국가가 이를 인수함으로써 다른 방식의 대응가능성이 줄어들었다. 따라서 형벌이 규범적 위치를 차지하게 되었고, 화해는 비정상적이거나 불법적인 것으로 전락하고 말았다. 손해배상이 아니라 형벌이 범죄에 대한 원칙적인 대응이 된 까닭에 현실적 피해자의 소송상 지위는 하향될 수밖에 없었다.

국가적 사법의 발전과정에서 기독교 교회는 한 번도 심각한 비판을 제기한 적이 없을 뿐만 아니라, 오히려 교회가 사적인 복수를 통제하기 위해서라도 국가의 역할을 적극적으로 지지했다는 점은 흥미롭지 않을 수 없다.

형벌이 범죄에 대한 일반적 대응이 되자 새로운 형태의 형벌이 고안되었고, 형벌의 상징적 의미도 변화되었다. 전근대 사회에서 복수가 형벌의 중요한 동기였음은 부정할 수 없지만, 형벌 이상으로 중요했던 것이 피해자에 대한 지원과 도덕적 정당성 인정이었기 때문에 형벌은 공개적으로 이루어졌다. 즉 공개적인 형벌의 부과는 피해자가 도덕적으로 옳다는 상징적 의미를 내포하는 것이었다. 신정 사회에서도 형벌은 범죄 때문에 오염된 공동체를 정화하는 상징적 정화 기능을 가지고 있었다. 즉, 형벌은 사회가 그와 같은 행위를 묵인하지 않음을 증명하는 것이었고, 따라서 공동체의 의식을 강화하고 자기 정체성을 유지하는 데 도움을 주었다.

로열패밀리에게 사유화된 경우가 많았던 신생 정부들은 그 지위를 확보하고 유지하는 데만 관심을 기울였기 때문에 공개적이고 잔인한 형벌을 왕권의 상징으로서 권력을 확인하고 극화하는데 활용했다. 이런 상황에서 사법은 중앙집권 체제의 엄청난 힘을 증명하는 죄책과 옹호의 대중극장에 불과했고, 형벌은 국가의 힘과 그에 반대한 결과를 보여주기 위한 테러에 지나지 않았다.28 국가권력의 상징으로서 사법이 수행하는 역할은 여러 형벌의 가혹함을 설명해줄 뿐만 아니라, 사람들이 왜 일정한 형벌을 거부했는지를 설명해 준다. 유럽 사회에서 교수형 집행인이 특히 기분 나쁜 인물로 취급되었던 것도 그가 국가가 부과하는 사법을 상징했기 때문이다.29

오늘날 형벌은 보통 실용주의적, 공리주의적 관점 −예방, 무력화, 재사회화−에서 정당화된다. 그러나 그 배후에는 과거 형벌의 요소를 가진 상징적 기능이 있다. 형벌이 부과되는 모습을 보면, 개인에 대한 국가와 법의 힘을 극적으로 묘사할 필요가 있는지 의문스럽다.

넷째, 사법의 개념이 변화되면서 범죄와 범죄자에 대한 이해도 달라졌다. 일정한 행위는 개인적 차원의 잘못이나 갈등이 아니라 집합적 피해나 사회적·도덕적 이단으로 취급되면서 사회적 질서뿐만 아니라 초자연적 질서를 위반하는 것으로 취급되게 되었다. 이로써 국가는 사회적·도덕적 질서를 강제할 수 있는 정당화 수단을 얻게 되었으며, 사법은 균형을 잡는 것, 즉 추상적인 것을 형이상학적으로 균형 잡는 것이 되었다.

패러다임의 전환

앞서 언급한 바와 같이 법적 혁명은 패러다임의 전환, 즉 현실을 구성하고 이해하는 방식의 전환과 관련되어 있다. 이러한 변화의 밑바탕은 무엇인가? 이에 대해 다양한 답이 제시될 수 있고, 실제로 제시되었다.

레션과 마지노는 사회 또는 문화의 가장 긴급한 문제를 해결하려는 노력으로서 새로운 패러다임이 나타난다고 한다.[30] 그들에 의하면 과학적 패러다임도 중세 후기 서구 사회의 가장 절박한 문제를 해결하려는 노력으로서 나타났다는 것이다. 14세기경 아시아와 유럽을 강타한 흑사병과 같은 대재앙이 그런 문제였다. 사회는 환경을 통제해야 하는 긴급한 필요성에 직면했고, 따라서 그에 적합한 패러다임을 개발했다. 하지만, 새로운 문제들이 나타나면서 그 패러다임도 부적절하게 되고 또다시 새로운 패러다임이 등장할 수밖에 없었다는 것이다.

그렇다면 사법에서 응보적 패러다임이 해결하고자 했던 문제는 무엇인가? 혹자는 인구가 증가하고, 도시가 등장하며, 산업화가 진행되면서 사회의 복잡성과 익명성이 증가되었다는 사실에 초점을 맞춘다. 아마도 공동체가 없어진 상황에서 전통적 문제해결 방법의 효과가 떨어졌기 때문일 것이다.

또 다른 주장은 사회, 적어도 사회 상류층에게 불안을 통제할 필요성이 있다는 점을 든다. 그들은 사회적·정치적 불평등의 패턴을 붕괴시키지 않으면서도 계급 갈등을 감소시키고 질서를 유지하는 방법을 모색하고 있다.

응보적 패러다임에 대한 일반적인 설명은 사적인 복수를 통제할 필요성을 지적한다. 이러한 관점에서 복수는 국가에게 '폭력에 대한 합법적인 독점'을 부여하지 않고는 통제할 수 없다. 이러한 주장은 주로 국가의 대변인들이 전개한다. 하지만 다수의 역사학자들은 과연 복수를 통제할 수 없었던 것인지, 복수에 대한 대안이 일반적 설명만큼 제한적이었는지에 대해 의문을 제기하고 있다.

우리의 질문에 대하여 국가가 힘을 독점할 필요성이 있었다는 점에서 부분적이나마 해답을 찾을 수 있을 것 같다. 응보적 패러다임이 해결하려 했던 문제는 무엇인가? 그것은 국가권력의 합법성 확보와 통합 필요성이었을 것이다. 사회학자 루이스 코저Lewis Coser의 말을 빌면, 근대 국가는 '탐욕스러운 제도'다.31

어쨌든 패러다임은 전환되었다. 그러나 새로운 패러다임에서도 여러 가지 문제점이 드러났고, 따라서 다양한 방법과 조정이 소개되었지만 오늘날 역기능에 관한 인식은 고조되어 가기만 하고 있다. 그러면 과연 사법에서 새로운 패러다임이 가능할 것인가? 만약 가능하다면 그것은 과거로부터 도출될 수 있는가? 이에 대해서 기독교의 전통은 몇 가지 가능성을 제시하고 있다.

제8장

언약법 Covenant Justice : 성서적 대안

우리의 과거는 사법의 다른 모델로 공동체 사법을 제시하고 있다. 기독교인에게는 더 중요한 의미를 지닌 또 하나의 대안이 있는데 성서적 정의biblical justice가 그것이다.

성서적 정의와 응보적 정의가 상반된다는 설명은 다소 받아들이기 어려울 수 있다. 성서 중에 가장 자주 인용되는 구절이 바로 "눈에는 눈, 이에는 이"레위기 24:20. 출애굽기 21:24이기 때문이다. 다시 말해, 성서가 범죄에 대한 형벌로 정당한 응보를 명령하고 있다는 점이 너무나 분명해 보인다.

그러나 '눈에는 눈'이라는 '동해보복ex talionis; 同害報復' 원리에는 흔히 생각하는 것 이상의 숨은 뜻이 담겨 있다. 더구나, 결정적으로 동해보복이 성서적 정의를 지배하는 패러다임이 아니다.[32]

성서의 표현

범죄와 정의에 대해 성서는 어떻게 말하고 있는가? 이에 관해서 성서가 다양한 이야기를 하고 있는 것은 명백하다. 우리가 살고 있는 시대와 상황에서 모든 말이 동일한 의미를 지니는 것은 아니며, 때로는 상호모순 되는 것처럼 보이기도 한다.

모세 5경에서 발췌한 아래의 설명을 예로 들어 보자.33

자기 이웃에게 상처를 입혔으면, 피해자는 가해자가 입힌 만큼 그 가해자에게 상처를 입혀라. 부러뜨린 것은 부러뜨린 것으로, 눈은 눈으로, 이는 이로 갚아라. 상처를 입힌 사람은, 자기도 그만큼 상처를 받아야 한다. 레위기 24장 19~20절

한 백성끼리 앙심을 품거나 원수 갚는 일이 없도록 하여라. 다만 너는 너의 이웃을 네 몸처럼 사랑하여라. 나는 주다. 너희는 내가 세운 규례를 지켜라. 너는 가축 가운데서 서로 다른 종류끼리 교미시켜서는 안 된다. 밭에다가 서로 다른 두 종류의 씨앗을 함께 뿌려서는 안 된다. 서로 다른 두 가지의 재료를 섞어 짠 옷감으로 만든 옷을 입어서는 안 된다. 레위기 19장 18~19절

어떤 사람에게, 아버지의 말이나 어머니의 말을 전혀 듣지 않고, 반항만 하며, 고집이 세어서 아무리 타일러도 듣지 않는 아들이 있거든, 그 부모는 그 아들을 붙잡아, 그 성읍의 장로들이 있는 성문 위의 회관으로 데리고 가서, 그 성읍의 장로들에게 "우리의 아들이 반항만 하고, 고집이 세어서 우리의 말을 전혀 듣지 않습니다. 방탕한데다가 술만 마십니다"하고 호소하여라. 그러면 그 성읍의 모든 사람이 그를 돌로 쳐서 죽일 것이다. 이렇게 하여서, 너희 가운데서 악을 뿌리 뽑아야 한다. 그래

야만 온 이스라엘이 그 일을 듣고 두려워할 것이다. 신명기 21장 18~21절

그래서 그가 그런 죄를 짓고 유죄판결을 받으면, 그는, 자기가 강도질을 하여 훔친 물건이든, 강제로 빼앗아서 가진 물건이든, 맡고 있는 물건이든, 남이 잃어버린 물건을 가지고 있는 것이든, 거짓으로 증언하면서까지 자기의 것이라고 우긴 물건이든, 모두 물어내야 한다. 그는 이 모든 것을 모자람 없이 다 갚아야 할뿐 아니라, 물어내는 물건 값의 오분의 일에 해당하는 값을 보태어 본래의 임자에게 갚되, 속건제물을 바치는 날로 갚아야 한다. 레위기 6장 4~5절

너희는 소와 나귀에게 한 멍에를 메워 밭을 갈지 말아라. 신명기 22장 10절

주의 이름을 모독하는 사람은 반드시 사형에 처해야 한다. 온 회중이 그를 돌로 쳐 죽여야 한다. 주의 이름을 모독하는 사람은 이스라엘 사람은 말 할 것도 없고 외국 사람이라 하여도 절대로 살려 두어서는 안 된다. 레위기 24장 16절

응보를 강조하는 것 같은 구절도 있고, 회복을 강조하는 것 같은 구절도 있으며, 20세기적 사고에서 이해가 되는 부분이 있는가 하면 전혀 낯설거나 원시적인 부분도 있는 것 같다. 그러면 무엇을 어떻게 선택할 것인가? 어떻게 이해할 것인가?34

그리스도 자신이 '신약'은 구약을 대신한다고 밝히고 있다는 점에 착안해 성서를 신약으로만 해석하면 해석상의 문제를 줄일 수 있다는 시각이 있다.

신약이 일차적 기준이 된다는 점은 인정할 수밖에 없지만, 구약을 무시한다는 것은 신약의 배경과 뿌리가 되는 풍부한 자료를 버리는 것과 마찬가지다. 정의의 차원에서 인류를 향한 신의 의도를 완전히 이해하기 위해서는 구약을 진지하게 받아 들여야 한다. 우리 사회에서 구약이 빈번하게 인용된다는 이유만으로도 구약을 경시할 수는 없는 것이다.35

특히 구약을 읽을 때는 다른 세상의 글을 읽고 있음을 주의해야 한다. 즉, 성서의 배경이 된 시대는 오늘날과 시간적·지리적 측면에서 다를 뿐 아니라, 철학과 정치제도, 사회구조적 측면에서도 우리의 세상과는 다르다. 당연히 법도 다른 형태로 존재했고, 우리 시대와는 상당히 다른 목적을 가지고 있었으며, 전혀 다르게 집행되었다.36 유죄와 책임 같은 주제에 관한 근본적 가정조차도 현재와는 다르고 따라서 법과 사법의 개념도 다르다.

예컨대 유죄와 책임은 집합적인 개념이었다. 이점 때문에 특정한 범죄는 전체 사회를 더럽히는 것으로 인식되었던 것이며, 그와 같은 죄를 덜기 위해서 집합적이고 의식적인 속죄가 필요했다. 그리하여 일정한 범죄에 대한 구약적 대응은 희생적 성격을 가지고 있고, 그와 같은 성격은 우리에게 낯설게 느껴진다.

앞의 인용문에서 볼 수 있듯이 살인, 절도 등 법적 규율에 어울리는 것들과 그렇지 않은 것들예컨대, 농사, 음식, 의복, 혼인, 경배에 관한 규제이 혼재되어 있고, 종교적·이교적 차원을 가진 범죄 및 대응이 있는가 하면, 직설적인 것도 있다. 이런 이유로 레위기와 신명기의 법전이 우리에게는 다소 이상하게 보일 수도 있다.

이처럼 세상이 달라졌기 때문에 성서적특히 구약 명령과 당시의 사법절차를 오늘날의 상황에 적용하는 데는 여러 가지 문제가 생길 수 있으므로, 단순히 법을 선별해 끼워 맞추는 방식이 적절하다고 할 수 없을 뿐만 아니라, 고립된 개념을 떼어내어 철학적 기반이 다른 토양에 이식하는 방식도 옳다고 할 수 없다. 이러한 접근 방식은 성서의 골자를 왜곡할 수 있음을 인식해야 한다. 따라서 우선 근본적 원리와 의미를 이해한 후에 법과 정의 등의 개념을 이해해야 한다. 예수 그리스도의 말처럼, 법의 정신을 파악해야지 단순히 자구를 파악해서는 안 된다. 법의 정신을 파악 한 후에야 비로소 성서에서 정하는 개별 '법'을 이해해 오늘날에 적용할 수 있는 것이다.

여기서는 이와 같은 기본적 관점과 방향성을 해명하고자 한다. 여기서 히브리법의 기능과 형태, 내용, 집행 등을 상세히 분석하고자 하는 것은 아니고, 그 근본적인 방향성만을 간략히 스케치하고, 그에 따라 정의와 법의 관념을 살펴본 후에 범죄와 정의의 의미에 대해 몇 가지 결론을 도출하고자 한다.

법과 정의에 대한 성서적 사고를 잘 이해하기 위해서는 '샬롬shalom'과 '언약covenant'의 개념이 핵심적이다. 그 개념에서부터 시작해보자.

샬롬 : 통합적 비전

구약과 신약에서 전하는 핵심적 메시지는 히브리어 '샬롬'이라는 말로 표현된다. 신약에서 이에 상응하는 그리스어는 에이레네eirene이다. 샬롬은 단순한 주변적 주제가 아니라 다른 중요한 믿음의 중심이 되는 '핵심적 믿음'으로서 인류를 위한 하나님의 기본적 의미, 하나님의 비전을 함축하고 있는 말이다. 그러므로 구원, 속죄, 용서, 정의는 샬롬이라는 뿌리에서부터 이해해야 한다.

샬롬은 보통 '평안'이라고 번역되는데, 이 말은 샬롬의 한 가지 측면밖에 포섭하지 못하고, 그 진정한 함의를 제대로 전달하지 못한다. 샬롬이란 사물이 있어야 하는 대로 있는 '올바름'의 상태를 의미한다. 구약 연구의 권위자 페리 요더Perry Yoder에 의하면, 성서에서 말하는 샬롬에는 기본적으로 세 가지 차원 즉, 세 가지 차원에 서의 '올바름'이 있다고 한다.[37]

일반적으로 생각하는 것과 달리 샬롬은 물질적·신체적 상태나 상황을 의미한다. 하나님은 인간이 신체적으로 행복한 상태에서 살기를 원하고, 이러한 상태는 적어도 불편하지 않은 상태를 의미한다. 그러나 경우에 따라서는 번영과 풍요를 지칭하는 것으로 보이기도 한다. 어쨌든 예언가들이 선명하게 제시하는 미래의 비전은 건강하고 물질적으로 번영하는 동시에 질병, 가난, 전쟁 등 신체적 위협이 없는 세상이다.

샬롬의 두 번째 차원은 사회적 관계다. 하나님은 인간이 서로 간에 그리고 하나님과의 관계에서 올바른 관계를 맺기 원하는데, 샬롬으로 살아간다는 것은 사람들이 대립 없이그렇다고 해서 반드시 갈등이 없다는 말은 아니다 평화롭게 살아감을 의미한다.

성서는 여기에 정당한 경제적·정치적 관계를 형성하며 살아가는 것이 포함된다는 점을 분명히 밝히고 있다. 성서는 억압과 부정의가 샬롬에 반대되는 것으로서, 올바른 관계가 아니며, 있어서는 안 된다는 점을 거듭 밝히고 있다. 샬롬은 사람들 사이의 올바른 관계에 달려 있고 이것은 억압이 없음을 의미하므로 일부의 가난과 핍박이라는 결과를 낳는 물질적 조건과 힘의 현저한 불균형은 샬롬과 공존할 수 없다. 왜냐하면 샬롬은 사회 내 모든 구성원의 행복을 의미하기 때문이다. 그렇지 않으면 샬롬은 존재할 수 없다.

성서에서 사용되는 샬롬의 세 번째 차원은 도덕적 혹은 윤리적 영역에 관한 것이다. 페리 요더에 따르면, 이 차원의 샬롬은 '정직함straightforwardness'을 의미한다고 한다. 여기서 이 개념은 두 가지 역할을 수행한다고 한다. 우선 그것은 서로를 대하는 데 솔직함 또는 속임이 없음을 의미하고, 둘째로 죄나 잘못이 없는 것과 같은 결백함의 조건을 의미한다는 것이다. 즉 샬롬은 성실함의 조건, 즉 도덕적 완전성의 조건과 관련되는 것이다. 이 차원의 중요성에도 불구하고 성서에서는 가장 드물게 언급되는 부분에 속한다.

샬롬은 사물의 형상에 관한 하나님의 의도를 정의한다. 하나님은 사람들이 물질적인 세상에서 대인적·사회적·정치적 관계와 개인적 성격에서 '올바른' 상태로 살아가기를 원하신다. 사물이 있어야 하는 대로 있지 않으면 샬롬이 있을 수 없고, 샬롬의 부재不在는 구약의 예언가들이 하나님의 사람들에게 던지는 비판의 핵심이다. 또한 샬롬의 비전은 미래를 향한 희망과 약속을 형성한다. 지면의 제약 때문에 샬롬의 의미를 충분히 살펴볼 수는 없지만, 샬롬의 비전은 기독교 신앙에서 나타나는 여러 가지 기본적 개념의 근간을 이룰 뿐만 아니라, 성서에 나타난 하나님의 행동과 약속을 이해하는 데 도움이 된다.

샬롬은 구약적 사고의 기초를 형성하는 동시에 신약에서도 역시 중심적 기능을 수행한다. 신약을 쓴 사람들은 인간에게 전하는 하나님의 희소식을 정의하기 위해 '에이레네eirene'라는 말로 샬롬을 표현했다.38 '에이레네'는 샬롬과 마찬가지로 인간과 하나님 사이의 평화와 다양한 계층 간의 평화를 의미한다.

그리스도의 삶과 가르침 그리고 죽음은 샬롬적 삶의 패턴을 보여준다. 그의 삶과 죽음은 신과 인간의 관계, 그리고 사람들 사이의 관계를 전환시킨다. 요더에 의하면, "예수는 사람 사이에서, 사람과 하나님 사이에서 나아가 자연에서 사물이 있어야 하는 대로 있을 수 있게 하기 위해서 내려왔다."39 그래서 신약에서는 화해가 중요한 테마로 부상하지만, 하나님이 의도하는 '올바름'의 상태는 구약에서와 똑같은 물질적 또는 신체적 차원을 지속하고 있다.

언약covenant : 샬롬의 기초

성서에서 샬롬의 기초이자 기본적 모델은 언약 개념이다.40 고대 유대인이 동시대인과 구별된 특징으로 하나님이 사람들과 언약을 맺었다는 믿음을 꼽을 수 있다. 이러한 언약 개념은 법, 정의, 사회질서, 신앙, 희망 등의 개념이 형성되는 데 깊은 영향을 미쳤다. 이들의 법은 원래 주변 사회의 것과 유사했고 때로 차용하기도 했지만 언약에 의해 근본적으로 변화되었다.

성서에서 언약이란 두 당사자 사이에 체결된 구속력 있는 합의다. 언약은 당사자 사이의 개인적 관계를 전제하고 일정한 상호적 책임과 약속을 의미하는데, 기독교 신앙은 하나님과 인간의 언약, 즉 하나님의 공정한 구원 행위에 기초한 언약을 전제한다. 구약의 중심이 되는 구원은 해방 행위, 즉 출애굽이었다. 이러한 구원 행위는 하나님의 사랑으로 이루어진 것이지, 노력으로 획득했거나 그에 마땅한 자격이 있었기 때문에 이루어진 것이 아니다.

물론 출애굽기 하나만 해도 명확하지만, 구약의 이야기는 해방과 구원이 되풀이되는 과정이다. 예언가들은 이처럼 되풀이되는 해방을 하나님의 백성에 대한 언약의 일부로 보며, 비록 하나님의 백성이 언약에 내포된 백성의 책임을 어겨왔지만, 하나님은 원래의 약속에 충실할 것이라고 주장한다.

인간은 계속해서 하나님과의 언약을 보충하면서 관계를 바로잡아 샬롬의 조건을 만들어냈다. 그렇게 언약은 샬롬의 기초이자 모델이 되었다. 그러나 언약은 상호책임을 의미한다. 법과 정의의 개념은 사람들이 이러한 책임에 주의를 기울임으로써 샬롬을 이해하고 노력하는 방법을 제공하였다.

구약에서 언약의 패러다임과 샬롬적 비전의 기초를 제공한 근본적인 해방 행위는 이집트의 노예이던 이스라엘 민족의 이집트 탈출이다. 그리스도의 삶, 죽음, 부활로 표현되는 새로운 해방 행위는 함께 살아가는 새로운 방법, 즉 새로운 언약의 기초를 형성한다. 새로운 언약으로 이해되는 신약은 구약에서 비롯되었고, 구약과 동일한 샬롬과 언약의 개념을 유지하고 있지만 형태는 구약과 다르게 나타난다. 하나님과 사람 그리고 사람들 사이의 관계에서 새로운 날이 밝은 것이다. 그러나 구약에서와 마찬가지로 이 언약의 기초는 하나님의 구원과 해방 행위다. 이러한 하나님의 행위가 하나님과 사람 사이, 그리고 사람들사이의 상호책임을 의미하는 샬롬으로 함께 살아갈 수 있는 방법을 제공한다.

요컨대, 구약의 언약은 구원과 해방이라는 중심적 행위에 기초한다. 이 언약은 독자적 운영 원리를 가지고 샬롬을 향해 노력하는 새로운 사회의 기반을 마련했다. 신약의 언약도 구원과 해방이라는 근본적 행위에 기초한다. 그것 또한 독자적 운영 원리를 가진 새로운 공동체의 기초를 마련했으며, 이것이 이 땅 위에 하나님의 샬롬을 이룩할 수 있는 기초를 제공한다. 이처럼 언약은 구약에서나 신약에서나 샬롬의 토대가 되고 있다.

변혁의 힘, 샬롬과 언약

샬롬과 언약은 기독교 사회에서 법과 정의의 사상이 발전할 수 있는 변혁의 힘이라 할 수 있다. 히브리 민족도 사회가 발전할수록 다른 고대 근동 사회와 같은 요구와 압력에 직면하게 되는데, 예컨대 바빌로니아의 통치자 함무라비와 같이 히브리의 지도자도 성장과 도시화 그리고 전문화에 직면해 표준화와 통합의 필요성을 절감하게 된다. 이러한 과정에서 사용된 법 사법적 도구는 이스라엘에서나 다른 근동近東 왕국에서나 같은 형태와 근원을 가지게 마련이다. 하지만 히브리의 법과 정의 사상은 함무라비의 그것과는 본질적으로 달랐다. 바로 샬롬과 언약에 의해 변혁되었기 때문이다.

구약학자 밀라드 린드Millard Lind에 의하면, 함무라비 법전은 국가의 법전으로서 계급적이고 강제적이며 징벌적이고 백성과는 거리가 먼 강력한 국왕의 법전인 반면,41 히브리 법은 하나님이 모든 권한의 원천이며 국왕보다 우위라고 받아들였다. 그들에게 하나님은 인간적이고 진실하며 패자에 관심을 기울이고 삶의 일반적 조건에 관심을 기울이는 존재였다. 이러한 특징이 샬롬의 비전과 언약에 대한 믿음에 구현되었고, 이것이 법과 정의를 변혁하였다. 그 결과, 언약적 정의는 국가의 법과 뚜렷한 대조를 이룰 수밖에 없었다.

이러한 변혁의 개념도 중요한 의미가 있지만, 다른 차원의 의미도 가지고 있음을 유념할 필요가 있다. 인간의 이해는 언제나 불완전하기 때문에 하나님은 이를 감안해 시대적 한계이해와 비전의 한계 내에서 변혁을 추구하지만, 가끔은 울타리를 넘어 인간의 이해와 통찰을 넓히기도 한다. 그리하여 인간의 이해는 성서와 역사 속에서 발전을 거듭할 수 있었다. 이러한 과정의 일환으로서 그리스도는 언약에 관한 구약의 이해를 발전시킴과 동시에 그 형태를 변화시켰다.

즉, 샬롬과 언약은 법과 정의의 사상을 형성하는 변혁의 힘인 동시에 그 자체도 변혁의 대상이 되었던 것이다. 요컨대 변혁의 개념에는 여러 가지 차원이 있고, 린드는 이처럼 다차원적인 과정을 일컬어 '모세에서 예수까지 정의의 변혁'이라 부른다.

언약적 정의Covenant Justice

샬롬의 개념이 암시하는 것처럼, 성서에서 정의의 문제는 주변적인 것도 아니고, 무시하기로 선택할 수 있는 '선택 사항'도 아니다.42 정의는 샬롬적 관계와 관련되어 있고, 따라서 하나님의 본질과 실체, 그리고 인간의 의미에 대한 이해의 토대가 된다. 사실, 정의는 샬롬을 평가하는 하나의 기준이다.

그렇다면 정의라는 주제가 성서에 자주 반복되는 점이나, 하나님에게서 벗어나려고 하던 이스라엘인을 비난하던 예언가들이 하나님을 경배하지 않는 것과 버금가는 문제로 부정의를 지적한 것도 그다지 놀라운 일이 아니다.

히브리어에서 '정의'는 한 단어로 표현되지 못하고, '쩨다카sedeqah'와 '미슈파트mishpat'43 이라는 두 단어가 정의justice라는 뜻으로 해석된다. 둘 중 어느 하나로는 영어의 justice를 정확하게 설명해내지 못하지만, 양자 모두 올바름, '바른 자리매김', 즉 올바르게 만드는 것making things right과 관계가 있다. 정의를 이룬다는 것은 사물을 올바르게 만드는 것이고, 이스라엘 민족에 대한 언약의 역사는 그 모델이자 약속이요 결단이다. 결국 야훼와 이스라엘의 관계에서 정의正義의 의미가 도출되는 것이다. 성서적 정의는 샬롬의 비전에 뿌리를 두고 있고, 언약적 관계에서 하나님의 구원을 모델로 삼고 있는데, 하나님이 부정한 행위에 대처하는 방식에서 하나님의 정의를 엿볼 수 있는 중요한 자료를 얻을 수 있다.

그러면 하나님의 정의는 어떤 특징이 있는가?

그리스와 로마의 예에 따라 우리는 정의의 영역을 '사회적 정의' 또는 '분배적 정의'와 '형사적 정의' 또는 '응보적 정의'로 구분하는 경향이 있다. 부와 권력의 분배와 관련된 부정행위는 사회적 또는 분배적 정의의 문제라고 하고, 범죄로 정의되는 부정행위는 응보적 정의의 영역에 속한다고 생각한다. 분배적 정의는 달성하기 어려운 요원한 목표라고 이해하지만, 응보적 정의는 적극적으로 추구하는 경향이 있다. 다시 말해 우리는 정의의 영역을 분리할 수 있고, 각 영역을 서로 다르게 취급할 수 있다고 받아들인다.

성서적 정의는 좀 더 통합적이어서 양쪽 반구를 똑같이 전체의 일부로 본다. 어느 쪽이든 부정의가 있으면 샬롬이 훼손된 것으로 여긴다. 어느 하나가 다른 하나를 억압하거나 공격하는 것 모두 샬롬에 반하는 것이다. 즉, 정의는 구별되고 분리될 수 있는 성질이 아니라는 것이다.

응보적 정의와 분배적 정의의 영역이 서로 다른 규칙에 의해 규율되는 것은 사실이지만, 양자 모두 사람들이 받아 마땅한 것을 받는 공정한 보상과 배분과 관계된다. 그러므로 응보적 정의든 분배적 정의든 응분應分이라고 하는 상호성의 원리에 기초하고 있다고 할 수 있다. 상호성의 원리는 불균형을 바로잡아야 하는 추상적인 도덕적 질서를 암시할 뿐 아니라, 정의가 응분의 대가 혹은 노력의 대가여야 함을 의미한다. 말하자면, 분배적 정의는 응당한 몫을 노력으로 얻어야 한다고 보는데, 응보적 정의의 관심도 이와 마찬가지로 응분의 형벌을 받도록 하는 데 중심을 둔다.

성서는 이와 같은 맞대응식 정의의 자리를 어느 정도 인정하지만, 그 강조점은 조금 다르다. 맞대응식 정의는 샬롬의 정의로 조율되어야 하고, 샬롬의 정의는 하나님의 구원과 같이 가치가 아니라 필요성에 관심을 기울인다.

성서는 법적인 맞대응식tit-for-tat 정의를 궁극적으로 거부한다. 이런 사실은 법률로서 강제되거나 인식된 결과가 결국은 실행되지 않는 예에서 찾아볼 수 있다. 카인이 살인을 저질렀으므로 사형을 당해 마땅했을지라도 하나님은 사형을 거부했다. 선지자 호세아의 아내가 간통을 저질렀을 때에도, 당시 간통은 죽어 마땅한 죄였지만 하나님께서는 사형을 거부하셨다. 신약의 포도원 품꾼44 이야기에서도 응분의 대가를 거부하고 있음을 확인할 수 있다. 맞대응식 정의에서 기대되는 것과 달리 정오에 일을 시작한 품꾼도 아침에 시작한 품꾼과 똑같은 품삯을 받는다.

　무엇보다도 응분의 대가에 대한 거부는 샬롬적 정의의 모범을 보이기 위한 하나님 자신의 행동으로 증명되는데, 되풀이되는 부정행위에도 불구하고 하나님은 이스라엘을 포기하지 않았다.

　우리는 사랑과 자비가 정의와 무관하거나 정의와 반대된다고 생각하는 경향이 있다. 판사는 형을 선고하고, 자비를 베풀어 형을 감경減輕한다. 그러나 성서적 정의는 사랑에서 비롯된다. 이 같은 정의는 사물을 바로잡고자 하는 사랑의 행위다. 즉 사랑과 정의는 반대되거나 충돌하는 관계가 아니라, 오히려 사랑이 사물을 바로잡고자 하는 정의의 원천이다.

　이쯤에서 서양의 낭만적이고 감성적인 사랑의 관념 때문에 사랑을 행동의 원천으로 이해하기 어려워진다는 점을 지적할 필요가 있겠다. 성서에서 말하는 사랑의 관념은 감정을 배제하지 않는다. 예수 그리스도 역시 증오의 감정이 행동 못지않게 심각한 문제임을 분명히 하고 있다. 그러나 사랑은 감상적인 정서로 정의되지는 않는다. 오히려 사랑은 타인의 행복을 돌봐주는 의식적 행위로 이해된다. 성서에서 사랑을 말할 때 사용되는 단어들은 감정 이상의 행동과 의지를 함축하고 있다.

　성서적 정의는 사물을 바로잡고자 하며, 해방에 방점을 찍는다. 하나님은 물질적으로, 사회적으로, 정서적으로 억압받는 자를 해방함으로써 잘못된 것을 바로잡고자 한다. 결국 정의는 해방 행위다. 해방은 가치있기 때문이 아니라 필요하기 때문에 일어난다.

로마제국에서 차용되어 프랑스 혁명에 의해 법제화된 정의의 이미지는 눈을 가린 채로 저울의 균형을 유지하는 여신의 이미지다. 정의는 모든 사람을 치우침 없이 평등하게 취급한다. 그러나 다른 것을 같게 취급하는 것이 진정한 정의인가? 그렇다면 불평등을 영속화하는 결과에 이르지 않는가? 성서적 정의는 잘못된 상황을 바로잡는 것을 의미하고, 이것은 불평등한 자의 해방을 의미한다. 확실히 성서적 정의는 억압받고 가난한 자의 요구와 불이익을 인식하며 가난한 자의 편에 서 있다. 다시 말해, 성서적 정의의 이미지는 눈을 뜨고 필요한 자에게 손을 뻗고 있다.

성서적 정의는 상황의 개선을 추구하기 때문에 정의는 현상現狀을 유지하도록 설계되어 있지 않다. 오히려 현상을 뒤흔들고 개선하여 샬롬에 다가서려고 한다. 물론 샬롬을 향한 움직임을 모든 사람이 환영하는 것은 아니다. 억압자에게는 상당히 좋지 않은 일일 것이기 때문이다. 이 역시 현재의 질서가 부당한 경우에도 '질서'를 유지함으로써 현상을 유지하려고 하는 근대적 정의와 대비된다.

성서의 시각에서 정의는 정당한 규칙을 정당하게 적용했느냐에 따라 평가되는 것이 아니라, 결과로서 평가된다. 나무는 과실에 의해서 평가된다는 것이다.[45] 다시 말해 정의正義를 정의定義하는 것은 내용이지 절차가 아니고, 그 평가의 리트머스지는 가난하고 억압받는 자가 어떤 영향을 받느냐이다.

성서 시대의 사법 집행은 필연적으로 불완전할 수밖에 없었지만 언약법의 전제를 구체화하고 있었다.[46] 부정이 행해지면, 시민이 참여하는 '민회 legal assembly'에서 정의를 구했다고 한다. 때로 '화해 조직'이라고 불리기도

하던 민회의 목적은 추상적인 정의 관념을 만족시키는 것이 아니라 문제를 해결하는데 있었다. 그 결론은 보통 손해배상과 보상으로 이어졌는데, 여기서 판결에 해당하는 용어는 화해로도 번역될 수 있다. 앞에서 인용한 레위기 6장에서도 손실의 보전과 추가적인 보상을 요구했다는 특징을 발견할 수 있다. 출애굽기 18장에서 모세가 설치한 재판 시스템도 승자와 패자를 확인하기 위한 것이 아니라 '모든 백성이 자기 가정으로 평안히(즉, 샬롬으로; 23절)' 가게 하는 것이 목적이었다.

이와 같은 점에 비추어볼 때, 되갚음paying back; *shillum*과 보답recompense; *shillem*이라는 두 단어의 어원이 모두 샬롬shalom이라는 것은 그다지 놀라운 일은 아니다. 원상회복restitution은 잘못 된 것을 바로잡는 여러 방법 중의 하나이다. 때로 응보retribution로 번역되기도 하지만, 보복이 아니라 만족을 의미하는 보답이 도덕적 옹호를 제공하였다. 양자 모두 샬롬의 회복과 관계가 있었다.47

범죄 행위는 사람과 샬롬에 대한 잘못으로 이해되었고 사법 절차는 화해의 절차로 이해되었는데, 미가서 6장에서 이러한 모델을 찾아볼 수 있다. 이스라엘 백성들이 언약을 깨뜨리고 하나님의 뜻을 거역하자, 예언자 미가를 통해 하나님의 노여움과 그 잘못에 대한 결과가 마치 하나님과 이스라엘 백성 사이의 소송과 같은 모습으로 그려진다. 이 모든 과정에도 불구하고, 하나님은 포기하지 않는다. 미가서 7장 18절은 이러한 '하나님의 정의'를 증명하고 있다.

"주님 같으신 하나님이 또 어디에 있겠습니까. 주께서는 죄악을 사유하시며 살아남은 주의 백성의 죄를 용서하십니다. … 그 노여움을 언제까

지나 품고 계시지는 않고, 기꺼이 한결같은 사랑을 베푸십니다."

이와 같은 예에서 볼 수 있듯이, 구약에서는 응보도 주된 관심사 중 하나였지만 하나님의 형벌은 샬롬의 맥락에서 이루어지고 있다. 형벌은 사람들이 인식하는 것처럼 정의를 이루는 사법의 끝이 아니다. 그것은 회복에 목적을 두고 있고, 억압자의 힘을 타파하는 데, 즉 억압받는 자를 '옹호'하는 데 목적을 두고 있으며, 이러한 샬롬의 맥락은 응보적 잠재성을 제한하는 역할을 한다.

이와 마찬가지로, 형벌은 보통 사랑과 공동체의 맥락에서 이루어지는 것으로 이해되었다. 즉, 형벌은 언약의 재확인을 수반했는데, 이것은 형벌이 공정하고 마땅한 것으로 간주될 수 있었음을 의미한다. 또한 형벌은 영속적인 소외가 아니라 궁극적 화해와 회복의 가능성을 열어두고 있었으므로, 회복적인 것이지 파괴적인 것이 아니었다. 형벌이 끝이 아니었으므로 샬롬은 응보적 정의의 작동을 제어하는 근거가 되어왔다.

확실히 성서적 정의는 유죄를 확정하고 그에 상응하는 형벌을 결정하기 위해 부정한 행위를 수사학적으로 파헤치는 과정이 아니었다. 오히려 그것은 잘못을 바로잡고 행복을 도출해낼 수 있는 해법을 발견하기 위한 시도였다.

언약법Covenant Law

성서적 정의는 합법성보다 실제적 면을 훨씬 중시하며, 잘못을 규칙이나 법률의 위반으로 인식하지 않고, 정의를 규칙의 올바른 적용으로 보지 않는다.

우리의 시각에서는 약간 문제가 있어 보인다. 우리는 법이 정의와 질서를 보장하는 것으로 인식하기 때문에 범죄를 법 위반으로 보고 정의를 법의 적용으로 본다. 그러나 성서는 그렇지 않다.

가장 특징적이지는 않더라도 율법 중에서 가장 유명한 십계명은 법의 성질과 기능을 파악할 수 있는 창을 제공해 준다. 우리는 율법을 우리의 법적 시각에서 해석하기 때문에 그것을 명령으로, 즉 금지로 파악한다. 적어도 일차적으로는 그렇게 본다. "이렇게 하라. 그렇지 않으면 …." 그러나 이 율법은 장래에 대한 지시로도 볼 수 있다.

즉, 십계명은 다른 율법과 마찬가지로 권유이자 약속과 같다. "올바른 삶을 살고자 한다면, 인생은 이런 것이다. 사람을 죽이지 말고, 남의 물건을 훔치지 말고 …." 십계명과 모세 5경 전체는 언약 안에서, 샬롬 안에서 살아가는 패턴을 제시하려는 것이다.48

따라서 모세 5경은 샬롬으로 살아가는 구약의 패턴이다. 이것의 일차적 성격을 명령 즉, 깨뜨려서는 안 되는 규칙으로 보는 것은 잘못이다. 그것은 약속이요, 권유이자 삶의 방향에 관한 예시다.

모세 5경이 공동체적 삶에 관한 구약의 패턴이라면, 산상수훈은 신약이 제시하는 삶의 패턴이다. 다시 말해 산상수훈을 명령이나 금지로 이해하면 그 가르침을 정확하게 파악할 수 없다. 그것은 모세 5경과 같이 권유이자 샬롬의 패턴이다. 양자는 규칙이라기보다 샬롬으로 살아가는 삶의 모습이다.

따라서 성서에 나타나는 언약법은 삶의 방향을 제시하고 있다. 토라Torah 모세 5경는 가르침Teaching으로 해석되고, 이야기와 방향 제시 또는 'halara', 즉 가야 할 길을 포함하는 개념이다. 법의 엄격성과 최종적 권위에 관한 오늘날의 관점에서 본다면, 이스라엘인들이 법에 대해 의문을 제기하고 논쟁을 벌이던 과정에 놀라지 않을 수 없다. 그들에게 법은 도덕적 원리를 가르치기 위한 수단일 뿐만 아니라, 토론의 출발점이 되었다. 마틴 부버Martin Buber는 그의 독일어 번역본 성서에서 '현명한 가르침wise indication'이라는 말로써 이러한 언약법의 정신을 잘 표현하고 있다. '언약법'은 방향성을 제시하고 이를 위해 원리를 세우고 있지만, 그 원리 자체도 토론의 대상이 되는 것으로 예정되어 있다.

성서의 언약법은 수단이지 목적 그 자체가 아니다. 최선의 법은 불문법이다. 중요한 것은 법의 문자가 아니라 법의 정신이다. 모세 5경의 출발점도 애초에는 그러했지만, 시간이 지날수록 엄격성을 더해 갔다. 그리스도가 그토록 거부했던 것이 바로 이런 율법주의와 엄격성이다. 이런 시각에서 보면, 구약에서 법의 문자가 아니라 법의 정신이 집행되었던 이유를 이해할 수 있다. 예수가 지적했듯이, **법이 사람을 위해 만들어진 것이지 사람이 법을 위해 만들어진 것이 아니다.** 현명한 가르침을 내면화하고, 법의 취지를 따라야 한다는 의미다.

성서는 다양한 주제에 관한 법을 상세히 진술하고 있다. 우리는 이를 오늘날 법의 관점에서 이를 법률과 같이 해석하는 경향이 있다.49 그러나 이들 대부분은 과거의 사법적 기준으로서 다른 상황에서도 적용될 수 있는 원리를 발견하는 지침으로 제시되는 것이다. 다시 강조하지만, 이들은 현명한 가르침이지 행동 규칙이 아니다. 즉, 분쟁 해결에 사용되는 원리를 제공하는 것이지 유죄를 확정하거나 형벌을 부과하기 위한 기초를 제공하는 것이 아니다.

법은 수단이지 목적이 아니었다. 법은 샬롬을 구축하고 올바른 관계를 형성하기 위한 도구였다. 결국 법의 특징적 목적은 처벌이 아니라 회복이고, 잘못을 바로잡는 것이었다.

고대 이스라엘 시대의 법전은 공동체법과 국가법의 요소가 결합되어 있었지만,50 궁극적으로는 함무라비 법전처럼 오늘날의 법과 같이 국가의 강제력에 기초한 비개인적인 법이었다. 그러나 성서에 나타나는 언약법은 하나님의 해방 행위에 대한 응답으로서의 복종이지, 국가적 강제에 대한 복종이 아니다. 더욱이 법적 권력과 정치적 권력이 하나님에게 종속되어 있었다. 법은 자율적인 것이 아니었고, 법의 형성이나 집행이 국가에 집중되어 있지도 않았다. 이스라엘은 왕정 형태를 채택하기는 했지만 법은 왕정 중심으로 재편되지 않았고, 따라서 법의 집행은 여전히 지방 법원과 부족에게 맡겨져 있었다.

이러한 언약법의 형태는 언약적 기초와 회복 중심성을 반영한다. 언약법은 보통 하나님이 어떤 일을 하셨다는 것을 먼저 진술하고, 그에 대한 적절한 대응으로 진행된다. 즉, 법의 진술은 '하나님은 해방과 구원을 행했다. 그러므로, … 이 적절한 대응이다' 같은 형식의 '동기 조항'으로 시작된다. 예컨대, 노예에 관해 신명기에 나타난 법을 보면 이러한 동기 조항이 결합되어 있는 모습을 볼 수 있다.

너는 기억하라. 네가 애굽 땅에서 종이 되었더니 너의 하나님이 너를 구원해 주셨나니, 그러므로 너에게 명한다.

이와 마찬가지로, 십계명은 하나님의 해방 행위의 암시를 따른다. 신명기 5장 15절 이러한 동기 조항은 구약법의 특징이지만,51 이와 같은 " … 그러므로" 형식은 바울에 의해 신약에서도 사용되고 있다. 동기 조항, 즉 " … 그러므로" 형식은 언약의 관념에 뿌리를 두고 있고, 이 형식 자체로서 언약을 재확인하는 것이다. 법은 응분의 대가가 아니라 사랑으로 행한 하나님의 해방 행위에 기초하는 것이었다. 하나님이 우리를 위해 이렇게 행하셨으므로, 우리는 이렇게 응답해야 한다는 도식이다. 그렇다면 이 패턴은 법에 의해 구현되는 은혜라 할 수 있다. 법의 형태는 우리의 책임뿐만 아니라 바로 하나님의 회복 행위의 이유를 진술하고 있는 것이다. 구약에서 신약에 이르기까지 성서가 말하고자 하는 진정한 의미는 "하나님은 포기하지 않으신다. 하나님처럼 차별 없는 사랑, 대가 없는 사랑, 용서, 자비를 실천 할 때 우리는 비로소 '온전'해 질 수 있다."는 것이다.

위에서 언급한 것처럼 '눈에는 눈'이라는 구절은 보통 성서 언약법의 응보적 '맞대응식' 성격을 단적으로 표현하는 것으로 받아들여지고 있다. 그러나 이 구절은 구약에서 세 번밖에 발견되지 않는다. 신약에서 그리스도는 이를 구체적으로 거부하고 있다: "'눈에는 눈 이에는 이'라는 것을 너희가 들었으나, 너희를 해한 자를 선하게 대하라."마태복음 5장 38-39절 축약 이 말씀이 구약법과 정면으로 배치되는가?

"눈에는 눈"은 복수를 제한하려는 의도로 비례성의 원리를 표현한 것 이지, 복수를 조장하려는 의도가 아니다. 즉, 그것은 원래의 피해보다 더 파괴적인 보복을 제한하려는 목적을 가지고 있다. 따라서 이 원리는 원상회복의 기초를 설정하는 것으로서 잘못에 대한 비례성의 원리를 말하는 것이다. 그러므로 '눈에는 눈'의 초점은 응보가 아니라 한계 내지 비례성이다. 그러나 여기서 그치는 것이 아니다. 언약의 맥락에서 이 공통의 원리는 해방에 중점을 두는 동시에 형평성을 확립한다.

레위기 24장에는 '눈에는 눈' 원리가 몇 가지 형태의 시적 표현으로 나타나 있다. 그 바로 다음에는 토착민이든 이방인이든 모든 사람에게 적용되는 기준이 있어야 한다는 훈계가 발견된다. 이방인은 보통 소외되고 억압받는 사람들이다. 하나님은 이스라엘인들이 한때 이방인이었고, 이를 구한 것은 하나님의 구원이었음을 계속해서 상기시킨다. 결국 이방인을 보살펴야 한다는 말이다. 그렇다면, '눈에는 눈'과 같은 표지판은 모든 사람들이 똑같이 취급되어야 한다는 사고방식을 확립했던 것이라 할 것이다.

구약이 보복이라는 동기를 인식하고 있는 것은 사실이지만, 언약법은 그 한계를 설정하려고 했다. 그와 같은 한계 중의 하나가 '탈리오lex talionis', 즉 비례성이었고,52 다른 하나가 피난처였다. 신명기 19장은 고의 없이 살인을 저지른 자들이 도망해 안전하게 마음을 가라앉히고 협상을 수행할 수 있는 성소의 설치를 강제하고 있다.

성서적 패러다임

이러한 내용을 미루어볼 때, 구약을 포함한 성서적 정의의 패러다임이 응보에 기초하지 않고 있음을 시사한다. 문제의 열쇠는 '눈에는 눈'에 있는 것이 아니라 동기 조항에 있다. 잘못에 대한 하나님 자신의 대응이 규범이다. 잘못에 직면했을 때 하나님은 노여워 한다거나 분노한다는 등 인간의 용어로 설명되어 있다. 그러나 분노wrath와 노여움anger으로 번역되는 말aph, anaph, naqam의 어원은 흥분, 센 콧김, 심호흡 등의 숨은 뜻을 내포하고 있다. 그래서 하나님도 노여워하고, 때로 형벌을 내리는 존재로 이해되기도 하는 것이다.53

그러나 여기서도 번역에 주의를 기울여야 한다. 히브리어 학자에 의하면, 응보와 형벌로 번역되는 몇 가지 어근은 억제, 가르침, 바로잡음과 같은 뜻도 가지고 있다고 한다. 형벌의 개념이 있을 수도 있지만, 영어의 그것과는 함의가 다르다.54 더욱이 바울은 로마서 12장 19절에서 구약을 인용하면서, 형벌이 하나님의 일이고 인간의 일이 아님을 되새기고 있다.

이러한 함의는 응징자로서의 하나님과 노여움에 인색하고 사랑으로 충만한 하나님 사이의 모순을 이해하는 데 도움이 된다. 예컨대, 출애굽기 34장 6절; 민수기 14장 18절 하나님은 응징하지만 신의를 지킨다. 이스라엘은 계속해서 잘못을 저질렀고 하나님은 노여워하지만, 끝까지 포기하지 않는다. 다시 말해, 하나님은 분노를 지나 회복을 향해 나아간다. 응보가 샬롬에 종속된다는 사실은 결국 응보적 정의를 완화하고 제한한다는 의미다.55 하나님의 정의의 이러한 특징은 레위기 26장이나 신명기 4장과 같은 곳에서 극적으로 증명되고 있는데, 여기서 이스라엘인들에게 그들의 잘못에 대한 끔찍한 결과를 설명하면서도 결국 하나님은 포기하지 않는다는 약속으로 끝을 맺는다. 하나님은 신의와 동정의 하나님이기 때문에 그들을 파멸시키지 않는다.

신약에서 그리스도는 잘못에 대한 회복적 대응을 더욱 분명히 밝히고 있다. 그러나 이것은 구약의 방향을 급진적으로 파괴한 것도, 구약의 전체적 취지를 거부하는 것도 아니다. 오히려 그것은 계속해서 변모하는 정의의 모습을 보여주는 것이다. 성서는 살인 이야기로 시작된다. 여기서 성서는 무제한적 보복이 일반적인 인간의 대응임을 직시한다. 창세기 4장은 일곱 배의 칠십 배, 즉 끝이 없는 보복을 의미하는 '라멕법law of Lamech' 56을 표현하고 있다.57 그러나 오래지 않아 복수가 제한된다. 최초의 살인 사건인 카인의 경우에는 죽음에 관한 '통상'의 대응이 적용되지 않지만, 레위기에서는 '눈에는 눈'이라는 한계와 비례성의 원리를 찾을 수 있다.

여기에는 또 하나의 한계가 내포되어 있다. 즉, 네 이웃을 사랑하라. 네

형제와 자매에게 복수하지 말라. 벤 레더콥Vern Redekop은 레위기 19장 17–18
절을 이렇게 해석하고 있다.

> 너는 네 형제를 마음으로 미워하지 말며, 이웃이 잘못을 하면 반드시
> 그를 타일러야 한다. 부정한 행동죄악으로 넋을 잃지 않도록 하라. 원수
> 를 갚지 말며 동포를 원망하지 말며 이웃 사랑하기를 네 몸과 같이 하
> 라! 나는 여호와니라!58

샬롬은 잘못이 있으나 없으나 서로를 보살필 때에만 가능하다. 예수 그
리스도는 그 적용의 깊이와 범위를 확장시킨다. 착한 사마리아인의 이야기
는 이웃이란 단지 무엇인가를 같이 나누는 비슷한 부류의 사람만 해당되는
것이 아니라는 점을 알려주는데, 우리는 우리에게 해를 입힌 사람에게까지
도 선을 베풀어야 할 책임을 진다는 것이다. 라멕법의 무제한적 보복도, 탈
리오의 제한적 보복도 아닌 무제한적 사랑이어야 한다. 아마도 예수 그리스
도가 7의 70배라는 상상을 초월하는 숫자를 적용한 것도 우연은 아닐 것이
다. 무제한적 복수에서부터 한 바퀴를 돌아 무제한적 사랑이라는 원점으로
회귀한다.

가치와 무관하게 억압으로부터 해방하신 구원의 하나님은 분노에는 제
한적이지만, 사랑에는 무제한적이다. 신명기의 시적 표현을 빌면 '수천 세대에 이르도
록' 무제한적이다 하나님을 본받아야 할 점은 무제한적 사랑이지 분노가 아니
다. 동기 조항도 모범이 되는 조항일 뿐이다.59 동기 조항은 이와 같은 언약
법의 본질을 잘 포착하고 있다. 즉, 응보가 아니라 회복이 패러다임이다. 제
2부60에서 나는 오늘날의 응보주의적 사법 모델의 토대가 되는 기본적 가정

을 간단히 살펴보았다. 그러면 이들 가정이 성서의 '잣대'에 얼마나 들어맞을까? 다음에서 성서적 사법과 현대적 사법의 가정을 비교해 보자.

현대적 사법과 성서적 사법의 개념

현대적 사법	성서적 사법
1. 사법은 몇 개의 분야로 분리, 각 분야별로 상이한 규칙 적용	1. 사법은 전체로서 통합된 것
2. 사법 집행은 죄책 조사	2. 사법 집행은 해법 탐색
3. 정의는 규칙과 절차로 평가	3. 정의는 결과와 내용으로 평가
4. 고통 부과 중심	4. 잘못을 바로잡는 일이 중심
5. 형벌이 목적	5. 형벌은 회복, 샬롬의 맥락
6. 응당한 대가에 기초한 보상, 응분	6. 필요성에 기초한 정의, 비응분
7. 정의는 자비에 반대	7. 정의는 자비와 사랑에 기초
8. 정의는 중립, 평등한 취급 요구	8. 정의는 공정한 치우침
9. 정의는 현상 유지	9. 정의는 능동적, 진보적, 현상 변혁 추구
10. 죄책과 추상적 원리 중심	10. 발생된 해악 중심
11. 잘못은 규칙 위반	11. 잘못은 사람, 관계, 샬롬 침해
12. 죄책은 용서 불가	12. 유죄는 의무를 통해 용서 가능
13. '죄인'과 타인 차별	13. 우리가 '죄인'임을 인식
14. 개인책임, 사회정치적맥락은 무관	14. 개인 책임, 그러나 전체론적 맥락
15. 자유의지에 의한 행위	15. 선택에 의한 행위 그러나 악의 힘을 인식
16. 법은 금지와 억제	16. 법은 '현명한 가르침', 논의의 대상
17. 법의 문언 중심	17. 법의 정신이 가장 중요
18. 피해자는 국가	18. 피해자는 사람, 샬롬
19. 사법은 사람(의인)과 사람(죄인)을 나누는 역할	19. 사법은 사람들을 통합하는 역할

무엇보다도 우리의 사법 시스템은 유죄 판단을 위한 시스템이다. 따라서 그것은 과거의 행위에 집중한다. 성서적 사법 모델은 문제를 해결하기 위해 해법을 찾고 잘못을 바로잡는 미래 지향적인 사법이다.

오늘날의 사법은 '정당한 응보just desert'를 치르게 하기 위해 집행되지만, 성서적 사법 모델은 필요에 따라 집행되며, 흔히 악을 선으로 돌려준다. 성서적 사법 모델은 샬롬이 깨졌기 때문에 집행되는 것이지, 응분의 대가로서 집행되는 것은 아니다.

유죄가 확정된 후에 우리가 보이는 첫 번째, 그리고 유일한 반응은 형벌로서 가해자에게 고통을 가하는 것이다. 일단 고통을 가하면 사법 절차의 목적이 달성된다. 그러나 언약법에서 형벌은 궁극적 회복을 향한 수단이지 목적 그 자체가 아니다. 더욱이 형벌은 일차적으로 하나님이 관장하는 일이다. 성서적 사법 모델의 일차적 초점은 필요한 사람에게 도움을 줌으로써 사물을 바로잡고 샬롬을 건설하는 것이다.

오늘날 사법은 적절한 절차를 준수했는지의 여부로 평가된다. 성서적 또는 '쩨다카sedeqah적' 사법은 내용으로, 결과로, 그 열매로 평가된다. 그래서 '잘못을 바로잡는 데 효용이 있는가? 가난한 자와 힘없는 자를 위해 잘못왜 곡된 구조와 상황 포함이 바로잡혔는가?'라는 물음을 던진다. 성서적 사법 모델은 올바른 규칙이 아니라 올바른 관계를 중요시한다.

우리의 법률 시스템은 범죄를 법위반으로 정의하고, 국가를 피해자로 정의한다. 그러나 성서에서 잘못은 규칙 위반이 아니라 올바른 관계의 침해를 의미한다. 공공의 규칙이나 국가 또는 도덕적 질서가 아니라 사람과 관계가 피해자가 되는 것이다.

결국 성서적 사법의 전제는 오늘날의 사법의 전제와 상당히 다르다. 그러나 근대 사법 제도에 대한 비판은 제2부에서 살펴본 것만으로 그치지 않는다. 성서적 사법은 '범죄' 문제와 빈곤·권력의 문제를 분리하도록 용인하지 않는다. 정의는 전체로서 하나이지 지엽적으로 이해될 수 있는 것이 아니라는 말이다. 사기를 저질렀거나 환경파괴로 사람을 해한 기업은 살인자가 그런 것처럼 자기 행위에 대한 책임을 져야 한다. 더욱이 범죄의 사회적 맥락과 배경이 고려되어야 한다. 범죄 행위나 행위자는 사회적 상황과 별개로 이해될 수 있는 것이 아니기 때문이다. 부당한 법은 어떤 것이든지 거부해야 한다.

오늘날의 사법은 중립적이고 치우침 없는 상태를 추구하여 모든 사람을 평등하게 취급하려하고 질서유지를 중시한다. 그리고 형사 정의와 사회 정의의 문제를 분리하기 때문에 그것이 유지하려고 하는 질서는 현재의 질서, 즉 현상現狀이다. 그래서 현대의 법은 보수적인 힘으로 작용한다. 반면에 성서적 사법은 더욱 정당한 질서를 향해 현재의 질서를 변혁하는 능동적이고 진보적인 힘이다. 여기서 가난한 자와 약한 자를 특별히 보살핀다.

오늘날의 사법은 국가와 그 강제력을 법의 원천이요 수호자요 집행자로서 중심에 두지만, 성서적 사법은 사람과 관계를 중심에 두고, 법과 정부를 하나님의 하위에 둔다.

그 결과 성서적 사법은 국가 중심적이고 응보적인 접근 방식을 통렬하게 비판하는 대안적 패러다임을 제공한다.

역사적 단절

이처럼 성서적 정의는 일반적인 상식과 달리 주로 회복적인 것이지 응보적인 것이 아니다. 이것이 사실이라면, 그와 같은 오해는 어디서 비롯된 것인가? 어떻게 회복적 정의가 응보적 정의에 압도된 것인가? 하는 의문을 가지지 않을 수 없다.

어떤 사람들은 성서의 사상과 그리스 로마의 사상이 혼합되어서 발생된 '역사적 단절'에서 그러한 오해의 발단을 찾기도 한다.[61] 그들에 따르면, 언약과 샬롬의 맥락에서 구체적인 의미를 가지고 있던 '탈리오'법과 같은 개념이 더 응보적이고 추상적인 그리스 로마의 철학과 접목되면서, 응보와 형벌의 관념은 샬롬에 두고 있던 기반을 상실하고 회복적 정의의 맥락이나 목적과 동떨어져 그 자체로서 목적이 되었다고 한다. 추상적 원리와 이상에 대한 그리스 로마의 이해관계가 언약법의 정신과 대조적인 정의와 응분의 대가라는 관념을 추상화하게 되었고, 따라서 원래의 중심을 상실하고 오늘날과 같이 변질되었으며, 결과적으로 혼합된 새로운 관점이 성서에 뿌리를 두는 것으로 보이게 되었다는 것이다.

이렇게 되자 사람들은 그와 같은 렌즈를 통해서 성서를 되돌아보고, 그 관점에서 성서 구절을 해석하게 되었을 것이다. 엄격한 법, 유죄, 형벌, 그리고 비난을 강조하는 응보적인 사고방식에서 그와 같은 주제를 찾아내기는 그다지 어려운 일이 아니었을 것이고, 더 중요한 회복의 이야기도 쉽게 간과했을 것이다.

성서의 중심이 되는 사건, 즉 속죄에 관한 우리의 이해는 그 적절한 예다. 페리 요더Perry Yoder에 의하면 성서 자체는 속죄즉, 그리스도의 죽음에 관해 발전된 이론을 제시하지 않는다고 한다.[62] 오히려 성서는 일련의 이미지와 은유 그리고 통찰을 제시하고, 이것을 신학자들이 여러 가지 해석을 만들어내는 데 사용한다는 것이다.

왜 예수 그리스도가 죽었으며, 왜 한 사람의 죽음이 타인들의 죄를 '속죄'

할 수 있는가는 중심적인 문제로 다루어져 왔다. 이 질문에 대한 대답으로 개발된 이론들은 로마식 사법의 관점에서 성서를 해석하는 경향이 있다. 예컨대, 속죄 이론 중에는 하나님을 노여운 심판자로 보고, 이 노여움을 진정시킬 필요가 있다고 이해하는 입장이 있다. 즉, 사람들은 죄인이고 하나님을 성나게 했으므로, 규범적인 형벌을 받아 마땅하고 죄를 씻을_{원상회복할} 방법은 없다. 하나님이 이 죄를 쉽게 용서한다면 그것은 응보적 사법의 실패를 의미하므로 쉽게 용서할 수는 없다. 따라서 사람들은 빚을 지게 되고, 예수 그리스도가 자신이 그 빚을 대신 갚겠다고 나섰다는 것이다. 이런 입장의 맥락은 명백하게 응보적이고, 샬롬적이지 않다.

로마서 5장 1-11절의 일반적 번역은 이와 같은 관점을 잘 나타내고 있다. 이 구절의 서두는 평화와 정의에 관한 것이지만, 교육과 번역이 이러한 차원을 흐려놓고 말았다.63 이 구절은 보통 "그러므로 우리가 믿음으로 의롭다 하심을 받았으니 우리 주 예수 그리스도로 말미암아 하나님과 화평을 누리자"_{개역성서}로 해석된다. 개신교에서는 '의롭다 하심justification'에 방점을 두는데, 이를 하나님이 우리의 무고함과 관계없이 우리의 무고함을 선포한 행위로 해석한다. 사법 절차, 즉 법적 허구는 속죄의 중심에 있고, 그것은 우리가 아닌 하나님의 행위를 요구한다. 로이스 바렛Lois Barrett은 이 구절을 "그러므로 우리가 믿음으로 올바른 관계를 이루었으니 …"로 해석하는 것이 더 충실한 해석이라고 지적한다. 이러한 점에 비추어 속죄는 새로운 차원으로 이해되어야 한다.

샬롬의 근저에는 속죄에 관한 다른 관점, 즉 예수 그리스도의 삶과 죽음 그리고 더 넓은 성서 역사의 영역을 조화시킬 수 있는 관점이 깔려있는 것을 발견할 수 있다. 예수 그리스도의 삶은 인간을 샬롬으로, 즉 하나님나라로 움직이려는 시도였다. 이 때문에 예수 그리스도는 기존의 권력과 갈등을 일으키게 되었고, 결국 처형되었다. 그러나 예수 그리스도는 부활하였고, 부활은 하나의 징표, 즉 고통스러운 사랑은 악에게 승리한다, 선의는 결국 승리한다는 징표를 의미한다. 예수 그리스도의 삶은 샬롬적 삶의 모델을 제시한다. 그의 죽음과 부활은 앞으로 있을 해방의 전조, 즉 샬롬이 가능하다는 표상이다.

하나님과의 새로운 약속은 구약에 나타나는 희생 제물의 상징성에 기초를 두고 생겨났다. 새로운 언약에 나타나는 정의의 특징은 우리가 용서받아 마땅하기 때문이 아니라 하나님이 우리를 사랑하기 때문에 용서한다는 것이다.

성서의 진의가 응보에 있느냐 회복에 있느냐는 주변적인 쟁점이 아니다. 이 문제는 하나님의 본성과 역사 속에 나타난 하나님 사역의 본질에 관한 이해의 중심을 이룬다. 그것은 그리스도인이 피할 수 있는 쟁점이 결코 아니다.

제9장

피해자 – 가해자 화해 프로그램

1974년 5월 28일, 캐나다 온타리오주의 도시 엘미라Elmira의 법정에서 두 명의 젊은이가 22개의 재물손괴죄의 유죄 답변을 했다.64 그때만 해도 이 사건이 이후 새로운 국제적 운동의 발단이 될 것이라고는 그 누구도 생각지 못했다.

그보다 며칠 전 몇 명의 기독교인들이 모여서 상점절도사건에 대해 기독교인들이 어떻게 대응할 것인지를 논의하고 있었다. 이 자리에서 당시 그 지역에서 유명했던 엘미라 사건이 언급되었다. 이 사건의 판결 전에 조사 보고서 작성을 담당한 보호관찰관 마크 얀치Mark Yanzi도 그 자리에 있었는데, 그는 '가해자들이 피해자를 직접 대면할 수 있으면 좋겠다'고 생각했지만, 실현할 수 없음을 알고 있었기에 이내 포기하고 말았다.

피해자–가해자 화해 프로그램/ 피해자 가해자 만남

그러나 캐나다 온타리오 키치너Kitchener, Ontario의 메노나이트 중앙위원회 MCC 자원봉사부 담당자였던 데이브 워스Dave Worth는 이 아이디어를 포기하지 않았다.65 통상적인 사법 절차에 매우 실망한데다가 평화를 실천하는데 관심을 가지고 있었던 그는 "아주 비현실적으로 들리는 이 아이디어에 찬성한다"고 밝혔다. 공동체 지향적 사법 대안을 모색할 임무를 띠고 MCC와의 협의를 통해 보호관찰과에 배치되어 있던 마크 역시 메노나이트 교회 교인으로서 새로운 생각에 개방적인 사람이었지만, 이 대목에서 고민하지 않을 수 없었다. '아무런 법적 근거도 없이 피해자와 가해자의 협상으로 해결하자고 제안하는 것으로 내 명성을 위태롭게 할 것인가?' 그러나 일단 모험을 해보기로 결심한 마크는 판사에게 가해자가 피해자를 직접 만나보게 하고 당사자들이 원하는 대로 피해를 배상하도록 하자고 제의하게 되었다.

판사의 첫 번째 반응은 예상대로 "그럴 수는 없다"였다. 그러나 양형 선고 시가 되자 놀랍게도 담당판사는 가해자와 피해자가 직접 대면해서 손해배상할 수 있도록 하라는 명령을 내렸다. 소년들은 보호관찰관이나 자원봉사 조정자와 동행해서 이사 간 두 명을 제외한 모든 피해자의 집을 방문하게된다. 그 결과 손해배상에 대한 협상이 이루어졌고, 두 달 만에 손해배상이완료되었다. 이 사건을 계기로 '피해자-가해자 화해 운동'이 캐나다에서 태동하였다. 한편 미국에서는 1977~1978년 인디애나 주 엘크하트Elkhart에서시작된 프로젝트로 이 운동이 세상의 빛을 보게 되었다.

엘미라 사건의 접근 방식은 지극히 단순했다. 당시의 상황을 마크는 이렇게 묘사했다. "우리는 상당히 잔인한 사람들이었습니다. 집 앞에서 소년들이 노크를 하고, 우리는 그 뒤에 노트를 들고 서 있었습니다." 다행히 그때 이후로 접근 방식과 근본 철학이 잘 정리되어 오고 있다.

이 같은 원래의 프로그램과 그 뒤를 따랐던 프로그램들은 피해자-가해자 화해 프로그램 VORP라는 이름을 사용했다. 그러나 화해reconciliation라는 용어가 오해의 소지가 있을 뿐만 아니라 썩 내키는 말이 아니라서 요즈음에는 피해자-가해자 만남VOC라는 이름을 많이 사용한다. 접근방법이나 이름은 달라도, 오늘날 다수 국가에서 형사사건을 다루는 프로그램들이 수백에 이르고 있다. 또한, 이 모델은 학교나 다른 환경에 대해서도 채택되어 사용되고 있다.

VOC의 개념

키치너나 엘크하트에서 선구적으로 진행된 '고전적' 형태의 VOC는 형사사법 시스템 밖에 있는 독립된 조직을 기반으로 한다. 그러나 이들은 형사사법 시스템과 공조한다. VOC는 일단 형사사법절차가 개시된 후 가해자가 범죄사실을 인정하는 사건에서 피해자와 가해자가 직접 대면하는 것으로 이루어진다. 이 만남에서는 사실 관계, 감정, 합의라는 세 가지 요소가 강조되며, 대면 과정은 훈련된 조정자가급적 해당 공동체의 자원봉사자가 진행한다.

이 절차에서 진행자 또는 조정자가 지극히 중요한 역할을 하게 되는데, 이들은 자신의 해석이나 해결방법을 강제하지 않도록 훈련받는다. 당사자들의 대면은 일정하게 정형화된 틀 안에서 진행되지만, 진행자가 아니라 참가자가 직접 결과를 결정할 수 있도록 해 준다. 양쪽 당사자는 자기 입장에서 사건을 이야기할 수 있고, 상대방에게 질문할 수 있는 기회가 주어지며, 사건이 자기의 삶에 미친 충격과 의미에 대해서도 이야기할 수 있다. 이런 과정을 거치고 나면, 당사자들이 함께 어떻게 해결할지를 결정한다. 일단 합의에 도달하면, 합의서를 작성한다. 합의는 보통 금전적 손해배상을 내용으로 하지만, 그것만으로 제한되는 것은 아니다.

가해자가 피해자를 위해 일을 해주기로 할 수도 있고, 피해자가 가해자에게 공동체를 위해 봉사하도록 요청할 수도 있으며, 가해자가 공동체 봉사 합의서를 작성할 수 있다. 그 밖에 여러 가지 형태의 합의가 가능하다. 사건 당사자들이 서로 알던 사이라면, 앞으로 서로에게 어떻게 행동할지에 대해서도 합의할 수 있다.

이와 같은 당사자 간의 직접 대면은 피해자와 가해자 모두에게 중요한 경험이 될 수 있다. 피해자에게 대면은 머릿속에 맴돌던 의문을 풀고 '진실을 알 수 있는' 기회가 될 뿐만 아니라, 범죄가 자기에게 어떤 의미이고 그 행위를 한 사람에게 어떤 의미인지 알 수 있게 되는 계기를 제공한다. 사건과 관련된 사람을 직접 만나기 때문에 가해자에 대한 고정 관념이 깨질 수 있고, 많은 경우 부풀려졌던 두려움도 줄어들게 된다. 그리고 피해에 대해 실질적인 회복의 기회를 가질 수 있을 뿐만 아니라, 피해 회복의 내용을 직접 결정할 수 있다. 그래서 VOC는 감정의 표현, 정보의 교환, 손실의 회복을 위한 기회를 제공함과 동시에 피해자에게 힘을 준다.

가해자는 자신이 피해를 입힌 사람의 실제 얼굴을 볼 수 있고, 자기 행동의 결과를 피해자로부터 직접 들을 수 있다. 즉, 고정관념과 자기합리화에 정면으로 맞서게 되는 것이다. 이러한 방식으로 잘못을 바로잡을 책임을 지도록 장려되는 분위기 속에서 자기가 한 행위를 직접 설명하도록 요구된다. 원하는 경우 잘못을 바로잡는 행위로 양심의 가책을 표현하거나 용서를 구함으로써 정서적 죄책감을 털어버릴 수 있는 기회를 얻는다. 이러한 해결과정에서 가해자 역시 방관자가 아닌 실질적 참가자이기 때문에 힘을 얻을 수 있다.

범죄와 그 해결 방법을 논의하기 위해 피해자와 가해자가 만나는 과정은 VOC의 중심이다. 이 과정을 진행하려면 몇 가지 사전 준비와 후속 조치가 필요하다. 우선 피해자와 가해자를 개별적으로 접촉해서 그들의 감정과 요구를 따로따로 표현하도록 하고, 참가 여부를 자발적으로 결정하도록 한다. 자발적인 참가 결정을 해야 실제로 대면할 때에도 의미 있는 결과를 얻을 수 있기 때문이다. 그리고 대면 후에는 후속 작업이 이루어져야 한다. 즉, 합의의 이행 여부를 확인해야 하고, 불이행시의 문제를 해결해야 한다. 이런 이유 때문에 일부 프로그램들은 합의된 내용이 이행된 후에 피해자와 가해자가 최종적으로 대면하도록 하는 경우도 있다.

VOC는 대부분 법원의 회부로 시작된다. 프로그램에 따라서는 경찰이나 검사의 회부에 의하는 것도 있고, 피해자나 가해자가 직접 의뢰를 요청하여 시작하는 경우도 있다. 이 프로그램이 검찰 단계의 다이버전으로 활용되는 경우도 있지만, 어떻든 미국의 '고전적'형태는 법원의 회부를 받고, 합의 내용이 선고형이 되거나 선고형의 일부가 되는 방식이다. 법원이 회부한 사건의 경우, 가해자는 합의 내용을 이행하는 동안 보호관찰을 받는 것이 보통이다.

초창기 미국과 캐나다에서 VOC로 다뤄지는 사건의 대부분은 재산범으로 주거침입절도burglary가 많았다. 주거침입절도는 VOC 절차에 잘 맞는 사건이다. '사법 시스템'은 주거침입절도를 그다지 심각한 죄로 취급하지 않지만, 주거침입절도 피해자의 피해 경험은 폭력범죄와 매우 유사하게 나타난다. 피해자는 가해자를 직접 대면함으로써 감정을 표현할 수 있고, 실제로 무슨 일이 있었는지를 알 수 있으며, 범죄를 저지른 장본인을 만날 수 있는 기회를 가짐으로써 여러 가지 의문들예컨대, 왜 하필 내 집인가? 내가 집에 있었더라면 어떻게 됐을까? 내가 아끼던 그 물건은 어떻게 됐을까?이 풀릴 수 있다. 따라서 그만큼 두려움이 줄어들고 상대와 범죄에 대한 고정관념이 깨진다. 물질적 손실이 발생했기 때문에 이러한 대면의 구체적인 초점은 물질적 피해의 회복에 맞춰진다.

최근에는 비재산범죄도 처리되고 있다. 미국 50개주의 절반이 심각한 폭력사건에 대하여 가해자가 수감되어 있고 피해자가 요청하는 경우 대화 프로그램을 활용할 수 있도록 하고 있다.66 물론 이런 사건에는 각별한 주의를 기울여야 한다. 이들 다수가 판결에 영향을 미치는 것이 아니라 치유의 기회를 제공하는 것을 명시적 목적으로 하고 있다. 일부 연구에 의하면, 범죄의 정도가 중대할수록 만남의 영향도 커진다고 한다.

우리는 무엇을 배웠는가?

대부분의 연구 결과는 고무적이다. 여러 가지 이유로 회부사건이 모두 만남으로 이어지지는 않지만, 일단 대화가 성사되면 거의 모든 만남에서 합의가 이루어졌다.67 또한, 참가자의 만족율이 높게 나타났고, 피해자 측의 두려움과 트라우마도 감소되었으며, 가해자의 재범율도 감소된 것으로 나타났다.68 더욱이 조정에 의하지 않은 손해배상 합의와는 달리, 80~90% 이상의 합의가 이행되었다.

피해자들은 여러 가지의 이유로 프로그램에 참가하는데, 참가 시점에는 손해배상의 중요성을 가장 많이 언급하고 있다. 그러나 VOC를 경험한 후에는 그보다 더 큰 이익이 있다고 한다. 예컨대, 미니애폴리스Minneapolis의 주거침입절도에 관한 연구에서, 피해자들은 가해 당사자를 만났다는 점을 가장 중요한 점으로 꼽았다. 이것은 때로 두려움을 가라앉히기도 하고, 고정관념을 감소시키기도 하며, 가해자가 도움을 얻는 것을 볼 기회가 되기도 한다. 또한 피해자들은 도대체 무슨 일이 일어났는지를 말할 수 있고, 머릿

속에 맴돌던 의문에 대답을 얻을 수 있다는 점도 중요한 요소로 나타났다.69

　전체적으로 볼 때, 이 연구에서 참가의식이 가장 중요한 것으로 나타났다. VORP는 상처를 치유하기 위한 몇 가지 전제 조건인 자아회복, 진실규명, 의문에 대한 해답, 손해의 회복, 안도감 등을 충족시킬 수 있고, 피해자로 하여금 가해자의 행동을 바꾸는 데 '무언가 기여했다'고 느낄 수 있는 기회를 제공하는 의미를 지닌다고 한다. 이 점은 피해자에게 놀라울 정도로 중요한 점이라고 한다

　가해자 역시 VOC에 참가해서 만족을 얻고 있음이 분명하다. 중서부 지역을 대상으로 한 연구의 대상 가해자 전부와 캐나다 랭리 지역을 대상으로 한 연구의 대상 가해자 91%가 다시 죄를 저지른다면 VOC를 통해서 해결하겠다고 대답했다.70 가해자들은 피해자를 실존하는 사람으로 인식하게 되었고, 태도 변화가 두드러지는 경우도 있었다. 그런데도 불구하고 이 VOC에 참가하는 경험을 어렵고 힘든 형벌로 인식했다. 가해자 중에는 피해자와의 대면을 최고의 경험으로 꼽는 사람도 있고 최악으로 꼽는 사람도 있다.

　VOC 실무가들은 VOC가 가해자의 행동 변화를 촉진시킨다고 생각하지만, 이것이 VOC의 중심적 문제로 다뤄져야 하는지에 대해서는 의문을 제기하고 있다. VOC는 피해자와 가해자 사이의 불신, 두려움, 적대감을 해소하고, 통상적으로 충족되지 않는 피해자와 가해자의 중요한 요구를 충족시킨다는 데 의미가 있다. VOC는 범죄가 의무를 일으킨다는 사실을 인식하며, 설사 VOC가 가해자의 행동에 아무런 영향을 미치지 못한다 하더라도 잘못을 바로잡는 일 자체는 옳은 일이기 때문에 반드시 필요한 것이다.

　그렇다면 VOC가 정의 그 자체인가? 미국 중서부에 관한 연구는 피해자와 가해자에게 정의가 무엇이고 VOC를 통해 정의를 경험했는지 물었다. 참

가한 피해자와 가해자 중 거의 80%가 자신들의 사건에서 정의가 이루어졌다고 응답했다. '정의正義'에 대한 개념 정의定義는 다양했지만, '잘못을 바로잡는 일성서의 개념', 가해자로 하여금 실질적인 책임을 지게 하는 것, 분쟁해결에서의 '공정함과 평등'이라는 공통분모를 찾을 수 있었다. 사실 랭리 프로그램에 참가한 가해자들이 VOC에 만족한 이유로 꼽은 대표적인 것이 '잘못을 바로잡는 일'이다. 미니애폴리스 주거침입절도 연구에 의하면, 피해자들은 구금을 통한 형벌이라는 전통적 정의의 관념에 가장 적은 표를 던졌다고 한다.

미니애폴리스 연구는 소규모로 이뤄진 예비적 연구에 불과했지만, 그 결과는 지극히 희망적이다. VOC를 거친 피해자는 형사사법 절차에서보다 공정하게 대우받았다고 느낄 가능성이 두 배로 나타난 것을 보면, 실제로 VOC가 정의의 경험을 줄 수 있음이 분명하다.

형벌의 목적으로 제시되는 특별예방71적 측면도 살펴보자. 사람들은 '범죄를 되풀이할 것인가?'라는 질문에 대해 VOC를 포함한 손해배상이 재범방지에 다른 제재와 비슷한 효과를 나타내거나 그 이상의 영향력을 발휘한다는 점을 보여주는 증거들이 증가하고 있다.

피해자와 일반인은 손해배상의 확대를 지지할 것이다. 많은 연구 결과, 일반인들이 배상형reparative sanction을 승인하고 있고, 피해자는 물론이고 일반인들이 손해배상과 같은 비구금적 형벌을 선호하는 방향으로 변하고 있다고 한다. 더욱이 VOC와 같은 프로그램들은 피해자에게 자기 사건에 대한 정보를 제공해 줄 뿐만 아니라 참여의식을 줄 수 있다. 연구 결과, 이것이 피해자의 중요한 관심사라고 나타났다.

목표의 중요성

확실히 VOC의 접근방법은 여러 가지 요구를 해결할 수 있는 잠재력을 가지고 있다. 그러나 이 운동 전반에 대해서는 그 가치와 목표가 명확하지 않다는 비판이 있다. 무엇이 일차적 목표인가? 형벌에 대한 대안인가? 가해자 선도인가? 피해자 지원인가? 공동체 참여인가? 가해자의 처벌인가? VOC는 추구하는 목표에 따라서 실제적인 운영 방식에 상당한 차이를 보일 수 있다.

사실 이 운동은 목표가 불분명하고 목표 중의 일부는 서로 모순되기도 한다는 점을 이미 주지하고 있다. 어떤 프로그램이든지 하나의 주된 목표를 설정하고, 그 판단이 다른 목표와 프로그램 운영에 어떤 의미를 가지는지 명확히 할 필요가 있다.

주된 목표가 가해자 개선이나 형벌 완화라면, VOC가 피해자를 중시한다고 주장하더라도 피해자의 요구와 관점은 무시되기 쉽다. 이러한 비판은 초기 영국 프로그램에 대한 평가 이후 계속 제기되고 있다.72 VOC 프로그램이 교도소에 대한 대안 제시를 일차적 목표로 삼는다면, 주로 구금 가능성이 있는 중대 범죄에 집중하게 되면서 피해자와 가해자 또는 양자의 관계성에 중요한 의미가 있는 비교적 '경미한' 사건을 무시할 가능성이 나타난다. 따라서 목표의 명확성과 우선순위는 중요한 의미가 있다.

하나의 목표를 주된 목표로 삼기로 한다 해도 다른 잠재적 이익이 없다거나 추구해서는 안 된다는 의미는 아니며, 단순히 그것들이 이차적이라는 의미다. 예를 들어, VOC 실무가들의 생각처럼, 실질적 책임을 질 수 있는 기회가 가해자의 태도와 행동을 변화시킬 수 있다하더라도 그것이 VOC의 일차적 목표가 되어서는 안 된다. 가해자의 태도와 행동이 변하지 않더라도

VOC의 가치에는 변함이 없다. 즉, 범죄가 타인에게 피해를 끼치고 그에 대해 의무를 발생시키므로 이에 대한 정당한 대응은 그 잘못을 바로잡기 위한 노력에 관한 것이고, 그것은 다른 효과를 발생시키느냐와 관계없이 '옳은' 것이기 때문이다.[73]

VOC와 같은 프로그램들을 형사사법 시스템과 연계하여 운영하려는 노력에는 중대한 문제가 내재되어 있다. 회복적인 절차와 응보적인 절차를 어떻게 결합할 것인가? 과연 가능하기는 한가, 아니면 큰 시스템이 작은 시스템을 흡수해 버릴 것인가? VOC가 응보 지향적 형사사법 시스템을 변화시킬 것인가, 아니면 형사사법 시스템이 VOC를 변화시킬 것인가? VOC도 다른 수많은 '대안'과 같은 길을 갈 것인가, 아니면 통제와 형벌의 새로운 도구가 될 것인가?

이런 문제는 아직도 현실적 문제로 남겨져 있고, 학자들도 이에 관해 여러 가지 경고를 하고 있다. 예컨대, 일부 프로그램들은 형사사법 시스템의 가해자 중심주의를 반영하여 피해자를 무시하기도 한다. 손해배상과 재범율과 같은 형사사법의 벤치마크들은 회복적이거나 치유적인 목표의 가치를 잃게 만들기 쉽다.

초기 영국 프로그램에 관한 연구는 기존 형사사법시스템에 새로운 실험을 꿰어 맞추는 경우의 위험성을 경고한바 있다.[74] 그 새로운 실험에는 특히 회복적인 것이 포함된다. 이 연구는 적어도 우리가 가치문제를 최우선에 내세워야 한다는 점을 상기시킨다. 또한 사법에 대한 새로운 이해와 언어를 요구하고, 회복적 패러다임의 실현 가능성을 형성하고 평가할 수 있는 연구의 필요성을 주장하고 있다.

VOC는 촉매

나는 1978년부터 VOC 운동에 참여하고 있다. 처음에는 이 운동에 동참하는 데 회의적이었다. 형사사법 시스템에서 일하다 보니 상당히 비판적인 입장을 가지고 있었을 뿐 아니라, VOC가 형사사법 시스템의 기본적 전제를 이겨내지 못할 것이라고 생각했기 때문이다. 그러나 VOC를 직접 경험해 보고서야 예전에 가졌던 '비판적' 골격의 매개 변수가 사실은 대단히 인습적이라는 것을 알게 되었다. 사법에 관한 나의 생각을 바꾼 것이 바로 VOC다.

예전에 수감자나 피고인과 일할 때는 피해자의 관점을 이해하지 못했다. 사실 피해자는 우선 가해자를 위한 정의를 발견하는 과정에 방해가 된다고 생각했기 때문에 그들의 관점을 이해하고 싶지 않았다는 것이 더 솔직한 마음이었다. 나는 사법에서 국가의 역할을 근본적으로 문제 삼지 않았고, 고통의 부과라는 초점이 적절한 가도 묻지 않았다. 그러나 형사사법이 가해자를 선택하고 처우하는 방법에 있어서 체계적인 부정의가 존재한다는 점은 잘 알고 있었다.

VOC는 나로 하여금 범죄 피해자를 만나 그들의 이야기를 듣게 했고, 결국 나는 범죄의 의미와 그 대응에 대해서 다시 생각지 않을 수 없게 되었다. 서로 적대적인 두 사람(피해자와 가해자)을 만나는 경험을 하면서 나는 범죄가 두 사람에게 도움이 되지는 않지만 적어도 양쪽에 일정한 영향을 남길 수밖에 없다는 사실을 새롭게 이해하게 되었다. 보통 그들은 서로에 대한 새로운 이해를 갖게 되고, 때로는 더 나아가 친구가 되기도 했다. 결국 이런 일들의 의미가 나에게 스며들었다. VOC는 나에게 사법에 대한 이해 변화의 동력이고, 그와 같은 이해는 단지 이론적인 것만이 아니라 현실적일 수 있음을 증명하는 힘이었다. 그러나 VOC의 시행과 확산은 중요한 문제를 야기했고 여기저기에서 경고의 깃발이 올라가기 시작했다.

농학자들은 농작물의 문제를 해결하기 위해서 새로운 종자로 실험한다. 그러기 위해서 먼저 실험 용기에 종자를 심어서 테스트를 한다. 그 테스트가 성공적이면 다른 사람들을 설득할 수 있는 증거가 된다. 1974년 이래로 VOC는 실험과 증명의 텃밭으로서 기능을 수행했다.[75] VOC는 범죄를 이해하고 대응하는 데 다른 방법사법이 손상된 관계를 바로잡을 수 있다이 있다는 사실을 상기시키는 역할을 하기 때문에 중요한 의미를 가진다. 그러나 실험 기능도 포기해서는 안 된다. VOC 자체도 한계를 뛰어넘기 위해 실험을 계속해야 한다. 우리에게는 VOC를 넘어서는 새로운 실험이 필요하다. 그와 같은 실험들이 점차 확산되고 있다.

그런 텃밭을 마련하고 육성하는 데 교회의 역할이 중요하다. 오늘날에는 VOC 운동이 확고한 기반을 잡고 있지만, 교회는 그 발전과 확산에서 중심축 역할을 수행했고 아직도 깊숙이 관여하고 있다. VOC는 성서가 말하는 고유한 정의의 비전을 구현하고, 교회로 하여금 그 비전을 실행할 수 있는 무대를 마련해 준다.

VOC 운동이 의미있는 형태로 살아남기 위해서는 교회의 역할이 절실히 요구된다. 새로운 비전으로부터의 이탈을 요구하는 압력이 많을수록 교회는 비전을 실천하는 데 필요한 독립적 가치 기반과 제도적 기초를 제공할 수 있기 때문이다. 교회는 정의를 회복으로 이해하는 성서적 비전을 바탕으로 다른 방식으로 실험하고 증명할 수 있는 텃밭을 지속적으로 제공할 수 있을 것이다. VOC가 변화의 촉매로 살아남아야 한다면, 교회의 참여도 계속되어야 한다.[76]

가족간 만남 및 써클

피해자-가해자 만남이 시작되던 초기, 네덜란드 법학교수 허먼 비앙키 Herman Bianchi는 이 접근방법이 너무 개인적이고 비밀스럽다고 핀잔한 적이 있다.77 그는 갈등과 문제를 가족 및 공동체의 맥락에서 해결하는데 익숙한 나라가 많은데, 그런 사람들은 피해자와 가해자의 일대일 만남을 너무 고립적인 것으로 받아들일 것이라는 말이다.

나는 이 생각이 의미는 있지만 우리의 모델에 적용하기는 어려울 것이라고 생각하였다. 피해자-가해자 화해와 회복주의의 이론은 공동체의 역할을 인정하며, 우리 중 다수는 그것을 공동체에게 갈등을 돌려주는 방법으로 본다. 그러나 우리는 프로그램을 주관하는 자발적 조정자 및 공동체 기반 단체를 통하여 공동체가 관여한다는 확신으로 우리를 위로해 온 것인지 모르겠다.

소년의 경우, 가족은 언제나 고려되고 있지만, 구체적인 역할은 다소 문제가 있는 것으로 보고 있다. 일부 프로그램은 가해자의 가족이 가해자의 책임을 떠 안을 수 있다는 우려 때문에 정보는 제공하더라도 실제의 만남에는 참여하지 않도록 해야 하는 잠재적인 성가심으로 본다. 또한 일부 프로그램은 참여를 장려하더라도 핵심적 대화는 소년가해자와 피해자 사이에서 이루어지도록 노력한다. 이런 상황에서 부모의 역할이 있기는 하지만, 중심적인 것이 아니고 소년을 지지하는 것이 된다.

다시 말해, 가족과 공동체는 어떤 역할을 가지는 것으로 인식되어 왔지만, 실제로 그 역할은 모호했으며, 절차의 중요요소가 아니라 단편적 또는 주변적인 것으로 제한되어 왔다.

두 가지의 회복적 접근방식이 이러한 관념을 재고할 필요성을 제기하고 있다. 이들은 회복주의의 개념이 인정하는 공동체의 역할을 실행할 수 있는 방법을 제시한다. 이들 두 가지 방법이 토착민 문화로부터 도출된 원칙을 서구의 법적 틀에서 실행하는 방법을 의미한다는 사실 또한 흥미로운 점이다.

가족간 만남

가족간 만남은 1980년대 말 토착민인 마오리인의 관심과 전통에 대한 대응으로 뉴질랜드에서 태동하였으며 얼마지 않아 호주에서도 채택되었다. 도입 당시, 서구 소년사법시스템이 제대로 작동되지 않는다는 점은 널리 알려져 있었고, 다수 마오리인들이 그것이 자신들의 전통에 맞지 않는다고 주장하였다. 이 시스템은 문제의 해결이 아니라 형벌로 정향되어 있었고, 결과가 협상에 의해서가 아니라 일방적으로 부과되는 것이었으며, 가족과 공동체를 절차 밖에 내버려두고 있었다.

1989년 채택된 새로운 소년사법시스템은 모든 사건소수의 폭력성이 높은 범죄는 제외을 경찰 또는 법원으로부터 가족간 만남FGCs으로 전환하였다. 그 결과, 판사들은 약 80퍼센트 가량의 업무부담이 줄어들었다고 한다. 뉴질랜드 판사 프레드 맥엘리어Fred McElrea는 그것을 서구의 법적 틀에서 제도화된 최초의 진정한 회복적 접근방법이라고 불렀다.[78]

이 제도에서는 법원 심리 대신 소년사법조정자사법시스템이 아니라 사회복지시스템에 의하여 채용가 감정을 표출하고, 사실관계를 확인하며, 결과를 협상하는 만남이라는 점에서 VOC와 유사한 만남을 주선한다. 가해자에게 해명하도록 하고, 피해자의 요구가 충족될 수 있는 기회를 제공한다. 그러나, 만남의 구성이나 논의 범위에서 VOC와 큰 차이가 있다.

이 만남은 VOC에 비해 규모가 크며, 가해자의 가족이 핵심적인 요소가 된다. 가족에는 직계가족뿐만 아니라 확대가족 구성원까지 포함된다. 결손 가정의 경우, 더 먼 친척이나 개인적으로 중요한 사람이 참여할 수 있다. 가족의 돌봄서비스제공자Caregivers도 참여할 수 있고, 특별 변호인인 소년변호인youth advocate이 참여하여 가해자의 법적 문제를 도와준다. 피해자도 가족이나 지지자를 데려올 수 있다. 게다가 경찰관법률시스템의 검사도 만남에 참여한다. 따라서 이 만남은 범위가 넓을 뿐만 아니라 이해관계와 관점도 다양하다.

이것만 해도 급진적이지만, 그 급진성은 여기에 그치지 않는다: 이 그룹은 손해배상 뿐만 아니라 사건의 전체 결과에 대한 권고까지 만들어 낼 것으로 기대된다. 그것도 그룹이 합의해야 한다. 더욱 놀라운 것은 대부분 그런 합의에 의한 권고가 이루어진다는 것이다.

이러한 접근 방법도 미세조정이 필요했다. 때로 손해배상 후속조치가 부적절한 경우가 있었고, 최초의 입법이 피해자의 중심적 역할을 적절히 인정하지 않았다. 그러한 결함에도 불구하고, 그 경험으로부터 얻은 증거는 인상적이다. 이와 마찬가지로, 와가와가Wagga Wagga의 경찰중심적 접근방법 등 호주의 노력도 잘 작동되고 있는 것으로 보이는데, 이 방식은 미국의 일부 지역에서도 시범적으로 실행되고 있다.

가족이 FGCs에 참여함으로써 호주 범죄학자 존 브레이스웨이트John Braithwaite가 말하는 "재통합적 수치심reintegrative shame"을 끌어낼 수 있는 가능성이 극대화된다. 브레이스웨이트는 그의 선구적인 책에서 "사회통제의 가장 강력한 형태가 수치심인데, 수치심에는 낙인적 수치심stigmatizing shame과 재통합적 수치심 두 가지 종류가 있다"고 한 바 있다.[79]

응보적 사법은 낙인적 수치심을 유발한다. 그것은 '당신의 행동이 나쁠 뿐만 아니라, 당신도 나쁘다'는 메시지를 전달한다. 그것을 바로잡기 위해서 할 수 있는 일은 별로 없다. 따라서 가해자가 사회에 재통합되기는 대단히 어렵다. 그러므로 범죄를 저지르는 사람들은 영원히 가해자로 낙인찍혔다고 느끼게 되고, 다른 일탈자를 찾게 된다. 비행하위문화이론, 차별적 접촉이론, 낙인이론 등 많은 범죄학 이론들이 낙인적 수치심의 개념을 중심으로 삼고 있다.[80]

재통합적 수치심은 한편으로 범죄를 비난하지만 가해자를 비난하지 않으며, 돌아올 수 있는 방법을 제시한다. 잘못을 인정하고, 잘못을 바로잡음으로써 자기존중과 공동체 수용이 가능하게 된다. 이런 수치심은 잘못을 행위자의 성격을 바로잡고 공동체를 구축할 수 있는 기회로 활용한다.

FGCs는 이처럼 수치심을 긍정적으로 적용할 수 있는 포럼이 된다. 잘못을 비난할 수 있는 힘도 가족 테두리 안에서 가장 강력하다. 피해자 앞에서 수치심을 느끼는 것도 충분히 나쁘지만, 자기 할머니 할아버지 앞에서 수치심을 느끼는 경우를 생각해보라! 그러나 가해자는 가족의 일원이기 때문에 FGCs는 가해자의 가치를 확인하도록 독려한다. 보고에 의하면, 가족구성원들은 나쁜 행위에 대한 실망과 분노를 표현하는 한편, 범죄를 저지른 소년의 본질적 가치와 재능을 확인한다고 한다. 가족은 범죄소년이 잘못을 바로잡기 위한 책임을 지면서도 가족의 지지를 받는다고 느낄 수 있는 집합적인 전략을 논의한다.

그러나, 만남 중에 의도적으로 수치심을 끌어내는 것에 대해서는 문제가 제기되고 있다. 수치심은 강력하고 휘발성이 강한 감정이어서 요용되기 쉽다. 만남이 진행되는 동안 가해자, 그 가족, 피해자까지 수치심을 느낄 수 있다. 연구에 따르면, 이 절차에서 더 많은 수치심을 주려고 하지말고 수치심을 제거하고 전환하는 방법에 초점을 맞추어야 한다고 한다.[81]

또한, 가족이 결과 결정에 참여하면 가족이 성공에 대한 주인의식을 갖게되어 가족이 가해자의 합의 이행을 독려 및 지지할 가능성이 높아진다.

물론 FGCs가 만병통치약은 아니지만, 지금까지의 증거는 희망적이다. 뉴질랜드에 방문할 때마다 판사, 경찰관, 변호사 등 쉽게 변할 것 같지 않던 사람들로부터 드라마틱한 이야기를 듣곤 한다.

써클 절차

두 번째 접근방법은 캐나다 토착민First Nations 공동체에서 사용되는 양형써클과 같은 써클 절차이다. 양형 써클은 FGCs 와 같이 전통적인 문제 해결방법을 서구 법 제도의 맥락에 수용할 수 있는 방법을 제공한다. 양형 써클에서는 토론과 공감대를 통해 법원의 양형 계획 포함한 사건 처리방법을 마련한다. 그러나 FGCs에 비해 공동체의 참여를 더욱 강조한다. 만남 또는 "써클"은 다수 공동체 구성원의 참여하여 대단히 커질 수 있다.

써클이 태동한 유콘지방의 베리 스튜어트Barry Stuart 판사는 양형 써클의 공동체 구축community-building 및 공동의 문제 해결 측면이 양형 써클의 가장 중요한 성과라고 강조하고 있다.[82] 전통적 형사사법 절차와 같이 공동체를 배제하면, 공동체 성장과 구축을 위한 중요한 기회가 상실된다. 그러나 갈등은 적절하게 처리하기만 하면, 사람들과 공동체 사이의 관계를 구축할 수 있는 수단이 된다. 이것을 치워버리면, 공동체와 범죄 예방의 근본적인 빌딩 블록building block을 치워버리는 것이다.

스튜어트 판사는 이것을 이렇게 말한다:

공동체 양형 써클Community Sentencing Circles의 가장 중요한 가치는 가해자에게 일어나는 일이 아니다. 공동체에게 일어나는 일로 측정되어야 한다. 양형 써클은 공동체 의식의 강화 및 구축에 있어서 개인과 가족을 치유하고, 궁극적으로 범죄를 예방할 수 있는 공동체의 역량을 개선한다. 양형 써클은 사람들이 타인의 치유를 돕는 과정에 의미있게 참여함으로써 자기 이미지를 강화할 수 있는 중요한 기회를 제공한다.

그는 이것이 급진적인 아이디어가 아니라 "전문적 치유자 및 갈등해결사에게 의존하게 되기 전"의 토착민 문화와 서구 사회의 전통에서 끌어온 것이라고 주장한다.

오늘날 여러 가지 상황에서 다양한 써클 절차가 활용되고 있다. 피해자-가해자 관계 등 개인 및 공동체의 요구를 해소하는 데에는 치유 써클이 사용되고 있고, 양형 계획을 마련하고 공동체 전반적인 문제 원인을 해결하기 위한 포럼으로 양형 써클이 이용되고 있다. 양형 써클은 가해자, 피해자또는 그 대리인, 지지자 그룹, 이해관계있는 공동체 구성원을 모아서 무슨 일이 있어났고, 왜 일어났으며, 어떤 일을 해야 하는지를 토론한다. 토론은 그 폭이 대단히 넓고 구체적인 양형 계획 뿐만 아니라, 문제의 원인, 공동체의 책임, 치유 필요성 등까지 포섭한다고 한다. 스튜어트는 다음과 같은 목적을 열거하고 있다: (1) 증상이 아니라 원인의 해결, (2) 당사자들의 직접 참여로 감정을 표출하고 문제 해결을 위해 노력할 수 있는 기회를 제공, (3) 전문가에 대한 의존성 감소, (4) 공동체 의식 구축. 그는 이 접근방법이 시골 토착민 공동체에서 뿐만 아니라 도시 안에서도 작동될 수 있다고 주장한다.

양형 써클은 FGCs와 같이 문제해결의 범위를 확대하고, 수치심을 제거

하고 전환하는 방법을 제공한다. 스튜어트 판사는 다음과 같이 보고하고 있다:

> 공동체는 가해자에게 "나쁜" 짓을 했지만, "나쁜" 사람은 아니며 좋은 측면을 가지고 있다고 말하는 경우가 많다. 사랑, 관심, 지지, 용서의 의지를 양형과정에 가져옴으로써 다수 가해자의 태도와 행동에 심대한 영향을 미친다. 어느 가해자가 말하기를, "사람들이 나를 아낀다는 말은 들어본 적이 없어요. 그런건 알지 못했죠. 저한테는 그냥 나쁜 사람이 나쁜 짓을 하는 거였고, 그래서 나는 나쁜 짓을 잘하게 됐습니다. 왜 안그렇겠어요? 사람들이 나를 대하는 태도에 화가 났어요. 그런데 이제, 사람들이 저를 실제로 아낀다는 사실을 알게 됐어요. 저를 돕고 싶다고 … 좀 느낌이 다르네요. 나도 좀 달라지고 싶어요."

오늘날 써클 절차는 형사사법시스템 밖의 여러 가지 상황에서 사용되고 있다. 예컨대, 학교에서 자주 사용되며, 공동체의 갈등을 해결하는데 사용되고 있다.83 이 절차는 다수의 토착민적 문제해결 및 토론 방식에 부합하기 때문에 널리 사용될 수 있는 모델이 되는 것이다.84

피해자-가해자 화해에 관여하는 우리들에게는 가족간 만남과 써클 절차에서 만나는 이야기들이 익숙하게 느껴지는 측면이 있다. 그러나, 가족과 공동체가 참여한다는 점은 치유와 회복의 사법 이론과 실무를 개발할 때 진지하게 고려하여야 하는 중요한 방향성을 제시해 준다.

미주

1. 이곳에서 인용된 책 이외에 다음의 자료들이 특히 도움이 된다. George Calhoun, *The Growth of Criminal Law in Ancient Greece* (Berkeley: University of California Press, 1927); Michael Ignatieff, *A Just Measure of Pain: The Penitentiary in the Industrial Revolution, 1750-1850* (New York: Pantheon Press, 1978); Stanley Cohen and Andrew Scull, eds., *Social Control and the State*, (New York: St. Martin's Press, 1983); John H. Langbein, "The Historical Origins of the Sanction of Imprisonment for Serious Crime," *Journal of Legal Studies*, 5, (1976); Langbein, *Prosecuting Crime in the Renaissance, England, Germany and France* (Cambridge, Massachusetts: Harvard University Press, 1974); Alred Soman, "Deviance and Criminal Justice in Western Europe, 1300-1800: An Essay in Structure," *Criminal Justice History: An International Annual* 1 (1980), 3-28; Pieter Spierenburg, *The Spectacle of Suffering: Executions and the Evolution of Repression* (Cambridge: Cambridge University Press, 1984).

2. 1981년 1월 22일 브리티시 콜롬비아, 아보츠포드에서 개최된 Mennonite Central Committee Canada Annual Meeting에서 발표된 J. W. Mohr, "Criminal Justice and Christian Responsibility: The Secularization of Criminal Law."

3. Soman, "Deviance and Criminal Justice," p. 18.

4. Bruce Lenman and Geoffrey Parker, "The State, the Community and the Criminal Law in Early Modern Europe," in *Crime and the Law: The Social History of Crime in Western Europe Since 1500*, eds. V.A.C. Gatrell, Bruce Lenman, Geoffrey Parker (London: Europa Publications, 1979), 19ff.

5. 성소에 관해서는 Herman Bianchi, *Justice as Sanctuary: Toward a New System of Crime Control* (Bloomington, Ind.,: Indiana University Press, 1994); Michael R. Weisser, *Crime and Punishment in Early Modern Europe* (Atlantic Highlands, NJ, Humanities Press, 1979), p. 54; Paul Rock, "Law Order and Power in the Late Seventeenth- and Early Eighteenth-Century England," in *Social Control and the State*, ed. Cohen and Scrull, 191-221

6. 역주-재판기관과 소추기관을 분리해서 소추기관의 공소제기에 의해 재판기관이 절차를 개시하는 형태를 말한다. 탄핵주의에서는 법원이 공소제기된 사건에 대하여만 심판할 수 있다는 불고불리(不告不理)의 원칙이 적용되고, 피고인도 소송의 주체로서 절차에 관여하여 소송의 구조를 갖게 된다. 따라서 당사자주의로 연결된다. 소추권자가 누구인지에 따라 국가 소추주의, 피해자 소추주의, 공중 소추주의로 분류된다. 여기서는 피해자 소추주의를 말한다.

7. 역주-현재와 같은 검찰제도는 프랑스 군부정권인 나폴레옹이 법원에 의하여 제

1통령(나폴레옹)의 행정권력이 약화될 것을 우려하여 최초로 도입되었다. 대륙
법계 국가에서 일반화되어 있는데, 그 이유는 당시 전유럽을 장악하고 있던 나
폴레옹이 자신이 만든 법전을 전유럽에 강제로 시행했기 때문이다. 대륙법계에
속하지 않는 영국은 1985년에서야 비로소 검찰제도를 도입하였다.

8. Herold J. Berman, *Law and Revolution: The Formation of the Western Legal Tradition* (Cambridge, MA: Harvard University Press, 1983) 및 "The Religious Foundations of Western Law," *The Catholic University of America Law Review*, 24, No. 3 (Spring, 1975), pp.490-508. Berman의 선구적 작업이 특히 중요하다. 그 밖에 근대 사법과 법적 혁명에 관한 자료로는 A. Esmein, *A History of Continental Criminal Procedures* (Boston: Little, Brown, and Co., 1913) and Weisser, *Crime and Punishment*.

9. 역주-규문주의란 형사소송 절차의 개시와 심리가 일정한 소추기관의 소추에 의하지 않고 재판기관의 직권에 의해 행해지는 방식을 말한다.

10. Esmein, *A History*, 121ff.

11. Gerald Austin McHugh, *Christian Faith and Criminal Justice: Toward a Christian Response to Crime and Punishment* (New York: Paulist Press, 1978), 14ff.

12. 물론 이런 유형의 논증이 전혀 새로운 것은 아니다. 중세 시죄법(試罪法) 도 이와 관련된 개념에 기초하고 있었다. 중세의 사고는 행위 및 자연과 관계가 있었는데, 일정한 행위는 하나님과 자연에 반하므로, 자연은 가해자를 거부할 수 있다는 것이다. 즉, 악한 자를 물에 던지면 순수한 물이 거부할 것이므로 물에 뜨지만, 무고한 사람은 가라앉는다고 믿었다. 그러나 물에 빠진 사람이 수영할 줄 모르는 사람이라면 그 결과가 의심스러울 수밖에 없다.

13. 최근의 연구에 의하여 발전하는 법률 시스템과 성서적 해석의 상호작용이 서구의 징벌적 신학, 세계관 및 법률 시스템에 기여했다는 점이 밝혀지고 있다. Timothy Gorringe, *God's Just Vengeance: Crime, Violence and the Rhetoric of Salvation* (Cambridge: Cambridge University Press, 1996); T. Richard Snyder, *The Protestant Ethic and the Spirit of Punishment* (Grand Rapids, MI: Wm. H. Eerdmans Publishing, 2001).

14. Lenman and Parker, "The State, the Community and the Criminal Law." 이 장은 Lenman과 Parker의 논문에 크게 영향을 받은 것이다.

15. Bianchi, *Justice as Sanctuary*, chapter 6, 13ff.

16. Herman Diederiks, "Patterns of Criminality and Law Enforcement During the Ancient Regime: the Dutch Case," in *Criminal Justice History: An International Annual* 1 (1980), pp. 157-174.

17. T. Richard Snyder, *The Protestant Ethic and the Spirit of Punishment* (Grand Rapids, MI: Eerdmans, 2001).

18. 앞서 인용한 글 이외에, Michael Ignatieff, "State, Civil Society, and Total Institutions: A Critique of Recent Social Histories of Punishment" in *Social*

Control and the State, eds., Cohen and Scull, pp. 75-105; Jacques Ellul, *The Theological Foundations of Law* (New York: Seabury Press, 1969).

19. 역주-베까리아는 볼테르와 몽테스키외의 사상에 영향을 받아 26세에 목숨을 걸고 범죄와 형벌을 발간했다고 알려져 있다. 그래서 초판은 익명으로 발간했다. 벤담이 말했던 것으로 알려져 있는 "최대다수의 최대행복"은 범죄와 형벌에서 베까리아가 최초로 한 말이다. 지금은 이 말이 공리주의적인 것으로서 권위주의적이며 반자유적인 말로 받아들여지고 있지만(어떤 일이 최대다수의 최대행복인지는 권력자가 판단하며, 다수를 위해서 소수자에 속한 사람들의 권리는 조금 무시되도 된다고 생각해보면 왜 권위주의적인 말인지 알 수 있을 것이다), 귀족만 인간답게 대접받던 당시에 이 말은 상당히 공격적이고 비판적인 말이었다. 그의 책에서 국가가 왜 형벌권을 가지게 되었는지에서부터 왜 사형을 부과하면 안되는지, 왜 과도한 형벌을 부과해서는 안되는지를 논증하는 점만 보더라도 그의 진술은 형벌제한을 위한 도구였다고 할 것이다. 벤담이 지나간 자리에서 베까리아를 보면, 고통과 쾌락을 계산하는 합리적 인간을 전제로 형벌의 새로운 작동원리를 제공해 준 것 같은 착각이 생기겠지만, 사실 그런 작동원리를 제공해 준 것은 벤담과 밀이다.

20. David B. Young, "Let Us Content Ourselves with Praising the Work While Drawing the Veil Over Its Principles: Eighteenth-Century Reactions to Beccaria's *On Crime and Punishment*," *Justice Quarterly*, 1, No.2 (June 1984), pp. 155-169.

21. 역주-베까리아의 사상적 국적인 프랑스는 1789년 혁명을 거친 후 1791년 볼테르와 몽테스키외의 사상을 바탕으로 혁명 형법을 만들었다. 프랑스 혁명 선언문(인간과 시민의 권리선언) 제8조에서 "법은 엄격하고 명백하게 필요한 형벌만을 정하여야 하고, 누구도 행위 이전에 제정 공포되어 적법하게 적용되는 법률에 의하지 아니하고는 처벌되지 않는다"고 정해야 할 만큼 절대 군주 루이 14세는 아무나 내키는 대로 엄혹하게 고문하고 처벌했다. 이런 형벌 권력을 제한하기 위해서 만들어진 혁명 형법의 가장 중요한 특징은 사형에 처할 수 있는 범죄 유형이 13개로 줄어들었고, 무기징역이 없어졌다는 것이다. 혁명 정부가 시련의 역사를 거치는 와중에 군부 쿠데타로 권력을 장악한 나폴레옹은 머지않아 혁명 형법을 폐기하고, 1810년 그 유명한 나폴레옹 형법전을 만들었다. 나폴레옹 형법전의 특징은 사형에 처할 수 있는 범죄유형이 130여개로 늘어났고, 무기징역(절대적 부정기형)이 다시 도입되었으며, 판사에게 광범위한 재량이 인정되었다는 것이다. 나폴레옹 형법은 유럽 전역에 시행되었고, 1848년 프랑스 2월 혁명과 독일 3월 혁명 이후에 새로운 혁명형법은 만들어지지 않았고, 1871년 비스마르크가 독일제국을 선포하면서 나폴레옹 형법은 새로운 제국주의적 전개를 맞았다 (이 형법이 일제로 넘어갔고, 그것이 다시 조선형사령으로 넘어오면서 우리나라 형법의 기틀이 되었다). 따라서 혁명형법과 나폴레옹 형법이 '국가권력을 절대왕정보다 더 강한 것으로 개념 정의했다'는 점에서는 같지만, 혁명형법의 국가는 공화주의 국가이고 나폴레옹 형법의 국가는 권위주의적 독재국가의 형법이

라는 점에 차이가 있다..

22. Spierenburg, *Spectacle of Suffering*, 제6장.

23. Michel Foucault, *Discipline and Punish: The Birth of the Prison* (New York, Pantheon Press, 1977). 또한 Ignatieff, *A Just Measure of Pain and "State, Civil Society"*를 볼 것.

24. 1990년은 최초의 교도소 Walnut Street Jail이 설치된 지 200년이 된 해 였다.

25. Josephine Gittler, "Expanding the Role of the Victim in a Criminal Action: An Overview of Issues and Problems," *Pepperdine Law Review*, 11, (1984), pp. 117-182; Allen Steinburg, "From Private Prosecution to Plea Bargaining: Criminal Prosecution, the District Attorney, and American Legal History," *Crime and Delinquency*, 30, No. 4 (October 1984), pp. 568-592.

26. Jerold S. Auerbach, *Justice Without Law?* (New York: Oxford University Press, 1983), p.9.

27. 역주-형법 이론에서 이런 역할을 하는 이론이 "법익이론"이다. 대부분의 경우 법익이라는 개념이 마치 국가의 형벌권을 제한해줄 것처럼 생각하고 있지만, 사실 법익이론은 국가의 형벌권을 확장하기 위해서 나온 이론이고 현실적으로도 그런 기능밖에 수행하지 않는다. 혹자는 이 같은 피해자의 추상화를 형법의 근대성이라고 부르기도 한다. (자세한 설명은 김성돈, 전통적 법익이론과 체계비판적 법익개념의 한계, 법학논총(전남대), 제35권 제2호 참조)

28. Spierenburg, The Spectacle of Suffering, pp. 200ff.; Mark A. Sargent, review of Foucault in *New England Journal on Prison Law* (Spring, 1979), pp. 235-240; Heinz Steinert, "Beyond Crime and Punishment," *Contemporary Crises: Law, Crime and Social Policy*, 10, No. 1 (1986), p.25; Horace Bleackley and John Lofland, *State Executions Viewed Historically and Sociologically* (Montclair, NJ: Patterson Smith, 1977).

29. Spierenburg, *The Spectacle of Suffering*, 제2장 및 pp. 200ff. 참조.

30. Lawrence Leshan and Henry Margenau, *Einstein's Space and Van Gogh's Sky: Physical Reality and Beyond* (New York: Collier Books, 1982).

31. Lewis A. Coser, *Greedy Institutions* (New York: Free Press, 1974)

32. 역주-근대적 법치주의의 이념은 종교(기독교)가 형법으로 들어오는 것을 허용하지 않는다. 바로 앞장에서 본 것처럼, 근대가 벗어나고 싶어 했던 것이 국가가 '신을 대리하여 형벌을 집행하는 자'라는 완장을 차고 아무나 내키는대로 처벌하던 절대권력이었기 때문이다. 이런 이유로 회복적 사법을 종교적으로 설명하면 형법학자나 교정실무자들은 고개를 돌린다. 그러나 이 책에 나타나는 저자의 종교적 설명은 기존의 기독교적 시각을 비판적으로 재해석 하는 것이어서 단순히 종교적 설명이라고 외면할 것은 아니다. 제어는 응보의 표상으로 여겨지는 '눈에는 눈'이라는 탈리오의 법칙을 응보가 아니라 '회복'을 의미하는 것으로 재해석할 뿐, 형법의 영역으로 종교적 색깔을 넣는 것과는 무관하다.

33. 역주-표준새번역 성경에서 옮겼다.

34. 성서 해석의 접근 방법에 관한 논의는 Willard M. Swartley, *Slavery, Sabbath, War and Woman: Case Issues in Biblical Interpretation* (Scottdale, Pennsylvania: Herald Press, 1983), 제5장; Perry Yoder, *Toward Understanding the Bible* (Newton, Kansas: Faith and Life Press, 1978) 참조.

35. 신약에 대한 중요한 연구는 Christopher Marshall, *Beyond Retribution: A New Testament Vision for Justice, Crime and Punishment* (Grand Rapids, MI: Eerdmans, 2001). 또한 Marshall, *Compassionate Justice: An Interdisciplinary Dialogue with Two Gospel Parables on Law, Crime, and Restorative Justice* (Portland, OR: Cascade Books, 2012)도 볼 것.

36. 구약법에 관한 설명으로는, Hans Jochen Boecker, *Law and the Administration of Justice in the Old Testament and Ancient East* (Minneapolis: Augsburg Publishing House, 1980); Dale Patrick, *Old Testament Law* (Atlanta: John Knox Press, 1985); 뒤에서 인용하는 Millard Lind의 글이 유용하다.

37. Perry B. Yoder, *Shalom: The Bible's Word for Salvation, Justice, and Peace* (Newton, KS: Faith and Life Press, 1987). 이 장은 샬롬, 정의, 법, 언약에 관한 Yoder의 논의에 크게 의존하고 있다.

38. Yoder, *Shalom*, pp.19-21

39. Ibid. p.21.

40. Yoder의 글(예컨대 pp75-82) 이외에 Millard Lind의 언약과 법에 관한 논의를 많이 참조했다. Lind, "Law in the Old Testament" in *The Bible and Law*, ed. Willard M. Swartley, Occasional Papers No. 3 of the Council of Mennonite Seminaries (Elkhart, IN: Institute of Mennonite Studies, 1983); *The Transformation of Justice: From Moses to Jesus*, Issue No. 5 of *"New Perspectives on Crime and Justice: Occasional Papers"* (Akron, PA: Mennonite Central Committee, 1986).

41. Lind, *Transformation of Justice*, p. 3.

42. 위에서 인용된 자료 이외에 Matthew Fox, *A Spirituality Named Compassion and the Healing of the Global Village, Humpty Dumpty and Us* (Minneapolis: Winston Press, 1979) 참조.

43. 예컨대, 미가서 6:1-8. Lind, *Transformation*, p.1.

44. 역주-마태복음 20:1-17

45. Herman Bianchi, *A Biblical Vision of Justice*, Issue No. 2 of *New Perspectives on Crime and Justice: Occational Papers* (Akron, PA: Mennonite Central Committee, 1984), p. 7. 참조.

46. Boeker, *Law and the Administration of Justice*, 31ff.

47. Dan W. Van Ness, Crime and Its Victims (Downers Grove, IL: InterVarsity

Press, 1986), p.120; Van Ness, "Pursing a Restorative Vision of Justice," in *Justice: The Restorative Vision, Issue No. 7 of New Perspectives on Crime and Justice: Occational Papers* (Akron, Pennsylvania: Mennonite Central Committee, 1989), p. 18. 참조.

Millard Lind는 다음과 같은 정의를 제안한다.

Shillum : 복수, 응보, 보복(호세아서 9:7, 미가서 7:3)

Shillem : 보답(신명기 32:35)

Shalom : 언약적 관계로부터 유래되는 웰빙

Mishpat : 하나님의 공정함을 사회적으로 표현한 말. 즉, 신과 인간의 관계 및 그에 기초한 인간관계에서 유래되는 행동규범.

Sedeqah : mishpat의 동의어로서 정의로 번역될 수 있는 말. mishpat은 적용된 정의를 의미하지만, Sedeqah는 주권적 리더인 하나님의 속성을 의미하는 데 차이가 있다. 보통 구원 또는 승리로 번역될 수 있다. 인간에 대해 사용될 때는 도덕적 행위, 즉 여호와의 품행과 가르침을 떠올릴 만한 인간의 행위를 언급 하는 경우가 있다.

Eirene: 국가와 개인 간의 조화와 화합. 즉, 언약적 관계로부터 유래되는 안전과 웰빙(shalom을 볼 것).

48. Herman Bianchi, *A Biblical Vision*, pp. 5-7. 또한 *Torah*와 *sedeqah*에 관 한 그의 논의를 볼 것

49. 역주-영어나 독일어 혹은 우리말에서 law, recht, 법은 두 가지 의미를 갖는다. 하나는 의회가 만든 실정 법률을 의미하고(특히 전자만 일컬을 때, statute, Gesetz, 법률이라는 말을 사용하기도 한다), 다른 하나는 법률로 명문화되지 않은 법의 정신을 말한다. 법의 정신은 올바름 혹은 정의라고 부르는 것과 같은 것인데, 올바름을 종교에서 찾는 시대에는 모든 법의 정신이 궁극적으로 하나님의 뜻으로 귀결되었지만, 그것을 인간의 이성에서 찾는 근대에는 법이란 인간의 보편적 이성을 의미한다.

50. 법에 관한 이러한 논의는 Lind, Yoder, Boecker, Patrick를 기초로 하고 있다. 그러나 John E. Toews, "Some Theses Toward a Theology of Law in the New Testament" in *The Bible and Law*, ed. Willard M. Swartley, pp.43-64 도 참조할 것.

51. 특히 신명기 12-28장과 레위기 17-26장을 볼 것. 동기 조항의 패턴에 관한 논의로는 Lind, "Law in the Old Testament," 17ff.와 Yoder, *Shalom*, 71ff.를 볼 것.

52. Patrick, *Old Testament Law*, 4장; Roland de Vaux, *Ancient Israel* (New Your, McGraw-Hill, 1961), p.149; Boecker, Law, 171ff.를 볼 것.

53. Virginia Mackey, *Punishment in the Scripture and Tradition of Judaism, Christianity and Islam*, (New York: National Interreligious Task Force on Criminal Justice, 1983)을 볼 것. 또한 C.F.D. Moule, "Punishment and Retribution: An Attempt to Delimit Their Scope in New Testament Thought," *Suensk Exegetisk Arssbok*, 30 (1966), pp 21-36; James E. Lindsey, Jr., "Vengeance," in *The Intepreter's Dictionary of the Bible, supplementary volume* (Abingdon:

Nashville, 1976), pp. 932-933도 참조. 하나님의 분노에 관해서는 Mort MacCallum-Paterson의 글이 도움이 된다. 예컨대 "Blood Cries: Lament, Wrath and the Mercy of God," *Touchstone*, May 1987, 14-25: *Toward a Justice That Heals: The Church's Response to Crime* (Toronto: United Church Publishing House, 1988).

54. Bianchi, *A Biblical Vision*, pp. 1-2. Cf. Motile, "Punishment and Retribution."

55. Yoder, *Shalom*, p. 36.

56. 역주-카인의 후예인 라멕은 살인자에 대한 원한을 품고 있었고, 자기의 행동에 대해 죄책감이나 후회를 느끼지 못했으며, 복수를 정당하다고 생각했다. 이처럼 "내 행동은 정당화된다. 즉, 당신이 나를 해하였으므로, 나는 당신을 해할 것이다. 더 큰 고통으로 빚을 갚도록 해주마"라고 생각하는 것을 라멕법이라고 한다

57. Clarence Jordan은 끝없는 보복에서 한없는 사랑으로 옮겨가는 경우를 개관한 바 있다. 예컨대, *Sermon on the Mount*, rev. ed., (Valley Forge, PA: Judson Press, 1973), 63 ff.

58. Van Redekop, "Update," Church Council on Justice and Corrections(Canada) (Spring 1985).

59. Lind, *Transformation*, 5ff

60. 역주-원문에는 chapter 2 라고 되어 있으나, Part II를 잘못 기재한 것이다.

61. 예컨대, Herman Bianchi, *Justice as Sanctuary*. 또한 Timothy Gorringe, *God's Just Vengeance*를 볼 것.

62. Yoder, *Shalom*, pp. 53-70.

63. Lois Barrett, "The Gospel of Peace," MCC *Peace Section Newsletter*, 18, No.2 (March-April, 1988), pp.1-8.을 볼 것.

64. 이 사건에 관해서 자세한 것은 John Bender, *Peace Section Newsletter*, 16, No.1 (January-February, 1986), pp. 1-5.; Dean Peachey, "The Kitchener Experiment," *Mediation and Criminal Justice: Victims, Offenders and Community*, eds. Martin Wright and Burt Galaway (London: Sage Publications Ltd., 1989), pp.14-26.을 볼 것.

65. 세계메노나이트교회연합 Mennonite Central Committee는 인간의 기본적 요구를 위해 봉사하고, 평화와 정의를 위하여 노력함으로써 그리스도의 이름으로 모든 인간에게 하나님의 사랑과 연민을 나누는 단체다. 자세한 정보는 www.mcc.org 또는 www.mcccanada.ca.

66. 중대 범죄에 대한 조정에 관해서는 예컨대, Mark S. Umbreit, *Mediating Interpersonal Conflicts: A Pathway to Peace* (West Concord, MN.: CPI Publishing, 1995), 148 ff. 참조

67. 1990년 이후의 연구들은 아래에 요약하는 결과를 확인하고 있다. Mark S. Umbreit, *Victim Meets Offender: The Impact of Restorative Justice and*

Mediation (Monsey, N.Y.: Criminal Justice Press, 1994) 및 "Victim and Offender Mediation: International Perspectives on Theory, Research, and Practice," Harry Mika ed., *Mediation Quarterly*, 12, no.3 (special issue, spring 1995); Lawrence Sherman and Heather Strang, *Restorative Justice: The Evidence* (London: Smith Institute, 2007), http://www.restorativejustice.org/10fulltext/restorative-justice-the-evidence.

68. 예컨대, Lawrence Sherman과 Heather Strang의 2007년 메타분석 참조. 이 연구에 포함된 프로그램 유형으로 인해 재범데이터에 일부 한계가 있지만, 피해자에 관해서 중요한 측면을 조명하고 있다http://www.restorativejustice.org/10fulltext/restorative-justice-the-evidence

69. Mark S. Umbreit and Mike Schumacher, *Victim Understanding of Fairness: Burglary Victims in Victim Offender Mediation* (Minneapolis: Minnesota Citizens Council on Crime and Justice, 1988).

70. Robert B. Coates and John Gehm, *Victim Meets Offender: An Evaluation of Victim-Offender Reconciliation Programs* (Michigan City, Indiana: PACT Institute of Justice, 1985); Andrew Gibson, "Victim-Offender Reconciliation Program: Research Project, Langley, B.C." (Simon Fraser University, 1986).

71. 역주-가해자를 처벌함으로써 일반인들이 범죄를 저지르지 못하게 하는 것을 일반예방이라고 부르고, 특별히 가해자 자신의 재범을 방지하는 것을 특별예방이라고 부른다.

72. 영국 Home Office는 VORP 또는 '배상' 프로젝트에 관한 양적·질적 연구를 폭넓게 지원하고 있다. Home Office가 진행하는 연구를 주도한 Tony Marshall의 연구결과요약에 감사드린다.

73. 역주-이 지적은 범죄의 예방을 위해 범죄자를 처벌하려고 하는 예방주의에 대해 자주 제기되는 것이다.

74. Gwynn Davis, Jacky Boucherat, and David Watson, *A Preliminary Study of Victim Offender Mediation and Reparation Schemes in England and Wales*, Research and Planning Unit Paper 42 (London: Home Office, 1987), pp. 60-65.

75. 텃밭 비유는 Clarence Jordan과 John H. Yoder에게서 차용한 것이다.

76. 최근의 피해자-가해자 만남에 대한 자세한 논의는 Lorraine Stutzman Amstutz, *The Little Book of Victim Offender Conferencing* (Intercourse, PA: Good Books, 2009)

77. *Changing Lenses*, 3판 부록의 내용을 수정한 것이다.

78. 예컨대, Jonathan Burnside and Nicola Baker, eds., *Relational Justice: Repairing the Breach* (Winchester, UK: Waterside Press, 1994)에 수록된 McElrea의 논문(pp. 104-113.)과 B.J. Brown and F. W. M. McElrea, eds., *The Youth Court in New Zealand: A New Model of Justice* (Legal Research Foundation, Publication No. 34, 1993)을 볼 것. 뉴질랜드와 호주의 가족간대화모임의 내용과 평가에 관

해서는 Christine Alder and Joy Wundersitz, eds., *Family Group Conferencing and Juvenile Justice: The Way Forward or Misplaced Optimism?* (Canberra, Australia: Institute of Criminology, 1994).

79. *Crime, Shame, and Reintegration* (Cambridge, UK: Cambridge University Press, 1989).

80. 역주-비행하위문화이론은 앨버트 코헨(Albert Cohen), 차별적 접촉이론은 에드윈 서덜랜드(Edwin Sutherland), 낙인이론은 에드윈 레머트(Edwin Lemert)가 제시한 범죄원인론이다. 범죄원인론은 케틀레(Quetelet)의 범죄통계학부터 범죄생물학과 범죄심리학을 거쳐 범죄사회학에 이르기 까지 약 180여년의 역사를 가지고 있지만, 지금까지의 결론은 '생물학적, 심리학적, 사회학적 요인에 의하여 사람의 심리가 왜곡될 때 범죄가 일어난다' 는 것이다. 브레이스웨이트의 재통합적 수치심 이론의 가장 큰 특징은 범죄방지론이라는 것이다. 어떤 환경, 유전자, 심리를 가지고 있든 '수치심'이 가장 강력한 범죄통제요소이며, 이것을 잘 유발하면 범죄가 방지될 것이라는 주장이다. 이 이론의 가장 큰 문제점은 재통합적 수치심과 낙인적 수치심을 어떻게 구별할 것인가, 왜 전자는 일반적으로 범죄억제력을 가지는데 후자는 범죄유발력을 가지는가 등이다. 브레이스웨이트의 이론은 결국 '수치심'이 미치는 효과가 '사람마다 다르다' 는 결론에 이를 수밖에 없어보인다. 수치심을 많이 느끼는 사람이 있고, 수치심이 크게 작용하는 문화가 있다. 따라서 그의 이론은 논리 필연적으로 공동체가 가해자의 수치심을 극대화하여 범죄를 억제하도록 하는 역할을 담당해야 한다는 결론에 이른다. 공동체의 이런 역할은 그의 책에 자주 등장하는 "Uncle Harry"가 수행한다. Uncle Harry 는 주말이면 범죄 청소년이 잘 살고 있는지 둘러보고, 일자리를 소개해주기도 하며, 인생의 멘토가 된다. 자세한 내용은 Braithwaite, J., *Restorative Justice and Responsive Regulation, OUP, 2002* 참조.

81. Nathan Harris and Shadd Maruna, "Shame, Sharing and Restorative Justice: A Critical Appraisal," in *Handbook of Restorative Justice*, ed. Dennis Sullivan and Larry Tift (New York: Routledge, 2008).

82. "Alternative Dispute Resolutions in Action in Canada: Community Justice Circles" (unpublished paper, Yukon Territorial Court, Whitehouse, Yukon).

83. Lorraine Stutzman Amstutz and Judy H. Mullet, *The Little Book of Restorative Discipline for Schools* (Intercourse, PA: Good Books, 2005); 및 Carolyn Boyes-Watson and Kay Pranis, *Circle Forward: Building a Restorative School Community* (St. Paul, MN: Living Justice Press, 2014) 참조. 대학에 대해서는 David R. Karp, *The Little Book of Restorative Justice for Colleges and Universities* (Intercourse, PA: Good Books, 2013).

84. 가족간 만남과 양형 써클에 대해서 자세한 내용은 Kay Pranis, *The Little Book of Circle Processes* (Intercourse, PA: Good Books, 2005); Allan MacRae and Howard Zehr, *The Little Book of Family Group Conferences, New Zealand Style* (Intercourse, PA: Good Books, 2004) 참조.

제4부

새로운 렌즈

제10장

회복적 렌즈

이 장을 구상할 무렵, 잠깐 시간을 내어 법원에 가보게 되었다. 이웃에 사는 18세 소년이 형을 선고받기로 되어 있었는데, 그는 옆집의 어린 소녀를 희롱한 죄에 대해 죄를 인정한 상태였고, 피해 소녀의 어머니가 나에게 도움을 요청했기 때문이다. 소녀의 어머니는 소년이 교도소에 가서 또 다른 피해자가 되기를 바라지 않았고, 다만 희롱 행위를 그만두기 바랐던 것이다. "다른 사람이었다면 완전히 격리시키고 싶지만, 테드가해 소년에겐 도움이 필요해요"라고 그녀는 말했다.

"다음 기일에 양형 심리를 계속하려고 하는데, 솔직히, 어떻게 해야 할지 모르겠군요. 하워드 씨, 좀 도와주세요"라고 판사가 말했다.

이런 종류의 사건은 어디서부터 풀어나가야 할까? 나는 전통적인 방법으로 틀을 잡아 나갔다. 즉, 그는 법을 위반했다. 법은 무엇을 요구하는가? 법원은 무엇을 받아들일 것인가? 법원은 이 문제를 어떻게 처리해야 하는가? 그때 나는 내가 쓰던 글을 기억해 내고, 내 글의 틀도 바꾸기 시작했다.

결국 사고의 틀, 그것이 차이를 만든다. 발생한 일을 어떻게 해석해야 하는가? 어떤 요소들이 관련되어 있는가? 어떤 대응이 가장 적합한가?

이 책 서두에서 말한 바와 같이, 우리가 사물을 바라보는 렌즈가 문제에 대한 인식과 그 '해결'에 대한 사고의 틀을 결정한다. 우리는 대체형벌 뿐만 아니라 형벌에 대한 대안까지 살펴보아야 한다. 양형 전문가인 케이 해리스 Kay Harris 교수는 형벌의 대안적 가치가 문제이지 대안적 기술이 아니라는 점을 지적한 바 있다.1 문제와 해결방법 모두를 보는 대안적 방법을 살펴보아야 한다.

지금까지는 응보적 렌즈가 이 책의 초점이었다. 이 책 서두의 이야기나 다른 사례들에서 보는 것처럼 응보적 렌즈에 의존하는 절차는 피해자와 가해자의 많은 요구를 충족시켜주지 못한다. 그와 같은 실패는 변화의 필요성을 확인하는 소극적 표지이지만, 우리가 나아가야할 방향을 가리키는 적극적인 표지도 있다. 피해자와 가해자의 경험 요구는 우리가 해결해야 할 사항을 가리키고 있다. 성서적 전통도 어떤 원리를 제시하고 있다.

또한 우리의 역사적 경험과 최근의 '실험의 장'은 실현가능한 접근 방식의 예를 제시하고 있다. 이러한 표지들이 새로운 렌즈의 요소가 될 수 있을 것이다.

그렇다면 새로운 렌즈가 새로운 패러다임인가? 패러다임은 비전이나 제안 그 이상의 것이다. 새로운 패러다임은 일관적인 문법과 적용의 물리학을 비롯한 명확한 이론과 어느 정도의 공감대를 요구한다. 그것이 모든 문제를 해결할 필요는 없지만 가장 중요한 문제를 해결해야 하고, 방향성을 제시해야 한다. 아직까지는 그런 단계에까지 도달했다고 하기 어려울 것이다.

지금 단계에서 더 현실적인 것은 원리와 경험에 뿌리를 둔 대안적 비전이고, 이것은 현재의 위기에 대한 해결책을 모색하는데 도움이 될 수 있다. 아직 완성된 패러다임에 이르지 못했다 해도 다른 렌즈를 선택할 수 있다는 것이다. 그와 같은 비전이 우리가 함께해야 하는 실험과 탐험의 방향을 제시하는데 도움이 될 수 있다.

여기서 우리가 탐색하고자 하는 것은 무엇이 기준이고 무엇이 규범적인 것인가에 관한 비전을 찾는 것이지, 무엇이 모든 상황에 대한 현실적인 대응인가가 아니다. 현재의 렌즈는 비정상적이고 이상한 사건을 토대로 구축되어 있다. 그리고 그런 사건에 대한 절차를 '통상의' 범죄에 대해서 규범화시키고 있다. 물론 가해자들 중에는 내재적 위험성이 크기 때문에 자유를 구속할 필요가 있는 경우도 있다. 누군가는 규칙과 신중한 보장조항에 따라 결정을 내려야 한다. 어떤 가해자는 너무 흉악하여 특별한 취급이 필요한 경우도 있다. 하지만, 이러한 예외적인 경우를 일반화시켜서 원칙으로 삼을 수는 없다. 그러므로 우리의 접근방법은 범죄의 의미가 무엇이고 그에 대한 통상적인 대응은 무엇인가를 확인하는 것이어야 한다. 물론 일정한 예외가 있을 수 있음을 인정하여야 한다. 따라서 지금은 우리의 비전이 모든 상황을 포섭할 수 있는지 여부에 집착하지 말고, 규범적인 것이 무언인가를 생각해보기로 하자.

범죄를 높은 추상의 평면에서 끌어내리는 것이 이러한 탐구를 시작하는 한 가지 방법일 것이다. 이것은 범죄를 사람과 관계에 대한 침해와 피해로 이해하는 것을 의미한다. 이런 이해가 성서적 이해와 현실적 경험에 부합한다. 범죄가 그렇다면, 사법은 잘못을 바로잡는 일에 초점을 맞춰야 한다.

그렇다면 두 개의 대조적 렌즈는 다음과 같이 스케치할 수 있을 것이다:

응보적 사법

범죄는 법위반과 죄책으로 정의되는 국가에 대한 침해다. 따라서 사법은 체계적 규칙에 따른 가해자와 국가의 다툼을 통해 비난을 결정하고 고통을 부과한다.

회복적 사법

범죄는 사람과 관계에 대한 침해다. 따라서 범죄는 잘못을 바로잡을 의무를 만들어 낸다. 사법은 피해자, 가해자, 공동체가 회복, 화해, 안전을 촉진하는 해결방법을 찾는 것이다.

제12장에서 응보적 사법라는 용어와 회복적 사법의 극단적 대비에 대해서 주의할 사항을 언급하며, 회복적 정의라는 개념을 사용하는 방법을 정리한다. 그러나 제12장에서 살펴볼 비판이 이 장의 의미를 퇴색시킨다고 할 수는 없다. 극단적 양분법은 때로 중요한 구분선을 그을 수 있는 언어를 제공하기 때문에 오히려 이 장의 의미를 강화한다고 보아야 한다.2

범죄: 사람과 관계에 대한 침해

앞에서 나는 사람들이 경미한 재산범죄라도 자신에 대한 공격으로 느낀다는 점을 지적한 바 있다. 피해자는 직접적인 피해가 재산으로 제한되어 있더라도 사람에 대한 침해로 받아들인다. 샬롬의 비전은 이러한 물질적 수준이 참살이Well-being의 중요한 요소라는 점을 상기시켜 준다.

또한 샬롬의 비전은 범죄가 인간관계의 침해한다는 점도 알려준다. 즉, 범죄는 우리의 신뢰에 악영향을 끼쳐서 의심과 소외, 때로 인종차별주의를 유발할 수 있고, 친구나 사랑하는 사람들, 친척, 이웃 사이에 벽을 만들기도 한다. 범죄는 주위에 있는 사람들 사이의 관계에 악영향을 미친다.

범죄는 또한 피해자와 가해자 사이의 파열된 관계를 의미한다. 범죄 이전에는 아무런 관계가 없었더라도 범죄가 관계를 만들어 내고, 그 관계는 보통 적대적이다. 이러한 적대적 관계를 해결되지 않은 채로 내버려두면 피해자와 가해자의 참살이에 악영향을 미친다.

범죄는 피해자의 상처를 의미하지만, 또한 가해자의 상처를 의미하기도 한다. 다수의 범죄는 상처 때문에 생긴다. 많은 가해자들이 어린 시절에 학대받은 경험이 있고, 의미있는 직업을 가지고 삶을 영위할 수 있는 교육과 훈련을 받지 못했으며, 타인에게 인정받고 자아를 회복할 수 있는 방법을 제대로 경험하지 못했다고 한다. 즉, 많은 사람들에게 범죄는 도움을 요청하고 자신의 인간성을 주장하는 방법이라는 것이다. 이들이 타인을 침해하는 부분적 이유 중 하나는 자신도 남에게 해를 입었기 때문이다. 그리고 그들은 흔히 사법 절차를 거치면서 또 상처를 입게 된다. 이런 측면은 분배적 정의 문제에서 기인하기도 하는데, 그것은 샬롬 비전의 중요한 부분이다.

그래서 범죄의 핵심은 상처받은 사람이 다른 사람을 침해하는 것이며, 사람 사이에 존재해야 하는 올바른 관계를 침해하는 것이다. 물론 범죄에는 사회적 차원도 있다. 실제로, 범죄의 효과는 여러 사람에게 파장을 미치기 때문에 사회도 범죄 해결에 대한 이해관계와 역할을 가지고 있다. 그러나 이러한 사회적 차원은 출발점이 아니다. 범죄는 일차적으로 사회에 대한 침해가 아니고, 국가에 대한 것은 더더욱 아니기 때문이다. **범죄는 일차적으로 사람에 대한 침해이고**, 우리의 출발점도 바로 여기에서 시작되어야 한다.

범죄의 관계적인 측면은 그것이 갈등과 관련된다는 점을 말해 준다.2 범죄를 바라보는 새로운 렌즈를 연구하는 유럽의 몇몇 학자들은 범죄를 갈등의 형태로 정의해야 한다고 주장하고 있다. 결국 범죄는 개인 상호 간의 갈등을 일으키고 때로는 갈등에서 비롯되기도 하므로, 범죄가 사회 내의 다른 피해 및 갈등과 관련되어 있다는 점은 분명하다. 갈등적 상황의 상당수는 범죄로 정의되든 아니든 적절하게 접근한다면 학습과 성장의 기회가 될 수 있을 것이다.

그러나 마리 마셜 포춘Marie Marshall Fortune은 범죄를 갈등이라고 부르면 오해의 소지가 있으며 위험하다고 경고한다.3 그에 의하면, 예컨대 가정폭력 상황에서 우리는 중대한 결과를 일으키는 폭력 행위를 단순히 갈등의 결과라고 정의하는 경우가 많은데, 이렇게 되면 피해자를 비난함으로써 행위에 대한 책임을 무마해 버리기 쉽다고 한다. 또한 갈등은 폭력이 단순히 갈등의 확대일 뿐이라고 가정하지만, 폭력은 단순히 갈등의 확대가 아니고 범주가 다른 문제라고 포춘은 지적한다. 서로 다른 의견을 가지고 언쟁하는 일과 상대방을 신체적으로 공격하는 것은 전혀 다른 문제라는 것이다.

범죄는 관계적인 측면을 가지기 때문에 갈등과 관련되는 것은 분명하다. 하지만, 갈등과 같다고 해버리면 오해를 불러일으킬 수 있고, 다른 중요한 측면을 가릴 수 있다.

범죄라는 말은 어떤가? 이 용어를 최대한 피해야 한다는 사람들이 있다. 그들에 의하면, 범죄는 가지각색으로 나타나는 피해와 갈등 중에서 법률 시스템이 자의적으로 규정한 결과물이다. 그것은 하나의 바구니 안에 가지각색의 무관한 행위와 경험을 던져 넣은 인공적인 구조물과 같으며, 범죄를 다른 해악과 침해로부터 구별하는 것은 다른 종류의 잘못에 대한 경험적 현실의 의미를 흐린다.

이런 이유 때문에 네덜란드 범죄학자 루크 헐스만Louk Hulsman은 문제 상황problematic situations이라는 용어를 제안한 바 있다.4 이 용어는 '범죄'와 다른 형태의 피해 및 갈등의 연관성을 잘 상기시켜 준다. 또한 그러한 상황에 고유한 학습 가능성이 있다는 의미를 내포한다. 그러나 이 '문제 상황'은 모호하게 느껴질 뿐만 아니라 심각한 피해가 있는 경우까지 상처 측면을 보이지 않게 만들 우려가 있다. 확실히 '문제 상황'이 일반적 논의에서 '범죄'를 대체하는 것을 상상하기는 어렵다.

대안적 용어가 좋을 수도 있지만, 나는 아직까지 수용 가능한 대안을 발견하지 못했다. 그래서 그 부적절함을 기억하면서 범죄라는 용어를 계속 쓰기로 한다.

범죄는 치유해야 하는 상처와 관련된다. 그러한 상처는 피해의 네 가지 기본적 차원을 의미한다.

1.피해자에 대한 피해

2.개인 상호 간의 관계에 대한 피해

3.가해자에 대한 피해

4.공동체에 대한 피해

응보적 사법의 렌즈는 주로 후자, 즉 사회적 차원에 집중한다. 그 과정에서 공동체를 추상적이고 비개인적인 것으로 만든다. 응보적 사법은 국가를 피해자로 정의하고, 잘못된 행위를 규칙위반으로 이해하며, 피해자와 가해자의 관계는 무의미하다고 본다. 따라서 범죄는 다른 유형의 잘못과는 종류가 다르다.

회복적 정의의 렌즈에서는 사람을 피해자로 인정하고, 상호 개인적 차원의 필요를 중심으로 인식한다. 따라서 범죄는 개인적 피해와 사람 사이의 관계에 대한 침해로 정의된다. 따라서 범죄는 사람과 관계에 대한 침해이다.

범죄에 대한 이해

응보적 렌즈	회복적 렌즈
범죄는 규칙에 대한 침해로 이해 〈깨어진 규칙〉	범죄는 사람과 사람의 관계에 대한 침해로 이해〈깨어진 관계〉
침해를 추상적으로 정의	피해를 구체적으로 정의
범죄는 다른 피해가 종류가 다름	범죄는 다른 피해 및 갈등과 종류가 같음
피해자는 국가	사람과 관계가 피해자
국가와 가해자가 당사자	피해자와 가해자가 당사자
피해자의 요구와 권리 무시	피해자의 요구와 권리가 중심
개인 상호 간의 차원은 무의미	개인 상호 간의 차원이 중심
범죄의 갈등적 성질이 흐려짐	범죄의 갈등적 성격이 인식됨
가해자의 상처는 주변적	가해자의 상처도 중요함
범죄는 기술적·법적 용어로 정의	범죄는 도덕적, 사회적, 경제적, 정치적인 전체적 맥락에서 이해

지금까지 우리는 논의의 대부분을 범죄라는 꼬리표가 붙는 피해와 갈등으로 제한해 왔다. 그러나 이처럼 좁은 시각은 성서적인 것이 아니다. 성서는 우리에게 샬롬의 상태 즉, 올바른 관계의 상태에서 어떻게 함께 살아야 하는지 비전을 제시해 준다. 우리가 범죄라고 부르는 행위들은 그러한 관계를 침해하는 것이지만, 이 점은 힘 있는 자가 힘없는 자를 상대로 저지르는 부정의와 억압행위 등 다른 피해도 마찬가지다. 성서의 시각으로 이해하기 위해서는 범죄와 범죄 이외의 다른 부정의 사이에 인위적인 경계선을 긋지

말고 부정의를 전체적으로 보아야 한다. 피해의 연속선 전체를 보아야 한다. 이렇게 보면, 범죄는 일반적으로 민사라고 불리는 사람 사이의 피해와 갈등에 포함된다.5 그런 부정의는 다시 권력과 부富의 부정의와 맞닿아 있다. 구약의 예언가들은 구조적 부정의가 죄악이고 그 부정의가 또 다른 부정의를 낳는다는 점을 상기시켜 주고 있다.

회복: 목표

범죄가 상처라면 정의은 무엇인가? 성서는 다시 한 번 우리에게 방향을 제시한다. 범죄가 사람들에게 피해를 입히는 것이라면, 정의는 사람들 사이의 피해를 바로잡는 방법을 모색하는 것이어야 한다. 잘못이 일어났을 때, "가해자에게 어떤 조치를 취해야 하는가?" 또는 "범죄에 대한 응분의 대가는 무엇인가?"를 중심적 이슈로 삼아서는 안 된다. 그 대신 "잘못을 바로잡기 위해서 어떤 일이 이뤄져야 하는가?"가 우선적인 이슈가 되어야 한다.

정의는 응보가 아니라 회복으로 정의해야 한다. 범죄가 상처라면, 정의는 상처를 수선하고 치유를 촉진하는 것이어야 한다. 회복 행위는 피해가 늘어나는 것이 아니라 범죄가 끼치는 피해와 균형을 잡는 것이어야 한다. 물론 완전한 회복을 장담할 수는 없겠지만, 진정한 정의라면 회복이 시작될 수 있는 상황을 제공하는 것을 목표로 삼을 것이다.

범죄의 피해가 네 가지 차원을 가지고 있다면, 회복을 위한 노력도 네 가지 차원을 해결하여야 한다. 따라서 사법의 첫 번째 목표는 피해자에 대한 손해배상과 치유라야 한다.

피해자의 치유는 침해행위를 잊어야 한다거나 가볍게 보아야 한다는 의미가 아니다. 오히려 그것은 회복되고 있다는 느낌, 어느 정도의 해결 또는 새로운 시작을 의미한다. 침해를 당한 사람은 다시 삶이 의미가 있고 자신이 안전하며 자기 삶을 통제한다고 느껴야 한다. 침해를 한 사람은 변할 수 있도록 격려받아야 하며, 새로운 인생을 시작할 수 있는 자유를 얻어야 한다. 치유는 회복되고 있다는 느낌에서부터 미래에 대한 희망까지 포함하는 것이다.

피해자와 가해자가 관계를 치유하는 것은 사법에서 두 번째로 중요한 관심 사항이어야 한다. 피해자-가해자 화해운동은 이 목표를 화해로 보았다.

화해는 완전한 회개와 용서를 의미한다. 그것은 피해자와 가해자 사이에 긍정적인 관계를 형성하는 것이다. VOC 경험은 그것이 가능하다는 사실을 보여주고 있다. 그러나 모든 사건에서 화해가 이루어지리라고 생각하는 것은 비현실적이다. 많은 경우 화해 비슷한 것도 이루어지지 않으며, 친밀함이나 완전한 신뢰와는 정반대의 관계가 만족스러운 결과로 여겨지는 경우도 있다. 어떤 식으로든 참가자들이 화해를 강요받는다고 느껴서는 안 된다. 이러한 의미에서 메노나이트 화해봉사위원회 위원장이었던 론 크레이빌Ron Kraybill은 화해 자체에 리듬과 역동성이 있음을 상기시켜 주었다. 우리가 의식적으로 화해를 하고싶다 해도, 감정은 다른 방향을 향할 수 있다는 것이다.

머리는 '있어야 할 것'에 관심을 가지고, 가슴은 '있는 것'에 반응한다. 따라서 머리는 가슴에게 방향을 설정해줄 수 있지만, 가슴이 그 지점에 도달하는 데는 적당한 시간이 필요하다. 가슴의 화해는 몇 개의 단계가 들어 있는 사이클이다.6

캘리포니아 프레스노 VORP 설립자인 론 클라센Ron Claassen은 화해를 하나의 연속선으로 보아야 한다고 한다.7 한쪽 끝에는 복수를 위한 철저한 적의가 있고 반대쪽 끝에는 회복이나 강력하고 적극적인 관계의 재창출이 있다. 범죄가 일어나면 이 관계는 적대적인 쪽으로 기울게 되는데, 이런 관계를 방치해 두면 그대로 정체되거나 더 깊은 적대심으로 이동하게 된다. 그래서 사법의 목적은 적대적으로 치우친 관계를 화해 쪽으로 옮기는 것이어야 한다. 그와 같은 관계의 치유는 부분적이더라도 개인의 치유를 향한 중요한 첫걸음이다. 사법이 화해를 보장하거나 강제할 수는 없지만, 적어도 화해가 일어날 수 있는 기회를 주어야 한다.

나는 별로 화해가 될 것 같지 않은 사건에 관여해 왔다. 범죄와 해결 방법을 논의하기 위해 만나는 중에도 피해자와 가해자는 여전히 적대적이다. 그러나 그 적대적 감정의 성격이 달라진다. 즉 그들은 더 이상 피해자 또는 가해자의 추상을 상대로 혹은 고정관념을 상대로 화내지 않고, 구체적인 사람을 상대로 화를 내게 되었다. 이것조차도 어떤 의미에서는 개선이다.

가해자도 치유가 필요하다. 물론 자신의 행위에 실질적 책임을 져야 한다. 그들을 봐줘서는 안 된다. 그래도 책임 자체가 변화와 치유로 가는 걸음이 될 수 있다. 그리고 가해자들의 다른 필요에도 관심을 기울여야 한다.

공동체도 치유가 필요하다. 범죄는 공동체의 완전성을 손상시켰으며, 그 손상은 치유되어야 한다.

정의의 경험은 인간의 기본적인 욕구다. 정의를 경험하지 못하면 치유와 화해도 어렵거나 불가능하다. 정의는 범죄 경험을 극복하기 위한 전제 조건이다.

물론 완전한 정의를 경험하는 일은 드물겠지만, '근사치의 정의'만으로도 도움이 된다.8 부분적 경험만으로도 회복과 새출발에 필요한 기초를 놓을 수 있다. 예컨대, 가해자가 확인되지 않거나 책임을 부인한 경우에는 공동체가 정의의 경험을 제공하는 역할을 할 수 있다. 공동체는 피해자에게 일어난 일이 잘못임을 확인하고, 피해자들의 요구를 듣고 돌봐줌으로써 피해자에게 귀기울이며 피해자를 존중할 수 있다. 근사치의 정의일지라도 정의가전혀 없는 것보다 나으며, 그것만으로도 치유 과정을 도울 수도 있다.

정의를 어떻게 그려야 하는가? 눈을 가린 채 저울을 들고 있는 여신은 현대적 패러다임의 비개인적, 절차 지향적 성격을 잘 그려내고 있다. 우리의대안은 무엇인가?

정의를 상처의 치유라고 상상하는 것도 하나의 가능성이다. 나의 동료인데이브 워스는 그 이미지를 이렇게 설명했다.

> 살점이 찢겨 나간 곳에는 새 살이 돋아서 빈자리를 메워야 한다. 새 살
> 이 돋으려면 적절한 조건과 영양이 공급되어야 한다. 안전과 위생 그리
> 고 시간이 필요하다. 흉터가 남을 수도 장애가 남을 수도 있다. 그러나
> 치유가 되면 움직일 수 있고 제 기능을 하게 되며 성장할 수 있다. 그리
> 고 상처와 치유의 경험을 통해 우리는 상처가 생기는 조건과 상처가 치
> 유되는 조건에 대해 어떤 이해를 갖게 된다. 그렇게되면 우리는 상처가
> 생기는 조건을 변화시키고, 상처 입은 사람에게 상처가 치유되는 조건
> 을 제공할 수 있다.9

잔인한 살인사건으로 딸을 잃은 윌마 덕슨Wilma Derksen, 『어떻게 용서할 것인가』 대장간 역간은 더욱 희망적인 은유를 제안하였다. 즉, "범죄는 사람들에게공허함을 만들어 내므로 정의가 그 빈자리를 채워야 한다"는 것이다.10

정의에 대한 성서의 접근 방식은 회복적 정의가 전환적 정의transformative

justice 11가 되어야 한다는 것을 잘 보여준다. 잘못을 바로 잡기 위해서는 단순히 상태와 사람을 원래의 조건으로 되돌려놓는 것은 바람직하지도 않고 가능하지도 않다. 정의는 현재 상태범죄 전의 상태로 되돌리는 것을 넘어서야 한다. 예컨대, 아내를 학대했다면 피해를 변상하는 것만으로는 충분하지 않다. 사람 사이의 관계가 상처의 재발을 막을 수 있을 정도로 건강한 상태로 변화되지 않고서는 진정한 정의가 있을 수 없다. 정의는 단순히 과거의 상태로 돌아가는 것이 아니라 새로운 방향으로 이동하는 것을 의미한다. 정의는 움푹 패인 땅을 평평하게 채워넣는 것에 그치지 않는다. 땅 위로 수북이 쌓아 올릴 필요가 있다. 이것도 데이브 워스의 설명이 나보다 나은 것 같다.

고린도후서 5장 18절 이하는 화해와 새로운 창조를 연결시킨다. 무언가 새로운 일이 두 사람 사이에서 일어나는 것은 화해의 핵심이 아닌가 싶다. 과거의 방식에 기초한 무언가가 아니라, 응당 있어야 할 방식에 기초한 무언가다. 화해는 진정으로 미래 지향적인 접근 방식이다.
'흘러 넘침'이 바로 정의다. 우리가 이야기하는 것은 정상적인 수준에 이르는 법적 접근이 아니다. 우리는 정의의 규모를 이야기하는 것이 아니다. 우리는 새로운 일이 일어날 수 있도록 하는 진정한 정의가 이루어지는 상황을 이야기하고 있다. 사람들을 하향평준화시켜서 방치하는 것이 아니라, 주위의 사람들에게 나누어줄 수 있을 정도로 가득 차고 넘쳐나는 그런 것이다. 현재의 법적 접근방법의 문제는 사람들에게 정의를 넘치게 주지 않아서 다른 사람에게 나누어줄 정의가 남지 않는다는 점이다.

정의는 요구^{needs}에서부터 시작된다

가득 채우고 넘쳐나는 것을 목적으로 하는 정의는 인간의 요구를 확인하고 이를 충족시키는 것에서부터 시작되어야 한다. 범죄에 있어서 출발점은 침해당한 사람의 요구라야 한다. 가해자가 확인 되었는지의 여부와 관계없이, 범죄가 일어났다면 첫 질문은 "누가 피해를 입었는가?" "어떤 피해를 입었는가?" "피해자가 무엇을 원하는가?"라야 한다. 물론 이런 접근은 "누가 가해자인가?" "가해자에게 어떤 조치를 취해야 하는가?"를 먼저 묻고 이를 넘어서는 경우가 거의 없는 응보적 접근과는 차원이 전혀 다르다.

피해자에게는 최소한의 정의라도 경험하기 위해서 충족되어야 하는 여러 가지 요구가 있다. 그 중 가장 먼저 그리고 가장 시급하게 바라는 것은 지지와 안전이다.

그러나 시간이 지날수록 다양한 요구가 생기는데, 그 중 일부는 제1장에서 살펴보았다. 우선 피해자에게는 자신의 이야기를 들어줄 사람이 필요하다. 피해자는 자기 이야기를 하고 몇 번이라도 감정을 분출할 수 있는 기회를 가져야 한다. 피해자는 자기의 진실을 이야기해야 한다. 그리고 자기와 함께 괴로워해 주고, 자기가 겪은 억울한 일을 함께 한탄할 사람이 필요하다. 이 과정에서 피해자는 도덕적 정당성을 옹호받을 필요성을 느낀다. 자기에게 일어난 일이 잘못된 것이며, 이런 일을 당할 마땅한 이유가 없고, 다른 사람들도 이것을 잘못으로 인식하고 있다는 것을 알 필요가 있다. 또한 이 잘못을 바로잡고 재발의 가능성을 줄이기 위해 어떤 조치가 취해졌다는 것을 알 필요가 있다. 타인이 자신의 고통과 경험을 인정한다는 것을 알아야 한다.

진실, 한탄, 도덕성 옹호의 언어가 때로는 거칠거나 분노에 차 있을 수 있지만, 그들의 이야기를 수용하고 진심으로 귀 기울여야 한다. 그래야 넘어설 수 있다. 모트 맥콜럼-패터슨Mort MacCallum-Paterson은 범죄 피해자가 고통을 부르짖는 것은 구약에서 쉽게 발견되는 고통의 부르짖음과 상당히 비슷하다고 한다. 고통을 부르짖고 복수를 요구하는 것은 하나님에게 동정과 비탄을 요구하는 '기도의 외침prayer-cries'과 같다. 이들은 노여움과 복수심에 가득 찬 것처럼 들리지만, 반드시 공동체의 행동을 요구하는 것은 아니다. 어느 살인 피해자의 아버지가 패터슨에게 말한 것처럼, "우리가 하는 말이 마치 사형을 요구하는 것처럼 들릴 수 있습니다. 그러나 사실은 그렇지 않습니다. … 그것 말고 우리가 무슨 말을 할 수 있겠습니까?" 패터슨은 이렇게 말한다.

> 그것 말고 우리가 무슨 말을 할 수 있겠는가? 그것이 핵심이다. 살인 피해자의 유족이 슬픔과 고통과 분노를 표현할 수 있는 방법으로 피의 보복보다 더 궁극적인 말은 없다. 그들의 말이 실행되던 되지 않던 살인자의 사형이라는 목표를 향한 계획에는 행동이 필요하다. 말 이상의 결단이 필요하다는 말이다. 살인 피해자 가족의 비탄에 그와 같은 표현은 담겨 있지만 … 결단은 담겨 있지 않다. 그것은 분노가 저주의 형태로 나타난 것에 불과하다고 보아야 한다. 사실상 그것은 하나님이 피해자의 생명을 앗아간 자에게 저주를 내릴 것이라는 일종의 기도다.12

응보도 도덕성 옹호의 한 형태이지만, 손해배상도 마찬가지다. 『상처의 치유Mending Hurt』라는 책에서 북아일랜드의 존 램펜John Lampen은 손해배상이 응보만큼이나 인간의 기본적 대응방법이라고 한다.13

손해배상restitution은 손실의 회복을 의미하지만, 그 중요성은 상징적인 데 있다. 상징적인 의미에서 손해배상은 '잘못을 인정하고 책임을 진다'는 진술이다. 잘못을 바로잡는 것 자체가 도덕적 옹호의 한 형태이며 응보보다 치유에 더 큰 도움이 된다.

응보는 대개 원한을 남긴다. 응보는 정의를 전혀 경험하지 못하는 것보다는 나을지 몰라도 증오심의 해소에는 별 기여를 하지 못한다. 증오는 치유를 방해한다. 반면, 용서는 증오를 해소함으로써 피해자와 가해자가 자신의 삶을 통제할 수 있도록 해준다. 이것이 용서의 미학이다. 그러나 용서도 화해와 마찬가지로 쉬운 일이 아니고 강제되어서도 안 된다. 많은 경우 정의의 경험이 있어야 용서를 할 수 있다. 물론 경우에 따라서는 용서가 불가능해 보일 때도 있다.

응보와 손해배상 모두 불균형을 바로잡는 것이다. 응보와 회복restoration은 상징적인 중요성을 가지고 있는 반면, 손해배상은 균형을 회복할 수 있는 구체적인 방법이다. 또한 응보는 피해자가 처하게 된 낮은 수준으로 가해자를 끌어내림으로써 균형을 잡으려 한다. 응보는 가해자의 우월성 주장을 무력화하고 피해자의 가치를 확인함으로써 잘못을 행한 자를 굴복시킨다. 반면 손해배상은 피해자를 이전의 수준으로 끌어올리려고 한다. 피해자의 도덕적 가치를 인식하고 가해자의 역할과 참회 가능성을 인정한다. 그리하여 가해자의 도덕적 가치까지 인정한다.[14]

우리들 대부분은 피해자가 가장 먼저 응보를 원할 것이라고 생각하지만, 대다수의 피해자 조사는 이와는 다른 그림을 제시하고 있다. 피해자는 일반인에 비해 비구금적 배상형에 대해 개방적이다.[15]

더욱이 피해자들은 가해자의 사회복귀를 중요한 가치로 인정한다. 결과적으로 가해자를 돕는 것은 피해자의 안전문제와 장래의 범죄 예방문제를 다루는 한 가지 방법이다.

또한 피해자는 힘을 부여받을 필요가 있다. 사법은 제3자가 피해자를 위해서 해주는 것이어서는 안 된다. 피해자는 사법 절차에서 자기가 필요한 존재이고 하고 싶은 말을 한다고 느낄 수 있어야 한다. 범죄가 피해자로부터 힘을 박탈하는 것이므로 사법은 피해자에게 박탈당했던 힘을 되돌려주는 것이 되어야 한다. 이것은 피해자의 요구가 무엇이고, 어떻게 충족될 수 있으며, 언제 다루어야 하는가를 결정하는 데 있어서 피해자가 중심이 되어야 한다는 것을 의미한다. 그 밖에도 피해자는 전체 사법 절차에서 일정한 역할을 해야 한다.

피해자는 안심과 변상, 도덕성 옹호, 힘을 필요로 할 뿐만 아니라, 특히 의미를 찾을 필요가 있다. 이그너티에프의 통찰을 되새겨 보면, 궁극적으로 정의는 의미의 틀framework for meaning을 제공하는 것이다. 피해자는 어떤 일이 왜 일어났는지, 그에 대해 어떤 조치가 취해지고 있는지에 관한 물음에 답을 얻어야 한다. 피해자는 제1장에서 제시한 바 있는 회복을 위한 여섯 가지의 질문에 대한 답을 얻어야 한다. 우리는 피해자가 답을 찾을 수 있게 도와주어야 한다. 따라서 사법은 누가 왜 그랬으며, 그가 어떤 사람이고, 그에 관해 어떤 조치가 취해지고 있는지 등 최소한 사실 관계에 관한 정보를 제공해야 한다.

피해자는 도덕성 옹호를 원한다. 피해자에게 잘못이 없음을 인정하기 위해서는 범죄를 비난하고, 피해자의 이야기를 들어주어야 한다. 또한 범죄를 지극히 개인적인 문제로 돌려서는 안 되고, 소소한 문제로 치부해서도 안 된다. 피해자는 배상, 화해, 용서 등 형평을 요구한다. 그들은 참여와 안전 등 힘을 필요로 하며, 나아가 피해자들에게 적절한 지원과 고통분담, 안전, 책임의 명확화, 예방 등 안심할 수 있는 조치를 해야 한다. 그리고 그들은 정보, 질문에 대한 답, 비례성 의식 등 의미를 필요로 한다.

피해자는 범죄 때문에 침해를 당했다고 생각하고, 이러한 침해는 요구를 발생시킨다. 침해로 인해 요구가 생긴다는 점은 공동체도 마찬가지다. 범죄의 공적 차원을 무시할 수 없기 때문에, 사법 절차는 전적으로 사적일 수 없다. 공동체도 피해자와 마찬가지로 사건이 잘못된 일이고, 그에 대해 어떤 조치가 취해지고 있으며, 그 조치가 범죄의 재발을 막을 수 있다는 안도감을 얻으려고 한다. 여기서도 정보는 고정관념과 근거 없는 두려움을 줄여줄 수 있기 때문에 중요한 의미가 있다. 또한 손해배상은 공동체 의식 회복의 상징을 제공하는 중요한 역할을 할 수 있다. 사실 상징성은 대단히 중요하다. 범죄는 공동체 의식을 갉아먹기 때문이다. 그래서 공동체의 회복을 위해서는 범죄에 대한 비난, 옹호, 안도감 등의 요소를 담은 일종의 상징적 행동이 요구되는 것이다.

범죄의 공적 차원도 이처럼 중요한 의미가 있다. 그렇다고 해서 범죄의 공적 차원이 문제해결의 출발점이 될 수는 없다. 또한 공동체가 범죄에 대해서 가지고 있는 몇 가지 관념도 타파되어야 한다. 그 중 하나가 완전한 질서와 안전이 가능하다는 관념이다. 적어도 자유 사회의 틀 속에서는 그것이 불가능하다.

우리 지역 VORP 운영기구의 기금마련 회의에서 나는 부유한 젊은이 건너편에 앉아 있었다. 엄청난 폭풍이 몰려오자 모두들 집으로 돌아가 버렸다. 그곳에 앉아서 폭풍을 지켜보고 있는데, 그 사람이 자기가 방금 기부한 단체에 대해서 물었고, 곧 우리는 사법에 대해 이야기하기 시작했다. 그는 이 문제에 관한 자신의 내면적 갈등을 상당히 솔직하게 이야기하였다. 어릴 적부터 알고 있는 상습적 도둑이 있는데 그 친구의 사회복귀와 행복을 걱정하는 한편, 자신이 보수적이라서 도둑들에게 엄한 형벌이 필요하다고 생각한다고 했다. 그가 말하기를 "때로는 우리도 이란처럼 손을 자르는 것같이 엄한 형벌을 사용해야 한다고 생각합니다. 그러면 더 안전해지겠지요." 나는 그에게, "아마 그렇겠죠. 하지만, 그렇게 되면 그런 사회에서 살고 싶겠어요?"라고 되물었다.

질서와 자유는 하나의 연속선 위에서 마주보고 있는 두 끝점이다. 무엇이든 공식적, 비공식적 통제를 받지 않고 자유롭게 할 수 있다는 의미에서 완전한 자유는 홉스가 말한 세상처럼 혼돈스럽고 안전하지 못할 것이다. 반면에 완전한 질서는 그것이 성취가능하다 해도 자유의 희생이 있어야만 가능하다. 예컨대 엄한 형벌이 범죄를 억제할 수 있다면, 그것은 신속하고 확실한 형벌일 것이다. 그러나 그 대가는 무엇인가? 중앙권력에게 남용될 것이 확실한 자의적인 힘을 주는 실수를 저지르게 될 것이다. 우리 대부분은 그런 세상에 살고 싶어 하지 않는다. 그래서 우리는 그 연속선 가운데 어딘가에서 자유와 질서의 균형을 찾아서 움직이고 있다. 우리 중 보수주의자는 질서 쪽에 가까울 것이고, 자유주의자는 자유 쪽에 가깝게 서 있을 것이다.

자유와 질서에 관한 일반적 가정에는 또 다른 오해가 존재한다. 우리는 질서를 대개 규칙과 벌칙, 즉 공식적 통제라고 생각하지만, 역사를 통틀어 질서는 비공식적 통제, 즉 종교 시스템, 사회적 압력과 의무, 순응에 대한 보상 등에 의해 유지되어 왔다. 이 점은 우리의 일상생활에서도 마찬가지다. 질서가 단순히 법과 형벌로부터 나온다고 가정하는 것은 사회결속의 원동력을 간과하는 태도다.

이러한 이야기의 논점은 우리가 완벽한 안전을 누리면서 동시에 소중한 가치를 보유할 수는 없다는 것이다. 동시에 한 사람의 자유 행사가 다른 사람의 자유를 침해할 경우에 타인의 자유를 침해한 사람에게 책임을 지우지 않으면 우리의 자유는 위험에 처하게 된다.

범죄는 의무를 만들어낸다

요구에 관한 논의는 곧 책임과 부채의 문제로 이어진다. 침해는 의무를 만든다. 물론 일차적 의무는 침해를 야기한 쪽에 있다. 다른 사람에게 잘못을 저지르면, 잘못을 바로잡을 의무가 생긴다. 정의는 바로 이런 것이어야 한다. 이것은 가해자가 자신이 저지른 해악을 이해하고 인정하여 불완전하거나 상징적이더라도 그 잘못을 바로잡을 수 있는 조치를 취하도록 고무하는 것을 의미한다.

잘못을 바로잡는 것이 정의의 중심이다. 그것은 한계적·선택적 활동이 아니며, 그것은 의무다. 사법 절차가 가해자로 하여금 자신의 책임을 기꺼이 인정하도록 돕는 것이 가장 이상적일 것이다. 피해자-가해자 만남에서는 그와 같은 일이 흔히 나타난다. 그러나 가해자들이 처음부터 책임을 지려고 하지는 않는다. 자기 행위의 결과를 이해하려고 노력하면 비난받기 좋은 위치에 놓일 수 있기 때문이다. 그래서 가해자들은 정확히 이런 정보로부터 자신을 보호하는 고정관념과 합리화의 벽을 구축한다. 이렇게 잘못을 바로잡을 책임을 지지 않으려고 하는 것은 형벌을 받는 편이 오히려 쉽기 때문이다. 즉, 형벌은 한동안은 상처가 될 수 있지만 책임과 무관하고 합리화나 고정관념을 위협하지도 않는다. 따라서 가해자들에게는 자신의 의무를 받아들이도록 하는 강한 자극이나 심지어 강제가 필요할 때도 있다.

북미 등의 VOC 운동은 종종 이 문제를 논의한다. 책임 인정은 자발적인 편이 더 좋을 뿐만 아니라 강제가 남용될 수 있다는 점은 명백하다.16 그러나 나는 원칙적으로 가해자가 자신의 책임을 져야 한다는 생각에 반대하지 않는다. 어찌됐든 다른 사람에게 해를 입히면 빚, 즉 채무가 생긴다. 가해자는 이 사실을 인식하고 자발적으로 책임을 받아들여야 하고, 사법 절차는 이것을 촉진해야 한다.

그러나 사람들이 자발적으로 책임을 지는 경우는 많지 않다. 따지고 보면, 가해자들이 문제에 빠지게 되는 이유도 부분적으로는 책임의식이 결여되어 있기 때문이다. 그와 같은 무책임은 쉽게 극복하기 어렵다. 그렇다면 사회가 가해자에게 할 수 있는 말은 단순하다:"당신은 다른 사람을 침해하는 잘못을 저질렀다. 따라서 당신은 그 잘못을 바로잡을 의무가 있다. 자발적으로 그렇게 할 수 있는데, 그렇다면 당신이 어떻게 할지를 찾아갈 수 있도록 해 주겠다. 그러나 책임을 인정하지 않는다면, 우리가 당신 대신 당신에게 무엇이 필요한지 결정해서 당신이 그것을 하도록 요구할 것이다."

가해자에게 잘못을 바로잡을 의무를 받아들이도록 요구하거나 피해자를 만나서 충분한 책임을 지도록 권장할 수는 있다. 그러나 그것을 강제할 수도 없고 강요해서도 안 된다. 또한 피해자의 참여를 강제해서는 안된다! 강제된 만남은 가해자나 피해자 어느 쪽에도 좋을 리가 없고 역효과를 일으키기 쉽다. 가해자에게 잘못을 바로잡도록 요구할 수 있지만, 그들에게 어느 정도의 자발성이 없으면 완전한 책임이란 있을 수 없다.

형벌과 배상의 목적은 어떤 메시지를 전달하는 것이다. 공리주의의 입장에서 형벌의 목적은 가해자에게 "범죄를 저지르지 마라. 왜냐하면 범죄는 법에 반反하기 때문이다." "범죄를 저지른 사람은 처벌받아 마땅하다"라고 전한다. 하지만 배상 또는 손해배상은 이와 다른 메시지를 전한다. 즉, "범죄를 저지르지 마라. 왜냐하면, 그것은 타인에게 해를 끼치는 것이기 때문이다. 타인에게 해를 끼친 사람은 그것을 바로잡아야 한다." 마틴 라이트 Martin Wright가 지적하듯, 우리가 전달하는 메시지가 언제나 마음에 새겨지지는 않지만, 일단 새겨지게 된다면, 올바른 메시지가 새겨질 수 있도록 해야 한다.[17]

범죄가 잘못이라는 메시지를 전달해야 할 필요에 관해 라이트는 "가해자에 대하여 어떤 조치를 취하는 것 보다 피해자를 위해서 무언가를 함으로써, 그리고 가해자에게 그것을 하도록 요구함으로써 더 건설적으로 범죄를 비난할 수 있다."[18]

범죄는 갚아야 할 빚을 만들어 내고, 그 빚은 용서를 받았는지와 관계없이 계속 남겨진다. 일단 범죄를 저지르면 신이나 피해자로부터 용서를 받았다고 해서 더 이상의 채무가 남지 않는다고 할 수 없다. 그렇지만, 피해자가 구체적인 채무까지도 사해 주기로 선택할 수 있는 것 또한 사실이다. 가해자가 피해자 및 가해자가 잃은 것을 완전히 되돌릴 수 있는 경우는 매우 드물다. 이에 관해서 허먼 비안키는 용서란 회복될 수 없는 것에 대한 부채를 면해 주는 것이라고 한 바 있다.

가해자는 최대한 잘못을 바로잡아야 한다. 그러나 가해자가 확인되기까지 상당한 시간이 지연되는 경우도 많고, 전혀 확인되지 않는 경우도 많다. 또한 범죄로 인해 피해자와 공동체에게 생기는 요구 중에 가해자가 바로잡을 수 없는 것들도 많고, 가해자의 요구도 있다. 개인이 혼자 보살필 수 없는 요구를 보살피는 것, 그것이 사회의 책임이다. 따라서 범죄가 발생하면 공동체에게도 일정한 의무가 생기는 것이다.

가해자에게도 요구가 있다

성서에서 정의가 행해지는 이유는 응당 이뤄져야 하기 때문이 아니라 필요하기 때문이다. 응보적 사법 또는 응분의 대가 모델에서는 가해자의 요구가 우선될 자격이 없다고 보지만, 사회의 자기이익은 가해자의 요구까지 정당한 대응의 일부가 될 것을 요구한다. 가해자의 요구를 확인하고 해결하는 것은 회복적 사법의 핵심적 요소 중 하나다.

이 장 첫머리에서 이야기한 테드는 치료를 받을 필요가 있다. 법률 시스템은 그의 행동을 '성적 괴롭힘'이라고 해석한다. 그러나 그의 행동은 자신 감결핍과 기능장애 패턴의 일부여서 방치되면 더 나빠질 뿐이다. 따라서 테드로 하여금 자기 행동이 피해자에게 미치는 영향을 인식하도록 치료할 필요가 있다.

물론 가해자에게도 여러 가지 요구가 있다. 우선 피해자와 사건에 대한 그들의 고정관념과 합리화잘못된 책임전가를 깨뜨릴 필요가 있고, 책임성 있는 삶의 방식을 배워야 하며, 직업기술 및 대인기술을 개발할 필요가 있다. 정서적 지원이 필요한 경우도 많다. 분노와 좌절을 적절한 방법으로 발산하고, 긍정적이고 건강한 자아상을 개발하며, 죄책감에 대처하는 방법을 배워야 한다. 피해자와 마찬가지로 가해자의 이러한 요구가 충족되지 않으면 가해자 역시 범죄에 마침표를 찍을 수 없다.

범죄가 있은 후, 피해자의 요구가 회복적 사법의 출발점이다. 그러나 가해자와 공동체의 요구를 무시해서는 안 된다.

실질적 책임의 문제

요구와 책무는 실질적 책임accountability로 귀결된다. 범죄로 인해 피해가 발생되면, 가해자는 자기 행동의 자연스러운 결과로서 실질적 책임을 져야 한다. 실질적 책임이란 자기가 일으킨 피해를 이해하고 인정하며, 잘못을 바로잡기 위한 조치를 취하는 것을 의미한다.

가해자의 실질적 책임에는 제3의 중간적 차원이 있는데, 그것은 잘못을 바로잡을 방법을 결정하는 과정에 참여하는 것이다. 챌린 판사는 책임 있는 양형을 강조한다.19

범죄행위 자체가 가해자의 무책임함을 반영하는 경우가 많은데, 단순히 무슨 일이 일어날 것이라고 이야기해 주는 것은 또 다른 무책임을 조장하며 가해자들이 부담스러운 일을 회피할 수 있게 해주는 것이다. 그래서 챌린 판사는 가해자에게 어떤 문제를 해결해야 하는지 알려주고, 그와 같은 요건을 어떻게 충족시킬 것인지, 형刑을 어떻게 감독하고 집행하면 좋겠는지에 대한 제안을 가져오도록 한다. 여기서 VOC가 가해자로 하여금 손해배상을 협상 합의하도록 하는 역할을 수행한다.

몇 년 전 인디애나 공동체사법 센터Center for Community Justice in Indiana가 '청소년 배상juvenile reparation' 실험을 진행한 적이 있다. 이 프로그램에서는 '양형'이 이루어지기 전에 가해 소년들을 참가하도록 하여 자신의 행동이 (1) 피해자에게, (2) 공동체에게, (3) 자기 자신에게 피해를 준다는 사실을 이해하도록 도와주었다. 진행자들은 소년들이 세 가지 측면을 모두 포괄하는 '양형'을 제안할 수 있도록 도와주는 역할을 하였다. 피해자-가해자 만남을 통해 그들은 피해자의 요구를 알고 손해배상을 할 수 있도록 하였고, 사회봉사를 통해 공동체에 대한 보상을 할 수 있도록 했으며, 튜터링, 예술치료 요법, 기타 활동 등을 통해서 자기 자신의 요구를 해결할 수 있는 기회를 가지도록 했다. 이 프로젝트의 요지는 실질적 책임이 책무를 강화하고 장려하며, 실질적 책임을 제대로 지려면 세 가지 측면의 의무, 즉 피해자, 공동체, 가해자에 대한 의무를 모두 진지하게 받아들여야 한다는 것이다.

가해자도 실질적 책임을 져야 하지만, 사회도 실질적 책임을 져야 한다. 사회는 피해자의 요구를 확인하고 충족시켜줌으로써 피해자에게 책임을 져야 한다. 마찬가지로 공동체는 가해자의 요구에 귀를 기울여 단순한 회복이 아니라 전환을 추구하여야 한다. 실질적 책임은 다차원적이고 전환적인 것이다.

실질적 책임에 대한 이해

응보적 렌즈	회복적 렌즈
잘못은 죄책을 만듦	잘못은 책무와 의무를 만듦
죄책은 절대적·선택적	책임의 정도 가능
죄책은 씻을 수 없음	죄책은 참회와 배상을 통해서 씻을 수 있음
추상적인 빚	구체적인 빚
형벌을 받음으로써 빚을 갚음	잘못을 바로잡음으로써 빚을 갚음
추상적인 사회에 '빚'을 짐	먼저 피해자에게 빚을 짐
실질적 책임은 자신에게 맞는 '약'을 먹는 것	책무를 다하는 것이 실질적 책임 포함
행위의 자유로운 선택 가정	인간의 자유에 대한 잠재적 인식과 현실적 실현의 차이 인정
자유의지 또는 사회적 결정주의	선택에 있어서 사회적 맥락의 역할을 인정 (개인의 책임을 부정하지 않음)

절차는 힘과 정보를 주어야 한다

판사나 법률가들은 사람들이 소송에서 이기는 것을 가장 원한다고 생각한다. 그러나 최근 연구에 의하면, 절차가 대단히 중요하고, 형사사법 절차가 정의롭다고 느껴지지 않는 경우가 많다고 한다. 결국 '어떤 결과가 나왔느냐' 뿐만 아니라 '어떻게 결정되느냐'도 중요하다는 말이다.[20]

정의는 우리가 이루어가는 것이지, 누군가가 만들어서 우리에게 알려주는 것이 아니다. 누군가 우리에게 정의가 이루어졌으니 이제 집피해자이나 교도소가해자에 가라고 한다면, 우리는 그것을 정의라고 느끼지 않는다. 현실에서 살아있고 경험하는 정의가 언제나 즐거운 것은 아니지만, 누군가 우리를 위해 이루어준 것이 아니라 우리 스스로 이루었기 때문에 정의라고 생각한다. 그냥 정의가 아니라, 정의의 경험이 있어야 한다.

회복적 사법은 우선 긴급한 요구, 특히 피해자의 요구를 충족시키는 것이다. 그 다음으로 더 큰 요구와 의무를 확인도록 해야 한다. 사법 절차는 이러한 요구와 의무를 확인하는 과정에서 직접적으로 관련된 사람, 즉 피해자와 가해자에게 가능한 한 많은 힘과 책임을 주어야 한다. 또한 공동체가 관여할 수 있는 여지도 충분히 남겨두어야 한다. 둘째로 회복적 사법은 피해자와 가해자들이 사건 및 각자의 요구사항에 대한 정보를 교환하는 상호작용을 촉진함으로써 양자의 관계 문제를 해결하여야 한다. 셋째로 현재의 요구뿐만 아니라 미래의 의지를 다루면서 문제해결에 초점을 맞추어야 한다.

피해자와 가해자의 참여가 중요하다는 점은 이미 언급하였다. 피해자의 입장에서 힘을 빼앗기는 것이 범죄의 핵심요소이므로 힘을 돌려주는 것이 치유와 정의의 결정적인 요소다. 또한 가해자의 입장에서 무책임과 박탈감은 범죄로 가는 길을 놓은 원인이므로 '문제해결' 과정에 참여함으로써 진정한 책임을 느낄 수 있어야 마침내 범죄를 극복할 수 있다.

공동체에게도 역할이 있다. 우리의 문제를 전문가에게 맡겨버리는 경향은 현대 사회의 비극 중 하나다. 이런 경향은 건강, 교육, 육아 문제 등 다양한 분야는 물론이고 범죄라고 불리는 피해와 갈등 영역에서도 명확히 드러나고 있다. 그렇게 함으로써 우리는 점차 스스로 문제를 해결할 힘과 능력을 잃어간다. 더 나쁜 것은 문제를 함께 해결해 나가면서 배우고 성장할 수 있는 기회를 포기해야 한다는 것이다. 회복적 대응은 정의를 탐색하는 과정에서 공동체가 수행해야 할 역할이 있음을 인식하여야 한다.

서로에 관한, 범죄 사실에 관한, 각자의 요구에 관한 정보의 교환은 사법이 해결해야 할 중요한 한 과제다. 피해자는 무슨 일이 왜 일어났고, 누가 그랬는지에 관한 질문에 답을 원한다. 가해자는 자신이 무슨 일을 누구에게 했는지 이해할 필요가 있다. 사람의 얼굴이 고정관념의 자리를 갈아치워야 하고, 잘못된 책임전가를 깨뜨려야 한다. 이러한 정보의 교환은 매우 중요한 것이며, 직접적 상호 작용을 통해서 이루어지는 것이 가장 이상적이다. 정보의 교환을 통해서만 과거에 어떤 일이 일어났고 앞으로 어떻게 할 것인가라는 문제가 해결될 수 있는 것이다. 그리고 그 결과는 화해와 합의의 형태로 기록되어 평가하고 모니터링하여야 한다.

피해자와 가해자 사이의 조정mediation 또는 대화는 이러한 기준을 충족시키는 한 가지 접근방법이다.21 피해자-가해자 조정은 참가자에게 힘을 주고, 잘못된 책임전가를 깨뜨리며, 정보를 교환할 수 있도록 하며, 잘못을 바로잡을 수 있도록 장려한다. 조정은 공동체 조정자라는 매개를 통하여 공동체의 참여가능성도 열어 놓는다. 조정은 사법에 대한 회복적인 접근의 근본 취지를 잘 살릴 수 있는 모델이다.

그러나 조정에는 일정한 전제 조건이 필요하다. 우선 참가자들의 안전이 확보되어야 한다. 또한 참가자들이 정서적 지원을 받아야 하고 자발적으로 참가해야 한다. 물론 반드시 잘 훈련된 조정자의 참여와 시기의 적절성도 중요한 요소다.

이와 같은 전제조건이 충족되면, 조정은 핵심적 쟁점들을 적절한 방식으로 해결하여야 한다. 마크 움브레이트Mark Umbreit는 조정에 대하여 당사자들에게 '힘을 부여하는' 방식으로 진행되어야지, 조정자가 직간접적인 조작을 통해서 자기의 의도와 판단을 반영하는 방식으로 진행되어서는 안 된다는 점을 지적하고 있다.252

합의에 이르는 과정에서 정보의 교환과 감정의 표현을 생략하면 안 된다. 론 클라센Ron Claassen은 완전한 조정이 되려면 세 가지의 유형의 질문에 만족스럽게 답할 수 있어야 한다고 한다.

첫째, 잘못부정의 不正義이 인식되었고, 인정되었는가? 가해자가 자기 행위를 고백하고 책임을 받아들였는가? 피해자가 질문에 답을 얻었는가? 가해자가 자기 인생에 어떤 일이 있었는지 설명할 기회를 가졌는가?

둘째, 최대한 형평을 회복하기 위해서 무엇이 필요한지에 대해 합의가 이루어졌는가?

셋째, 앞으로 어떻게 할 것인지 논의했는가? 가해자에게 재범할 계획이 있는가? 피해자가 안전하다고 느끼는가? 합의의 실천을 모니터링하기 위한 장치가 있는가?

클라센은 이 세 가지 범주를 성서의 말을 빌어 고백confession, 손해배상 restitution, 회개repentance로 요약한다.23

그러나 조정이 언제나 적절한 것은 아니다. 예컨대 정서적 지지와 안전이 확인되었더라도 두려움이 너무 큰 경우, 당사자 사이의 힘의 불균형이 너무 심해서 극복할 수 없는 경우, 피해자나 가해자가 원치 않는 경우, 가해가 지나치게 흉포하거나 심각한 고통이 따르는 경우, 당사자가 정서적으로 불안정한 경우 등에는 조정이 적합하지 않다. 피해자와 가해자의 직접적인 접촉은 상당한 도움이 되기는 하지만, 사법이 그러한 직접적 상호작용에만 의존할 수는 없다.

그와 같은 경우에 다른 방식으로 정보를 교환할 수 있는 방법이 있다. 캐나다와 영국의 프로그램에서 시작된 피해자의 대리인을 이용하는 방법이 그 일례다. 여기서는 가해자가 책임 인정과 정보공유를 위하여 피해자의 대리인을 만난다. 성범죄나 사건이 아직 해결되지 않은 경우 등 감정이 격해질 수 있는 상황에서 이 방식이 진가를 발휘한다.24

대개의 성적 학대 치료요법은 피해자와 가해자를 따로따로 치료한다. 그런데 이런 방법으로는 범죄와 관련된 신뢰 남용의 문제를 인식할 수 없고, 이를 해결할 방법을 제시하지 못한다. 또한 범죄행위가 당사자들에게 어떻게 인식되는지의 문제와 잘못된 책임전가의 문제에 거의 관심을 기울이지 않는다. 따라서 범죄를 극복할 수 있는 방법이 되지 못한다.

심리치료사 월터 버리Walter Berea가 개발한 '피해자 중심 성범죄자 치료요법victim-sensitive sex offender therapy'은 좀 다르다.25 이 요법은 세 단계로 구분되는데, 첫 번째 단계는 '의사소통' 단계이다. 여기서 치료사는 보호관찰관, 피해자를 상담한 전임 치료사, 그리고 드물지만 피해자와 접촉한다. 피해자와의 접촉은 사건에 관해 더 완전한 정보를 제공해 주고, 피해자에게 가해자가 치료받고 있다는 사실을 알려줄 수 있으며, 피해자의 요구가 얼마나 충족되고 있는지 물어볼 기회가 된다.

두 번째 단계에서는 피해자에 대한 잘못된 책임전가를 깨는 단계이다. 이 단계에서 가해자는 자신의 책임을 인정하고 자기 행위가 어떤 결과를 가져왔는지 이해하도록 도움을 받는다. 이 단계에서 가해자는 피해자에게 사과의 편지를 쓴다. 피해자에게 이 단계는 자신에게 잘못이 없음을 확인받을 수 있는 시간이 된다.

이 요법에서 세 번째이자 마지막 단계는 화해에 초점을 둔다. 이 단계는 가해자가 쓴 사과의 편지를 직접 받는 방법, 직접 대면, 장래에 접촉하지 않겠다는 약속 등의 형태로 나타날 수 있는데, 선택은 피해자에게 달려 있다. 이런 접근 방식은 피해자 및 가해자의 요구뿐만 아니라 범죄의 상호 개인적 차원을 중요하게 고려하는 방식이다.

뉴욕주 바타비아Batavia 보안관서에서 운영하는 프로그램의 로고에는 '뉴욕 주의 자부심으로 만들어진 제네시 사법Genesee Justice'이라고 써 있다. 이 프로그램은 교도소의 과도한 사용과 피해자의 요구에 관심을 바탕으로 과실치사, 폭행 및 살인 등 중대한 폭력범죄를 위해 설계되었다. 범죄가 발생하는 경우, 피해자 및 생존자유족에게 즉각적이고 강력한 원조가 제공된다. 이들의 지원은 통합적인 것으로서 단순히 법적 요구에만 집중하지 않고, 감정적·정신적 요구에도 관심을 기울인다.26

담당자들은 피해자와 함께 피해를 입게 된 과정을 천천히 되짚어 본다. 이 과정에서 담당자들은 피해자들이 그 경험을 '시스템'에게 자세히 알려줄 수 있도록 도와주며, 피해자는 피해자-가해자 직접대면 등을 통해서 보석이나 양형까지 관여할 수 있다. 이러한 모든 지원과 참여과정을 거친 후 피해자가 원하는 것들은 놀라울 정도로 창조적이고 구원적이다. 피해자의 요구가 직접 논의되고 피해의 여러 가지 측면이 인식되는 것만으로도 중요한 의미가 있다.

피해자-가해자가 직접 상호작용함으로써 힘을 준다는 언제나 달성될 수는 없기에 어느 정도 제3자의 판단이 불가피하다. 따라서 공동체에 중요한 의미를 가지는 사건들은 피해자와 가해자에게만 맡겨둘 수 없고, 어느 정도 공동체의 감독이 필요하다. 그러나 이런 사건이 우리가 범죄를 바라보고 대응하는 방법에 대한 규범을 설정할 필요는 없다. 그런 경우에도 무엇이 범죄이고 어떤 일을 해야 하는가에 대한 우리의 비전은 유지되어야 한다.

사법 절차는 의식儀式을 포함한다

우리의 법률 시스템은 상당 부분 의식으로 이루어진다. 실제로, 재판의 상당 부분은 의식이고 드라마이며 극장이다. 그러나 가장 중요한 의식의 필요성은 무시되고 있다.

그런 의식이 필요한 때 중의 하나가 범죄가 발생했을 때다. 바로 이 때가 시편에서 그렇게 웅변적으로 서술하는 애통의 의식이 필요한 때다. '제네시 사법'은 원하는 사람들에게 애통과 치유를 위한 예배를 장려함으로써 그 필요성을 인식한다.

그러나 완전하게든 유사하게든 정의가 이루어지면 범죄를 종결짓는 의식도 필요하다. 헐스만은 이것을 '재정돈의 의식ritual of reordering'이라고 부른다. 이 의식은 피해자와 가해자 모두에게 중요할 수 있다. 이런 의식은 교회가 중요한 역할을 수행하는 장이 될 수 있다.

과연 형벌이 설 곳은 어디인가?

지금까지 나는 형벌이 사법의 초점이 되어서는 안 된다고 주장했다. 그렇다면 회복적 사법 개념 안에 어떤 형태의 형벌이 들어설 자리가 있는가? 확실히 손해배상restitution과 같은 대안도 더 가치 있고 논리적이기는 하지만, 일종의 형벌로 이해될 수 있을 것이다. VOC에 관한 어느 중요 연구에 의하면, 가해자들은 VOC의 결과를 형벌로 받아들였지만 전통적 형벌에 비해 긍정적인 형벌로 받아들였다고 한다. 사법을 '잘못을 바로잡는 것making right'라고 쓴 사람도 있지만, 형벌이라는 징벌적 언어가 사용된 것은 아마 다른 대안적 용어가 없었기 때문인 것 같다. 그러나 책임을 수용하는 것은 고통스럽기 때문에 부분적으로나마 형벌로 이해될 수밖에 없다. 이와 마찬가지로 위험한 사람을 격리하는 것은 아무리 조건이 좋아도 고통스러울 수밖에 없는 일이다.

그렇다면, 우리가 던져야 되는 질문은 사람들이 회복적 사법의 요소를 형벌로 받아들이느냐가 아니라, 형벌로 의도된 형벌이 부과되는가일 것이다. 크리스티는 고통을 주기 위한 고통이 사용된다면, 적어도 그 뒤에 숨겨진 목적이 없어야 한다고 주장하였다.27

고통은 단순히 형벌로서 적용되어야지 사회복귀나 사회통제 등 다른 목적에 도달하기 위한 방법으로 부과되어서는 안 된다. 다른 공리주의적 목적을 위해 고통을 사용하는 것은 솔직하지 못한 일이며, 사람들을 물건으로 다루는 것과 같다. 크리스티는 이것을 슬픔에 비유해서 설명한다. 우리가 죽음을 애도할 때, 애도를 위해서 애도하는 것이지 어떤 다른 목적을 위해서 애도하지 않는다. 또한 크리스티는 고통부과의 정도를 감소시킬 수 있는 조건 하에서만 고통을 부과할 것을 촉구하였다.

회복적 접근방법에서도 형벌이 완전히 없어질 수 있을지는 모르겠다. 그러나 그것이 규범적인 대응이 되어서는 안되며, 그 사용과 목적 또한 신중하게 제한되어야 한다. 성서의 예는 형벌의 목적, 성질, 맥락이 중요하다는 점을 보여준다. 성서의 맥락에서 형벌은 목적 그 자체가 아니고, 해방과 샬롬을 목적으로 한다. 성서적 사법은 사랑의 맥락에서 집행된다. 용서와 화해의 가능성은 어두운 터널 반대편에서 들어오는 빛과 같다. 형벌은 제한적이지만, 사랑은 무제한적이다. 형벌이 아니라 사랑을 회복하는 것이 인간의 주된 책임이다.

누군가를 사회의 이름으로 처벌하기 위해서는 사회 자체가 정당하고 정의로워야 한다. 이그너티에프는 정의가 현실을 설명할 수 있는 의미의 틀을 제공하지 못하면 정의를 경험할 수 없기 때문에 형벌은 공정하고 정당해야 한다고 지적한다. 형벌이 공정해 보이려면 결과와 절차가 원래의 잘못과 연결되어야 하지만, 사회적 맥락도 공정한 것으로 여겨져야 한다. 그래서 더 큰 사회적·경제적·정치적 정의의 문제가 생기는 것이다.

회복적 사법의 접근에 형벌의 자리가 있다면, 그 자리는 중심적이지는 않을 것이다. 형벌은 고통의 수준을 통제하고 감소시키는 조건 하에서 원상회복과 치유를 목적으로 적용되어야 할 것이다. 어쩌면 '회복적 형벌'이 가능할지도 모른다. 그러나 어떤 형벌이든 파괴적 형벌이 될 가능성이 훨씬 크다는 점을 잊지 말아야 한다.

두 가지 렌즈

앞에서 응보적 렌즈와 회복적 렌즈를 짧게 요약해 보았다. 이 두 관점은 어느 정도 체계화될 수 있다. 응보적 사법에 의하면, (1) 범죄는 국가와 국가의 법을 위반하는 것이다. (2) 사법이란 당사자들 간의 갈등에 의하여 (3) 고통의 분량을 측정하는데 필요한 (4) 죄책을 확정하기 위해 (5) 가해자와 국가가 맞붙는 싸움이다. (6) 여기서는 결과보다 규칙과 의도가 중시된다. 한 편은 이기고 다른 편은 진다.

회복적 사법에 의하면, (1) 범죄는 사람과 관계를 침해하는 것이다. (2) 사법은 잘못을 바로잡을 수 있도록, (3) 요구와 의무를 확인하는 데 목적이 있다. (4) 사법은 대화와 상호 합의를 촉진하고, (5) 피해자와 가해자에게 중심적 역할을 부여하며, (6) 책임을 지는 범위, 요구가 충족되는 범위, 치유개인에 대해, 관계에 대해가 권장되는 범위에서 판단이 이뤄진다.

요구를 충족시키고 잘못을 바로잡는 일을 추구하는 사법은 비난과 고통을 그 핵심으로 하는 사법과 대단히 다르다. 다음 도표에서 두 가지 정의 개념의 특징과 의미를 비교해 보자.

사법에 관한 이해

응보적 사법	회복적 사법
비난 확정 중심	문제해결 중심
과거에 초점	미래에 초점
요구는 이차적	요구가 일차적
싸움 모델, 당사자주의	대화가 규범적
차이를 강조	공통성의 탐색
고통 부과가 원칙	원상회복, 배상이 원칙
하나의 사회적 손상에 다른 것을 더함	사회적 손상의 보정을 강조
가해자에 의한 해악을 가해자에 대한 해악으로 균형	가해자에 의한 손해는 잘못을 바로잡음으로써 균형
가해자에 초점, 피해자 무시	피해자의 요구가 중심
국가와 가해자가 핵심요소	피해자와 가해자가 핵심요소
피해자는 정보 결여	피해자에게 정보 제공
드물게 손해배상	보통 손해배상
피해자의 '진실'은 이차적	피해자에게 '진실을 말할 기회' 부여
피해자의 고통 무시	피해자의 고통 인식, 슬픔을 나눔
가해자에 대한 국가의 조치, 가해자는 수동적	가해자에게 해결에 관한 역할 부여
잘못에 대한 대응을 국가가 독점	피해자, 가해자, 공동체의 역할 인식

가해자는 해결할 책임 없음	가해자는 해결할 책임 있음
결과는 가해자의 무책임을 조장	가해자의 책임 있는 행동 고무
개인적 비난과 배제의 의식	슬픔과 재질서의 의식
가해자 비난	피해 행위 비난
공동체에 대한 가해자의 결속 약화	가해자의 공동체 통합 강화
가해자를 단편적으로 인식, 범죄는 한정적	가해자를 전체론적으로 인식
응보를 통한 균형의식	회복을 통한 균형의식
가해자를 낮춤으로써 균형	피해자와 가해자 모두를 올림으로써 균형
사법은 의도와 절차로 평가	사법은 결과로 평가
올바른 규칙이 정의	올바른 관계가 정의
피해자−가해자 관계 무시	피해자−가해자 관계가 중심
절차가 소외를 조장	절차의 목적은 화해
가해자의 과거 행위에 대한 대응	가해자의 행위의 결과에 대응
회개와 용서 방해	회개와 용서 장려
전문 대리인이 핵심적 행위자	피해자와 가해자가 중심, 전문가 조력제공
경쟁적·개인주의적 가치 조장	상호성과 협조 장려
행위의 사회적·경제적·도덕적 맥락무시	전체적 맥락이 관련
승·패의 결과를 가정	승·승의 결과 가능

　　응보적 정의과 회복적 정의. 두 개의 렌즈로 보는 세상은 너무 다르다. 우리에게는 응보적 정의가 있다. 그것은 이루어져야 할 필요가 있는 일 또는 실무자들이 하고 있다고 주장하는 일을 제대로 수행하지 못하고 있다. 다만 어떻게 움직이는지 안다는 의미에서만 작동되고 있다. 그렇다면 내가 회복적 정의라고 부르는 새로운 관점은 어떤가? 우리는 이제 어디로 가야 하는가?

제11장

회복적 시스템의 실행

회복적 정의에 기초한 시스템을 어떻게 하면 완전히 시행할 수 있을까? 상상만 해도 즐겁다.

시스템 가능성

법을 '민사화'해야 한다는 사람들이 있다.28 형법과 달리 민법은 잘못을 유죄가 아닌 손해와 책임으로 정의한다. 그래서 결과도 형벌이 아니라 화해와 손해배상으로 나온다. 민법은 책임을 승패의 문제로 정의하지 않으며 책임의 정도를 허용한다. 국가가 피해자가 아니기 때문에 현실적 참가자가 여전히 중심에 서 있고, 절차 속에서 상당한 힘과 책임을 가진다. 또한 그 결과가 징벌적이 아니기 때문에 절차적 보장에 대한 관심이 덜하고, 관련 요소들도 비교적 제한성이 약하다. 민사 절차가 일정한 보장조항을 집어넣도록 변형되면 어떻게 될까? 이 절차에서 피해자의 도덕성을 옹호하도록 하고, 합의에 이르지 못하거나 위험한 문제가 관련된 경우에만 제3자에 의한 판단을 허용하면 어떨까? 형사 절차로 가야 할 사건을 변형된 민사 절차로 소송을 수행하면 어떨까?

형법의 적용은 응보적 패러다임의 시발점이다. 그러나 형법은 서구 사회에서 비교적 새롭게 추가된 시스템이고, 여러 측면에서 다른 삶의 원칙과 일치되지 않는 가정 아래 운영된다. 현재의 민법 구조는 이러한 가정을 피할 수 있는 사법의 대안적 틀을 제공해줄 수 있다.

어쩌면 응보적 사법 시스템의 해체를 꿈꾸지 말고, 선택적으로 사용할 수 있는 병렬적인 시스템을 개발해야 할지도 모르겠다. 허먼 비안키는 중세 시대에 두 개의 병렬적 제도two parallel track, 즉 국가적 사법과 교회의 사법이 존재했는데, 이는 어떤 면에서 좋은 것이었다고 주장하였다. 두 제도의 존재는 일정한 사건에서 참가자에게 선택권을 줄 수 있었을 뿐 아니라, 각각의 제도가 다른 것에 대한 비판과 억제의 기능을 했기 때문이다.

이처럼 이원화된 사법 제도의 개발은 샌프란시스코 지역공동체 위원회Community Board의 전략이 되고 있다. 이 프로그램은 '시스템' 밖에서 분쟁을 해결하는 공동체 중심의 구조를 개발해 오고 있다. 이 프로그램은 공동체 구성원이 코디네이터 또는 조정자의 역할을 할 수 있도록 교육하고, 공동체 교육과 힘의 부여empowerment에 높은 가치를 두고 있다. 이들의 조정 절차는 민사 및 형사 법원의 대안으로 기능하고 있으며, 법적 절차가 진행 중인 사건은 맡지 않는다. 이 프로그램은 공동체 스스로 문제를 해결할 수 있도록 교육하고 힘을 부여하는 수단이 되고 있다.

지역공동체 위원회와 같은 분쟁 해결 프로그램들은 상당한 전망을 보여주고 있다.29 즉, 이들 프로그램은 문제해결 중심의 공동체 지향적인 사법 전망을 구현할 수 있는 방법을 제시한다. 그러나 최근 들어 그와 같은 형태의 '비공식적 사법'에 대한 비판이 늘어나고 있다.30

여러 가지 경고가 제기되고 있다. 결과에 일관성이 없어서 공정성에 어긋날 수 있다. 비공식적 사법은 가난하고 힘없는 사람들이 이용하게 될 가능성이 높고, 이에 따라 다른 형태의 사법에 접근하지 못하도록 할 수 있다. 피해자에게 너무 많은 힘을 부여하는 결과가 생길 수 있고, 결과적으로 국가의 공식적 사법 시스템이 더 많은 힘과 합법성을 부여받을 수 있다. 분쟁 해결 운동은 이러한 비판을 고려하여 그 전제와 목적을 조심스럽게 고려해야 할 것이다.

이러한 의미에서 일본의 모델은 특히 흥미롭다. 일본법 전문가 존 헤일리John O. Haley는 일본에서는 독특한 두 개의 시스템이 병렬적으로 운영되고 있는 점을 들어 설명하고 있다.[31]

공식적 제도와 비공식적 제도가 서로 병렬로 운영되고 있지만, 이들 사이에는 상당한 의존성과 상호작용이 있다. 공식적 사법에서 시작되는 중대한 사건이 비공식적 사법으로 이동되는 것이 그 일반적인 패턴이다.

두 개 중 하나는 우리에게 익숙한 특징을 많이 갖고 있는 서구 스타일의 공식적 형사 시스템이다. 이 절차는 유죄와 형벌의 문제에 초점을 맞추고, 공식적 규칙에 의해 규율되며, 검사와 같은 전문가에 의해 운영되는데, 많은 범죄에 대해서 이 제도가 사용된다. 그러나 시스템을 완전히 거쳐서 장기간의 구금형이나 중대한 형벌을 받는 경우는 거의 없고, 중도에 이송되거나 중단되는 사건이 많다. 우리와 같은 서구인에게 이러한 전체적 시스템은 현저하게 관대해 보인다.

이처럼 공식적 법률 시스템이 장기적 관여를 자제하고 관용도가 높은 것은 서구에는 존재하지 않는 공식성이 약한 두 번째 제도가 있기 때문이다. 헤일리Haley는 이를 다음과 같이 요약한다.

일본에서는 자백, 회개, 사면의 패턴이 법 집행의 각 단계를 지배한다. 이 절차의 운영에는 새로운 역할을 가진 사법당국뿐만 아니라, 가해자와 피해자도 참여한다. 최초의 경찰수사에서 최후의 양형 판단까지, 피고인의 대다수가 자백하고, 참회를 보이며, 피해자의 용서를 구하고, 사법당국은 이러한 정상을 참작한다. 그래서 이들은 특별한 관용으로 처우 받는다. 적어도 공식적 절차에서 완전히 벗어남으로써 제도적 용서를 얻을 가능성이 생긴다.

사건들은 절차의 각 단계에서 공식적 법률 시스템에서 제외된다. 전체 사건의 일부만이 기소되고, 그 중에서도 일부만이 소추 절차를 모두 거친다. 또한 그 중에서도 소수만이 징역형을 선고받고, 1년 이상을 복역하는 경우는 드물다. 그렇다고 해서 일본의 가해자들이 유죄 판결을 받지 않는다는 것이 아니다. 사실 일본의 유죄 판결률은 99.5%에 이른다.

공식적 절차로부터 비공식적 절차로 전환하는 판단이나 비징벌적인 형을 선고하는 데는 여러 가지 요인들이 영향을 미친다. 그 고려사항 중에 범죄의 중대성과 가해자의 성향 등은 서구인들에게 익숙하다. 그러나 그 이외에 독특한 변수가 있다. 즉, 유죄를 인정하고, 후회를 표현하며, 피해자에게 손해배상을 하려는 가해자의 의지와 배상을 받고 용서하려는 피해자의 의지가 바로 그것이다.

일본에서 유죄 판결율은 가해자들이 자백하고 책임을 지려고 하기 때문에 전체적으로 높게 나타난다. 물론 이런 현상은 부분적으로 문화에 뿌리를 두고 있는 것이 사실이지만, 이렇게 할 때 형벌보다 손해배상과 교정에 초점을 두는 결과가 나올 가능성이 커진다는 측면에서도 그 이유를 찾을 수 있다. 서구 사회의 복잡하고 징벌적인 법률 시스템은 자백을 가로막는 역할을 하는 데 반해, 일본의 시스템은 자백과 인정을 원칙으로 삼는 것 같다.

이 같은 절차 속에서 피해자가 중요한 역할을 한다. 손해를 회복할 수 있을 뿐만 아니라, 가해자의 고발, 기소 또는 양형 판단에 영향을 미칠 수 있다. 그러나 피해자가 절차를 지배하는 것은 아니고, 당사자 또는 검사의 역할을 맡는 것도 아니다.

정부 사법당국이 공식적 법원 시스템으로부터 사건을 비공식적으로 전환하려고 한다는 점에 우리 서구인들은 놀랄 수밖에 없다. 이것은 공식적 절차가 우선적인 것이고, 그 주요 초점은 유죄를 확증하고 형벌을 적용하는 것이라는 우리의 가정에서 비롯되는 것이다. 일본의 형사 절차의 기본적 목적은 교정으로서, 이것이 사법당국의 판단을 좌우한다.

그래서 사법당국의 역할은 가해자의 체포, 기소, 판결이라는 공식적 임무로 제한되지 않고, 오히려 일단 용의자가 가해자라는 확신이 서면, 유죄의 증거에 대한 그들의 관심은 사회복귀와 사회 재통합에 대한 용의자의 태도와 가능성으로 옮겨진다. 교정 절차가 시작되면 관용이 적합한 대응으로 간주된다.

헤일리는 전형적인 일본식 범죄 대응 유형이 다음과 같다고 한다.

즉, 관대한 처우와 장기 구금을 피하기 위한 전제 조건으로서 피해자에 대한 손해배상 정도 및 용서의 협상 등 유죄의 인정, 후회와 뉘우침의 표현이 중요하게 작용한다.

서구인들은 이처럼 '관대한' 대응이 범죄 억제에 실패할 것이라 고 생각한다. 그러나 헤일리는 이러한 대응 유형이 일본의 낮은 범죄율을 설명하는 부분이 있다고 결론내리고 있다.

헤일리는 일본인들이 뉘우침과 용서의 개념을 제도화했는데, 서구인들은 그러지 못했다는 점에 놀라움을 표시한다. 회개와 용서의 요청은 적어도 일본에서 그런 것만큼은 유태 기독교 전통에서도 강하게 나타난다. 그러나 서구는, 그러한 도덕적 명령을 시행하기 위한 제도적 장치를 발전시키지 못했다. 그 대신 서구 법 제도와 절차는 응보와 복수의 사회적 요구를 반영하고 이를 더욱 강화하고 있다.

일본의 사법패턴이 일본 문화와 연결되어 있음이 분명하지만, 헤일리는 우리가 이 예에서 배울 점이 많다고 믿고 있다. 일본의 예는 공식적 시스템과 비공식적 시스템, 당사자주의와 비당사자주의를 연결시킬 수 있는 흥미로운 가능성을 보여준다. 즉 그것은 원상회복의 여지를 남겨두고, 피해자와 가해자의 역할을 확대하면서 공식적 사법 기구와 국가가 자리매김할 수 있는 가능성이 있음을 보여주는 것이다. 서구 사회가 이 모델을 단순히 모방할 수는 없지만, 그것은 사법이 개인적이면서도 공식적일 수 있는 가능성을 보여준다. 제롬 아우어바흐Jerome Auerbach는 정의 없는 법의 위험성, 특히 법 없는 부정의의 위험성에 관해서 우려를 표시하고 있다.32 그러나 일본의 예는 이러한 위험성으로부터 하나의 희망을 안겨준다.

위에서 살펴본 가능성이 흥미롭기는 하지만 현재 상태에서는 시스템 전반적 시행을 위한 청사진에 대해 제기되는 수많은 회의를 인정하지 않을 수 없다. 이러한 비전을 계속해서 발전시켜야 하고, '성급한 실용성'이라는 압력에 대한 저항을 계속해야 한다는 케이 해리스Kay Harris의 주장33 에 이런 나의 생각은 어느 정도 해갈을 얻었다.

앞 장에서 나는 회복적 정의가 아직 패러다임에 이르지는 못했다고 하였다. 예컨대, 공동체의 의미는 쉽게 파악되지도 않을 뿐만 아니라 오용될 소지도 있다. 그렇다면 회복적 정의에서 이것은 어떠한 의미이며, 어떻게 현실화될 수 있는가? 국가의 적합한 역할은 무엇인가? 등의 많은 쟁점들이 아직 전개되지 않았거나 대답되지 않은 상태로 남아 있다. 앞으로 상당한 개념 정립 작업이 이루어져야 할 것이다.

나는 가해자의 책임을 강조했지만 가해자에 대한 사회의 책임은 어떤가? '위험한 소수'를 위해서 우리는 무엇을 했는가? 구금 말고는 아무것도 안하지 않았는가? 그렇다면 그 결정은 어떻게 내려졌는가? 형벌의 자리는 있는가? 범죄의 영역에서 회복적 정의 사상이 사회적·경제적·정치적 정의라는 더 큰 문제와 어떻게 맞물릴 수 있는가? 성서의 자료는 밀접한 연관을 가정하고 있지만, 이것이 오늘날 현실에서 가지는 의미는 무엇인가?

더욱이 나의 이런 공식이 중산층 미국인 백인 남성의 관점을 어느 정도 반영하고 있지는 않은지 자문하지 않을 수 없다. 예컨대, 페미니스트적 정의에 관한 케이 해리스의 연구만 해도 어느 정도 비슷한 방향성을 제시하고 있기는 하지만, 전적으로 일치하지는 않는다.[34] 회복적 정의의 사상은 각양각색의 문화와 전통 및 경험의 관점에 비추어 검증되어야 한다.

그러나 회복적 정의를 성숙된 패러다임으로 본다 해도, 나는 전면적 시행에 관해서는 신중한 입장을 취할 것이다. 쿤Kuhn의 패러다임 변화의 이론은 패러다임 전환의 정치적·제도적 역학은 무시한 채 패러다임의 변화를 지적 활동으로만 취급한다는 결점이 있다. 정치적·제도적 이익과 절차는 패러다임 이동이 일어날 것인지, 결국 어떤 형태를 취할 것인지에 영향을 주는 것이 분명하다. 응보적 패러다임도 근대 국가의 이익과 기능에 밀접하게 연결되어 있다. 따라서 국가의 이익과 기능은 형사사법 패러다임에 변화가 있을 것인지, 있다면 어떠한 형태를 띨 것인지에 관해 상당히 많은 영향을 줄 것이다.

법과 정의의 변천사는 그다지 희망적이지 않다. 변화의 노력은 때로는 기존 제도에 흡수되거나 왜곡되어 원래의 기대에서 벗어나 해로운 방식으로 변질되는 경우가 많았다. 교도소의 기원은 그 좋은 예이다. 그리고 그 점은 변화를 생각하는 우리들이 언제나 기억해야 하고 주의해야 할 점이다. 앞서 말한 근본적 가정을 문제 삼지 않았기 때문에 제대로 '진보'할 수 없었는지도 모른다. 그러나 문제는 그것보다 더 복잡하다.

때로 대안이라는 것들이 새롭지 않은 생각을 포장하는 새로운 언어로 사용되어 왔다.35 새로운 아이디어에 숨은 의도가 있는 경우가 많고, 그것이 드러나는 데는 시간이 걸린다. 그리고 내부적 외부적인 다양한 압력으로 인해 그러한 노력들이 원래의 방향에서 빗나가는 경향이 있다. 경우에 따라서는 아이디어가 발전하는 과정에서 변모를 거듭하여 원래 계획된 것과는 상당히 다른 이익과 목적을 위해 작동되는 결과가 나타날 수도 있다.

그렇다면 너무 웅장한 그림을 그리기 전에 그 의미부터 신중하게 따져보아야 할 필요가 있다. 변화의 역학을 최대한 이해함으로써 우리의 비전이 어떻게 잘못될 수 있는지를 성찰할 수 있어야 한다.

그 동안…

더 큰 가능성을 모색하는 동안, 우리는 과도기적 목표와 활동을 추구해야 한다. 지금 여기서 우리가 할 수 있고 해야 하는 것들이 있다. 목표에 동조하거나 그렇지 않는 사람들과 계속해서 대화하고, 논의palaver를 이어가야 하며,36 비전을 검증하고 연구하며 발전시켜야 한다.

우리는 또한 실험과 증명의 밭에 씨를 뿌리는 사법의 농사꾼이 되어야 한다. 예를 들어, 더 많은 VOC를 시행해 봐야 하고, VOC의 새로운 형태와 적용을 평가해야 하며, 피해자에게 회복적 사법의 틀에서 작동될 수 있는 새로운 서비스를 제공해야 한다. 공동체로서 피해자가 고통받고 잘못된 행위를 비난하며 치유를 구하는 과정에 우리가 함께 서 있음을 보여주는 의식도 중요하다. 마찬가지로 가해자와 그 가족들에게도 새로운 서비스를 제공할 필요가 있다. 이 모든 것을 통해서 실질적 책임, 배상, 힘의 부여의 가능성을 열어주는 새로운 대안형벌에 대한 대안을 탐색해야 한다.

VOC를 통해 회복적 정의가 재산 범죄에 효과가 있다는 사실을 알게 되었다. 이제 좀 더 '어려운 사건'에 대한 적용을 생각해볼 때이다. 살인사건은 어떤가? 배우자 학대나 아동학대 사건은 어떤가? 성폭행 사건은?37 가능성은 무엇이고 한계는 무엇인가? 어떤 절차가 효과적이고, 어떤 것이 비효과적인가? 어떤 보장조항이 필요한가?

이러한 쟁점들에 관한 논의와 검증이 시작되었지만, 아직 할 일이 많이 남아 있다. 여기에는 창의성과 모험심, 비전과 현실감각 등이 동시에 요구된다. 이 작업을 위해 이론가와 실무가, '전문가'와 문외한의 긴밀한 협조가 요구된다.

'대안'을 추구할 때 우리는 그것이 진정한 대안인가를 계속해서 따져보아야 한다. 그것이 실제로 대안적 가치를 반영하는가? 아니면 단순히 대체 용어인가? 회복적 정의의 초점과 일치하는가? 회복적 사법으로 나아갈 수 있는가?

과도기적 전략과 접근방법을 개발함과 동시에 그 결과가 어떠할 지를 잘 생각해 봐야 한다. 이러한 노력에 대해 우리는 적어도 다음과 같은 질문을 던져야 한다. 형벌 가치를 촉진하는가, 방해하는가? 새로운 통제와 형벌의 양식을 구축하는 데 남용될 수 있는가? 실험과 증명의 '텃밭'으로 경험의 저장고가 될 수 있는가? 회복적 정의의 핵심 요소를 담고 있는가?

그렇다면 회복적 비전의 '핵심요소'는 무엇인가? 이 질문으로부터 우리의 노력을 측정할 수 있는 회복적 정의의 잣대를 개발하기 시작할 있을 것 같다. 이 책의 부록에서 좀 더 확장된 목록을 만들어 보겠지만, 그 주된 내용은 다음과 같을 것이다. 피해자에 대한 손해를 바로잡을 수 있는 프로그램이 있을 수 있는가? 또는 그러한 결과를 얻을 수 있는가? 공동체의 요구와 책임을 고려하는가? 피해자와 가해자의 관계를 해결하는가? 가해자가 실질적 책임을 지도록 권장하는가? 절차 및 결과를 만드는 과정에서 피해자와 가해자의 참여를 고무하는가?

구舊 속의 신新

궁극적 목표에 다가가는 과정에서 교회의 역할이 중요하다. 구약 학자 밀라드 린드Millard Lind는 성서적 사법이 국가적 사법과는 대조적으로 예나 지금이나 똑같다는 점을 상기시킨다. 그는 '크리스천으로서 어떻게 새롭고 변화된 사법 모델을 지금의 사법 시스템에 연결시킬 것인가? 크리스천 공동체의 책임은 무엇인가?'라는 중요한 문제를 제기하고 있다.

린드는 지난 몇 세기 동안 교회가 보여준 네 가지 대응 방식에 주목한다. 첫째는 고립 전략이다. 언제부터인가 교회는 세상으로부터 고립되려고 했는데, 고립 전략은 타인과 나누어야 할 하나님의 정의의 '적극적' 성격을 외면하기 때문에 바람직하지 못한 전략이다. 두 번째 대응은 콘스탄티누스식 대응으로서 세상적 접근에 대한 무조건적 항복 전략이다. 대체로 세상의 이해와 접근을 채택한 이 대응이 교회의 지배적인 대응 모델로 이어져 왔다. 세 번째 전략은 계몽주의에 의해 채택된 전략으로 사법 모델 간의 긴장을 부정하고 그 차이가 가져오는 결과에 민감하지 않은 대응이다.

그러나 예수 그리스도는 네 번째의 전략을 제시했다. 즉, 구舊의 한가운데에 신新을 창조하는 것이다. 피터 마우린Peter Maurin은 『문집Easy essays』에서 카톨릭 워커Catholic Worker에 관한 이야기로 이러한 정신을 잘 포착하고 있다.

> 카톨릭 워커Catholic Worker는 새로운 철학이 아니라 너무 오래되어서 오히려 새롭게 보이는 신新 철학의 정신으로 구舊 껍질 속에서 새로운 사회를 창조할 수 있다는 신념에서 일한다.

예수 그리스도의 전략은 오래된 가운데 작동되는 새로운 원리와 가정으로 새로운 세상을 창조하는 것이었다.36

따라서 린드의 질문에 대해 실천적인 자세로 답해야 한다. 교회 내에서도 우리는 너무 쉽게 피해자를 무시했고, 세속적 세상에서 빌려온 응보적 렌즈로 대응해 왔다. 사도 바울은 기독교인들에게 부당한 가정으로 가득한 국가의 법원에 분쟁을 가져가지 말라고 경고한 바 있다. 그러나 바울은 국가의 법원을 단순히 부정하는 데 그치지 않고, 교회가 자체적인 언약적 사법을 실행할 수 있는 대안적 구조를 개발해야 한다고 생각했다. 분명 우리는 교회에서 해악과 갈등을 다루는 데 사용되는 렌즈를 다시 점검해 보고, 회복적 정의의 이해를 담을 수 있는 새로운 구조를 창조해야 한다. 그래야만 남에게 모델이 될 수 있다.

교회의 틀을 벗어나더라도 우리는 회복적 정의의 렌즈를 가지고 나가서 우리의 활동을 형성하고 세상에 알려야 한다. 또한 교회는 전통적 틀 안에서 대안적 구조를 설정하는 길을 인도해야 하며, 검증의 장을 확산시키는 데 앞장서야 한다.

응보적 정의에 대한 대안으로 독보적인 패러다임을 개발하고자 한다면, 이론을 뛰어넘어 새로운 '언어학'과 새로운 '물리학'으로 이동해야 한다. 즉, 우리에게는 새로운 언어가 필요할 뿐만 아니라, 패러다임의 의미를 통하게 할 수 있는 구체적인 시행 원리와 절차도 필요하다. 교회는 이러한 과정에서 특별한 책임을 지고 있다.

최소한의 기여

응보적 정의는 우리의 정치 제도뿐만 아니라 우리의 정신에 깊이 새겨져 있다. 그것이 근본적으로 변화되기를 바라는 것은 어쩌면 지나친 기대일지도 모른다. 그러나 우리는 패러다임의 중요성을 인식하고 패러다임의 문제점을 자유로이 제기해야 한다. 또한 새로운 렌즈를 사용하기 시작함으로써 우리의 결정에 정보를 제공할 수 있을 것이다. 아울러 가족, 교회, 일상생활 등 우리가 통제할 수 있는 삶의 영역에서도 다른 렌즈를 시도해 볼 수 있을 것이다.

회복적 정의를 아직 패러다임으로 볼 수 없다 해도, 어느 논자의 말처럼 '민감화 이론sensitizing theory'38 으로 기능할 수는 있을 것이다. 적어도 고통을 부과하기 전에 다시 한 번 신중하게 생각해 보도록 만드는 역할을 할 수 있을 것이기 때문이다.

학자들은 오랫동안 네덜란드의 구금률이 제2차 세계대전 후에 낮게 나타나는 이유를 알아내려고 했다. 최근의 연구에 의하면, 네덜란드에서 징역이 잘 부과되지 않는 것은 특별한 양형 철학의 결과가 아니라 교도소에 대한

'나쁜 인식' 때문이라고 한다.39

나치 치하에서 구금형을 경험하고 이를 문제 삼는 법학 교육 커리큘럼이 전체 법학의 세대를 형성했고, 그 결과 구금이라는 형태의 고통 부과를 주저하게 되었다는 것이다. 새로운 렌즈와 관점에 관한 우리의 논의가 별다른 역할을 하지 못한다 해도, 고통의 부과를 사법의 시작점과 중심축이 아니라 최후 수단으로 받아들이도록 하는 데 기여할 수는 있을 것이다.

비전의 중요성

이 책의 내용은 망상적이며 비현실적으로 받아들여질 수도 있다.40 노예제도 폐지의 목소리도 한때는 마찬가지 입장이었다. 사실, 오늘날 상식이라고 생각하는 것의 상당수가 한때는 이상적인 것으로 여겨졌다. 렌즈는 변하는 것이다.

회복적 정의는 나에게 조차도 때로는 이상주의적인 것으로 받아들여질 때가 있음을 고백할 수밖에 없다. 나 역시 화가 나고, 가해자를 비난하고 싶고, 대화를 망설이고 갈등을 싫어하는 까닭에 이 책을 쓰기가 두려운 적도 있었다.

그러나 나는 이상을 믿는다. 현실이 이상에 미치지 못하는 경우가 많지만, 이상은 여전히 우리에게 방향성과 기준을 제시하는 등불로 남아 있다. 이상은 방향성을 제시한다. 궤도를 이탈했는지는 방향감각이 있을 때에만 알 수 있는 것이다.

회복을 경험하기 시작하는 곳은 위로부터가 아니라 아래로부터다. 그것은 가정과 공동체에서부터 시작되어야 한다. 나는 하나님을 믿는 신앙공동체가 그 방향을 이끌 수 있으리라고 믿어 의심치 않는다. 성서의 기록에서 그러하듯이 실패하는 경우가 많을 것이다. 그러면 하나님은 우리를 용서하고 회복할 것이다.

나는 회복적 정의에 이상적인 면이 있음을 고백했지만, 이 고백으로 인해 또 다른 우려를 하게 된다. 이 고백 때문에 독자들이 이 책의 비전을 진지하게 받아들이지 않을지도 모른다는 염려이다. 코페르니쿠스의 책 서문을 기억해 본다. 이 책이 그의 업적과 같이 대단하다는 말이 아니라 그로부터 얻을 교훈이 있다는 말이다.

코페르니쿠스의 책은 우주에 대한 사고방식의 혁명을 불러일으켰다. 그것은 과학적 혁명으로 알려진 패러다임 이동의 핵심요소가 되었다. 그러나 사람들은 그 책이 발간된 후 백년이 지나고 나서야 비로소 진지하게 받아들이게 되었다.

사람들은 처음에는 코페르니쿠스의 책을 진지하게 받아들이지 않았다. 부분적으로는 당대의 상식을 거슬렀기 때문이겠지만, 그 서문도 사람들의 무시에 일조한 것 같다. 서문에서 필자 오 리엔더Oreander는 "이 책은 흥미롭다. 읽을 가치가 있는 책이다. 그러나 이 책은 단순한 아이디어이자 모델이요 비전임을 기억하기 바란다. 그것이 반드시 현실일 필요는 없다"고 했다. 이 논평으로 인해 코페르니쿠스의 급진적인 책이 반대자들의 구미에 맞았을지는 모르지만, 동시에 코페르니쿠스의 패러다임이 상상의 모델임을 암시함으로써 독자들의 마음을 놓칠 수밖에 없었다. 나도 그럴까 두렵다.

독자들이 이 책을 하나의 비전이나 뜬 구름 잡는 이야기가 아니라 머나먼 여정의 아련한 종착역으로 이해해 주기 바란다.

제12장

회복적 사법, 25년 후의 성찰

    1980년대 중반, 이 책을 처음 쓸 때만 해도 혹시 이 글이 조롱거리가 되지 않을까 조바심을 내곤 했다. 당시에도 몇 개국에서 피해자−가해자 대화 프로그램들이 진행되고 있기는 했지만, 그것이 널리 알려졌던 것도 아니고 회복적 정의라는 개념 틀도 새로운 것이었을 뿐만 아니라 약간은 말이 안 되는 것처럼 보였기 때문이다.

    25년이 지난 지금, 회복적 정의는 전 세계에서 하나의 운동으로서, 학문 및 실무 분야로서 뿌리를 내려가고 있다. 아직도 회복적 정의가 주변적 위치에 머물러 있는 나라도 많고, 회복적 정의를 전혀 알지 못하는 나라도 있지만, 회복적 정의에 대한 인식만큼은 전 세계적로 널리 퍼져나가고 있다. 학계는 다양한 언어로 쓰인 논문과 학회에서 회복적 정의를 논하고 있고, 정부는 자금을 지원하거나 옹호하기도 하고, 점점 더 많은 나라들이 회복적 정의 사법을 시행하고 있다. 또한 이 분야에서의 경력을 쌓으려고 하는 사람들도 많아지고 있다.

    1980년대에 회복적 정의에 관여했던 우리들 중 누구도 회복적 정의가 논쟁의 주제가 되고, 러시아나 남아프리카공화국, 브라질, 대한민국, 파키스탄, 이란 등 수많은 나라에서 시행될 것이라고는 상상하지 못했다. 나아가 뉴질랜드 소년사법 시스템과 같이 회복적으로 정향된 절차가 기본적 사법 절차로 자리매김하고, 법원이 이것을 뒷받침하게 되리라고는 꿈도 꾸지 못했다.41

회복적 사법은 비교적 '경미한' 범죄 행위를 다루는 데서 시작했지만, 이제는 중대한 폭력범죄나 심지어 사형에 처할 범죄에까지 적용되고 있다. 나아가 회복적 사법은 형사사법 분야를 넘어서 학교와 직장에까지 확대되고 있고, 사회적 갈등 이후의 사후 조치에 까지 적용되고 있다. 사실, 교육분야는 아마 회복적 정의의 적용이 가장 빠르게 확대되는 영역일 것이다.

비교적 짧은 시간에 작은 물방울이 강물을 이루었다.

이러한 실험과 상호작용을 통해 많은 것을 배울 수 있었다. 그중 하나는 회복적 정의가 본질적으로는 대단히 단순한 개념이지만 그 의미는 깊고 복잡하며 어려울 수 있다는 것이다. 실제로 회복적 정의의 긍정적 효과에 관한 좋은 이야기와 더불어 부록에서 살펴보는 '취사선택과 다이버전diversion'이라는 불가피한 도전에 직면하고 있다는 부정적 이야기도 있다.

아래에서는 더욱 자세한 검토가 필요한 몇 가지 논제를 제시하고, 참고문헌에서는 나의 최근 논문을 비롯하여 이러한 쟁점들에 관해 더 깊이 탐색할 수 있는 자료들을 살펴본다.

나는 대학원의 회복적 정의 수업에서 학생들에게 그 간의 경험과 논문들에 비추어 이 책을 어떻게 개선할 수 있을지에 관해서 글을 쓰도록 하고 있다. 이러한 맥락에서 게리 샤피로Gary Shapiro는 우리가 염두에 두어야 할 이 책의 근본적 특징을 분명히 말해주고 있다.

"이 책의 맥락은 근본적으로 근대적, 서구적, 합리적, 기독교적, 자유민주주의적, 개인주의적이다. 여기에 빠진 것이 있다면 그것은 비서구적인 집합적, 정치적, 사회적 문화와 비계급적, 무신론적 정신성을 통합하는 더 깊고 넓은 관점일 것이다."

이러한 설명의 타당성은 서구의 회복적 사법이 다른 문화 및 종교적 전통과 상호작용을 할수록 점점 더 분명해지고 있다. 여러 나라의 다양한 전통을 갖고 있는 회복적 사법 실무가들이 참가한 나의 수업에서 참가자들은 흔히 회복적 사법이 자신의 문화 및 종교적 전통과 깊이 연관되어 있지만, 이론과 실무 그리고 근본 관념들은 그들의 맥락에 단순히 이식되기 어렵다고 한다.

반면, 회복적 정의는 다양한 맥락에서의 논의를 위한 중요한 촉매가 되고 있다. 회복적 정의는 실행의 청사진이 아니라 논의의 촉매로 인식될 때. 회복적 사법은 방향을 가리키는 나침반이지, 목적지에 도착하는 길을 설명해 주는 상세한 지도가 아니다. 궁극적으로 회복적 사법에서 가장 중요한 것은 특정한 이론 또는 실무가 아니라, 우리의 가정假定과 우리의 요구에 대하여 공동체와 사회에서 대화와 탐험의 문을 여는 방법이다.

정의란 무엇인가? 우리의 확립된 제도가 정의를 가져오는가? 어떤 변화가 필요한가? 우리의 가치는 무엇인가? 우리에게 중요한 것은 무엇인가? 회복적 사법에 대한 워크숍을 주관할 때, 나는 사람들이 공식적 사법 시스템에 관해서뿐만 아니라 우리의 학교, 우리의 공동체 그리고 사회 안에서 살아간다는 것에 관한 이야기를 시작하는 것을 발견한다. 이러한 논의는 우리가 무언가를 다르게 할 수 있다는 희망의 창문을 연다.

그리하여, 지금 이 책을 다시 쓴다면, 내가 쓸 내용들은 이런 것들이 될 것이다.

이해관계자 문제

회복적 정의는 사법과 관련된 사람들의 요구와 역할에 대한 분석으로 전개된 것이다.42 이 책은 피해자, 가해자, 공동체를 일차적 이해관계자로 인식하고, 국가의 역할에 관해서는 비교적 소홀한 편이다. 이 점은 풀뿌리 접근방법에 대한 개인적 편향과 국가에 대한부분적으로 나의 재세례신앙적 메노나이트 전통에서 기인한 회의주의를 반영하고 있기는 하지만, 국가도 회복적 절차에서 중요한 이해관계와 역할을 갖고 있다. 최소한 국가는 회복적 절차를 뒷받침하고, 인권을 보장하며, 완전한 회복적 접근이 불가능할 때 이를 보충하는 절차를 마련하는 등 중요한 역할을 하여야 한다. 그러나 국가의 적절한 역할은 회복적 정의 분야에서 복잡하고도 논란이 많은 문제다.

그동안 공동체라는 주제는 회복적 사법에 있어서 더욱 본질적인 문제가 되었을 뿐만 아니라 더 복잡하고 논란 많은 주제가 되었다. 다수의 회복적 사법 실무가들은 회복적 절차에서 공동체가 충분히 대표되지 않는 이상 회복적 사법은 불완전하다고 하며, 혹자는 서클과 같은 회복적 접근이 공동체 단계의 참여 민주주의를 촉진시킬 수 있는 잠재력을 지니고 있다고 한다. 이들은 회복적 사법의 평가 기준에 공동체를 강화하는 정도가 포함되어야 한다고 주장하고 있다. 어쨌든 공동체는 그 정도는 달라도 피해자일 뿐만 아니라, 범죄에 대해 일정한 의무를 가지고 있고, 나아가 해결과 치유를 위한 중요한 자원을 가지고 있기 때문에 이해관계가 있다.

회복적 사법에서 공동체의 중요성이 더욱 강조되는 반면, 공동체의 정의

定義는 큰 논란거리가 되고 있다. 공동체를 어떻게 정의할 것인가? 공동체란 실제로 무엇을 의미하는가? 공동체의 이니셔티브에 관한 국가의 적절한 역할은 무엇인가? 공동체가 회복적 절차를 소유하고 운영해야 한다고 하는 자가 있는가 하면, 공동체가 그 절차를 맡을 만큼 흠이 없고 건강한가에 의문을 제기하는 자도 있다. 국가가 사회복지에서 중요하고 적극적인 역할을 하는 서구 유럽과 같은 나라에 사는 사람들은 경험적으로 국가가 공동체의 이익을 정당하게 대변한다고 주장한다.43

이제 나는 범죄 피해자에 관해 1980년대보다 훨씬 더 많은 경험을 가지고 있고, 따라서 그들의 시각을 더 많이 이야기할 수 있다. 이 책을 다시 쓴다면, 피해자들이 사법 절차로부터 무엇을 요구하는지 뿐만 아니라 회복적 사법이 진정으로 피해자 지향적이 되기 위해 필요한 점에 관해 더욱 구체적으로 쓸 수 있을 것이다. 마찬가지로 가해자의 요구에 관해서도 할 말이 생겼다. 나는 가해자와 피해자의 삶에서 수치심과 트라우마가 어떤 역할을 하는지, 그리고 새로운 삶의 이야기를 만들어내는 일, 즉 '다시 쓰는 삶'이 과거를 극복하는 데 어떤 역할을 하는지에 관해 관심을 가지게 되었다.

존 브레이스웨이트의 혁명적인 책, 『범죄, 수치심, 그리고 재통합*Crime, Shame and Reintegration*』이 출판된 이래, 수치심은 회복주의자들 사이에 중요한 논제가 되고 있다.44 브레이스웨이트는 수치심이 적절히 관리되지 않을 경우 '낙인적'이 되고, 그와 같은 낙인적 수치심이 범죄적 행위를 조장한다고 주장한다. 나아가 그는 우리가 알고 있는 서구적 사법이 낙인적이어서 범죄의 사이클을 영속시키는 데 일조한다고 하면서, 회복적 대화모임에서처럼 수치심이 적절히 적용 관리될 경우 긍정적일 수 있고 '재통합적'일 수 있다고 한다.

그러나 혹자는 수치심이 과연 긍정적인 힘을 가질 수 있는지에 관해 의문을 제기한다. 혹자는 일부 회복적 사법 실무가조정자와 같은들이 브레이스웨이트 부류의 학자들에게서 잘못된 메시지를 받을 수 있다고 우려한다. 즉, 진행자나 참가자들이 가해자의 수치심을 적절히 조율하고 재통합적으로 변형하기보다 가해자들이 수치심을 느끼도록 하는 데 에너지를 투입할 수 있기 때문에 이러한 전략은 역효과를 내기 쉽다는 것이다.

나는 수치심과 창피함그리고 그 반대의 감정인 존중, 존엄, 체면의 문제가 피해자뿐만 아니라 가해자의 경험과 요구를 이해하는 데 중요할 것이라 믿는다. 수치심과 존중, 창피함과 체면은 피해자와 가해자의 경험, 동기 그리고 시각을 이해하는 데 있어서 강력한 분석력을 가지고 있다. 수치심과 무시에 관한 경험은 사법이 왜 한계를 나타내는지를 설명하는 데 도움이 된다. 그러나 가해자에게 신중하게 수치심을 부과해야 한다고 생각하는 것은 아니다. 회복적 절차에서 피해자와 피해자 가족의 경험, 즉 이해와 동정은 자연스럽게 가해자 측의 수치심으로 이어지게 된다. 우리의 초점은 수치심을 덜어줄 뿐아니라 수치심이 자긍심으로 변화될 수 있는 방법을 제공하는 것이다.

역사와 기원

내가 유럽적 "토착민" 전통을 언급하기는 했지만, 초창기에는 회복적 사법이 토착민의 전통에 얼마나 큰 영향을 받았는지 제대로 알지 못했다. 특히 두 민족캐나다와 미국의 토착민, 뉴질랜드의 마오리 족이 회복적 정의에 지대한 영향을 끼쳤다. 그러나, 여러 가지 측면에서 회복적 정의는 수많은 토착민 집단들이 가지고 있던 가치와 실천의 확인을 의미한다. 이러한 주장을 '기원 신화myth of origin'에 불과하다고 폄하하려는 이들도 있지만, 수업과 여행을 통해 만난 수많은 원주민들이 회복적 정의에 공감하고 있음을 알 수 있었다. 브레이스웨이트는 회복적 정의와 응보적 정의의 요소를 모두 가지고 있지 않은 원주민적 전통을 발견한 예가 없다고 쓰고 있고, 나 역시 이 점에 공감한다.

이제 나는 우리의 전통대부분 평가 절하되고 서구 식민권력에 의하여 대체되는 전통에 내재된 회복적 요소의 정통성을 인정하고 그 부활을 추구할 방법으로서 회복적 사법을 보게 되었다. 그러나 근대의 회복적 사법은 과거의 단순한 재창출을 의미하지 않는다. 그것은 회복주의적 전통의 기본적 가치와 원칙 그리고 접근방법이 근대적 인권의식과 현실과 결합된 형태로 재탄생된 것이다. 다시 말해 뉴질랜드의 마오리족 소년법원 판사의 말을 빌면, 회복적 사법에 대한 나의 접근방법은 그들 전통의 핵심요소를 서구인들이 이해하고 인정하는 방식으로 밝혀놓은 것이다.

제7장에서 응보 중심의 법률 시스템으로 이어진 '법률 혁명'에 관해서 짧게 살펴보았다. 더 최근의 역사적 연구를 수용했더라면, 법 이론과 신학이 응보적 가치를 서구문화에 깊이 새기면서 서로서로 왜곡하고 강화해온 과정에 관한 완전한 그림을 그릴 수 있었을 것이다.

회복적 정의의 개념

회복적 정의에 대한 나의 기본적 관념이 근본적으로 변한 것은 아니지만, 수많은 강의와 논의를 통하여 나의 설명은 더욱 명료해 졌다.45 나는 종종 다음과 같이 회복적 정의를 설명하곤 한다.

회복적 정의는 …

　1.피해자뿐만 아니라 공동체와 사회의 피해와 그로 인한 요구에 관심

을 기울인다.

2. 피해로 인해 생기는 가해자뿐만 아니라 공동체와 사회의 의무를 직시한다.

3. 포용적이고 협력적인 절차를 사용한다.

4. 발생한 상황에 이해관계가 있는 피해자, 가해자, 공동체 구성원, 사회가 참여하도록 한다.

5. 최대한 피해를 회복하고 잘못을 바로잡으려고 한다.

간혹 회복적 정의를 바퀴에 비유하기도 한다. 이 바퀴의 중심축은 잘못을 최대한 '바로잡기 위해' 노력하는 것의 5이다. '잘못을 바로잡는 것'에 대한 나의 이해는 과거에 비해 넓어졌다. 뉴질랜드의 가족간 만남에서 피해자를 비롯하여 참가자, 특히 마오리족 참가자를 관찰한 결과, '잘못을 바로잡는 것'이 피해자의 피해와 요구를 해결하는 것뿐만 아니라 범죄의 원인까지 해결하는 것을 의미한다는 것을 알게 되었다. 따라서 뉴질랜드의 소년 사법회의로부터 얻어지는 결과는 다음과 같은 두 가지를 담고 있다. 즉, 피해자의 피해와 요구를 해결하기 위한 계획과 소년의 범죄에 영향을 미친 원인을 해결하기 위한 계획이다. 이것은 '잘못을 바로잡기' 위한 통합적 노력을 의미한다.

바퀴의 축잘못을 바로잡기 위한 노력을 중심으로 네 개의 바퀴살위의 1-4번이 있다. 회복적 사법은 피해와 요구뿐만 아니라 의무를 해결하며, 협력적이고 포용적인 절차를 이용하여 문제 상황의 영향을 받거나 그에 대해 이해관계를 가진 사람들이 참여하게 한다.

바퀴는 축과 살만으로 작동할 수 없다. 거기에는 바퀴살을 바깥으로 감는 테두리가 있어야 하는데, 나는 우리의 작업을 둘러싸고 뒷받침하는 가치가 그 역할을 수행한다는 생각이 강해지고 있다. 이 책에서 분명히 밝히고 있는 것처럼 회복적 정의에 대한 중요한 비판으로, 회복적 정의가 원칙에만 초점을 맞추고 그 원칙을 뒷받침하는 가치에는 충분한 관심을 기울이지 않는다는 주장이 제기되고 있다. 근본적 가치를 분명히 밝히고 그에 의해 지도되지 않는다면, 회복적 정의의 원칙을 따르면서도 대단히 비회복적인 일을 하게 될 수도 있다. 회복적 정의의 세 가지 가치에 관해서는 뒤에서 살펴본다.

이 책은 핵심적으로 우리의 질문을 바꿀 것을 요구한다. 서구 법률 시스템을 지배하는 세 가지 질문, '어떤 규칙 또는 법률이 위반 되었는가? 누가 위반하였는가? 어떤 벌을 받아 마땅한가?'에서 벗어나서 다음과 같은 회복적 정의를 지도하는 질문에 의해 지배되어 야 한다는 것이다.

1. 누가 상처 입었는가?
2. 그들은 무엇을 필요로 하는가?
3. 그 필요를 채워주는 것은 누구의 의무인가?
4. 원인이 무엇인가?
5. 이 상황에 이해관계가 있는 사람은 누구인가?
6. 이 상황의 원인을 해결하고 잘못을 바로잡기 위한 노력에 이해관계자를 참여시킬 수 있는 적절한 절차는 무엇인가?

앞에서 나는 회복적 정의와 응보적 정의를 극단적으로 대비시킨 바 있다. 그것이 우리 사법시스템의 핵심적 특성을 포착하고 있기는 하지만, 나는 이

제 서구 법률시스템에 대하여 응보적 사법이라는 용어를 잘 사용하지 않는다. 그 용어가 시스템을 지나치게 단순화시킬 뿐만 아니라 시스템의 긍정적인 속성을 무시하는 측면이 있기 때문이다. 또한 이러한 비교가 유용한 도구임은 틀림없지만, 더 이상 명백한 이분법적으로 서술할 생각은 없다. 일부 비판론자들이 이러한 이분법에 관해 내가 이 책에서 비판하고 있는 당사자주의적 접근방법을 그대로 반영하고 있다고 비난하는 것도 사실이다. 이러한 비판을 세 가지 측면에서 살펴보자.

1. 『회복적 정의의 영적 뿌리*The Spiritual Roots of Restorative Justice*』에 실린 콘라드 브렁크Conrad Brunk의 글은 이론적으로 응보와 회복이 상당히 유사하다는 점을 일깨워주고 있다.46 응보 이론과 회복 이론의 일차적 목표는 '점수를 맞춤'으로써 상호성을 달성한다는 것이다. 다른 점은 어떻게 하면 효과적으로 균형을 바로잡을 수 있는가이다. 양자 모두 범죄에 의하여 균형이 흔들렸다는 윤리적 인식을 기본으로 하고 있다. 결과적으로 피해자는 무언가를 받아 마땅하고, 가해자는 그 무언가를 빚지고 있는 것이다. 양자 모두 행위와 그 대응 사이에 비례적 관계가 있어야 한다고 주장한다. 그러나 의무를 이행하고 균형을 바로잡는 방법이 다르다.

응보적 이론은 가해자에게 고통을 부과하는 것이 피해자의 정당성을 옹호한다고 하지만, 실제로는 피해자와 가해자 모두에게 반생산적인 경우가 많다. 반면, 회복적 정의이론은 피해자의 피해와 요구를 승인함과 동시에 가해자에게 책임을 지도록 하고, 잘못을 바로잡으며, 범죄행동의 원인을 해소하도록 장려하는 적극적으로 노력할 때 진정한 정당성 옹호가 이루어진다고 주장한다. 회복적 정의는 정당성 옹호의 필요성을 긍정적으로 해결하므로 피해자와 가해자 모두를 지지하고 그 삶을 전환할 수 있는 잠재력을 갖고 있는 것이다.

응보와 회복을 상호 배타적으로 그린다면 양측의 공통점과 공동의 이익을 모색할 수 있는 가능성이 단절된다. 양자를 완전히 상반되는 것으로 자리매김하는 것도 회복적 정의에 녹아 있는 응보적 요소를 살펴볼 수 없게 만든다.[47]

2. 그렇다면 사법에 대한 두 가지 접근방법현재의 법적 접근방법과 회복적 접근방법은 정반대가 아니라 하나의 잣대 위에 놓여있는 양쪽 끝의 눈금으로 볼 수 있다. 이 잣대는 법적인 쪽으로 기울 수도 있고 회복적인 쪽으로 기울 수도 있다. 이런 점에서 볼 때 우리는 서구 법률 시스템의 실패를 분명히 인식하고 우리의 시스템에서 개별 사건마다 최대한 회복적인 절차와 결과를 일궈내기 위해 노력할 필요가 있다. 회복적인 쪽으로 많이 갈 수도 있고 적게 갈 수도 있지만, 목표는 현실의 절차를 최대한 회복적으로 만드는 것이다. 그렇게 되면 뉴질랜드 소년사법 시스템의 설계와 같이 회복적 사법을 '기본적' 옵션으로 자리매김하는 것도 가능할지 모른다.

아마도 이상적인 형태는 기반과 중핵이 회복적이고, 회복적 대안이 실패하거나 부적절함이 분명한 경우에만 비교적 덜 회복적인 선택안을 적용하는 시스템일 것이다. 『회복적 정의와 대응적 규제 *Restorative Justice and Responsive Regulation*』에서 브레이스웨이트는 예방이나 무력화와 같은 다소 회복성이 낮은 선택안이 최후수단으로 사

용된다면 응보적 정의의 맥락보다 회복적 정의의 맥락에서 더 효과
적이라고 주장한다.48

3. 나는 회복적 정의에서 한쪽 끝의 회복적인 극단으로부터 다른 쪽
끝의 매우 비회복적인 극단으로 이어지는 연속체를 상정했다. 이들
두 극단 사이에 회복적 정의의 특징을 가지는 다양한 선택안이 있
다. 따라서 일부는 부분적으로 회복적이고 일부는 잠재적으로 회
복적일 수 있다. 예컨대 피해자 지원 victim service과 같은 방법은 회
복적 사법 시스템에서 절대적으로 핵심 사항이지만, 이 방법이 단
독으로는 가해자 문제를 완전히 해결할 수 없는 것처럼 회복적 사
법 시스템의 모든 기준을 충족시킬 수는 없다. 기존 프로그램들 대
부분은 그렇지 않지만, 공동체 봉사 원상회복 프로그램community ser-
vice restitution program 등 다른 방법도 적절히 계획되고 시행된다면 회
복적일 수 있다. 이처럼 치밀한 분석과 정확한 용어 사용은 '회복적
정의'가 전혀 회복적이지 않은 것들을 포함해 아주 다양한 접근방법
에 적용되는 일종의 슬로건이 되고 있는 까닭에 점점 더 중요해지고
있다.

'회복적 사법'이라는 용어의 적절성과 부적절성에 관한 논쟁이 진행되고 있
다. 여기에는 최소한 두 가지 측면의 비판이 있다. 첫째, 이 책에서 인정하
는 것처럼, '다시re-'로 시작되는 단어는 범죄의 이해관계자나 이 분야 관계
자들이 사건 이전의 단계로 돌아가고 싶어 하지 않고 새롭거나 더 나은 상
태로 나아가고자 하기 때문에 부적절하다. 사실, 대부분의 사건에서 필요
한 것은 새로운 현실을 찾아내는 것이다. 혹자는 '전환적 사법transformative

justice'이 더 정확한 용어라고 하기도 한다.

전환적 사법을 옹호하는 사람은 회복적 정의가 법률 시스템과 마찬가지로 개인에 대한 강조를 재생산하고 그보다 상위의 구조적인 범죄 원인을 다루지 않는다면, 범죄를 영속화시킨다는 결과는 달라지지 않을 것이라고 지적한다. 그리하여 그들은 개인의 범죄뿐만 아니라 사회적, 경제적, 정치적 시스템에 구조화된 피해와 의무를 해결하는 접근 방법을 주장한다.

최근 미셸 알렉산더Michelle Alexander의 『새로운 짐 크로우: 색맹 시대의 대량 구금The New Jim Crow:Mass Incarceration in the Age of Color Blindness』가 미국 사법 시스템의 인종적 불균형의 현실과 그것이 우리 공동체에 대해서 전해주는 의미를 새롭게 조명하고 있다.49 회복적 정의 분야는 이런 패턴을 무시하는가 아니면 그것을 재현하고 있는가? 우리는 그와 같은 문제를 적절히 모니터링 및 해소하고 있는가? 회복적 정의가 이 문제를 해결하는데 도움이 될 수 있는 방법을 모색하고 있는가? 회복적 정의의 실무자이자 옹호자인 우리는 이 모든 것에 들어 있는 우리 스스로의 편견과 방조를 충분히 인식하고 있는가? 이것들은 회복적 사법이 진정으로 전환적이라면 반드시 다루어져야 하는 문제들이다.

나의 시각은 회복적 정의가 전환적 사법으로 이어져야 한다고 생각하지만, 그러기 위해서는 이와 같은 문제에 정면으로 부딪혀야 한다고 생각한다. 나는 이 책에서 회복적 사법의 공식이 이처럼 큰 구조적 문제를 적절히 다루지 못하고 있음을 인정한다.

나는 이 책에서 일반적으로 이야기 되는 것이든 아닌 것이든 범죄와 정의에 관한 우리의 이해에 깔려 있는 근본적 가정을 살펴보려고 하였다. 최근의 용어로 말하자면, 나는 우리의 이해의 틀을 재구성하려고 하였다. 그러나 나는 우리의 틀과 가정이 언어와 은유 속에 얼마나 새겨져 있는지, 그로 인해 어떻게 형성되는지 이해하지 못했다. 이 책을 다시 쓴다면 이러한 측면을 탐색해 보고 싶다.

*Changing lenses*는 짧게 말해서 질문의 변화와 은유의 변화를 의미한다.

실제

앞서 언급한 바와 같이, 회복적 정의의 실제 적용은 야간 주거침입 절도 등과 같은 사건에 대한 피해자-가해자 대화모임의 활용에 그치지 않는다. 하지만 피해자-가해자 '대화모임'이 미국의 지배적인 회복적 사법 실무 형태로 남아 있고, 여기에 참여 범위와 영향을 크게 확장시킨 모두 원주민 공동체에 그 뿌리를 둔 두 가지의 새로운 대화 형태가 등장했다. 제9장에서 설명한 가족간 만남Family Group Conference과 써클Circle이 바로 그것이다. 그러나 이들 다양한 형태들이 상호 혼합되어 서로 간의 구별이 모호해지고 있다. 분명한 것은 절차에 참여하는 이해관계자의 수와 그곳에서 다루어지는 의제들이 확장되는데 상당한 가치가 있다는 점이다.

과거에는 도저히 상상할 수 없었지만, 비교적 새로운 실무형태로 사형 사건에 회복적 정의를 적용하는 프로그램이 형사사법 영역에서 생겨나고 있다. 나의 학생이었던 태미 크라우스Tammy Krause와 미켈 브랜험Michell Branham이 주도한 '변호인-피해자 연락Defense Victim Outreach, DBO 프로그램은 사형에 처할 수 있는 사건에서 피해자의 요구를 충족시키고 법적 절차의 상처를 감소시키기 위하여 살인 피해자의 가족과 가해자의 변호인을 연결시켜 주고 있다. 피해자의 요구와 가해자의 의무라는 회복적 정의의 원리에서 출발하는 이 프로그램은 '피해자 연락 담당'이 피해자를 도와 피해자의 요구와 피해자가 원하는 사법 절차를 확인하고 그 요구를 가해자와 그 변호인이 제공할 수 있는지를 확인한다. 보통은 범죄가 어떻게 일어났는지, 또는 법적 절차가 어떻게 진행되는지에 관한 단순한 정보요구가 이루어지며, 살인 피해자의 유가족들은 가해자가 책임을 시인하기를 원한다. 때로 이러한 과정은 가해자의 책임 인정 등 피해자 가족의 요구를 해결하는 답변 합의plea agreement로 이어지는가 하면, 때로는 통상의 법적 절차에서 충족할 수 있는 피해자의 요구로 제한되기도 한다. 이러한 과정이 피해자 가족과 가해자의 현실적 만남으로 이어지기도 하지만, 보통은 피해자에게 힘을 주고 그 요구의 일부를 해결하며 재판 과정으로 인한 상처를 감소시키는 방법을 제공하는 부분적인 회복적 사법에 그친다. '변호인-피해자 연락 프로그램'은 불과 몇 년 만에 연방 사형 사건에 있어서 규범적 위치를 찾아가고 있다. 형사 변호인들이 형사 사건에 있어서 피해자의 요구의 중요성을 깨닫게 되면서, 그 사용은 주州의 사형 및 기타 사건으로도 확대되고 있다.

다수의 캘리포니아 공동체에서는 회복적 사법 만남을 활용해 청소년들을 사법 시스템에서 완전히 배제시키기도 한다. 뉴질랜드 모델에서 차용한 이 만남은 가해 소년과 가족 구성원, 피해자와 그 지지자, 공동체 구성원, 및 때로 경찰관이 참여한다. 진행자는 검사의 동의를 얻어 "역미란다Reverse Miranda:즉 절차는 비밀에 부쳐지며, 이 절차 중에 공개된 정보는 사후의 법정절차에서 불리하게 사용할 수 없다"를 제공할 수 있다. 동의에 의하여 계획을 만드는데, 그 계획은 4부분으로 구성된다: 피해자, 가족, 공동체, 그리고 자기에게 올바르게 행동하기.50 재범율, 특히 아프리카계 미국인 청소년의 재범율은 놀라울 정도로 낮다.

회복적 정의는 형사 사법에만 적용되는 것이 아니다. 앞에서 언급한 것처럼, 회복적 정의의 적용은 학교와 대학교에서 가장 빠르게 확산되고 있다. 물론 이러한 맥락에 맞게 언어와 절차를 일부 조정할 필요는 있다.

나의 학생이자 현재 워싱턴 타코마 대학교 교수인 바브 테이스Barb Toews와 건축가 디애나 반 뷰렌Deanna Van Buren은 회복적 가치와 정의를 수행하는 공간의 구조 및 설계의 관계를 탐색하고 있다.51 이들은 안전하고 생기있는 공간을 만드는데 필요한 것을 확인하기 위해 교도소 및 공동체와 협력적 대화과정를 수행하고 있다. 나는 회복적 정의가 공간적이고 건축적인 설계와 관련되어 있으리라고는 전혀 생각지 못했다.

가야 할 방향은?

제11장에서 나는 회복적 정의를 더 넓게 수용하는 몇가지 옵션을 살펴보았다. 뉴질랜드 소년사법은 새로운 옵션을 제시하고 있다. 법원이 규범적인 것이 아니라 백업이나 보장장치라면 어떨까? 다양한 회복적 옵션이 기본값이고, 피고인이 책임을 부인하는 경우나 회복적 만남으로 처리하기에는 사건이 너무 복잡하고 어려운 경우에만 법원을 이용하도록 하면 어떨까?52 우리는 가장 어려운 최악의 사건을 위한 절차를 설계하고, 그것을 일반적으로 적용하고 있다. 법원이 희소한 자원임을 인식하고, 피해와 책임의 문제를 해결하는데 공동체의 참여를 장려할 실질적인 가치가 있음을 인식하면 어떨까? 많은 법학자들이 전문가와 일반인들이 협력할 때 사법은 최선의 성과를 거둘 수 있다고 주장하고 있다.53

제대로 기능하는 법적 시스템이 가장 중요하다. 인권과 적법절차도 보호되어야 한다. 잘못하는 사람을 확인할 수 있는 시스템이 필요하고, 잘못된 행동은 비난받아야 한다. 법의 지배와 질서정연한 법의 진보도 중요하다.

그러나 확실히 그 초점과 기능면에서 더욱 회복적일 수 있을 것이다.

나의 꿈은 일반인공동체과 사법 전문가들이 협력하는 사법시스템이다. 나는 사법 절차에 참여하는 모든 사람들이 회복적 정의의 가치와 원칙에 의해 지배되고, 경찰, 검사, 판사, 변호사들이 각 상황마다 회복적 정의의 질문을 던지는 세상을 꿈꾼다: 누가 다쳤는가? 무엇을 필요로 하는가? 어떻게 바로 잡을 수 있는가? 이런 요구와 의무는 누구의 책임인가? 누구에게 이해관계가 있고, 그들은 문제 해결에 어떻게 참여할 수 있는가?

이런 세상에서 피해자는 그 피해를 입힌 사람이 확인되었든 아니든 할 수 있든 없든 자기에게 필요한 것을 정의하고 이들을 해소하는데 협조할 것이다. 여기에 참여하는 변호사는 스스로를 검투사가 아니라, 치유자요 평화실천가peacemakers로 볼 것이다. 브레이스웨이트Braithwaite가 대응적 규제 Responsive Regulation에서 제안한 것처럼, 무력화와 순수 예방의 자리도 있겠지만, 이것들은 회복적이고, 존중적이며, 덜 강제적인 대안을 시도한 후에 최후 수단으로 사용될 것이다.그리고 그것들도 최대한 회복적으로 수행될 것이다.54

삶의 방식?

나는 수년간 회복적 정의가 삶의 방식life style이라고 주장하는 사람들을 많이 보았다. 처음에는 이런 주장이 대단히 혼란스러웠다. 어떻게 범죄에 대응하기 위해 설계된 개념적 틀대단히 단순한 개념적 틀을 삶을 바꾸는 것이나 삶의 방식으로 볼 수 있는가?

결국 나는 '삶의 방식'으로서 회복적 정의라는 것이 회복적 정의가 구현하는 윤리 시스템과 관련되어 있는 것으로 결론지었다. 혹자는 회복적 정의가 보편적 가치를 반영하고 있고, 바로 그점 때문에 회복적 정의가 수많은 원주민적 전통과 종교적 전통에 연결되어 있는 것이라고 주장한다. 이것이 정확한 설명이든 아니든 나는 그럴 수 있다고 생각한다, 회복적 정의는 내부적으로 일관적인 가치 체계를 구현하고 있다. '형사사법'은 그렇지 못하다

서구 형사사법 시스템은 인간의 기본적 권리, 사회적으로 용인되는 행동의 한계, 공정성과 일관성 등 몇 가지 중요한 긍정적 가치를 추구하려고 한다. 그러나 형사사법 시스템은 이러한 가치를 " …하라. 그렇지 않으면 …" 식으로 말하는 대단히 부정적인 방식으로 추구한다. "당신이 타인에게 한 행동을 우리가 당신에게 똑같이 하겠다. 고통은 고통을 요구한다. 즉, 형벌은 범죄의 거울이다"라고 말한다. 형벌원리를 합리화하는 문헌이 방대한 이유는 국가가 고통을 부과할 힘을 갖고 있는데, 대부분의 경우 고통 부과가 도덕적으로 문제가 있기 때문이다.

시스템을 인도적으로 유지하고 우리가 야기하는 고통을 완화시키기 위해 우리는 윤리적 사법 시스템 외부로부터 중요한 가치를 끌어들일 수밖에 없다. 예컨대, 실무자에게 범죄인을 인도적으로 대우하도록 가르쳐야 한다. 왜냐하면 징벌적이고 응보 중심적인 사법 이해는 이러한 가치를 강조하지 않기 때문이다. 외부에서 유입된 가치는 내부에서 도출되는 가치보다 효과적일 수 없다. 더욱이 사법에 대한 징벌적인 접근 방법은 좋음에 대한 비전 또는 어떻게 함께 살고 싶은지에 대한 비전을 제공하지 않는다.

반면 회복적 정의는 내재적으로 긍정적이고 상대적으로 일관적인 가치 시스템을 제공한다. 회복적 사법은 좋음에 대한 비전 또는 어떻게 함께 살아가야 하는지에 대한 비전을 내포한다. 다수의 토착민 문화 및 종교적 전통과 마찬가지로 회복적 정의는 개인으로서 우리가 상호 연결되어 있고 우

리가 타인에게 영향을 미치고 타인이 우리에게 영향을 미친다는 가정을 전제하고 있다. 따라서 회복적 정의의 기본 원리는 어떻게 회자되든 간에 우리 대부분이 살고 싶은 삶을 규율하는 지침을 제시한다. 또한 회복적 정의는 관계의 중요성을 일깨워준다. 회복적 정의는 우리의 행동이 타인에게 미치는 영향과 그 행위에 뒤따르는 의무를 고려할 것을 요구한다. 회복적 정의는 우리와 타인에게 인정되는 마땅한 존엄성을 강조한다. 그렇다면 아마 회복적 정의가 삶의 방식을 제시하고 있는 것일지도 모르겠다.

가치

앞서 언급한 바와 같이 정의라는 '바퀴'는 가치라는 '테두리'로 둘러싸여 있다. 여기서 세 가지 가치가 특히 중요해 보인다.

존중

첫째는 **존중**이다. 나는 존중이 다수 범죄 및 가해자가 경험하는 사법의 부정적 측면에 있어서 근본적 문제라고 확신한다. 마찬가지로 존중과 무시의 문제는 피해자의 상처와 치유뿐만 아니라 그들이 경험하는 사법의 부정적 측면에서도 중요한 역할을 한다.

회복적 정의는 한마디로 존중에 관한 것이다. 이 가치를 심각하게 받아들여 관련된 모든 사람들의 관점, 요구, 가치를 근본적으로 존중하고자 한다면, 우리의 정의는 필연적으로 회복적일 수밖에 없다.

겸손

두 번째 핵심 가치는 **겸손**이다. 나는 겸손의 의미에 부당한 이익을 취하지 않는다는 일반적 용례를 포함시킨다. 사실 이것은 회복적 사법 실무가에게 중요한 가치이다. 사법절차가 잘 진행되면, 참가자들은 진행자의 역할을 간과하게 되는데, 회복적 사법 실무가들은 이를 섭섭하게 생각하거나 아쉬워해서는 안 된다.

그러나 내가 말하는 겸손이란 무언가 더 기본적이고 더 어려운 것을 의미한다. 즉, 우리가 "알고 있는 것"의 한계에 대한 깊은 인식이 그것이다. 회복적 정의의 핵심원리는 아래에서부터 형성된 맥락을 고려해야 한다는 점이다. 결과적으로, 겸손은 타인의 상황에 대해 알고 있다고 생각하는 것을 일반화하거나 적용하는데 철저하게 주의할 것을 요구한다. 또한 겸손은 어떻게 우리의 경험이 어떻게 지식과 편견을 형성하는지에 관한 깊이 있는 인식을 요구한다. 우리의 성, 문화, 민족성, 개인적 및 집단적 역사는 우리의 이해와 이해방식을 형성하며, 그 과정은 보통 인식하기 어렵다. 그래서 겸손은 타인의 현실을 신중하고 개방적으로 평가할 것을 요구한다. 이러한 개방성은 점점 더 양극화되어 가는 사회에서 반드시 필요한 덕목이다.

우리가 겸손해야만 우리에게는 해방적으로 보일지 몰라도 타인에게 부담을 지우거나 과거의 수많은 '개혁'에서 그랬던 것처럼, 사람을 상대로 사용하는 무기가 되는 사법이 되지 않도록 지킬 수 있는 것이다. 근대 교도소의 태동에서 얻는 교훈이 나를 괴롭힌다. 교도소는 개혁적 장치로 도입되었고, 일부 옹호론자들에게 구금은 긍정적인 경험을 제공해 주었다. 그러나 머지않아 잔혹한 도구가 되었고, 교도소 개혁운동은 근대 교도소 자체만큼이나 오래된 운동이 되었다. 겸손은 회복적 사법을 추구하는 우리에게 비판의 목소리를 듣고, 우리의 이상을 현실에 비추어 평가해 보고, 응원과 비판을 동시에 할 것을 요구한다.

놀라움

세 번째 가치는 **놀라움**이다. 서구적 인식방법은 철학자 데카르트에게 큰 영향을 받았다. 데카르트의 주된 인식론적 접근방법은 의심이다. 그에 의하면, 확실한 것을 찾을 수 있을 때까지 모든 것은 의심되어야 한다. 그에게 의심할 수 없는 단 한 가지는, "나는 생각한다. 고로 나는 존재한다"는 명제이다. 이처럼 의심하는 자세는 나름 강점이 있지만, 나는 바로 앞에서 겸손이 우리가 알고 있는 것과 하고 있는 것에 대한 회의를 가질 것을 요구한다고 주장했다 전체적으로 회의적인 자세는 엄청난 냉소주의로 이어질 위험이 있다.

나의 학창시절 델버트 비엔스Delbert Wiens 교수는 서구적 사상의 이러한 태도를 인식하고 이를 바로잡는 것에서부터 철학 강의를 시작하였다. 그는 세상을 바라보는 적절한 시각은 놀라움이라고 말하였다. 나 자신에게나 회복적 사법 분야에서나 이러한 관점이 점점 더 중요해지고 있는 것 같다. 놀라움은 미스터리, 모호함, 패러독스, 심지어 모순으로 표현된다. 미지, 경이로움, 부조리와 함께 살아남는 능력은 회복적 사법 실무에서 가장 중요한 점이다.

데이비드 제임스 던컨David James Duncan은 그의 책 『물이 들려주는 나의 이야기My Story as Told by Water』에서 놀라움을 "놀라움은 즐거움으로 느껴지는 미지다"55라고 이야기한다. 그렇다고 하면, 회복적 정의는 대단한 즐거움을 약속한다! 오늘날의 회복적 정의가 25년 이상의 경험을 가지고 있을 뿐만 아니라 우리의 역사에 단단히 뿌리내리고 있기는 하지만, 우리의 연구는 여전히 여명기에 불과하다. 아직 모르는 것이 너무도 많다.

11장 말미에서 나는 회복적 사법을 '머나먼 여정의 아련한 종착역'으로 묘사했다. 수십 년이 지난 지금 나는 여전히 험난한 오르막과 우회로가 있는 여정이기는 하지만, 종착역을 향한 길이 예전만큼 아련하지는 않다고 확신한다.

우리가 이 여정을 존중과 겸손의 마음으로 놀라움의 자세로 출발한다면, 회복적 사법은 우리의 아이들과 손자손녀들에게 물려주고 싶은 세상으로 우리를 데려가 줄 것이다.

미주

1. M. Kay Harris, "Strategies, Values and the Emerging Generation of Alternatives to Incarceration," *New York University Review of Law and Social Change* 12, No. 1 (1983-4), 141-190, 및 "Observations of a 'Friend of the Court' on the Future of Probation and Parole," *Federal Probation* 51, No. 4 (December 1987), 12-21.

2. 예컨대, 앞에서 인용한 Louk Hulsman의 글을 볼 것. 또한 John R. Blad, Hans van Mastrigt, and Niels A. Uldriks, eds., *The Criminal Justice System as a Social Problem: An Abolitionist Perspective* (Rotterdam, Netherlands: Erasmus Universiteit, 1987).

3. Marshall Fortune는 1986년 온타리오 겔프(Guelph, Ontario)에서 개최된 회복적 정의와 '어려운 문제'에 관한 자문에서 이와 같은 우려를 제기하였다.

4. "Critical Criminology and the Concept of Crime," *Contemporary Crises: Law, Crime and Social Policy*, 10 (1986), pp. 63-80 참조.

5. 역주-모든 범죄행위가 민법상 불법행위가 된다는 점을 생각해보면 쉽게 이해될 것이다.

6. Ron Kraybill, "From Head to Heart: The Cycle of Reconciliation," *Conciliation Quarterly*, 7 No. 4 (Fall, 1988), p. 2

7. Ron Claassen and Howard Zehr, *VORP Organizing: A Foundation in the Church* (Elkhart, Indiana: Mennonite Central Committee, 1988), p. 5

8. Marie Marshall Fortune은 겔프 자문(Guelph consultation)에서 이와 같은 용어를 제안했다. See also Fortune, "Making Justice: Sources of Healing for Incest Survivors," *Working Together* (Summer 1987), 5; and "Justice-Making in the Aftermath of Woman-Battering," in *Domestic Violence on Trial*, ed. Daniel Sonkin (New York: Springer Publishers, 1987), 237-48.

9. Dave Worth, 저자에게 노트.

10. Wilma Derksen, *Have You Seen Candace?* (Wheaton, IL.: Tyndale, 1992).

11. 이 용어는 Marie Marshall Fortune이 사용했다.

12. Morton MacCallum-Paterson, "Blood Cries: Lament, Wrath and the Mercy of God," *Touchstone* (May 1987), p. 19.

13. John Lampen, *Mending Hurts* (London: Quaker Home Service, 1987), p. 57.

14. Jeffrie C. Murphy and Jean Hampton, *Forgiveness and Mercy* (Cambridge, England: Cambridge University Press, 1988) 참조

15. 예컨대, Russ Immarigeon, "Surveys Reveal Broad Support for Alternative Sentencing," *National Prison Project Journal*, No. 9 (Fall, 1986), pp. 1-4.

16. 역주-여기서 하워드 제어는 책임 인정을 VOC 참여(피해자를 대면하여 잘못을 인정하고 손해배상을 위해 노력하는 것)와 같은 것으로 보는 듯하다.

17. Martin Wright, "Mediation" *Mediation UK* 5, No.2 (March, 1989), p. 7

18. Martin Wright, "From Retribution to Restoration: A New Model for Criminal Justice," *New Life: The Prison Service Chaplaincy Review*, 5 (1988), p. 49.

19. Dennis A. Challeen, Making It Right: *A Common Sense Approach to Crime* (Aberdeen, SD: Mielius and Peterson Publishing, 1986)

20. Wright, "Mediation" 및 Martin Wright, *Making Good: Prisons, Punishment and Beyond* (London: Burnett Books, 1982), 246 ff를 볼 것

21. 이 분야의 실무자들은 아직도 가끔 조정이라는 용어를 사용하지만, 나는 이 말이 별로 편하지 않다. 특히 피해가 심각한 경우에는 더 그렇다. Zehr, *The Little Book of Restorative Justice*, 2nd ed. (New York: Good Books, 2015). 나는 대화라는 용어를 더 선호한다.

22. Mark Umbreit, *Victim Understanding of Fairness: Burglary Victims in Victim Offender Mediation* (Minneapolis: Minnesota Citizens Council on Crime and Justice, 1988), pp. 25ff.

23. Claassen and Zehr, *VORP Organizing*, pp. 24-25

24. 예컨대, Russ Immarigeon, "Reconciliation Between Victims and Imprisoned Offenders: Program Models and Issues" (Akron, Pa.: Mennonite Central Committee, 1994). 또 다른 선구적 프로그램의 예로는 브리티시 콜럼비아 Community Justice Initiatives Association에서 주관하는 것이 있다 (www.cjibc.org)

25. Walter H. Berea, "The Systematic/Attributional Model: Victim- Sensitive Offender Therapy," in James M. Yokley, ed., *The Use of Victim-Offender Communication in the Treatment of Sexual Abuse: Three Intervention Models* (Orwell, VT.: Safer Society Press, 1990)

26. 이곳에 기술된 내용은 앞의 판에서 썼던 내용이다. 이 프로그램은 아직도 존재하지만, 이곳의 내용과 다를 수 있음을 유념하기 바란다.

27. 앞에서 인용한 자료 참조.

28. Martin Wright, *Making Good* (London: Burnett Books, 1982), pp. 249-250 도 참조.

29. 1976년에 설립된 공동체위원회(Community Boards)는 미국 내에서 가장 오래된 조정센터로 여겨지고 있다.

30. Roger Matthews, ed., *Informal Justice?* (London: Sage Publications, 1988) 참조.

31. John O. Haley, "Mediation and Criminal Justice: The Japanese Model— Confession, Repentance, and Absolution" (unpublished paper, CLE Seminar "Creative Justice Through Mediation," Seattle, Washington, on October 29, 1988)을 참조하였다. 또한 John O. Haley, "Victim—Offender Mediation: Lessons from the Japanese Experience," *Mediation Quarterly* 12, no. 3 (Spring 1995): 23348도 볼 것.

32. 역주—Auerbach, Jerold S. *Justice without law?*. Galaxy books, 1984

33. M. Kay Harris, "Alternative Visions in the Context of Contemporary Realities," in *Justice: The Restorative Vision*, Issue No. 7 of *New Perspectives on Crime and Justice: Occational Papers* (Akron, PA: Mennonite Central Committee, 1989), pp. 31-40.

34. "Moving into the New Millenium: Toward a Feminist Vision of Justice," in *Criminology as Peacemaking* ed. Harold Pepinksy and Richard Quinney (Bloomington, Ind.: Indiana University Press, 1991).

35. Matthews, *Informal Justice?*, p. 102.

36. 이 책이 처음 출판된 이후 이 분야에 대해 상당히 고무적인 노력이 이루어졌다. 가정폭력은 일부 전망있는 접근방법이 등장하고 있지만 아직은 문제점과 위험성이 많아서 적용에 대한 논란이 있다.

37. John H. Yoder, *The Original Revolution* (Scottdale, PA: Herald Press, 1971). 역주—이 책은 『근원적혁명』(대장간 역간, 2012)으로 번역되었다..

38. Sebastian Scheerer, "Towards Abolitionism," *Contemporary Crises: Law, Crime and Social Policy*, 10, No. 1 (1986), p. 9.

39. Willem De Haan, "Abolitionism and the Politics of 'Bad Conscience'," *The Howard Journal of Criminal Justice*, 26, No. 1 (February, 1987), pp. 15-32.

40. 이 부분은 제1판 후기를 옮긴 것이다.

41. 자세한 정보는 MacRae and Zehr, *The Little Book of Family Group Conferences, New Zealand Style*.

42. 나의 제자인 제렘 사왓스키(Jarem Sawatsky)는 이해관계자(stakeholder)라는 말에 대해 백인정착민들이 토착민으로부터 땅을 빼앗기 위해 말뚝(stake)을 박던 역사적 경험으로부터 유래된 불행한 용어임을 경고한 바 있다.

43. 역주—여기에 해당하는 대표적인 학자가 로드 발그라베(Lode Walgrave)이다. 그는 사회와 공동체를 구별하지 않으며, 검사가 공동체의 대표가 될 수 있다고 볼 뿐만 아니라, 형사사법 밖의 프로그램이 아니라 형사사법 자체를 회복적으로 정향시켜야 한다고 주장한다.

44. John Braithwaite, *Crime, Shame, and Reintegration* (Cambridge, UK: Cambridge University Press, 1989).

45. Zehr, *The Little Book of Restorative Justice*, 2nd ed. (New York: Good Books,

2015) 참조.

46. Conrad Brunk, "Restorative Justice and the Philosophical Theories of Criminal Punishment," in *The Spiritual Roots of Restorative Justice*, ed. Michael L. Hadley (Albany: State University of New York Press, 2001), 3156.

47. 역주-그래서 발그라베는 회복주의를 역전된 응보주의(inverted retributivism)라고 한다.

48. John Braithwaite, *Restorative Justice and Response Regulation* (Oxford: Oxford University Press, 2002).

49. Michelle Alexander, *The New Jim Crow: Mass Incarceration in the Age of Colorblindness* (New York: New Press, 2010).

50. Training and support is provided by the Restorative Justice Project at Impact Justice in Oakland, Calif.; sujatha baliga is currently overseeing this project.

51. Their organization is called Designing Justice+Designing Spaces. See: http://www.designingjustice.com.

52. Braithwaite explores this further in *Responsive Regulation*.

53. 예컨대, Albert W. Dzur, *Punishment, Participatory Democracy, and the Jury* (New York: Oxford University Press, 2012) 참조.

54. 회복적 사법을 제3의 방법으로 보는 시각에 대해서는 Howard Zehr, "Three Justice Orientations," *Zehr Institute for Restorative Justice* (blog), September 7, 2009, http://emu.edu/now/restorative-justice/2009/09/07/three-justice-orientations/.

55. David James Duncan, *My Story as Told by Water* (San Francisco: Sierra Club Books, 2001).

부록자료

에세이

회복적 사법 비전의 보호

개혁의 비전은 시간이 지날수록 원래의 의도에서 벗어나거나 왜곡되는 경향이 있다. 때로는 원래의 의도와 정반대의 목적에 기여하는 경우도 적지 않다. 이러한 경향은 예컨대 '특히'라는 수식어를 붙이는 학자도 있을 것이다 형사사법 등 다양한 분야에서 뚜렷이 드러나는데, 회복적 사법도 원래의 의도와는 상당히 다르게 변질될 가능성이 있다. 사실, 이미 변질되기 시작했다고 말하는 학자도 있다. 수년 간 나는 회복적 사법에 관여하면서 우리의 비전을 왜곡하는 원인을 이해하기 위해 노력해 왔다. 이러한 왜곡현상을 피할 수는 없겠지만, 그 역학을 이해한다면 왜곡현상을 최소화할 수는 있을 것이다. 아래에서는 내가 이해하는 왜곡 또는 변질의 원인을 세 가지 유형으로 나누어 개관해 보고자 한다.

형사사법의 관심

회복적 사법에서 흔히 논의되는 논란으로 응보적 목표와 회복적 목표 사이의 갈등이 있다. 형사사법 시스템은 본질적으로 응보적 사법의 입장에서 일차적으로 처벌을 추구한다. 반면, 회복적 사법은 원상회복에 관심을 둬야 한다. 이와 같은 두 개의 목표가 공존할 수 있는가? 아니면 큰 시스템이 자신의 목표를 받아들이도록 압박할 것인가? 우리가 형사사법 시스템의 언어, 즉 형벌의 언어를 쓴다면 응보가 회복을 그늘지게 할 것이고, 형벌의 언어를 거부한다면 회복적 사법은 주변적인 형태, 즉 '경미한' 사건을 위한 비핵심적 대응으로 남을 가능성이 있다.

형사사법 절차는 여러 면에서 회복적 사법을 변질시킬 수 있는 압력을 만들어낸다. 형사사법은 본질적으로 가해자 지향적이어서 사건과 주된 행위자 등 모든 것이 가해자라는 용어로 정의되고, 피해자의 법적 입지는 지극히 미약하다. 우리가 가해자 중심적인 시스템으로부터 사건을 의뢰 받는다면, 과연 피해자를 위한 평등하고 진정한 정의를 이룰 수 있을까?

형사사법 절차의 세 번째 압력은 그 자체의 자기 이익과 관련되어 있다는 것이다. 앞서 언급한 바와 같이, 사법 시스템 안의 다양한 분과들이 자체적인 이해관계를 가지고 있고, 이들은 새로운 개념을 자기의 이익에 적합하게 흡수하고 통제할 수 있는 방법을 찾는다. 제롬 아우어바흐Jerome Auerbach는 그의 책 『법 없는 정의?Justice Without Law?』에서 미국 갈등해결의 역사에 나타난 이 같은 과정을 잘 해부하고 있다.

제도화의 역학

아이디어가 현실이 되려면 제도가 만들어져야 하는데, 제도 자체의 역학은 변질을 향한 압력을 만들어낸다.

행정적 고려가 중요한 문제로 부각되는데, 행정은 쉽게 수집하여 도표화하고 처리할 수 있는 수치를 요구하고, 이것은 조직의 존재를 정당화하는 데 사용된다. 예를 들어, 피해자-가해자 만남에서의 사건 처리 건수와 '성공' 사례의 수치로서 우리의 가치를 측정하고 싶은 유혹이 있다.

만족 또는 증오심 감소, 두려움 등과 같은 결과는 형사사법의 통상적 목표가 아닐 뿐만 아니라, 쉽게 수량화될 수 있는 것들에 비해 측정하기도 어렵다. 결과적으로 수치로 측정하기 어려운 화해보다 측정하기 쉬운 손해배상을 강조하게 되고, 조정자로 하여금 결과의 질과 관계없이 많은 건수를 신속하게 처리하도록 압박하게 된다. 따라서 전문적 조정자에게 의지하게 되고, 결국 행정적 목표와 평가가 비전을 변질시키게 되는 것이다.

여기서 암시되는 것처럼, 존속의 문제가 있다. 이것은 곧 자금과 자금출처의 문제로 이어진다. 좋은 일을 하기 위해서는 돈이 필요하다. 누군가의 지적처럼, 프로그램들은 결국 자금출처와 같은 모습을 띄는 경향이 있다.

'제도화의 역학'은 또한 진행자의 정체성 및 경력 개발의 문제와 관계되어 있다. 제도가 발전될수록 사람들은 그 제도에 대한 경력에 관심을 가지게 되고, 경력에 미칠 영향을 염두에 둔 상태에서 자신과 프로그램에 관한 결정을 내리게 된다. 그 효과는 미묘하지만 중요하다.

우리는 동지를 찾기 위해, 지지를 얻기 위해 주변을 돌아보게 된다. 회복적 사법에 관여하는 사람들은 어디서 동지를 찾을 것인가? 회복적 사법이 확립되어 갈수록 우리는 형사사법계에서 우리의 동지를 찾을 가능성이 높아진다. 이것은 긍정적인 측면이 있는 반면, 형사사법 안에서 작동되는 가치와 가정에 동조하라는 압력을 만들어낼 수도 있다.

고용된 인력과 그들이 지닌 가치는 매우 중요한 요소이다. 개혁의 변질을 분석한 대부분의 연구는 점진적인 인력 확대 과정에 초점을 맞추고 있다. 그러나 이 과정은 그것보다 더 근본적인 것이고 더 일찍 시작된다. 리더들은 원대한 비전을 제시하는 반면, 실무진들은 전통적인 형사사법 제도권에 종사하던 사람들로서 전통적 형사사법의 가치를 지니고 있을 수 있다. 이런 사람들은 대안적 패러다임이 아니라 전통적 관점에 따라 전통적인 방법으로 업무를 수행하는 경향이 있다. 모든 사람들이 가치를 공유하지 않으면, 진정한 차이를 달성하기는 쉽지 않다.

조직은 발전하는 과정에서 여러 단계를 거치게 된다. 각 단계에서 일정한 유형의 리더십이 요구되고, 각각은 장단점을 가지고 있다. 이 역시 프로그램의 성향에 영향을 미친다.

초기 단계의 조직은 사업적 재능이 있는 사람을 요구하는데, 이런 사람은 흔치 않다. 몽상가나 모험가가 여기에 속하는데, 창의성이 뛰어나고 아이디어를 형성하고 실행할 수 있으며 재원을 확보하여 창의적으로 적용할 줄 아는 사람이어야 한다.

기업가적 자질을 가진 사람들은 상당한 에너지와 열정과 창의성을 가지고 일한다. 그러나 이들은 관리자가 아니다. 따라서 어느 정도 시간이 지나면, 조직과 프로그램의 유지라는 현실에 대처할 수 있는 관리 능력을 갖춘 리더가 요구된다. 그러나 관리자는 대체로 몽상가가 아니다. 관리자는 일상적 운영의 필요성에 사로 잡혀서 장기적 비전이나 프로그램 평가 그리고 희망에는 큰 관심을 기울이지 않을 수 있다. 이들은 또한 모험을 하지 않으려고 하는 성향이 있다. 비전제시가 되어 있지 않은 상태에서 '관리' 단계로 들어가면, 이 또한 잠재적으로 변질의 원인이 될 수 있다.

프로그램 설계 및 운영

프로그램은 다양한 목표를 충족시키려고 한다. 그러나 운영을 잘 하려면 하나의 주된 목표가 있어야 한다. 여러 개의 목표를 설정하면, 목표 사이에 충돌이 있을 수 있다.

엘크하트Elkhart VOC 프로그램 시행 초기에 이런 문제점을 발견하였고, 영국에서 수행된 최근의 연구도 같은 문제점을 지적하고 있다. 예컨대, 다이버전이라는 목표가 화해라는 목표와 충돌을 일으키기도 한다. 다이버전을 주된 목적으로 시작된 프로그램들은 화해와 피해자의 관심을 경시하는 경향이 있을 수 있다.

요컨대, 정책은 장기적인 실무적 및 철학적 함의를 검토하지 않은 채 시행되기 쉽다. 그러나 검증되지 않은 사소한 한 걸음으로 인해 우리가 가야할 길에서 크게 벗어날 수 있다는 점을 기억해야 한다. 어쩌면 아무도 모르게 우리의 길을 잃어버릴지도 모른다.

그룹 활동 : 포스 필드Force field 분석

칼럼이 두 개인 차트를 하나 만든다. 첫 번째 칼럼의 제목은 "진정한 회복적 접근을 장려하는 힘"으로, 두 번째 칼럼의 제목은 "RJ를 거부하거나 무너뜨리는 힘"으로 붙인다. 전체 그룹이나 소그룹으로 나누어, 각각의 칼럼에 해당되는 문화적, 정치적, 사회적 힘을 찾아보고, RJ를 무너뜨리는 힘에 대항하고 RJ를 장려하는 전략에 대해 토론해보자.

회복적 사법의 척도

1. 피해자가 정의를 경험하는가?

   • 피해자가 경험을 충분히 이야기할 기회가 있는가?

   • 피해자가 필요로 하는 보상이나 손해배상이 이루어지는가?

   • 부정의가 적절히 인정되는가?

   • 향후의 침해에 대해 피해자를 적절히 보호할 수 있는가?

   • 피해자에게 사건, 가해자, 절차의 진행 등에 관한 적절한 정보가 제
     공되는가?

   • 피해자가 사건 처리 절차에서 선택권을 가지는가?

   • 정의의 경험이 공개적인가?

   • 피해자가 타인으로부터 적절한 지원을 얻는가?

   • 피해자의 가족에게 적절한 원조와 지원이 제공되는가?

   • 다른 요구물질적, 정신적, 영적가 다뤄지는가?

2. 가해자가 정의를 경험하는가?

   • 가해자로 하여금 자신의 행동을 이해하고 그에 대한 책임을 지도록
     하는가?

   • 가해자의 잘못된 책임 전가를 문제시하는가?

   • 가해자에게 잘못을 바로잡도록 고무하고 그 기회를 주는가?

   • 가해자가 사건 처리 절차에 참가할 수 있는가?

   • 행동의 변화회개를 위한 유인이 있는가?

- 변화를 감시하고 확인할 수 있는 장치가 있는가?

- 가해자의 요구를 다루는가?

- 가해자의 가족에게 적절한 원조와 지원이 제공되는가?

3. 피해자−가해자 관계가 다뤄지는가?

- 직접적 대면 또는 치료 등을 통한 대면가능한 경우의 기회가 있는가?

- 사건 또는 서로에 관한 정보의 교환을 권장하는가?

- 잘못된 책임 전가를 문제시하는가?

4. 공동체의 관심이 고려되는가?

- 절차와 결과가 충분히 공개적인가?

- 공동체 보호에 관해 논의되는가?

- 공동체를 위한 일정한 원상회복 또는 상징적 조치가 요구되는가?

- 공동체 대표가 절차에 참가하는가?

5. 미래에 관해 논의하는가?

- 사건의 원인이 된 문제를 해결하기 위한 사항이 있는가?

- 사건으로 인해 발생된 문제를 해결하기 위한 사항이 있는가?

- 미래의 의지에 관해 논의하는가?

- 합의사항의 이행을 감시하고 확인하며 불이행시 문제해결을 위한 사항이 있는가?

그룹 활동 : 사례연구.

- 주변이나 인터넷에서 사례 또는 프로그램을 골라서, 이 척도에 얼마나 부합하는지 토론해보자. 그 사례나 프로그램이 더 회복적이 되려면 어떻게 하면 되겠는가?

회복적 삶을 위한 10계명

1. 내 자신을 사람과 제도와 환경의 그물망에 상호 연결된 사람으로 생각하고 모든 관계를 진지하게 받아들인다.

2. 나의 행동이 타인과 환경에 실제로 또는 잠재적으로 미칠 영향을 생각한다.

3. 나의 행동이 타인에게 부정적인 영향을 미친 때에는 회피하거나 부인할 수 있더라도 그 사실을 솔직하게 인정하고 피해를 바로잡는 책임을 진다.

4. 다시 만나지 않을 것 같은 사람, 존중할 필요가 없는 것 같은 사람, 나에게 피해를 주거나 나를 공격한 사람을 비롯해 모든 사람을 존중하는 마음으로 대한다.

5. 의사결정과정에서 결정에 영향을 받는 사람들을 최대한 참여시킨다.

6. 내 삶의 갈등과 피해를 기회로 받아들인다.

7. 타인의 말을 동의하지 않더라도 이해할 수 있도록 깊은 연민으로 경청한다.

8. 타인이 어려운 내용을 말하더라도 그들로부터, 그 만남으로부터 배울

수 있다는 자세로 타인과의 대화에 참여한다.

9.타인과 상황에 대한 나의 "진실"과 나의 관점을 강요하지 않는다.

10.성차별, 인종차별, 계급차별 등 일상적인 부정의에 민감하게 맞선다.

그룹 활동 : 토론

• 이 10계명을 진지하게 받아들이면 우리의 개인적 삶과 사회적 삶이 어떻게 달라질지 토론해보자. 이 계명들 중에 바꾸거나 추가할 것이 있는가?

그룹스터디와 강의제안

다음의 질문과 활동 아이디어는 이 책을 그룹스터디 용으로 활용하고자 하는 분들에게 도움을 제공하기 위한 것이다. 다음 절의 그룹스터디 자료도 활용하기 바란다.

제1장 에피소드

*질문

1. 당신의 관점을 바꾸어 놓은 이슈나 사건을 생각해보자. 무엇이 관점을 바꾸었는가? 어떤 이슈를 바라보는 렌즈를 바꾸는 과정은 어떻게 시작되는가?

2. "[형사사법] 절차는 피해자를 무시하고, 범죄자에게 책임을 지우며 범죄를 억제하는데 실패하고 있다"는 주장을 어떻게 생각하는가?

3. 제1장의 "… 에피소드"를 다시 읽고, 이 사건을 보도하는 신문이라면 어떤 헤드라인을 썼을지 생각해보자. 또 미디어가 사건을 어떻게 왜곡시키는지 이야기해 보자.

제2장 피해자

*질문

1. 집에 와보니 누군가 들어와서 난장판을 만들어 놓았다. 가보家寶 같

은 귀중품이 없어졌고, 도끼로 문을 부수고 들어온 것 같다. 당신은 어떤 느낌일까? 앞으로의 생활에 어떤 영향을 미칠까? 어떤 의문이 생길까? 무엇을 필요로 할까?

2. 개인적으로 아는 사람 중에 범죄 피해자가 있는가? 직접 피해를 입은 적이 있는가? 어떻게 반응했는가? 어떤 느낌이었나?

3. 제1장의 사건을 피해자의 입장에서 봤을 때, 어떤 결과가 따라야 한다고 생각하는가?

4. 분노가 치유과정의 자연스러운 부분이고, 그것을 표현할 수 있도록 장려해 주어야 한다는 데 동의하는가? 당신은 상처입고 화난 사람을 어떻게 대하는가?

5. 샬롯 헐링거Charlotte Hullinger는 네 가지 유형의 조력자가 있다각주 2참조고 한다. 각 유형의 장단점은 무엇인가? 당신은 어느 유형에 속하는가? '적극적 조력자'가 되기 위해서는 어떻게 해야 하는가?

6. 어떤 사람들은 응보가 인간의 본성이라고 주장한다. 그들은 국가의 조치에 의하여 응보가 이루어지지 않으면, 개인이 직접 응보에 나설 것이라고 한다. 어떤 사람들은 그것이 학습되는 것이라고 하기도 하고, 어떤 사람들은 그것이 손해배상이나 용서 등에 대한 요구를 표현하는 것이고 이런 것들은 다른 과정에 의해서 더 잘 이루어질 수 있다고 하기도 한다. 당신은 어떻게 생각하는가?

7. 우리가 피해자를 비난하는 행동이나 말에는 어떤 것이 있나? 우리는 왜 피해자를 비난하는가?

8. 치유를 위한 여섯 가지 질문"치유과정"을 볼 것을 토론해보자. 각각에 대한 답을 얻기 위해서 무엇이 필요한가? 누가 답할 수 있는가?

9. 머리말에서 저자는 용어에 대한 우려를 표시하고 있다. 피해자라는
   용어에 어떤 문제가 있을 수 있는가?

*활동

1. 차트에 피해자와 관련된 단어들을 나열한다. 예를 들어:

   • 피해자

   • 주거침입절도

   • 법원

   • 정의

   • 검사

   • 보복

   • 손해배상

   하나씩 되짚어가면서 각 단어에 대해 무엇이 연상되는지 어떤 생
   각이 드는지 말해본다. 각자 만들어 보고, 함께 분석해 본다.

2. 피해자나 피해자 지원활동가 혹은 변호사, 검사, 판사를 초빙해 그의
   경험을 들어본다. 피해자의 권리는 어떤 것이 있는가? 일반적으로 피
   해자는 어떤 역할을 하는가? 일반적으로 피해자는 어떤 대우를 받는
   가? 범죄 피해자를 초빙해서 같이 이야기하는 것도 좋다.

제3장 가해자

*질문

1. 이 사건에서 가해자가 직면하는 결과에 대해서 어떻게 생각하는가?
   당신에게 대안을 제시해 보라고 한다면, 어떤 제안을 하겠는가?

2. 저자는 자긍심, 자기 결정권, 그리고 이들과 범죄의 관계를 어떻게 제시하고 있는가? 그 설명에 동의하는가? 제4장 참조

3. 오늘날 자주 사용되는 비구금형에는 어떤 것이 있는가? 예컨대, 사회봉사명령, 보호관찰, 치료, 하프웨이 하우스, 손해배상 등 각각의 장단점은? 각각이 달성하고자 하는 바는 무엇이며, 어느 정도까지 처벌하려고 하는가?

4. 법제도에서 교도소의 적절한 목적이 있다면, 그것이 무엇이고 그 자리메김은 어떠해야 하는가?

5. 저자는 실질적 책임accountability을 어떻게 정의하는가? 당신이 생각하는 개념과 같은가? 실질적 책임이 사법의 중심적 목표여야 하는가? 그렇다면 이를 어떻게 달성할 수 있는가?

6. 가해자도 어떤 침해를 당했던 사람으로 보는 것이 도움되는가? 아동학대나 교육·취업 기회제한은 범죄에 어느 정도의 영향을 미치는가? 이런 원인이 있을 때, 범죄에 대한 책임이 달라지는가? 사회에게는 어떤 책임이 있는가?

7. 머리말에서 저자는 용어에 대한 우려를 표시하고 있다. 가해자라는 용어에 어떤 문제가 있을 수 있는가?

*활동

1. 제2장에 대한 활동과 같이, 차트에 가해자와 관련된 단어들을 나열한다. 각 단어에 대해 무엇이 연상되는지 어떤 생각이 드는지 말해보도록 하고, 함께 분석해 본다. 예를 들어:

• 보복

- 가해자

- 범죄자

- 교도소

- 판사

- 형벌

- 법원

2. 판사나 보호관찰관을 초빙하여 양형권고안이나 판결이 어떻게 형성
되는지 들어본다.

3. 가해자 상담사를 초빙하여 일반적인 책임회피misattributions 와 변명전
략exculpatory strategies, 즉 범죄행위를 정당화하고 합리화하는데 사용되
는 고정관념과 합리화 전략을 들어본다.

제4장 공동의 주제

*질문

1. 당신에게 회개와 용서는 어떤 의미인가?

2. "용서는 선물이지, 부담이 되어서는 안 된다"는 저자의 말은 어떤 의
미인가? 당신의 생각과 부합하는가?

3. 피해자에서 생존자가 되는 과정에서 회개와 용서는 어떤 역할을 하는
가? 이러한 회복이 용서 없이 가능할 수 있는가? 그렇다면 어떻게 가
능할까?

4. 저자는 용서를 위해서 전제 조건이 충족되어야 한다고 주장한다. 그
것이 무엇인가? 동의하는가? 그것은 성경적인가?

5. 교회가 피해자와 가해자를 위해 '비탄의 의식'과 '재질서의 의식예컨대,

용서와 화해의 의식'을 사용할 수 있는 방법에 대해 논의해 보자.

6. 형벌이 '정당'하기 위한 요건은 무엇이며, '효과적'이기 위한 요건은 무엇인가?

7. 저자는 잘못된 행동의 뿌리는 자기애가 아니라 자기 증오라고 한다. 그것이 사실인가? 그렇다면, 치유와 재사회화에 대한 우리의 접근방법은 어떻게 달라져야 하는가?

8. 개인으로서, 사회로서, 교회로서 범죄의 신화를 깨기 위해 우리는 무엇을 할 수 있는가?

*활동

1. 신문의 범죄란을 검토해 보고, 범죄 기사가 범죄, 피해자, 가해자, 사법 관리 및 사법 절차에 대한 고정관념과 오해 및 두려움을 조장하는 방식에 관해 토론해 보자.

2. 범죄기사를 보도하는 기자를 초빙해서 이런 기사를 어떻게 얻어서 어떻게 보도하는지 들어보자.

제5장 응보적 정의

*질문

1. 우리의 법제도는 그들과 우리라는 양분법적 사고방식을 어떻게 조장하고 있는가? 그들은 누구이고, 우리는 누구인가? 이러한 양분법의 결과는 무엇인가?

2. 형벌을 정의해보라. "고통으로 예정된 고통"이라는 형벌의 암묵적 정의는 적절한가?

3. 형벌은 피해자나 가해자를 만족시키는가? 형벌을 경험해 본 적이 있는가?

4. 형벌, 응보, 보복, 복수는 서로 어떻게 연결되어 있는가?

5. 자신의 친구, 배우자, 자녀와의 경험을 되짚어 보자. 상대방이 잘못했다고 생각할 때, 당신은 맞대응 방식을 취하는가, 문제해결 방식을 취하는가, 아니면 어떤 방식을 취하는가?

6. 잘못에 대한 가정을 점검해보자. 규칙위반으로 정의하는가 아니면 결과와 피해로 정의하는가? 두 관점의 차이는 무엇인가?

7. 이 장을 읽기 전에도 사람이 아니라 국가가 범죄의 법적 피해자라는 점을 알고 있었는가? 당신이 피해자였다면 이것이 어떤 의미를 가지겠는가?

*활동

1. 가상의 사건을 하나 구성해서, 판사, 보호관찰관, 변호사, 검사 등 형사사법 전문가에게 형량이나 결과에 대해서 질문하고, 그 결과를 비교해 본다.

2. 연속선 활동: 강의실에 선을 하나 그려놓고, 아래에서 예시한 것과 같은 상반되는 진술에 대한 입장에 동의하는 정도에 따라 자리를 잡도록 한다. 참가자들은 양쪽 끝에 설 수도 있고, 양쪽 끝 사이의 어느 지점이든 설 수 있다. 왜 그 위치에 서게 되었는지 설명하도록 한다.

진술 예시직접 만들어 볼 것:

a. 형벌은 자연스러운 것이며 인간의 본성에 해당한다 vs. 형벌은 학습되는 것이다.

b. 형벌은 정의의 필수부분이다 vs. 형벌은 회피해야 한다.

c. 나는 피해자를 잘 알거나 걱정한다vs. 나는 가해자를 잘 알거나 걱정한다.

제6장 패러다임으로서 정의

*질문

1. 저자가 말하는 패러다임이란 무슨 뜻인가?

2. 어떤 이유 때문에 우리는 범죄를 다른 잘못이나 피해와 다르다고 생각하는가? 그것을 다르게 취급해야 하는가? 그렇다면, 어디에 선을 그어야 하는가?

3. 민법이 형법과 다른 점은 무엇인가? 어떤 상황을 민사로 취급할지 형사로 취급할지를 결정하는 것은 무엇인가?

4. 일상생활이나 전체로서 사회에서 피해와 갈등을 해결하는 비법률적인 수단은 어떤 것이 있는가? 자기가 경험해 본 해를 들어 보자.

5. 정의 패러다임 이동이 목전에 임박했다는 징후들이 있는가? 예컨대, 시스템 오작동이나 위기의 징후는 어떤 것이 있나?

6. 피해자 조력, 집중 보호관찰, 민영 교도소, 전자감시, 사회봉사명령 등 형사사법 개혁을 평가해 보자. 이런 노력이 새로운 방향을 제시하고 있는가? 아니면 기존 패러다임의 미봉책인가?

*활동

두 아이가 학교에서 싸우다가 한 아이의 이가 부러졌다. 이 상황은 형벌이 필요한 문제, 해결이 필요한 갈등 또는 손해배상이 필요한 피해로 취급될 수 있다. 즉, 이 상황은 학교 내에서 해결될 일, 형사 사건으로 해결될 일, 아니면 민사 법원에서 해결될 일 중의 하나로 받아들여질 수 있다.

이런 상황에 대한 대응을 지배하는 원칙을 논의해 보자. 각 방법의 결과는 어떨 것인가? 어느 방법이 가장 만족스러울 것인가? 그 이유는? 어떤 대응을 선택하느냐에 따라서 원래의 싸움에 대한 이해가 달라지는가?

제7장 공동체 사법: 역사적 대안

*질문

1. 저자는 잘못이 저질러졌을 때, '도덕적 옹호'가 중요하다고 한다. 도덕적 옹호는 무엇을 의미하는가? 왜 이것이 중요한가? 과거에는 도덕적 옹호가 어떻게 이루어졌고, 오늘날에는 어떻게 이루어지고 있는가? 시스템이 개선된다면, 그 시스템에서는 도덕적 옹호가 어떻게 이루어질 것인가?

2. 기독교 신학이 범죄에 대한 '응보적' 이해를 뒷받침하게 된 이유는 무엇인가?

3. 미셸 푸코Michael Foucault가 지적한 것과 같이, 근대 형벌은 육체뿐 아니라 정신에 어떤 식으로 영향을 미치려고 하는가?

4. 법적 혁명의 긍정적인 측면과 부정적인 측면은 무엇인가?

5. 오늘날 형벌이 수행하는 상징적 역할은 무엇인가?

제8장 언약법: 성서적 대안

*질문

1. 저자는 구약의 법이 오늘날의 법과 그 의미와 기능면에서 다르다고 주

장한다. 저자가 주장하는 차이는 어떤 것인가? 그 함의는 무엇인가?

2. 샬롬의 개념에 대한 기본적 교의를 평가해 보자. 샬롬의 비전에 기초해서 생각할 때 달라지는 것이 있는가?

3. '눈에는 눈'의 역할과 의미에 대해 예전에는 어떻게 생각했는가? 당신의 이해가 변했는가? 어떻게 변했는가?

4. 성서적 정의에 대한 우리의 이해는 하나님의 이미지에 따라서 달라진다. 혹자는 하나님을 사랑으로 충만한 부모의 이미지로 받아들이기도 하고, 혹자는 가차 없는 심판관으로 받아들이기도 한다. 다른 이미지로 받아들일 수 있을까? 당신이 생각하는 중심적 이미지는 어떤 것인가?

5. 구약에서 말하는 샬롬적 정의와 '맞대응'식 정의의 관계는? '맞대응' 또는 상호성의 관념이 샬롬에 뿌리를 두고 있다면 어떻게 달라지겠는가?

6. '성경적 척도'와 우리의 이해는 조화될 수 있는가? 성경적 사법과 근대적 사법의 비교는 적절한가?

7. 정의를 '과실果實', 즉 절차가 아니라 결과로 평가하면 어떻게 될까? 어떤 장점과 위험성이 있는가?

8. 십계명과 산상수훈을 금지와 명령으로 보지 않고 권유와 약속으로 본다면, 그 의미는 어떻게 달라지는가? 이렇게 이해하는 것이 바람직해 보이는가?

9. 샬롬을 목표이자 비전으로 받아들인다면, 정의에 대한 다른 문제를 다루지 않고서도 형사사법을 달성할 수 있는가? 그럴 수 없다면, 그 함의는?

10. 근대적 사법은 눈을 가린 채로 저울을 들고 있는 여신의 이미지로 묘사된다. 이 이미지의 의미는 무엇인가? 이 이미지는 어떤 의미에서 건강한 이미지라고 할 수 있고, 어떤 의미에서 위험한 이미지라고 할 수 있는가? 회복적 정의의 적절한 이미지는 무엇인가?

*활동

1. 시편 103장을 읽고 토론해 본다. 어떤 정의의 비전이 제시되어 있는가? 구약에 들어 있는 응보적인 테제와는 어떤 관계에 있는가? 레위기 26장과 신명기 4장도 같이 읽어볼 것

2. 신문에서 사건을 발췌해서, 그에 관한 조치를 '성경적 척도'에 비추어 검토해 본다. 성경적 척도에 따른다면 어떻게 대응하여야 하는지 토론해 본다.

제9장 피해자 −가해자 화해 프로그램

*질문

1. VORP/VOC 방식의 장단점은 무엇인가?

2. 당신이 피해자또는 가해자로서 VOC나 기타 회복적 절차에 참여하고자 한다면, 어떤 장점을 고려할 것인가? 어떤 우려가 있는가? 참여 여부를 결정하는 요소로 어떤 것들이 있는가?

3. VOC의 가장 중요한 목표는 무엇이 되어야 하는가? 그 밖에 어떤 목표를 추구할 수 있고, 어떤 목표를 추구해서는 안되는가?

4. VOC가 화해를 목표로 하여야 한다면, 현실적으로 어떤 의미가 있겠는가? 그것은 어떻게 측정될 수 있는가?

5. VOC의 접근방법은 형사사법 밖에서 어떻게 사용될 수 있는가?

6. 교회는 VOC에 어떻게 관여할 수 있고 관여해야 하는가? 여기서 교회의 기회와 책임은 어떤 것인가? 관여의 형태는 어떤 모습을 취해야 하는가?

*활동

주변에 회복적 사법 프로그램이 운영되고 있는 경우, 그 진행자, 자원봉사 조정자, 피해자 또는 가해자를 초빙해서 대화를 나누어 본다.

제10장 회복적 렌즈

*질문

1. 회복적 모델에서 무력화, 예방, 재사회화 등 형사사법의 전통적 목적은 어떻게 자리매김할 것인가? 회복적인 틀에 맞는가?

2. 소위 피해자 없는 범죄는 어떤가? 그런 범죄가 있는가? 그렇다면 어떻게 취급해야 하는가?[1]

3. 공동체의 역할은 어떠해야 하는가? 그 역할은 어떻게 구체화될 수 있

---

1) 역주—피해자 없는 범죄란 강도나 폭행과 같이 피해자가 분명히 존재하는 전통적 범죄와 달리 피해자와 가해자의 관계가 불분명한 유형의 범죄를 말한다. 예컨대, (논란은 있지만) 성매매, 마약중독, 불법무기소지, 음주운전, 위장전입 등은 피해자가 가해자 자신이거나 향후에 피해자가 생길 수 있는 위험성(생길 수도 있고 안생길 수도 있다)이 있는 범죄유형이다. 주로 국민의 사회생활, 경제생활, 환경 등 대단히 포괄적인 이익을 보호하는 것을 목적으로 하며, 개인의 자유보다 사회나 공동체의 질서와 안전을 강조할수록 이런 유형의 처벌규정이 늘어난다. 하워드 제어가 형벌의 기본적 가정 중 가장 중요하다고 말하는 "국가가 피해자다"라는 가정이 없다면, 이런 처벌규정은 있을 수 없다. 즉 현재의 형법이론 구조에 따르면, 모든 범죄의 피해자는 국가 또는 법질서이기 때문에 '피해자 없는 범죄'라고 하더라도 단지 사람인 피해자가 없다는 뜻일 뿐 이론적 피해자가 없는 것은 아니다. 만약 "국가가 피해자다"를 "사람이 피해자다"로 바꾼다면, 역자는 피해자 없는 범죄는 형벌이 부과되는 범죄화로서 정당성을 상실하기 때문에 행정규제나 비범죄화로 바뀌어야 한다고 생각한다. 그리고 역자는 이것을 '제어의 위대한 발견'이라고 부르는데, 아직까지 이 점이 제대로 조명되지 못하고 있다.

는가? 공동체는 누구를 말하는가?

4. 피해자의 요구가 출발점이어야 하지만, 가해자의 요구도 똑같이 중요하다는 저자의 주장을 어떻게 생각하는가? 적절한 주장인가? 그것이 가능한가?

5. 응보적 정의는 유죄와 권리에서 출발하는 반면, 회복적 모델은 요구와 의무에서 출발한다고 저자는 주장한다. 이와 같은 출발점의 차이는 어떤 의미가 있는가?

6. 피해자와 가해자의 요구를 중요시하고 이들의 참여를 유도하는 사법 모델은 종전과는 대단히 다른 결과를 만들어 낼 수 있다. 이에 따라 전통적인 사법 시스템이 생산하던 결과의 통일성에 대한 기대가 깨질 수 있다. 이것이 가지고 있는 의미는 무엇이며, 이에 대해 어떻게 생각하는가?

7. 도덕적 옹호vindication에 대해서 토론해 보자. 그 성경적 의미는 무엇인가?예컨대, 시편 103장 6절을 볼 것 당신에게는 어떤 의미인가? 피해자에게는 어떤 의미인가?

8. 이 장에서 확인된 요구에 비춰볼 때, 교회는 피해자와 가해자의 치유를 어떻게 도울 수 있는가?

9. 저자는 기존의 시스템이 범죄의 공적 측면을 과장하면서 사적 측면을 축소하고 있다고 주장한다. 범죄의 공적 측면은 무엇이고, 회복적 틀에서는 어떻게 해결될 수 있는가?

10. 회복적 모델에서 강요는 어떤 역할을 하는가? 피해자나 가해자의 참가를 강요해야 하는가? 그 의미는 무엇인가?

11. 사법을 다양한 메시지를 전달하기 위해 잘 고안된 의사소통 시스템

이라고 생각해 보자. 기존의 시스템은 누구에게 어떤 메시지를 전달하고자 하는가? 실제로는 어떤 메시지를 전달하는가? 회복적 정의 시스템은 어떤 메시지를 어떻게 보내야 하는가?

12. 치유와 사법 절차에 필요한 의식儀式은 어떤 것이 있는가? 이 의식은 언제 어디서 일어나야 하는가? 이 과정에서 교회의 역할은 무엇인가?

13. 형벌의 정당한 역할이 있는가? 그렇다면 어떤 상황에서 어떤 목적을 위한 역할인가? 그 남용을 최소화하기 위한 방법은?

*활동

사건을 하나 선택해서, 회복적 절차와 사건에 대한 결과를 설계해 본다. 이때 '피해의 네 가지 차원'과 회복적 모델의 핵심 요소에 유념한다. 이 과정이 끝나면 별첨 1의 '회복적 정의의 척도' 또는 당신이 직접 개발한 척도에 비추어 그 결과를 평가해 본다.

어디서부터 출발해야 할지 신중하게 생각해 본다. 어떤 요구가 가장 우선적으로 충족되어야 하는가? 그 요구가 무엇인지 어떻게 충족될 수 있는지를 결정할 수 있는 최적의 사람은 누구인가? 당신은 어떤 목표와 우려를 우선적으로 다룰 것인가?

그와 같은 사건에서 일반적으로 어떤 일이 일어나는지 확인해 본다. 실제 사건을 이용했다면, 실제 결과를 검토해 본다.

제11장 회복적 시스템의 실행

*질문

1. 사법 절차에서 국가의 적절한 역할은 무엇인가? 회복적 모델에서는

어떻게 달라지는가?

2. 정의 패러다임 이동의 가능성에 영향을 미칠 수 있는 정치·제도적 역학은 어떤 것이 있는가? 현실적으로 패러다임 이동이 가능한가?

3. 교회의 실무는 회복적 정의를 얼마나 실천하고 있는가? 더 회복적이 되려면 어떻게 해야 하는가?

4. 이 책을 읽고 나서 당신은 범죄와 피해 또는 갈등에 다르게 대응할 것인가? 어떤 측면에서?

제12장 회복적 정의 25년 후의 성찰

*질문

1. 회복적 정의의 관념은 당신의 가족, 문화, 종교적 전통에 잘 맞는가? 어떤 측면에서 그런가? 어떤 측면에서 당신의 경험과 전통에 어울리지 않는가?

2. 수치심 유발에 대한 논의는 사실인가? 수치심, 창피, 명예, 존중 등은 우리의 개인적/사회적 생활에서 어떻게 작동되는가?

3. 당신의 공동체는 누구이며, 공동체는 어려운 상황에 어떻게 관여할 수 있는가? 공동체는 어떻게 정의할 수 있는가?

4. 회복과 응보의 같은 점과 다른 점에 대해 논의해 보자.

5. 회복적 사법이 전환적 사법으로 이어질 수 있는가? 그 이유는?

6. 우리 공동체가 잘못에 접근하는 방법을 생각해보자. 회복적 사법의 연속선 위의 어느 지점에 해당하는가?

7. 저자는 회복적 정의의 근본이 되는 가치를 열거하고 있다. 그 밖에 중요한 가치는 어떤 것이 있는가?

8. 회복적 정의를 삶의 방식으로 만들면 어떨까? "회복적 삶을 위한 10계명" 참
   조

＊활동

실제 또는 가상의 상황에 "회복적 정의를 지도하는 질문"p. 273을 적용해본
다. 어떤 규칙 또는 법률이 위반 되었는가? 누가 위반하였는가? 어떤 벌을 받아 마땅한가?라
는 전통적인 질문을 적용할 때에 비할 때, 과정과 결과가 달라지는지 살펴본다.방법: 그룹을 2
개로 나누어, 한 그룹은 회복적 정의의 질문을 적용하고, 다른 하나는 전통적인 사법의 질문을
하도록 한다.

그룹스터디자료

정의正義를 정의定義하기

에릭 길먼과 매튜 하트먼Eric Gilman, Matthew Hartman

목표: 피해자, 가해자, 공동체의 입장에서 정의正義를 어떻게 정의할 수 있는지 성찰해보고 자기가 믿는 가치를 말해 볼 수 있는 기회를 제공한다.[1]

참가자 수: 2+

준비물:

- 플립차트와 마커
- 플립차트 페이지를 붙일 테이프

시간: 30~90분

소개: 이 연습은 회복적 정의가 다루고자 하는 기본적 문제들에 대한 학습자의 직관적 반응을 끌어낼 수 있으므로 회복적 정의의 개념을 공부하는 출발점으로 활용하는 것이 가장 좋다.

---

[1] 나의 제자인 이스턴 메노나이트 대학의 정의평화센터(Center for Justice and Peacebuilding) 졸업생들 중에는 훌륭한 훈련자와 교육자들이 많이 있다. 그들 중 일부에게 이번 판에 수록할 활동을 제시해 줄 것을 요청했다. 지면제약으로 인해 모두 소개하지 못해 안타깝다.

*설명:

1. 중립적인 시각에서 범죄 이야기를 공유한다. 진지한 성찰을 끌어낼 수 있도록 지나치게 폭력적이지도 너무 경미하지도 않은 시나리오를 선택한다. 가해자가 처해있는 상황에 대한 설명을 제공한다. 예컨대, 주거침입절도 시나리오를 이용하는 경우, 가해자가 마약을 사기 위해 절도를 저지른다고 설명할 수 있다.

2. 참가자들에게 이렇게 말한다: "다음 이야기를 들을 때, 자기의 공동체에서 일어난 일이라고 생각하면서 들어주기 바랍니다. 이야기에 나오는 사람을 알고 있거나, 들은 적이 있다고 생각하십시오. 공동체는 여러가지 방법으로 정의할 수 있지만, 여러분들이 소속감을 느끼는 사람들이나 그룹 또는 조직을 나타낼 수 있도록 정의하십시오."

3. 이야기를 마친 후, 참가자들이 어떤 느낌을 받았는지, 서로 다른 입장의 공동체 구성원들이 어떻게 반응할지, 사법시스템이 어떻게 대응할지, 누가 어떤 식으로든 영향을 받을지 생각할 수 있는 시간을 준다.

4. 같은 질문이지만, 조금 다르게 풀어서 다음과 같은 질문을 제시하고 참가자들이 답을 생각해 볼 수 있는 시간을 준다. 참가자들의 반응을 유도하고, 제목을 "피해자"라고 쓴 플립차트에 답을 쓴다.

    이 범죄에 대한 사법시스템의 대응이 완료되었을 때, 피해자를 위해서 어떤 결과가 있어야 한다고 생각하는가? 어떤 일이 이루어져야 하는가? 무엇을 찾고 있는가? 피해자가 경험하기를 바라는 것은 무엇인가?

5. 같은 질문을 이용하여 가해자와 공동체에 대한 생각을 각각 유도한다. 답은 "가해자"와 "공동체"로 제목을 쓴 별도의 플립차트에 쓴다.

6. 방금 들은 질문들이 회복적 사법의 기본적 질문임을 설명하면서 토론을 마친다. 회복적 사법은 다음과 같은 질문을 중심으로 한다: 공동체로서 우리는 범죄에 어떻게 대응하기를 원하는가, 이러한 대응의 목표 또는 바람직한 결과는 무엇인가? 설명하는 과정에서 다음과 같은 질문도 할 수 있다:

   a. 이 목록에서 어떤 점을 알 수 있나?

   b. 여기서 여러분들이 말한 것들이 현재의 형사사법시스템에서 얻을 수 있는 것들인가? 그렇지 않다면, 왜 그럴 것이라고 생각하는가?

   c. 여러분들이 만든 리스트가 여러분 공동체에 속한 다른 사람들이 만들 리스트와 다를 것이라고 생각하는가? 왜 그렇게 생각하는가?

주: 이와 같은 질문에 대해 참가자들과 토론할 때, 이 연습이 보수, 자유주의자, 젊은 사람, 나이 많은 사람, 소수민족 등 다양한 그룹에서 수백번 반복되었는데, 그 결과는 거의 비슷했다는 점을 언급하는 것이 중요하다. 따라서 질문은 '우리즉, 우리 공동체'가 원하는 것이 이것이라면, 그런 결과를 얻지 않는 이유가 무엇인가?이다.

그래피티여 안녕Graffiti-Be-Gone

캐써린 바젠Catherine Bargen 2)

목표: 학교 훈육과정에서 형벌적 접근방식과 회복적 접근방식의 예를 경험할 수 있도록 한다. 이 연습은 각각의 방식이 신뢰와 관계형성에 어떤 영향을 미칠 수 있는지에 대해서도 관련된다.

참가자 수: 4-100+

준비물: 없음. 그러나, 참가자들 중에는 시나리오를 구두로 듣는 것보다 읽기를 원하는 사람들이 있을 수 있으므로 "학생" 역할과 "교장" 역할에 대한 시나리오 인쇄물을 준비할 필요가 있다.말미의 "참가자들에게 나누어 줄 정보" 참조

시간: 설명시간 포함해서 약 20-30분

소개: 이 연습은 잘못에 대한 징벌적 접근방식과 회복적 접근방식을 경험해 볼 수 있도록 하는데 효과적이다. 따라서, 이 연습은 성인과 청소년이 섞여있는 그룹에서 청소년이 훈육자의 역할을 하고 성인이 학생의 역할을 하는 경우에 특히 재미있고 유익할 수 있다. 즉, 이 연습은 모든 유형의 그룹에서 효과적이며 계몽적이다. 징벌적 사법과 회복적 사법의 철학적 개념을 확인하기 전 학습 초기에 진행하여 학습자들이 경험을 되새겨볼 수 있도록 하는 것이 가장 효과적이다.

---

2) 프래이저 지역 공동체 사법 협회 및 랭리(브리티쉬 콜럼비아)학군과 협력하여 만든 연습니다.

*설명:

1.학습자들을 두 개의 그룹으로 나눈다. 나누는 방법은 미리 정할 수도 있고 예, 하나는 성인, 다른 하나는 청소년, 임의의 방식으로 두 그룹으로 나눌 수 있다. 첫번째 그룹은 "학생"이 되고, 두번째 그룹은 "교장"이 된다.

2."학생" 그룹에게 잠시 복도나 다른 적절한 곳에서 기다리게 하고, 곧 오겠다고 한다.

3.강의실에 남아 있는 "교장" 그룹에게 다음의 롤플레이에 3개의 라운드가 있을 예정이라고 설명한다.

　a.1 라운드, 징벌적 접근방법: 첫번째 라운드에서는 학생들에게 징벌적 접근방법을 사용한다.

　b.2 라운드, 회복적 접근방법: 두번째 라운드에서는 1라운드와는 다른 학생들에게 회복적 접근방법을 사용한다.

　c.3 라운드, 회복적 접근방법: 세번째 라운드에서는 1라운드의 학생들을 다시 만나, 이번에는 회복적 접근방법을 취한다.

　　학생과 교장 그룹의 시나리오는 동일하다: 학생이 학교 벽에 그래피티3)를 그렸다. 각 라운드에서 사용할 질문과 진술은 다음 페이지에 있다. 가능하다면, 교장 그룹이 롤플레이 중에 참조할 수 있도록 나누어준다. 아니면, 각 라운드별 질문 샘플을 받아 적을 수 있도록 한다

4.각 교장에게 학생이 마주보고 앉을 수 있도록 의자를 배치하도록 한다.

5.이제 기다리고 있는 학생 그룹으로 간다. 다음과 같이 설명해 준다. 여

---

3) 역주–스프레이 페인트로 그리는 벽화 수준의 낙서

러분들은 롤플레이에서 학교 벽에 크래피티를 그리다가 잡힌 학생이다. 학생은 그래피티가 예술적이기 때문에 아무도 해치지 않는다고 생각하지만, 곰곰히 생각해보니 학교 벽에 그래피티를 그린 것은 바람직하지 못했고 자기 자신을 표현할 수 있는 다른 방식 다른 곳이 있었을 것이라고 생각한다. 롤플레이는 학생이 교장과 만나서 다음 단계를 결정하는 과정이다.

6. 학생들을 강의실로 들어가서 교장 앞에 앉도록 한다. 짝이 맞지 않는 경우, 한명의 교장에게 두명의 학생, 또는 두명의 교장에게 한명의 학생을 붙여준다.

7. 5분간 1 라운드를 진행하도록 한다 교장이 리드한다.

8. 학생들에게 왼쪽 방향으로 한칸씩 이동하도록 한다. 5분간 2라운드를 진행한다 교장이 리드한다.

9. 학생들에게 원래의 교장 앞으로 돌아가라고 한다. 5분간 3라운드를 진행한다 교장이 리드한다.

10. 종료를 알리고, 자기 자리로 돌아가도록 한 후, 다음의 질문에 답해보도록 한다:

  a. "학생"에게: 1라운드, 2라운드, 3라운드는 각각 어떤 느낌이었습니까? 자기 행동에 대한 책임을 지는 태도가 방법에 따라서 달라졌나요? 어떻게 달라졌나요? 문제는 어떻게 해결되었습니까? 학생 역할을 맡으면서 무엇을 배웠나요?

  b. "교장"에게: 1라운드, 2라운드, 3라운드는 각각 어떤 느낌이었습니까? 학생들이 자기 행동에 대한 책임을 지는 태도에 어떤 영향을 미친 것 같은가요? 문제는 어떻게 해결되었습니까? 교장역할을 맡

으면서 무엇을 배웠나요?

c. 3라운드는 왜 했을까요? 실제의 삶과 신뢰구축에 어떻게 연결되나요?

d. 이 연습을 통해 힘의 역학관계를 어떻게 알 수 있는가?

e. 이 연습이 관계 구축의 중요성을 이해하는데 도움되었는가? 어떻게?

f. 이 연습이 징벌적 방법과 회복적 방법을 이해하는데 어떤 도움을 주었는가?

g. 이 연습은 현실적인가 비현실적인가? 그 이유는?

h. 각 접근방식의 장단점은 무엇인가?

i. 각각의 접근방법을 징벌적 방법과 회복적 방법이라고 부르는 것은 적절한가?

참가자에게 나누어줄 정보:

"학생"역할을 하는 학습자에게

*시나리오:

한 학생이 학교 외벽에 그래피티를 하다가 잡혔다. 그래피티는 공격적인 행동은 아니지만, 눈에 띄는 장소여서 지울 필요가 있다.

*학생:

여러분들은 벽에 그래피티를 하다가 잡혔습니다. 여러분은 그래피티가 예술이기 때문에 아무로 해치지 않는다고 생각합니다. 그러나, 곰곰히 생각해보니 학교벽에 그래피티를 하기로 한 것은 잘못된 선택이고, 다른 장소에서 다른 방법으로 자신을 표현할 수 있었음을 인식하게 됩니다.

"교장" 역할을 하는 학습자에게

*시나리오:

한 학생이 학교 외벽에 그래피티를 하다가 잡혔다. 그래피티는 공격적인 행동은 아니지만, 눈에 띄는 장소여서 지울 필요가 있다.

*1 라운드:

징벌적 방법으로, 학교 외벽에 그래피트를 하다가 잡힌 학생을 면담합니다. 그래피티는 공격적인 문구도 없었고 "예술적"임이 분명합니다. 그러나, 처벌을 통해 강력한 메시지를 전달하고 싶습니다.

*할 수 있는 말:

a.왜 그랬어?! 답을 기다리지 말고 … 말을 자를 것!

b.네 것이 아닌 물건에 뭔가를 쓰는 것이 잘못이라는 것을 몰랐니?

c.그래피티가 정말 예술이라고 생각해?

d.너를 정학시켜야 된다는 것 정도는 알고 있겠지?

e.이제 친구들이 너를 어떻게 생각할까? 학교로서도 수치스러운 일이야!

f.경찰이 올 수도 있어.

g.학부모들이 누가 그런 짓을 할 수 있는지 묻고 있는데, 뭐라고 말해야
되겠니?

h.그래피티를 지우는 비용을 내야 할꺼야! 우리 학군만해도 그래피티 지
우는데 연간 3억5천만원이 들어!

i.우리 모두 실망하고 있다. 학생들에 대한 기대가 큰데 말이야.

*2라운드:

회복적 방법으로, 학생을 평가하지 말고 자기가 한 일에 대해 반성할 수
있도록 도와준다. 마음을 열고 학생의 입장을 들어준다. 원치않는 그래피티
가 어떤 영향을 주는지 분명히 말해준다. 자신의 행동에 대해 어떻게 책임을
질지 생각해 볼 수 있도록 도와준다.

*할 수 있는 질문들:

a.그래서, 무슨 일이 있었는지 말해 줄래?

b.학교 벽에 그린게 뭐니?

c.그걸 그릴 때 어떤 생각이 들었어?

d. 지금은 어떤 생각이 들어?

e. 친구들한테 어떤 영향을 줄 거라 생각해?

f. 너도 알겠지만, 우리 학교는 학교 벽에 그래피티를 남겨두지 않아. 그러니 이 벽을 어떻게 해야 할까? 너는 이 문제를 바로잡기 위해서 어떤 도움을 줄 수 있어?

g. 학교 다른 곳에서 너의 느낌과 예술적 능력을 표현하도록 해 줄 수 있을까?

*3라운드:

1라운드의 학생들이 돌아온다. 앞선 면담에 대해 사과하고, 다시 한번 머리를 맞대고 생각해보겠느냐고 묻는다. 이번에는 회복적 방법을 이용하여 그래피티 문제에 대해 해결방법을 찾을 수 있는지 본다.

*할 수 있는 질문들:

2라운드와 같음.

회복적 사법과 형사사법의 망토

제프 프롬Jef From

목표: 회복적 사법과 형사사법시스템의 장단점을 탐색해 본다.[4]

참가자 수: 2-22

시간: 45 분

준비물:

- 플립차트와 마커
- 긴 천조각 소그룹별로 1개; 4단계 참조
- 선택적: 미리 준비된 인터뷰 질문 5단계 참조

소개: 이 연습을 위해서는 회복적 사법과 형사사법시스템에 대한 사전지식이 필요하지만, 어느 한쪽을 더 많이 알고 있는 사람들이 섞여 있어서 대충 균형이 맞추어진다. 응보적 사법과 회복적 사법의 비교는 10장과 12장에서 볼 수 있지만, 다음의 한계를 주의한다: 그와 같은 비교는 개념을 탐색하는데 유용하지만, 너무 극단적인 양분법은 피해야 한다. 이 연습에서 나타나는 것처럼, 형사사법과 회복적 사법은 각각 장당점이 있고, 모든 사법시스템은 두 시스템과 접근방식의 특성을 모두 가지고 있다.

---

4) *Training Activities Used in Defense Initiated Victim Outreach Training* (Council for Restorative Justice, 2009), 37□38에 수록된 "회복적 사법과 형사사법의 망토"를 응용한 것이다.

*설명:

1. 참가자들을 짝수 개의 소그룹으로 나누고, 두 그룹씩 한 쌍으로 묶는다. 둘 중 한 그룹은 회복적 사법RJ의 장점 목록을 만들도록 하고; 다른 한 그룹은 형사사법시스템CJS의 장점 목록을 만들게 한다. 회복적 사법 또는 형사사법시스템이 피해자, 가해자/피고인, 공동체의 요구를 어떻게 충족할 수 있는지가 그 장점 목록에 반영되어야 한다는 점을 참가자들이 이해하도록 해야 한다.

2. 각 그룹에게 서기플립차트에 장점 목록을 쓰는 사람과 발표자그룹을 대표해서 발표할 사람을 정하도록 한다. 나머지는 발표자의 발표를 도와줄 수 있는 방법을 생각해야 한다 예컨대, 응원활동을 하거나, "사랑해 RJ"라고 씌여진 푯말을 들고 있거나, 발표자 옆에 서 있는 등. 재미있는 경쟁 분위기가 될 수 있도록 한다.

3. 목록을 만들 수 있도록 25분 정도의 시간을 준다.

4. 그룹들을 다시 모아 발표를 하게 한다. 각 그룹의 발표자에게 앞으로 나오라고 해서, 약간 익살극스럽게 격식을 갖춰서 발표자들의 어깨에 천조각을 걸어준다. 이 천조각이 회복적 사법과 형사사법시스템의 "망토"다.[5]

5. 발표자 중 한 명에게 발표해 달라고 한다. 해당 그룹에게는 지지를 보여주도록 장려한다. 발표자가 발표를 마칠 때, 인터뷰를 진행한다. 인터뷰 질문은 발표에서 나타난 약점을 지적하도록 한다. 다른 참가자들이 대신 답변할 수 있고, 피해자의 입장에서 발표자를 인터뷰할 수

---

5) 역주- 이 연습에서 망토는 학위복 같은 예복을, 천조각은 예복을 장식하는 복색을 생각하면 이해하기 쉽다. 망토나 복색 대신 천조각을 활용하는 것이다.

도 있다. 그룹 구성원들은 인터뷰 내내 계속 지지를 보내주어야 한다.

각 그룹별 발표 5분, 인터뷰 5분씩 진행한다.

6. 선택적: 설명을 위해 각그룹의 플립차트를 벽에 붙인다. 참가자들에게

여러 목록을 비교하고 결과를 논의하게 한다.

이미지 극장

제프 프롬

목표:

- 인간 조각상으로 생각과 느낌을 표현한다.[6]
- 참가자들이 이슈나 주제에 집중하도록 도와준다.

참가자 수: 1-22

시간: 10-15 분 또는 파트 I을 이용하는 경우 20-30 분

소개: 이 활동은 참가자들에게 자기 몸으로 어떤 주제나 이슈에 대한 조각 이미지를 만들도록 하는 것이다. 이렇게 유도된 이미지를 통해 회복적 사법의 개념을 경험하고 구체화할 수 있으며 피해와 갈등의 은유 사용을 깊이 있게 탐색할 수 있다. 이미지 극장은 정서를 끌어냄으로써 사람들이 서로 얽혀서 살아가는 관계 속에서 감정을 다스리고 전체적으로 잘못을 바로잡을 수 있도록 도와준다는 회복적 사법의 목적을 암시할 수 있다. 이것은 피해와 배상을 유형적 단위로 분해하는 형사사법시스템의 작동 방식과 대비된다.

---

6) *Training Activities Used in Defense Initiated Victim Outreach Training* (Council for Restorative Justice, 2009), 32□33에 수록된 "이미지 완성하기"와 "이미지"를 응용한 것이다. 원전은 Augusto Boal, Theatre of the Oppressed.C.McBride and M. McBride, trans. (New York : Urizen Books, 1979), 174□80.

*설명:

파트 I: 이미지 완성하기

참가자 다수가 이미지 극장을 경험해보지 못한 경우, 또는 일부 저항이 있는 경우, 또는 개념을 깊게 파고들기 전에 분위기를 부드럽게 하고 싶은 경우, 파트 II에 들어가기 전에 파트 I로 워밍업을 진행한다.

1. 참가자들에게 짝을 짓도록 한다. 서로 악수하게 한 다음, 그대로 멈추게 한다. 배우 A와 배우 B를 정하도록 한다.

2. 배우 B에게 악수하는 상태로 멈춰있게 하면서, 배우 A에게 손을 빼고 배우 B의 손과 다른 방법으로 인사해보라고 한다 예컨대, A는 B의 손에 머리를 들이밀 수 있다.

3. 다음으로, 배우 A에게 그대로 멈춰있게 하면서, 배우 B에게 손을 빼고 다른 방법으로 인사해보라고 한다. 이 과정을 반복하게 한다.

4. 4명이 한 그룹을 만들게 한후, A, B, C, D가 돌아가면서 다른 방법을 취하도록 한다.

5. 같은 방법으로 8명, 16명 등의 그룹을 진행할 수 있다.

6. 다음과 같은 질문을 통해 느낌을 들어볼 수 있다:

   a. 어떤 점을 알게 되었는가?

   b. 2 명일 때, 4명일 때, 8명일 때 어떻게 달라졌는가?

   c. 여러분들이 관찰할 수 있었던 주제나 스토리라인은 무엇이었나?

파트 II: 이미지 극장

1. 원형으로 서게 한다.

2. 진행자로서 원형 가운데 들어가서 "인간 조각상"을 만든다 예컨대, 바닥

에 앉아서 무릎을 가슴으로 끌어당기고 바닥을 쳐다본다. 참가자들에게 "무엇이 보이나요?"라고 묻는다.

3. 참가자들에게 각자의 시각을 제시하고 생각해볼 시간을 준다. 보통 느낌, 생각, 기본적 관찰한 사람이 바닥에 앉아서 무릎을 가슴으로 끌어당기고 있다 등의 답이 나온다.

4. 1-2분 후, 참가자들에게 조각상을 약간 바꿀 것이라고 말한다. 같은 자세에서, 천장을 올려다본다 참가자들에게 "무엇이 보이나요?"라고 묻는다.

5. 강의시간에 논의한 내용과 관련된 주제를 선택한다 예컨대, 피해자/가해자의 경험, 샬롬의 비전, 피해, 형벌, 회복, 요구, 의무.

6. 소규모 그룹인 경우, 전체 그룹이 함께 그 주제와 관련된 인간 조각상을 만들어 보도록 하고, 대규모인 경우 소규모로 나누어서 조각상을 만든 다음 전체 그룹에서 발표하도록 한다.

7. 인간 조각상이 만들어지면, 참가자들에게 다음 질문을 생각해보라고 한다:

   a. 무엇이 보이는지?

   b. 이 사람이 이야기를 한다면, 어떤 이야기를 할지?

   c. 이 조각상에서 나올 것 같은 소리는 어떤 소리인가?

   d. 이 조각상에서 바꾸고 싶은 것은?

   e. 이 조각상에 더하고 싶은 것은?

   f. 이 조각상에서 빼고 싶은 것은?

8. 진행자는 인간 조각상을 만들고 있는 사람에게 독백을 하도록 하거나, 청중에게 인간 조각상의 일부가 되어보라고 할 수 있다.

회복적 정의: 관계망의 재구축

바브 테이스Barb Toews 멜리사 크래브Melissa Crabbe 대니 말렉Danny Malec

목표:

- 범죄가 가해자, 피해자, 보살핌공동체, 넓은 공동체에 미치는 영향을 탐색한다.
- 사법에 대한 지배적인 접근방식이 인간관계와 공동체 관계에 어떤 영향을 미치는지 고려해 본다.
- 회복적 사법을 시각적으로 및 경험적으로 정의해 본다.

참가자 수: 10-24

준비물:

- 플립차트와 마커
- 명찰: 참가자들이 쓸 수 있는 공간을 늘릴 수 있도록 경계선이 없는 명찰이 좋음.
- 마커: 참가자별로 1개씩. 가는 것이 좋음.
- 실: 빨강, 파랑, 보라색 실타래 각 1개와 빨강, 파랑, 보라색이 섞인 실타래 1개 또는 다른 색상 3개와 그 색이 섞인 실타래 1개. 실은 손으로 끊을 수 있을 정도로 가늘어야 하고, 굵은 경우에는 가위 필요. 실타래 크기에 따라, 색상별로 2개 이상이 필요할 수 있음.
- 각 참가자들이 연기할 수 있는 범죄 시나리오
- 범죄 뉴스속보

- 시나리오를 뒷받침할 문서

시간: 1½ 시간 이상 2-2½ 시간이 이상적; 그룹 규모에 따라 다름

소개:

- 실 준비: 각 색상의 실을 30-45cm 길이로 자른다. 참가자 한 사람당 색상별로 8-10가닥이 돌아가도록 한다. 색상별로 8-10가닥이 되도록 해서 한 개로 꼰다. 색상이 섞여 있는 실타래를 풀어서 실공을 만든다. 한쪽 끝은 쉽게 찾을 수 있도록 해 둔다.

- 롤플레이 준비: 주변에서 일어난 범죄와 그로부터 영향을 받은 모든 사람들을 생각해본다. 각 참가자들이 공동체 내에 존재하는 역할을 할 수 있는 시나리오를 만든다. 한 두 문단으로 역할을 설명한다. 가해자, 가해자 가족과 친구, 피해자, 피해자 가족과 친구, 이웃, 종교 지도자, 비즈니스 지도자, 교육자, 공동체 구성원, 경찰관, 사법 전문가 변호사 등, 정부 지도자 등 역할을 포함시키도록 한다. 등장인물에 대한 설명에는 인물에 대한 설명, 범죄와의 관계 및 범죄의 영향을 받은 다른 사람, 그들의 감정, 정의에 대한 각자의 아이디어 등을 포함하도록 한다. 등장인물의 반응과 관점은 현실에서 그런 것처럼 다양해야 한다. 시나리오의 출발점으로 실제 범죄 사건을 사용해도 되고, 긴장과 의문점을 높일 수 있도록 다른 범죄사건을 추가해서 시나리오를 풍성하게 해도 좋다. 등장인물이 가해자, 피해자 등 누구인지 알 수 있도록 라벨을 붙이고, 성별을 알 수 없는 이름을 사용하거나 참가자들에게 직접 이름을 붙이도록 할 수 있다. 등장인물 설명 2부를 출력해서 하나는 강사가 가지고, 다른 하나는 따로 따로 잘라서 참가자들이 선택할 수 있도록 한다.

- 범죄 뉴스속보 준비: 이 활동은 모든 참가자들이 공동체 내에서 일어난 범죄사건에 대한 뉴스속보를 듣는 것에서부터 시작된다. 뉴스속보에서는 등장인물이 한 말이나 행동도 나온다. 기자가 사건을 보도하는 경우를 생각해 보면 쉽다. 뉴스속보는 미리 준비해 두도록 한다.
- 시나리오를 정리할 수 있는 근거문서 준비: 대규모 그룹인 경우, 모든 역할과 관점을 정리하기 어렵다. 가해자, 시장 등 등장인물의 이름과 역할을 정리해 두어야 한다. 마지막에 참가자 수가 바뀐다면 어떤 역할을 뺄지 미리 생각해 두는 것도 좋다. 연관관계가 얼마나 복잡한지에 따라 각 등장인물의 관계도를 만들 수도 있다.

시작 전:

- 색상별 실에 관계의 강도를 정해 놓는다. 예를 들어, 빨강색은 강한 관계, 보라색은 약한 관계, 파랑색은 중간적 관계 등으로 정해놓는다. 플립차트에 강한 관계는 빨강색, 중간적 관계는 파랑색, 약한 관계는 보라색으로 키를 적어놓는다. 모든 참가자들이 볼 수 있는 곳에 게시해 놓는다.
- 플립차트에 가해자, 피해자 등 등장인물 라벨과 이름을 적어놓는다. 모든 참가자들이 볼 수 있는 곳에 게시해 놓는다.
- 사람들이 섞여서 돌아다닐 수 있는 공간이 생기도록 강의실을 배치한다. 참가자들이 일어서서 원을 만들 수 있는 공간을 준비한다.
- 각 참가자들에게 명찰, 마커, 실타래를 나누어준다. 미리 자리에 놓아둘 수 있다.

*설명:

1. 참가자들에게 이제 범죄가 일어난 공동체의 구성원으로서 그 공동체의 여러가지 역할을 연기하게 될 것이라고 설명한다. 플립차트에 씌여 있는 목록을 검토하면서 각각의 역할을 소개한다.

2. 등장인물 설명서를 뽑기로 선택하게 하거나 위에서부터 순서대로 가져가게 해서 나누어준다. 잠시 자기 역할을 읽고, 필요하다면 이름을 정해서 명찰에 적을 수 있는 시간을 준다. 주의: 다른 역할도 할 것이기 때문에 이름을 너무 크게 쓰면 안된다.

3. 플립차트에 기록된 각 등장인물이 누구로 정해졌는지, 이름이 무엇인지 확인한다. 누가 누구인지 확인하는 과정이다.

4. 뉴스속보를 읽어준다. 등장인물의 라벨이나 이름이 나올 때마다 손을 들어서 다른 사람들이 알 수 있도록 해달라고 한다. 누가 누군지 알 수 있도록 하는 한 방법이다.

5. 다음의 질문을 생각해 보고, 명찰에 간략한 답을 쓰라고 한다:

   a. 이 일에 대한 느낌을 한 단어로 설명한다면?

   b. 정의에서 제일 중요한 가치는?

6. 각 참가자에게 서클 절차를 통해 상세한 설명은 pp. 301-4 자기 소개, 사건에 대한 시각과 느낌, 중요하다고 생각하는 가치에 대한 설명을 하도록 한다. 한 바퀴 돌고나서, 서로 질문과 답을 할 수 있도록 한다. 질의응답은 5-10분을 넘지 않도록 한다. 시간이 부족하면, 질의응답을 생략할 수 있다.

7. 앞으로의 활동을 다음과 같이 안내한다:

   a. 뉴스속보의 주요사항을 이용하여 실뭉치와 각 색깔의 의미를 설명

한다. 참가자에게 각각 강한, 약한, 중간적 관계의 의미를 정의하고, 그 내용을 그룹과 함께 토론하도록 한다.

b. 역할극에서는 서로 섞여서 대화를 나누고, 서로의 관계를 느끼는 정도에 따라 실을 서로 교환하게 된다. 실을 교환할 때, 상대방에게 왜 그 색깔의 실을 주게 되었는지 설명하도록 한다. 예를 들어, 종교 지도자는 가해자의 행위에 실망해서 보라색/약한 실을 줄 수 있다. 가해자는 종교 지도자에게 길거리에서 항상 반갑게 맞아줘서 고맙다는 의미에서 빨간색/강한 실을 줄 수 있다. 주의: 실을 교환할 때, 서로 생각하는 관계의 강도가 같을 필요는 없다. 이 곳의 예와 같이, 서로 다른 색깔의 실을 교환할 수 있다.

c. 갖고 있던 실과 받은 실이 섞이지 않도록 주의한다. 갖고 있던 실은 손에 쥐고, 받은 실은 주머니에 넣을 수 있다.

d. 실을 교환하는 과정은 약 8-10분동안 진행된다. 그 후, 다함께 모여서 배운 점을 논의한다.

8. 이제 서로 섞여서 실을 교환하도록 한다. 시간을 잰다.

9. 8-10분 후 자리로 돌아가서 그동안 받은 실을 전부 꺼내게 한다. 실을 교환한 경험에 대해 대그룹으로 토론할 수 있도록 한다. 특히 피해자와 가해자의 역할을 맡은 사람의 경험을 꼭 물어보도록 한다. 다음과 같은 질문을 할 수 있다:

a. 강한, 약한, 중간적 관계를 어떻게 정의하는가?

b. 당신에게 실을 준 사람과 당신이 받은 실에 대한 느낌은 어땠는가?

c. 어떤 관계와 실이 놀라웠는가?

10. 약간의 토론 후, 다시 원을 만들어 서게 한 후 회복적 정의의 맥락에

서 공동체 관계를 탐색해 보도록 한다. 진행자는 참가자들과 함께 원에 서서 삼색이 섞인 실로 만든 공을 들고 있는다.

11. 참가자들에게 다음 단계를 설명해준다:

   a. 다른 사람들과 어울리는 동안, 그 후의 논의 과정에서 들은 이야기를 생각해보고, 다음과 같은 세가지 질문을 고려해 본다:

   i. 현재, 어울린 후, 대화 후 어떤 느낌인가?

   ii. 이 공동체에서 중요한 가치가 무엇이라고 생각하는가?

   iii. 이 서클에서 범죄 해결과 공동체 관계에 있어서 당신에게 가장 중요한 사람은 누구인가?

   b. 참가자들은 한명씩 자기의 느낌을 공유한다. 이 과정에서 가장 중요하다고 생각되는 사람에게 실공을 넘겨준다. 공을 넘겨줄 때에는 실끝을 잡아서 공에 연결되어 있을 수 있도록 한다. 실공을 받은 사람이 자기의 느낌을 공유하고 실을 잡은 채로 다음 사람에게 공을 넘겨준다. 예를 들어 A가 세가지 질문에 답을 하고, B를 가장 중요한 사람으로 선택했다면, A는 실끝을 잡은 채로 B에게 실공을 던져준다. B도 세가지 질문에 답을 하고, 실을 잡은 채로 C에게 실공을 넘겨준다. 모든 사람이 실로 연결될 때까지 이 과정을 계속한다.

   c. 한 사람에게 실공을 여러 번 넘겨줄 수 있다. 예컨대, F가 A에게 공을 던져주면, 이미 답을 한 A는 다시 실을 붙잡고 아직 말하지 않은 G에게 넘겨준다. 실을 두 가닥 이상 잡고 있는 것은 괜찮지만, 다시 답을 할 필요는 없다.

   d. 마지막 사람은 진행자에게 실공을 넘겨준다.

12.진행자는 이와 같은 방법을 설명한 후, 실끝을 잡은 채로 참가자 한 사람에게 실공을 던져준다. 공이 움직이는 동안 진행자는 적절하게 질문을 던져준다. 참가자들이 질문에 대한 답을 공유하는 동안 서로를 연결하는 관계망이 형성된다.

13.마지막 사람에게 공을 돌려주라고 한다. 공을 잘라 실만 잡아서 관계 망의 일부가 된다.

14.이제 서로을 연결하고 있는 관계망에 대해 생각해보도록 하면서 논의를 시작한다. 참가자들은 등장인물의 입장에서 말하기도 하고 개인적 입장에서 말하기도 하는데, 이것은 괜찮다. 여러 가닥을 잡고 있는 사람에게 중요한 인물이 된 느낌을 물어보도록 한다. 다음과 같은 점들을 지적할 수 있다:

   a.관계는 삼색 실의 서로다른 색깔이 의미하는 것처럼 강하든, 중간적이든, 약하든 우리를 서로 묶어 준다.

   b.각각의 실은 삼색 실이 의미하는 것처럼 관계의 복잡성을 의미한다.

   c.각 실은 서로 다른 관계에서 우리가 필요로 하는 것을 의미한다.

15.약간의 이야기가 진행된 다음 참가자들에게 다음과 같은 질문을 한다: 범죄가 일어나면 이 관계망에 어떤 일이 벌어지는가?

16.참가자들은 관계망이 파괴된다는 식의 이야기를 할 것이다. 논의가 시작되면, 진행자는 가지고 있던 실을 옆 사람에게 주고, 망 안으로 들어간다. 관계망에 일어난 일에 대해 관계망이 파괴된다는 식의 코멘트가 있을 때마다, 실을 한가닥씩 끊어서 바닥으로 늘어지게 한다. 4분의 1정도가 끊어질 때까지 이 과정을 계속한다. 모호하거나 일반적인

코멘트를 하면 구체적으로 말하도록 유도하고, 피해자와 범죄자에 관한 코멘트가 부각되도록 한다.

17. 논의를 바꾸어, 사법에 대한 접근방법을 고려해 보고, 이것이 관계망에 어떤 영향을 미치는지 생각해보자고 한다.

18. 참가자들은 사법이 관계망을 더 훼손하는 경향이 있다는 식의 이야기를 할 것이다. 그런 코멘트가 있을 때마다 망을 계속 자른다. 모호하거나 일반적인 코멘트를 하면 구체적으로 말하도록 유도하고, 피해자와 범죄자에 관한 코멘트가 부각되도록 한다. 절반에서 4분의 3정도가 끊어질 때까지 이 과정을 계속한다.

19. 다시 한 번 논의를 바꾸어, 이 관계망을 파괴하는 대신 재구축하는 사법을 하고 싶다면, 어떻게 해야 되는지 묻는다.

20. 참가자들은 원상회복, 대화, 지지, 교육, 고용 등의 이야기를 할 것이다. 각각의 회복적 아이디어가 제시될 때마다, 잘라진 실 양쪽을 들어서 묶어준다. 모호하거나 일반적인 코멘트를 하면 구체적으로 말하도록 유도하고, 피해자와 범죄자에 관한 코멘트가 부각되도록 한다. 관계망이 재구축될 때까지 계속한다. 묶은 매듭이 잘 보이도록 한다.

21. 관계망 밖으로 나와서 참가자들에게 새로 구축된 관계망에 대해 생각을 말해보도록 한다. 참가자들의 코멘트를 진행하고, 이 연습의 포인트를 설명해준다:

  a. 범죄는 관계망을 깨뜨린다.

  b. 지배적 형사사법시스템 경험은 관계망을 깨뜨린다.

  c. 회복적 사법은 관계망을 복구하기 위한 것이다.

  d. 재구축된 관계망의 매듭은 사람들의 요구가 회복적 사법 절차를 통

해 충족되었음을 의미한다.

22.이런 토론과 함께 세션을 끝내거나, 자리에 앉아 더 구체적이고 비은

유적으로 회복적 사법을 논의하도록 할 수 있다.

RJ의 가치 그리기

바브 테이즈

목표:

- 회복적 가치의 의미를 탐색한다.
- 회복적 가치의 긴장관계를 살펴본다.
- 상호 보완이 아니라 상호 긴장되는 가치가 어떻게 공존할 수 있는지 탐색한다.
- 경쟁하는 이해관계가 공존할 수 있는 방법을 생각해본다.
- 가치들의 관계를 시각적으로 탐색해 본다.

참가자 수: 6-24

준비물:

- 플립차트 그룹별로 1장; 1단계 참조
- 마커 굵은 것, 그룹별로 1개

시간: 90분

소개:

이 활동은 존 폴 레더락John Paul Lederach, *Reconcile: Conflict Transformation for Ordinary Christians* [Herald Press, 2014] 참조가 만든 연습을 응용한 것이다. 데몬 투투Desmond Tutu의 용서없이 미래없다 [No Future without Forgiveness] 또는 그린스버로 진실화해위원회 보고서[Greensboro Truth and Reconciliation Commission Report: Executive Summary] 등 진실화해위원회와 관련된 자

료 또는 비디오를 활용할 수 있다. 활동을 시작하기 전에 참가자들이 탐색 및 고민해 볼 가치를 결정해 둔다.

*설명:

1. 참가자들을 3-5명의 소그룹으로 나눈다.

2. 각 소그룹에 회복적 사법과 관련된 가치를 하나씩 배정한다: 진실, 정의, 평화, 관용.

3. 파트A를 설명한다: 개념이 사람이라고 상상합니다.

   a. 당신의 개념/사람에게 가장 중요한 것은 무엇인가?

   b. 다른 개념/사람과 어떤 관계인가? 예컨대, 다른 사람이 존재하기 전에 존재해야 하는 사람인가?

   c. 다른 개념/사람 중에 두려운 것/사람이 있는가? 이유는?

   d. 어떤 개념/사람과 연합하고 싶은가? 이유는?

   e. 다른 개념/사람에 대해 코멘트 또는 질문이 있는가?

   약 20분간 토론하도록 한다.

4. 파트B를 설명한다: 약 20-30분 동안 개념들이 서로 어떻게 연관되어 있는지 그림/다이어그램/지도를 그리세요.

5. 파트C를 설명한다: 그룹별로 배정된 개념/다이어그램 및 다른 개념을 발표할 사람을 선택하세요. 발표자가 위의 질문에 따라 그룹에 배정된 개념을 발표하고, 다른 그룹에게 질문하며, 다른 그룹의 질문에 대답합니다.

6. 각 그룹의 발표자에게 5분간 발표하도록 한다. 그룹별 발표가 끝난 후, 질의응답 시간을 갖는다. 발표자 이외의 구성원도 대화에 참여할

수 있다.

7. 대화 중에 연습을 통해 배운 점을 말하는 방향으로 자연스럽게 넘어간다. 개념적/철학적으로 배운 점을 논의하기 위해서 다음과 같은 질문을 할 수 있다:

   a. 다른 개념/사람이 한 말 중에 어떤 것에 동의하고 어떤 것에 동의하지 못하는가?

   b. 모든 개념들이 공존하려면 무엇이 필요한가?

   c. 4가지 개념들이 모두 공존하는 공간을 무엇이라고 부르는가?

주: 존 폴 레더락은 진실, 관용, 정의, 평화가 공존하는 공간으로부터 화해가 나온다고 한다.

실천적 측면에서 배운 점을 논의하기 위해서 다음과 같은 질문을 할 수 있다:

a. 이들 개념 중에서 피해자가 가장 중요하다고 할만한 것은 어느 것인가? 가해자는? 공동체는?

b. 피해자, 가해자, 공동체의 요구를 충족하는 것이 현실적으로 가능하다고 생각하는가?

c. 이 활동을 통해 강하고 건강한 공동체 구축에 대해 어떤 점을 배웠는가?

d. 일상적으로 마주치는 공동체의 폭력과 갈등 상황을 해결하는데 여러분들이 만든 모델을 어떻게 이용할 수 있는가?

서클 절차

제프 프롬

목표:

- 경청 기술을 연습할 수 있는 도구를 제공한다.[7]
- 안전하고 평등한 공간에서 나눌 수 있는 기회를 제공한다.

참가자 수: 2-25

시간: 15 분에서 무한대

준비물:

- 참가자들이 모두 앉을 수 있도록 원형으로 배치된 의자.
- 토킹 스틱: 손에 쥐고 옆으로 전달할 수 있는 작은 물건. 그룹, 활동 또는 주제를 상징하는 물건이 가장 좋다. 상징적인 것이 없으면, 아무 것이나 사용해도 된다.
- 선택적: 그림이나 물건 등 주제에 관한 시각적 상징물로서 서클의 주의를 집중시킬 수 있는 물건으로 가운데에 배치한다.

소개: 서클은 피해, 잘못된 행동, 범죄 등에 회복적으로 대응하는 방법으로 이용된다 9장의 양형서클에 대한 논의 참조. 서클의 구조는 참가자들이 경청하고 진심으로 감정을 표현하며, 각자의 관점을 존중할 수 있도록 해 준다. 피해 또는 범죄가 있는 경우, 서클의 준비 또는 참여를 준비하는 과정은

---

7) *Training Activities Used in Defense Initiated Victim Outreach Training* (Council for Restorative Justice, 2009), 9□10에 수록된 "서클과 서클절차"를 응용한 것이다. 서클절차에 대한 설명은 케이 프래니스(Kay Pranis)의 설명을 차용한 것이다.

대단히 포괄적일 수 있으며, 진행자의 경우 "서클 진행circle keeping"을 위한 훈련을 받아야 한다. 그러나, 강의환경에서 서클은 큰 준비없이도 상호 존중하고 평등한 분위기에서 활동 내용을 논의하는 방법으로 사용할 수 있다. 양형서클로 이어지는 아래의 연습"마약 범죄에서 서클의 활용," pp. 304~9을 진행하기 전에 이곳에서 설명하는 서클 절차의 기초를 숙지하도록 한다. 서클 절차에 대한 자세한 설명은 케이 프라니스Kay Pranis의『서클 프로세스』대장간 역간를 참조하기 바란다.

*설명:

서클 준비

1. 의자를 원형으로 배치한다. 테이블은 없다. 사람 수만큼의 의자가 있어야 한다. 참가자 수가 달라지면, 의자를 더하거나 빼야 한다.
2. 활동 또는 경험과 관련하여 돌아볼 수 있는 질문을 준비하고, 평화롭고 개방적인 분위기를 조성한다.

서클 소집

1. 참가자들에게 서클로 들어오라고 요청한다.
2. 집중을 위해 시각적 상징물을 둔 경우, 우선 그 의미를 설명한다.
3. 토킹 스틱의 의미를 설명한다.
4. 서클의 운영방법을 설명한다. 피해에 적용하는 경우에는 운영방법이 매우 중요하지만, 이해관계가 약한 교실의 활동인 경우에는 중요성이 덜할 수 있다. 그러나, 그 방법을 지킴으로서 모든 참가자들이 발언기회를 가지고 타인의 관심과 존중을 받을 수 있는 공간을 만들 수 있다. 일반적인 방법은 다음과 같다:

   a. 토킹 스틱을 들고 있는 사람만 발언할 수 있다. 다른 사람의 발언에

코멘트 하고 싶으면, 자기 순서를 기다려야 한다. 옆사람과 이야기해서도 안된다는 뜻이다.

    b. 서클이 시작된 후에는 아무도 자리를 비우지 않도록 해야 한다. 방해를 최소화하기 위해 다른 활동과 서클 중간에 쉬는 시간을 두는 방법이 좋다.

    c. 전자장치는 무음으로 설정해 달라고 요청한다.

    d. 참가자가 발언할 준비가 안되었는데 토킹 스틱을 받게 되면 "패스' 할 수 있다고 설명한다.

    e. 누구나 발언할 수 있는 시간이 있다면, 토킹 스틱은 서클 가운데에 둘 수 있다. 다만, 누군가 발언할 때에는 옆사람과 이야기해서는 안된다는 점을 주의해야 한다.

5. 진행자는 토킹 스틱을 집어들고 준비된 질문을 하면서 서클을 시작한다. 그리고 왼쪽 또는 오른쪽으로 토킹 스틱을 전달한다.

6. 토킹 스틱은 필요한 만큼 돌린다. 첫번째 라운드에서 "패스"하는 사람이 있으면, 토킹 스틱을 돌려 그 사람들이 발언기회를 가질 수 있도록 한다.

7. 서클을 마칠 때는 발언 내용을 요약해 준다. 이때, 다른 사람의 발언을 오해하지 않도록 주의하며, 참가자들에게 감사표시를 한다.

마약 범죄에서 서클의 활용: 인종적, 경제적, 사회적 부정의

바브 테이스

목표:

- 범죄가 가해자, 피해자, 보살핌공동체, 넓은 공동체에 미치는 영향을 탐색한다.
- 회복적 서클을 경험한다.
- 서클을 이용하여 양형을 만들어 본다.
- 사회적 불평등의 영향이 있는 범죄와 넓은 공동체에 영향을 미치는 범죄에서 회복적 정의의 방식으로 접근할 때 생길 수 있는 문제점을 경험하고 고려해 본다.

참가자 수: 12-20

시간: 2-3 시간

준비물:

- 플립차트와 마커
- 명찰과 가는 마커
- 절차 설명
- 토킹 스틱토킹 스틱에 대한 자세한 설명은 p. 301 참조
- 인종, 경제, 정치가 교차하는 영역에, 마약 범죄에 있는 범죄 시나리오. 참가자들이 연기할 수 있는 역할이 있어야 함.
- 관찰자를 위한 유인물 "소개" 참조

소개:

이 서클 시뮬레이션은 범죄가 인종적, 경제적, 사회적 부정의와 관련되어 있는 경우와 "피해자없는" 범죄인 경우에 회복적 사법을 진행하는 경우의 복잡성을 이해하는데 도움이 된다. 이와 함께, 참가자들이 범죄와 사법 절차에서 롤플레이를 통해 그 복잡성을 탐색하고, 서클 절차를 경험해 볼 수 있다.

롤플레이: 주변에서 일어난 범죄 중에 인종, 경제, 정치적 이슈가 연관된 상황에서 발생되어 사회적으로 충격을 준 범죄를 생각해보자. 마약관련 범죄가 그런 범죄 중 한 가지다. 다음을 소개하는 1-2문단의 배경 시나리오를 쓴다:

> a.범죄와 그 범죄가 발생된 공동체의 인종적, 경제적, 정치적 현실.
>
> b.범죄자의 형량 또는 일반적인 사법적 대응을 형성하는데 다수의 사람들이 참여할 수 있는 서클 절차에 이 범죄가 어떻게/왜 회부되었는지.

다음으로, 이 시나리오를 기반으로 약 12-15명의 등장인물을 만든다. 등장인물에 대한 설명은 1-2 문단으로 참가자들에게 역할과 관점을 설명할 수 있는 정도면 충분하다. 등장인물로는 가해자, 가해자의 이웃, 체포 경찰관, 가해자의 배우자, 공동체 주민, 검사, 변호사, 사회활동가, 이웃 가게 주인, 지역 종교지도자, 그 밖에 이웃 등이 포함될 수 있다.

등장인물에 대한 설명은 성격, 범죄 및 다른 사람과의 관계, 범죄에 대한 반응, 서클에 대한 반응, 정의에 대한 생각 등을 포함하여야 한다. 등장인물들의 반응과 관점은 실제 공동체와 같이 다양해야 한다. 각 등장인물에 적절한 라벨예컨대, 가해자, 피해자 등을 붙이도록 하며, 성별과 무관한 이름을 붙이거나 참가자들이 이름을 정하도록 한다. 각 등장인물 설명 상단에 한두 문단의 배경 시나리오를 붙여놓는다. 2부를 출력해서 하나는 강사가 가지고, 다른 하나는 따로 따로 잘라서 참가자들이 선택할 수 있도록 한다.

관찰자 역할: 지정된 역할이 없는 참가자는 절차의 관찰자가 되고, 시뮬레이션이 완료된 후 토론을 진행한다. 관찰자들은 다음과 같은 사항들을 관찰한다:

a. 참가자들이 서로 어떻게 대하는지, 그런 대응의 원인은 무엇일지

b. 사람들이 사용하는 용어와 그 취지

c. 비언어적 의사소통과 그 영향

d. 절차의 분위기를 전환하는 순간과 그 영향

e. 진행자가 하거나 하지 않는 것

f. 회복적 정의의 개념이 어떻게 실천되는지

관찰자에게 좀더 중심적인 질문을 주고, 시뮬레이션 이후에 특정 주제에 대한 토론으로 바로 넘어가도록 할 수 있다. 예컨대:

a. 가해자만 있고 개별적/직접적인 피해자가 없는 경우 회복적 정의는 무엇을 의미하는가?

b. 가해자의 요구와 의무에는 누가 관심을 기울이는가?

c. 범죄와 사법정책 및 구조적 불평등을 해결하는데 있어서 회복적 정의의 역할은 무엇인가?

d. 범죄자에 대한 공동체적 판단의 역할과 영향은 무엇인가?

e. 회복적 정의는 치료 및 징벌적 목표와 실무를 어느 정도 포함하고 있는가?

f. 가해자의 속죄와 재통합은 무엇을 의미하는가, 어떻게 경험하는가?

g. 회복적 사법은 형벌에 대한 대안인가 형벌의 대안적 형태인가?

h. 어느 것이 우선인가: 가해자의 요구/의무 충족 또는 공동체의 요구/의무 충족?

각 관찰자를 위하여 관찰을 가이드할 수 있는 질문, 시나리오의 배경, 서클 참가자 명단 이 포함된 유인물을 만든다.

설명:

시작 전

- 간사는 서클 진행자circle keeper가 된다. 서클을 시작하기 전에 미리 서클을 진행하는데 필요한 절차 설명을 써놓고, 토킹 스틱으로 쓸 물건을 정해 둔다. 서클은 합의가 이루어질 때까지 진행하도록 하되, 시간이 없는 경우에는 중도에 종료한다.

- 플립차트에는 등장인물예, 가해자, 이웃 등과 이름을 적어서 참가자들이 볼 수 있도록 붙여놓는다.

- 모든 참가자와 진행자가 앉을 수 있는 만큼의 의자를 원형으로 배치한다. 참가자 서클 바깥쪽에 참관인을 위한 의자를 원형으로 배치한다.

- 각 참가자에게 명찰과 마커를 나누어준다.

서클 절차

1. 참가자들에게 공동체에 범죄가 발생했으며, 참가자들이 공동체의 여러 사람의 역할을 맡아 범죄에 어떻게 대응할지 결정하기 위해서 서클

에 참여한다고 설명한다. 참가자들에게 플립차트의 등장인물을 소개한다.

2. 등장인물 설명서를 뽑기로 선택하게 하거나 위에서부터 순서대로 가져가게 해서 나누어준다. 잠시 자기 역할을 읽고, 필요하다면 이름을 정해서 명찰에 적을 수 있는 시간을 준다.

3. 플립차트에 기록된 각 등장인물이 누구로 정해졌는지, 이름이 무엇인지 확인한다. 누가 누구인지 확인하는 과정이다.

4. 참관인 역할을 뽑은 사람들을 확인하고, 주의사항을 알려준다.

5. 시나리오 배경을 읽어준다. 참가자들에게 등장인물들이 자발적으로 서클에 참여하기로 선택하여 사전에 준비를 했다고 생각하도록 유도한다.

6. 서클 진행자로서 미리 계획한 대로 서클을 진행한다.

7. 합의에 도달하는 경우 또는 시간 상 종료해야 하는 경우, 서클을 마친다. 원활한 마감을 위해 참가자들의 명찰을 떼고 자신의 역할과 실제의 자신이 다른 점을 이야기해보도록 하는 서클을 한차례 진행하는 것도 좋다.

8. 서클에 참여하면서 느낀 점을 서클 방식으로 한가지씩 말해보도록 한다.

9. 참관인들에게 소감을 말하거나 참가자들에게 질문을 하도록 하면서 참관인들을 논의에 참여시키고, 서클 절차에 대한 대화를 시작한다.

피해자와 범죄자 마주하기

바브 테이스

목표:

- 피해자와 가해자의 얼굴을 마주한다.
- 실제 경험으로부터 피해자와 가해자의 경험과 정의에 대한 요구를 배운다.
- 피해자와 가해자에 대해서 가지고 있는 고정관념을 깬다.

참가자 수: 24명 이내

준비물:

- 하워드 제어의 책 Doing Life: Reflections of Men and Women Serving Life Sentences 또는 Transcending: Reflections of Crime Victims에 나오는 사람들의 말. 이들의 말에는 책임, 재통합, 공동체, 용서와 같이 참가자들이 고려하고 논의해 볼 만한 주체가 담겨 있다. 해당 문장을 따로 타이핑 해서 인쇄하거나, 책을 복사하는 등의 방법으로 활용할 수 있다.
- 말을 한 사람들의 사진. 책을 오려서 코팅해서 여러 번 쓰는 방법이 가장 좋고, 사진의 질은 떨어지지만 복사해서 사용할 수도 있다.
- 테이프

시간: 45 분

소개:

　회복적 정의를 교육할 때 이들 두 책의 본문과 사진을 이용하여 상징적이기는 하지만 피해자와 가해자의 목소리와 현실을 알려 줄 수 있다.

설명:

1. 시작 전에 사진 뒷면에 사람들의 말을 붙여 놓는다.
2. 시작 시, 얼굴을 위로 오게 해서 테이블에 흩어 놓는다. 피해자와 가해자의 사진을 모두 이용하는 경우, 피해자와 가해자가 따로 구분되지 않도록 잘 섞는다.
3. 참가자들에게 다음의 단계에 따라 활동을 설명한다.
4. 테이블로 와서 사진을 살펴보고 눈의 띄는 사진을 한장 뽑으라고 한다. 어느 것이 피해자의 사진인지 가해자의 사진인지 말해주지 않는다.
5. 각자 사진을 한장 선택해서 다른 참가자와 짝을 짓도록 한다. 짝에게 사진을 선택하게 된 이유를 설명하도록 하고, 사진 뒷면의 말을 서로에게 읽어주도록 한다.
6. 다음과 같은 질문을 논의하도록 한다:
   a. 이 사람은 정의에서 무엇이 중요하다고 말하는가?
   b. 이 사람의 말에서 놀라운 점이나 동의할 수 없는 점이 있는가?
   c. 이 사람의 말에 어떻게 대답하겠는가?
   d. 이 사람에게 어떤 질문을 하고 싶은가?
   e. 당신의 관점은 같은가 다른가?
   f. 이 사람으로부터 정의에 대해 무엇을 배울 수 있는가?

g.이 사람의 말에서 범죄에 대한 회복적 대응을 지향하는 측면 또는 그로부터 멀어지는 측면이 있는가?

h.이 사람으로부터 회복적 정의와 회복적 실무에 대해서 배울 수 있는 점은 무엇인가?

7.다시 전체 그룹으로 돌아오도록 한다. 짝과 함께 돌아가면서 다음을 이야기하도록 한다:

a.사진 속의 사람 이름

b.사진 속의 사람이 피해자인지 가해자인지

c.사진을 선택한 이유

d.사진속의 사람과 그 사람의 말로부터 배운 점

8.진행자는 토론과정에서 언급되는 주제, 질문, 교훈을 정리하면서 전체 토론을 진행한다.

다른 방법:

1.사진 뒷면에 피해자와 가해자를 구분하는 라벨을 붙여둔다. 예컨대, 피해자는 빨간색, 가해자는 파란색 라벨을 붙일 수 있다. 각자 사진을 선택해서 전체 그룹으로 돌아오도록 한다. 돌아가면서 사진 속의 사람 이름을 말하고, 왜 그 사람을 선택하게 되었는지 말해보도록 한다. 그 다음, 뒷면으로 돌려 각 라벨색이 무슨 뜻인지 설명해 보라고 한다. 다음과 같은 질문에 답해 보도록 한다:

a.이 사람의 경험에 대해 느낀 점은?

b.어떤 것 때문에 그런 느낌을 받았나?

c.이 사람으로부터 배운 것에서 놀라운 점이나 동의할 수 없는 점이

있는가?

그 다음으로 짝을 지어 사진 속 사람의 말을 읽고 토론할 수 있다.

2. 참가자들에게 전체 인터뷰 내용짧은 것과 사진을 나누어준다. 2명 또는 3
명 단위로 인터뷰를 읽고 앞의 질문을 토론하면서 사진에 대해 생각해 본
다. 그 다음, 전체 그룹으로 모여서 같이 생각해본다.

회복적 정의 공간의 설계

바브 테이스 및 디애나 반 뷰런Deanna Van Buren

목표:

- 회복적 정의의 가치와 결과를 촉진하는 공간의 특성을 탐색해 본다.
- 회복적 정의 이론과 회복적 사법이 이루어질 수 있는 공간의 건축 및 디자인 사이의 관계를 고려해 본다.
- 개념, 아이디어 또는 개인적 경험을 시각화한다.

참가자 수: 1-24

준비물:

- 잡지자를 수 있는 것 또는 미리 잘라 둔 이미지/사진 종이에 인쇄된 것. 잡지는 건축, 예술, 사진, 라이프스타일, 여행, 문화, 자연과 관련도니 것이어야 한다. 참가자가 속한 인구의 사회경제, 성, 인종, 문화적 다양성을 보여줄 수 있는 잡지와 이미지가 있는지 확인한다.
- 종이공작용 색종이, 패턴지, 화장지 등와 기타 물품 낙엽, 껌종이 등
- 펜, 마커, 연필, 페인트.
- 풀
- 가위
- 콜라주를 만들 수 있는 B3 또는 A2전지의 절반 크기 하드보드 1인당 1개. 이 정도 크기는 되어야 일반적 잡지에서 잘라낸 큰 사진을 활용할 수 있고, 이보다 작아지면 활용할 수 있는 이미지 수와 크기가 적어진

다.

시간: 60~90분

소개:

콜라주여러 개의 이미지 조각을 모아서 전체를 구성하는 것는 어떤 공간에 대한 구체적인 디자인 아이디어나 사랑과 용서 등의 느낌과 공간설계의 관련성을 탐색해 볼 수 있는 좋은 방법이다. 여러 개의 이미지를 서로 관련지어 보면, 따로따로 볼 때와 다른 상관성과 복잡한 의미를 가질 수 있다. 참가자들이 그림이나 스케치를 어려워할 때 콜라주가 유용하며, 사진을 사용함으로써 복잡한 감정, 의도, 시스템, 아이디어 등을 전달하는데 도움을 얻을 수 있다. 회복적 정의에 있어서, 콜라주는 과거의 경험과 새로운 공간에 대한 비전을 바탕으로 공간을 꾸밀 수 있는 유용한 도구가 된다.

회복적 정의와 건설/디자인의 관계와 그 관계에 대한 토론을 진행하는 도구에 대해서 자세한 정보는 http://www.designingjustice.com의 Designing Justice+Designing Spaces에서 얻을 수 있다.

설명:

1. 시작 전, 준비물을 데이블에 꺼내 놓는다.

2. 참가자들에게 콜라주와 준비물 설명 등 활동을 설명한다. 각 참가자들에게 콜라주를 만들 하드보드를 나누어 준다.

3. 참가자들에게 다음과 같은 과제를 나누어준다: 다음 중 어느 하나를 해야 한다고 생각해보자:

   a. 당신과 상당한 갈등을 빚는 사람을 대면하는 경우.

   b. 인생에서 한 최악의 일을 처리하는 경우.

c.인생에서 경험한 최악의 일을 해결하는 경우.

이런 경우에 어떤 공간이 필요하겠는가?

4. 약 30-45 분간 콜라주를 만들도록 한다.

5. 모든 참가자가 완성하고 나면, 서클로 모여 각자 선택한 이미지의 의미를 중심으로 콜라주를 설명하는 시간을 가진다.

6. 다음으로 콜라주로부터 무엇을 얻을 수 있었는지 전체 그룹 토론을 진행한다. 다음과 같은 질문을 할 수 있다:

a.당신의 콜라주는 회복적 정의의 어떤 가치를 어떻게 반영하고 있는가?

b.여러분들의 콜라주를 보면서 비슷한 점이 있었는가?

c.어떤 차이가 두드려졌는가?

d.문화, 성, 연령에 따라 콜라주가 어떻게 달라지는가?

e.이 과정을 통해 회복적 정의에 대해 배운 점이 있는가?

f.사법이 이루어지는 공간의 설계에 대해 어떤 점을 배웠는가?

g.현행 사법시스템을 표현하는 이미지를 선택했다면 콜라주가 어떻게 달라졌겠는가?

참고문헌 평론

하워드 제어와 제리 존스톤

*Changing Lenses*가 처음 출판된 후 25년 동안 회복적 사법과 관련 주제에 대한 문헌이 기하급수적으로 늘어났다. [1] 이 참고문헌은 포괄적인 것이 아니며, 회복적 사법에 새로 입문하거나 특정 주제를 더 깊게 알고 싶은 독자를 위해 선정한 것이다. 이 중에는 대단히 학문적인 것들도 있지만, 일반인 독자와 학자들이 모두 읽을 만한 자료들을 선정하려고 하였다. 개념을 개발하고 *Changing Lenses*를 쓰는데 특히 도움이 되었던 자료들은 본문의 주석으로 붙여두었다.

학문적 연구자들은 이 참고문헌에 저널 논문이 포함되어 있지 않음을 유념하기 바란다. 회복적 사법의 연구와 학술논문에 익숙한 독자라면, 전세계의 회복적 사법에 관한 학술연구 및 실무-정책-과 관련된 정보를 제공하는 동료심사저널이 있다는 점도 알아두기 바란다: *Restorative Justice: An International Journal* (details at http://www.hartjournals.co.uk/rj/index.html).

더 많은 참고자료가 필요한 분은 Prison Fellowship International의 훌륭

---

[1] 이 참고문헌은 내가 3판에서 썼던 것을 제리 존스톤이 수정한 것이다. 이 문헌은 포괄적인 것이 아니라, 제리와 내가 독자들에게 도움이 될 것 같은 책들을 제안한 것이다. 제리 존스톤은 영국 헐 (Hull) 대학교 법학과 교수로 재직 중이다.

한 웹사이트 Restorative Justice Online (www.restorativejustice.org)에 주석 참고문헌과 웹사이트 링크가 있으니 참고하기 바란다.

제2장: 피해자

피해와 트라우마 분야의 가장 중요한 책은 Judith Lewis Herman, *Trauma and Recovery* (New York: Basic Books, 1997)이다. Sandra Bloom, *Creating Sanctuary: Toward the Evolution of Sane Societies* (New York: Routledge, 1997)도 트라우마와 사회구조의 관계에 대한 중요한 통찰을 제공한다.

하워드 제어의 *Transcending: Reflections of Crime Victims* (Intercourse, PA: Good Books, 2001)은 피해자 경험과 피해자의 목소리를 볼 수 있다.

10년 전에 출판되기는 했지만, James Dignan, *Understanding Victims and Restorative Justice* (New York: Open University Press, 2005)은 회복적 사법이 범죄피해자에게 어떤 의미인지를 소개하는 최고의 책이다. 디그넌의 책은 명료하게 서술되어 있어서 범죄 피해와 그 효과에 대한 문헌을 대단히 쉽게 설명하고 있으며, 범죄피해자에 대한 정책이 어떻게 태동하여 전개되었는지를 소개한 후, 피해자의 요구를 충족하기 위한 회복적 사법의 접근방법을 상세히 살펴보고 있다. 또한 피해자의 관점에서 회복적 사법을 평가하는 부분도 있다. Heather Strang, *Repair or Revenge: Victims and Restorative Justice* (Oxford: Oxford University Press, 2002)는 이 주제에 관한 최고의 작업으로 꼽힌다. 스트랭은 상세한 경험적 연구에 기초하여 피해자의 요구와 회복적 사법이 그 요구를 충족시키는 방법을 자세히 설명하고 있다. 특히 '정서적 회복'에 대한 설명은 눈여겨 볼 만하다. 좀 더 짧은 소개로 제리 존스톤의 *Restorative Justice: Ideas, Values, Debates*, 2nd ed. (London:

Routledge, 2011) 제4장은 범죄피해자에 대한 사회의 태도와 정책 변화의 맥락에서 정의를 찾아가고 피해자를 치유하는 회복적 접근방법을 점검한다. *Changing Lenses*의 분석을 어느 정도 보충하는 책으로 Susan Herman, *Parallel Justice for Victims of Crime* (Washington, DC: National Center for Victims of Crime, 2010)이 있다.

특정 유형의 범죄 피해자 또는 특정 유형의 피해자를 위해서 회복적 사법이 무엇을 제공해 줄 수 있는지 알고 싶은 경우, 다수의 전문적 작업이 있다 (이 분야의 연구가 늘어나고 있으므로 앞으로 더 늘어날 전망이다). 기존의 자료로는 Marilyn Fernandez, *Restorative Justice for Domestic Violence Victims* (Lanham, MD: Lexington Books, 2010); Tali Gal, *Child Victims and Restorative Justice* (New York: Oxford University Press, 2011); Tinneke van Camp, *Victims of Violence and Restorative Practices* (London: Routledge, 2014)가 있다.

제3장: 가해자

수형자가 쓰거나 수형자에 대해서 쓴 책은 계속해서 간행되고 있다. 문집으로 Bell Gale Chevigny, ed., *Doing Time: 25 Years of Prison Writing* (New York: Arcade Publishing, 2011); Robert Johnson and Hans Toch, eds., *Crime and Punishment: Inside Views* (Los Angeles: Roxbury Publishing Co., 1999); Lori B. Girshick, *No Safe Haven: Stories of Women in Prison* (Boston: Northeastern University Press, 2000); Judith Scheffler, ed., *Wall Tappings: An International Anthology of Women's Prison Writings 200 to the Present* (New York: Feminist Press CUNY, 2003)이 있다. Jane Evelyn Atwood, *Too Much Time* (London: Phaidon Press, 2000)은 교도소 내 여성 수형자에 대한 사진과 글이 실려있다. 하워드 제어의 *Doing Life: Reflections of Men and Women Serving Life Sentences* (Intercourse, PA: Good Books, 1996)는 종신형을 복역중인 남성과 여성의 초상과 말이 실려 있다.

교도소 산업을 다루는 책도 다수 있다. 일반적인 독자의 경우, Nils Christie, *A Suitable Amount of Crime* (New York: Routledge, 2004) 제4장이 간결하고 유용하다. 크리스티는 과거 *Crime Control as Industry* (New York: Routledge, 1993)에서 이 문제를 상세히 다룬 바 있다. 그 밖에 유용한 자료로는 Joel Dyer, *The Perpetual Prisoner Machine: How America Profits from Crime* (Boulder, CO: Westview Press, 2000); Daniel Burton-Rose, Dan Pens, and Paul Wright, *The Ceiling of America: An Inside Look at the U.S. Prison Industry* (Monroe, ME: Common Courage Press, 2002) 등이 있다. Jerome Miller, *Search and Destroy: African-American Males in the Criminal Justice System* (Cambridge: Cambridge University Press, 1996)은 형사사법 시스템에서 인종이 어떤 역할을 하는지 탐구한다. 그 효과는 Michelle Alexander, *The New Jim Crow: Mass Incarceration in the Age of Colorblindness* (New York: New Press, 2012)에서 다루고 있다. 대량구금을 만들어 내고, 더 넓게 법질서 정책을 변형시킨 사회적 힘에 대해 이해하기 위해서는 David Garland, *The Culture of Control* (New York: Oxford University Press, 2001)가 필수적이다.

가해자의 요구와 관점을 이해하는데 없어서는 안되는 책은 Shadd Maruna, *Making Good: How Ex-Convicts Reform and Rebuild Their Lives* (Washington, DC: American Psychological Association Books, 2001); James

Gilligan, *Violence: Reflections of a National Epidemic* (New York: Vintage Books, 1996)이 있다. 범죄를 단념하는 과정은 Stephen Farrell and Adam Caverley, *Understanding Desistance from Crime: Emerging Theoretical Directions in Resettlement and Rehabilitation* (Maidenhead: Open University Press, 2006)에서 다루고 있다. 수형자의 사회 "재진입" 과정에 대한 최근의 연구로는 Daniel Mears and Joshua Cochran, *Prisoner Reentry in the Era of Mass Incarceration* (Thousand Oaks, CA: Sage, 2015).

David Cayley, *The Expanding Prison: The Crisis in Crime and Punishment and the Search for Alternatives* (Toronto: House of Anansi Press, 1998)는 캐나다 방송국(CBC)의 라디오 인터뷰 시리즈로 시작되었다. 이 책은 형벌의 이론적 및 현실적 문제 등에 관한 중요한 책이다.

제4장: 공통의 주제

용서의 문제는 최근 들어 대중화되어 가고 있어서 상당한 문헌들이 나오고 있다. Cynthia Ransley and Terri Spy, *Forgiveness and the Healing Process: A Central Therapeutic Concern* (Hove, UK: Brunner−Routledge, 2004)는 다양한 관점을 소개하고 있다. 딸을 살인으로 잃은 Wilma L. Derksen은 용서에 대해 깊은 생각을 한 분으로 *Confronting the Horror: The Aftermath of Violence* (Winnipeg, MB: Amity Publishers, 2002)와 *This Mortal Coil* (Winnipeg, MB: Amity, 2014) 등을 집필했다. Elliot Cose, *Bone to Pick: Of Forgiveness, Reconciliation, Reparation, and Revenge* (New York: Atria Books, 2004)는 용서와 회복 현상을 세계 각국의 다양한 환경에서 검토한다. Donald W. Shriver Jr., *An Ethic for Enemies: Forgiveness in Politics*

(New York: Oxford University Press, 1995)는 용서를 정치적 현상으로 본다.

Aaron Lazare, *On Apology* (New York: Oxford University Press, 2004)는 깨어진 관계를 치유할 수 있는 사과의 잠재력에 대한 계몽적이고 읽기 좋은 책이다. Jeffrie Murphy, *Getting Even: Forgiveness and Its Limits* (New York: Oxford University Press, 2003)은 철학적으로 심오하면서도 일반인 독자들이 쉽게 읽을 수 있는 용서에 대한 분석을 제공한다. Linda Radzik, *Making Amends: Atonement in Morality, Law and Politics* (New York: Oxford University Press, 2009)는 타인에게 저지른 잘못을 바로잡는데 있어서 사과, 회개, 배상, 자기처벌이 어떤 역할을 하는지에 대한 훌륭한 철학적 연구다.

수치심의 문제는 회복적 사법에서 중요하고도 다툼이 있는 주제다. 가장 중요한 문헌은 John Braithwaite, *Crime, Shame and Reintegration* (Cambridge: Cambridge University Press, 1989)이다. 수치심이 회복적 사법에서 어떤 역할을 할 수 있다는 아이디어에 대한 비판은 Howard Zehr and Barb Toews, eds., *Critical Issues in Restorative Justice* [Monsey, NY: Criminal Justice Press, 2004]에 수록된 Gabrielle Maxwell and Allison Morris의 논문이 좋다. Gilligan, in *Violence: Reflection of a National Epidemic* (New York: Vintage Books, 1997)은 수치심이 폭력의 주된 동인(動因)이라고 주장한다. "Journey to Belonging" (in *Restorative Justice: Theoretical Foundations*, Elmar G. M. Weitekamp and Hans−Juergen Kerner, ed. [Devon, UK: Willan Publishing, 2002])에서 하워드 제어는 수치심이 피해자와 가해자의 삶에 작용한다고 주장하고 있다.

수치심은 이제 대단히 방대하고 복잡한 문헌을 이루는 주제가 되어 있다. 비전문가의 경우, Julien A. Deonna, Raffaelle Rodogno, and Fabrice Teroni, *In Defense of Shame: The Faces of an Emotion* (New York: Oxford University Press, 2012)이 입문용으로 훌륭하다. 저자들은 수치심의 성격을 쉽게 설명하고, 도그마를 검토한 후, 수치심, 범죄, 형벌의 문제를 탐색하면서 회복적 사법에 대한 논의를 진행하고 있다.

흥미로우면서도 쉽게 접근할 수 있는 자료로 Nils Christie, *A Suitable Amount of Crime* (New York: Routledge, 2004)가 권장된다.

제5장 및 제6장: 응보적 사법; 패러다임으로서 사법

Gerry Johnstone and Tony Ward, *Law and Crime* (London: Sage, 2010)은 이 책 제5장에서 비판한 형사사법제도의 역사적 등장, 근본적 가정, 장점과 한계에 대한 설명을 포함하고 있다. 이 설명은 일반인을 염두에 두고 쓴 것이다. Declan Roche, "Retribution and Restorative Justice" (in Gerry Johnston and Daniel Van Ness, eds., *Handbook of Restorative Justice* [Cullompton: Willan, 2007])는 응보적 사법과 회복적 사법의 비교라는 복잡한 주제에 입문할 수 있는 자료를 제공한다. Conrad G. Brunk의 "Restorative Justice and the Philosophical Theories of Criminal Punishment" in Michael Hadley, ed., *The Spiritual Roots of Restorative Justice* (Albany, NY: State University of New York Press, 2001)는 하워드 제어로 하여금 응보와 회복의 관계를 다시 생각해보도록 하는 중요한 영향을 미친 논문이다. Ross London은 그의 책 *Crime, Punishment and Restorative Justice: From the Margins to the Mainstream*에서 새로운 패러다임으로서 회복적 사법의 태동을 추적한다. 이 책의 요약본은 Gerry Johnstone, ed., *A Restorative Justice Reader*, 2nd ed.

(London: Routledge, 2013)에서 볼 수 있다. 런던(London)은 그의 책에서 응보적 사법과 회복적 사법이 서로 충돌하는 방법이 아니라 상호 보완적인 방법이라고 주장하며 (따라서 회복적 사법이 별개의 패러다임이라는 생각에 반대한다), 범죄 이후 신뢰를 회복한다는 아이디어를 중심으로 조직된 포괄적 형사사법시스템을 주장한다. 이 주제에 대해서 자세히 알고 싶은 분은 응보적 사법과 회복적 사법의 긴장과 중첩에 대한 중요한 논문집 Andreas von Hirsch, Julian Roberts, Anthony Bottoms, Ken Roach, and Mara Schiff, eds., *Restorative Justice and Criminal Justice: Competing or Reconcilable Paradigms* (Portland, OR and Oxford: Hart, 2003)을 보기 바란다.

제7장: 역사적 대안

David Cayley, *The Expanding Prison: The Crisis in Crime and Punishment and the Search for Alternatives* (Toronto: House of Anansi Press, 1998)는 역사적 논의에 도움이 된다. 서구 법률시스템과 기독교 신학의 발전이 서로 영향을 미치면서 서구 문화에 징벌적 성격을 강화해온 과정에 대해서 3권의 책이 자세히 고찰하고 있다. Timothy Gorringe, *God's Just Vengeance* (New York: Cambridge University Press, 1996)는 중세 이후 캐톨릭 시대를 검토하고 있다. T. Richard Snyder, *The Protestant Ethic and the Spirit of Punishment* (Grand Rapids, MI: Eerdmans, 2001)는 청교도 시대에 대해 같은 주제를 다루고 있으며, Gil Bailie, *Violence Unveiled: Humanity at the Crossroads* (New York: Crossroad, 1995)는 르네 지라르(Rene Girard)[2]의 희

---

2) 역주-인간의 욕망과 폭력을 연구한 프랑스 문학평론가로 '욕망의 삼각형' 이론으로 유명하고, 인문학계의 다윈이라고도 불렸다.

생양 이론을 이 이야기에 접목시킨다.

Rupert Ross, *Returning to the Teachings* (New York: Penguin Books, 1996)은 아주 흥미롭고 읽기 좋은 책으로 유럽인과 북미 토착민의 세계관을 비교한다. 그의 책은 회복적 사법에 대한 토착민의 기여에 대한 연구에 속한다. 이 분류에 속하는 자료로 Robert Yazzie and James W. Zion의 논문 "Navajo Restorative Justice: the Law of Equality and Justice"도 좋다. 그 요약본은 Gerry Johnstone, ed., *A Restorative Justice Reader*, 2nd ed. (London: Routledge, 2013)에 수록되어 있다. Jarem Sawatsky, In *The Ethic of Traditional Communities and the Spirit of Healing Justice: Studies from Hollow Water, the Iona Community and Plum Village* (London: Jessica Kingsley, 2009)는 치유적 사법의 의미와 그것을 유지하기 위한 조건에 대한 깊이 있으면서도 읽기 좋은 연구를 제시하고 있다. Wanda McCaslin, ed., *Justice as Healing: Indigenous Ways* (Saskatoon: Living Justice Press, 2011)는 토착민의 사상과 사회에서 정의의 치유 관념과 실제를 살펴보는 논문집이다.

Gerry Johnstone and Tony Ward, *Law and Crime* (London: Sage, 2010) 제2장은 비전문가를 위해 공동체의 맥락을 강조하는 형벌, 보복, 보상의 전통과 근대 형사사법의 형성을 설명하는 자료다.

제8장: 성서적 대안

회복적 사법의 성서적 뿌리에 대해서는 많은 논문들이 있지만, Christopher Marshall의 책 두 권이 가장 중요하다: *Compassionate Justice: An Interdisciplinary Dialogue with Two Gospel Parables on Law, Crime, and Restorative Justice* (Eugene, OR: Cascade Books, 2012), *Beyond Retribu-*

tion: A New Testament Vision for Justice, Crime, and Punishment (Grand Rapids, MI: Eerdmans, 2001). *Changing Lenses*의 초점은 구약에 있지만, Marshall은 신약에서 회복적 주제를 탐색한다. 그의 관점을 짧게 소개한 책으로는 Christopher Marshall, *The Little Book of Biblical Justice* (Intercourse, PA: Good Books, 2005)가 있다. John Heagle, *Justice Rising: The Emerging Biblical Vision* (Maryknoll, NY: Orbis Books, 2010)은 성서적 사법 비전의 힘을 도출 및 주장하며, 그 비전을 테러에 대한 전쟁의 대안으로 포용할 필요성 등을 주장하고 있다. Michael Hadley, ed., *The Spiritual Roots of Restorative Justice* (Albany: State University of New York Press, 2001)에 수록된 논문들은 다른 종교적 전통에서 발견되는 회복적 요소를 소개하고 있다.

제9장: VORP와 기타 실무들

대부분의 나라에서 VORP라는 말은 더 이상 사용되지 않는다. 그 대신 피해자-가해자 조정 또는 만남이라는 용어가 보급되어 있고, 이 말이 조금 더 세련되어 보인다. 이런 분야에서 가장 중요한 연구자가 마크 움브레이트 (Mark Umbreit)이다. 특히 Mark Umbreit and Marilyn Armour, *Restorative Justice Dialogue: An Essential Guide for Research and Practice* (New York: Springer, 2011)가 중요하다. 이 모델은 심각한 폭력 사건에도 적용을 확장하고 있는 추세다. Mark Umbreit, Betty Vos, Robert B. Coates, and Katherine A. Brown은 이와 같은 현상을 *Facing Violence: The Path of Restorative Justice and Dialogue* (Monsey, NY: Criminal Justice Press, 2003)에서 서술하고 있다. Susan Miller, *After the Crime: the Power of Restorative Justice Dialogues between Victims and Violent Offenders* (New York: New York

University Press, 2011)는 가해자와의 회복적 대화를 촉진함으로써 폭력범죄 피해자의 요구를 충족시키려고 하는 제도를 깊이 있게 연구하고 있다. "최초"의 엘미라 사건의 진행자 중 한 사람인 Mark Yantzi는 특히 어려운 성범죄 분야에 대한 적용을 다루고 있다: *Sexual Offending and Restoration* (Scottdale, PA: Herald Press, 1998).

다른 적용방식도 많이 생겼다. Paul McCold, "The Recent History of Restorative Justice: Mediation, Circles, and Conferencing" (in Dennis Sullivan and Larry Tifft, eds., *Handbook of Restorative Justice: A Global Perspective*[New York: Routledge, 2008])는 유용한 개관을 제공한다. 피해자−가해자 조정과 함께 가장 발전된 실무가 대화와 써클이다. 대화(Conferencing)은 뉴질랜드의 가족간 대화에 기원을 두는 것으로 Allan MacRae and Howard Zehr, *The Little Book of Family Group Conferences: New Zealand Style* (Intercourse, PA: Good Books, 2004)에서 논의하고 있다. 대화를 설명, 논의, 평가하는 문헌은 방대하다. 논문집 Estelle Zinstagg and Inge Vanfraechem, *Conferencing and Restorative Justice: International Practices and Perspectives* (New York: Oxford University Press, 2012)이 좋은 출발점이 될 것이다. 짧은 소개로는 Gabrielle Maxwell, Allison Morris, and Hennesey Hayes on "Conferencing and Restorative Justice" (in Dennis Sullivan and Larry Tifft, eds., *Handbook of Restorative Justice: A Global Perspective* [New York: Routledge, 2008])이 유용하다.

써클 절차는 문제와 갈등(사법이나 징계문제가 없더라도) 해결에 확대 적용되고 있는 추세다. Kay Pranis, Barry Stuart, and Mark Wedge, in *Peacemaking Circles: From Crime to Community* (St. Paul, MN: Living Justice

Press, 2003)는 이 절차를 자세히 설명하고 있다. 짧은 자료로는 Kay Pranis, *The Little Book of Circle Processes* (Intercourse, PA: Good Books, 2005). Carolyn Boyes-Watson, *Peacemaking Justice and Urban Youth: Bringing Justice Home* (St. Paul, MN: Living Justice Press, 2008)은 긍정적인 관계를 촉진하고 주변화된 소년들에게 정의를 제공하기 위해 설계된 도심 프로젝트 운영경험에 기초하여 평화 써클(peacemaking circles)의 잠재력과 힘에 대하여 흥미로운 사회학적 설명을 제공한다.

또한 중대한 인권 침해와 관련된 대규모 폭력갈등 후에 평화를 구축하고, 화해와 정의를 달성하려고 하는 노력에도 회복주의를 적용하기 위한 노력이 있다는 점도 언급할 필요가 있다. 이 분야에서 가장 중요한 자료는 Pat Howley, *Breaking Spears and Mending Hearts: Peacemakers and Restorative Justice in Bougainville* (Annandale, NSW: Federation Press, 2002)이다. Jennifer Llewellyn and Daniel Philpott, ed., *Restorative Justice, Reconciliation and Peacebuilding* (New York: Oxford University Press, 2014)도 좋은 개론서다.

제10장: 회복적 렌즈

Daniel W. Van Ness and Karen Heetderks Strong, *Restoring Justice*, 5th ed. (Cincinnati: Anderson Publishing Company, 2014)과 Gerry Johnstone, *Restorative Justice: Ideas, Values, Debates*, 2nd ed. (London: Routledge, 2011)은 회복적 사법의 철학과 실무에 대한 개론을 제공하고 있다. 그러나 존스톤의 책은 이 분야의 문제와 다툼있는 쟁점을 확인하고, 이것을 해결할 수 있는 방법을 제시한다. Johnstone (ed.) *A Restorative Justice Reader*, 2nd ed. (London: Routledge, 2013)는 회복적 사법 분야에서 가장 중요한 문헌을 추려서 한권으로 묶은 책이다. 회복적 사법의 이론과 실무에 대한 하워드 제어의 이해는 *The Little Book of Restorative Justice* (Intercourse, PA: Good Books, 2002)에 요약되어 있다.

이제 회복적 사법을 설명하고, 탐색하며 토론하는 수많은 책들이 있다. 중요하고 흥미로운 주제들을 놓치지 않으려면 다음의 자료들이 유용하다: Denis Breton and Stephen Lehman, *The Mystic Heart of Justice: Restoring Wholeness in a Broken World* (West Chester, PA: Chrysalis Books, 2001); Tony Foley, *Developing Restorative Justice Jurisprudence: Rethinking Responses to Criminal Wrongdoing* (Farnham and Burlington, VT: Ashgate, 2014); Carolyn Hoyle and Chris Cunneen, *Debating Restorative Justice* (Oxford: Hart, 2010); Heather Strang and John Braithwaite, eds., *Restorative Justice and Civil Society* (Cambridge: Cambridge University Press, 2001); Dennis Sullivan and Larry Tifft, *Restorative Justice: Healing the Foundations of Our Everyday Lives*, 2nd ed.Lynne Rienner Publishers, 2005); Margaret Urban Walker, *Moral Repair: Reconstructing Moral Relations after Wrongdoing* (Cambridge: Cambridge University Press, 2006); Lode Walgrave, *Restorative Justice, Self-Interest and Responsible Citizenship* (Cullompton, UK: Willan, 2008).

제11-12장: 회복적 시스템의 실행; 25년 후의 성찰

앞에 언급된 문헌 다수가 "어디로 갈 것인가?"의 문제를 다루고 있다. Howard Zehr and Barb Toews, eds., *Critical Issues in Restorative Justice*

(Money, NY: Criminal Justice Press, 2004)는 회복적 사법이 확산되고 대중화되면서 나타날 수 있는 문제점과 위험을 살펴보기 위해 전세계의 학자들을 불러모았다. 회복적 사법을 평가하고 앞으로 나아갈 방향을 제시하는 중요한 책으로 John Braithwaite, *Restorative Justice and Responsive Regulation* (New York: Oxford University Press, 2002)을 꼽을 수 있다.

회복적 사법이 제도화되어야 하는지, 어떻게 제도화되어야 하는지, 그에 따른 이슈는 무엇인지는 Ivo Aertsen, Tom Daems, and Luc Robert, eds., *Institutionalizing Restorative Justice* (New York: Routledge, 2012)에서 논의하고 있다. David Cornwell, John Blad, and Martin Wright, eds., *Civilizing Criminal Justice: An International Restorative Agenda for Penal Reform*, (Hampshire, Waterside Press, 2013)는 형벌개혁을 위하여 회복주의의 의제를 다시 강조해야 한다고 주장한다. Joanna Shapland, Gwen Robinson, and Angela Sorsby, *Restorative Justice in Practice: Evaluating What Works for Victims and Offenders* (New York: Routledge, 2011)는 회복적 사법 프로젝트를 치밀하게 평가하여 향후의 발전을 위한 경험적 기반을 제공하고 있다. Theo Gavrielides and Vasso Artinopoulou, eds., *Reconstructing Restorative Justice Philosophy* (Burlington, VT: Ashgate, 2013)는 회복적 사법의 철학적 및 사회적 토대를 재검토하는 여러 심포지엄 논문들을 모은 논문집이다. John Braitwaite, *In Responsive Regulation: Transcending the Deregulation Debate* (New York: Oxford University Press, 1992)는 회복적으로 정향된 시스템이 어떤 모습일지 그리고 있다.

제11장과 "회복적 사법 비전의 수호"에서 주장하는 것처럼, 회복적 사법 개혁의 의미를 신중하게 따져보고, 법과 사법 분야를 개혁하려 하였으나 변

질되어 버린 과거의 노력들로부터 교훈을 얻는 것이 중요하다. 이러한 맥락

에서, 회복적 사법에 대해 비판적 자료들로 다음과 같은 것이 있다: Annalise

Acorn, *Compulsory Compassion: A Critique of Restorative Justice* (Vancou-

ver, BC: University of British Columbia Press, 2005); George Pavlich, *Gov-

erning Paradoxes of Restorative Justice* (London: Glasshouse Press, 2005);

Andrew Woolford, *The Politics of Restorative Justice: A Critical Introduction*

(Winnipeg, MB: Fernwood Publishing, 2010); and Margarita Zernova, *Re-

storative Justice: Ideals and Realities* (Burlington, VT: Ashgate, 2010).

깨어진 관계에서 피어나는 희망의 씨앗, 회복적 정의

한국에서의 피해자-가해자 대화모임 사례를 중심으로

이재영 한국평화교육훈련원(KOPI) 원장

어색한 만남 1. 피해자측 서울 강동구 00중학교 사건

낯선 사람들과의 만남이 불편한 듯 경계의 시선을 놓지 않고 있는 14~15세 정도 된 소년과 그리고 평범하지만 무언가 단호하게 마음을 먹고 있는 듯한 40대 중반의 아주머니와 우리는 마주앉아 있었다. 조용한 커피집이 주는 따뜻한 분위기와는 사뭇 다르게 왠지 모를 긴장감 같은 것이 흘렀다. 어색하게 내민 명함을 통해 인사와 소개가 몇 마디 오가고 나서야 그들은 마음속에 있는 이야기를 꺼내기 시작했다. 물론 전화로 미리 소개를 한 후라 우리가 왜 자신들을 만나려고 하는지 전혀 모르는 것은 아니지만 마음 편하지 않은 이야기를 해야 하는 입장에서는 선뜻 마음이 열리고 입이 떨어지지 않는 것이었다.

지난 봄, 창혁이가 학교에서 친구들에게 괴롭힘을 당하고 힘들어하던 일들, 다친 아들을 데리고 병원으로 찾아다니던 일들을 떠올리면 세상이 참 험하다는 생각을 했다. 무엇보다 남의 일인 줄만 알고 지내던 일이 나의 현실로 다가온 평범한 가정에게 현실은 너무나도 냉혹하고 답답했다. 분하고 억울한 마음에 학교에 전화를 해 해결책을 요구했지만, 학교가 할 수 있는 일은 생각보다 적었다. 학교를 찾아가 담당 교사와 교감선생님도 면담했지만 학교가 할 수 있는 징계는 이미 다 내려졌다고 했다. 은근히 전학을 기대하는 눈치도 많이 받고 돌아와야만 했다. 때렸다고 하는 경수네 집에 전화를 걸어 그 부모와 이야기를 해보려고 시도했지만, 처음 사건이 난 날 병원에 데려가 치료해주고 미안하다고 했는데 왜 자꾸 전화를 하냐며, 자기 자식이 평소에 어떻게 하고 다니는지 자세히 알고나 전화하라는 핀잔만 듣게 되었다. 그 뿐이 아니라 자꾸 애들 싸움을 크게 만들어 돈이나 뜯으려면 법대로 하자는 협박까지 들어야 했다. 너무 억울하고 서러웠다. 며칠 후 학교의 주선으로 이뤄진 당사자 간 면담에서는 당사자 간의 원만한 합의가 이뤄졌으면 좋겠다는 학교 측의 입장설명만 듣고 당사자 간에는 큰 진전 없이 대화를 마치고 말았다.

그리고 몇 주 후에 경수가 다른 학교로 전학 갔다는 소식을 전해들은 것 이 학교로부터의 마지막 소식이었다. 몇 년 전 남편과 사별하고 혼자서 아이들을 키워왔지만 혹시 아이들이 어미 밑에서만 커서 이렇다 저렇다 이야기를 들을까봐 더 엄하게 키우고 남에게 잘하라고 가르쳐 왔는데 왜 이런 일이 우리 아들에게 일어나야 하는지 도무지 이해할 수가 없었다. 다니던 직장에도 한동안 나갈 수 없다고 간신히 당부를 해놓고 있어 불안한 자신의 처지와 아들의 병원비, 그리고 힘들어하는 엄마를 보며 마음을 잡지 못하는 고2 큰애까지 아이들의 싸움치고는 한 가정이 치러야 할 비용이 너무나도 크게 느껴졌다. 결국 비슷한 경우를 겪은 사람들의 글도 인터넷에서 찾아보고 친구와 고민하던 끝에 경찰서를 찾아 고소를 하기로 마음먹었다. 다음 날 경찰서로 가던 길에 같은 부모 입장에서 자식또래 아이를 고소해야 하는 현실이 너무 마음에 걸려 경수네 부모에게 다시 한 번 전화를 했는 데 고소하려면 마음대로 하라는 이야기만 듣고 끊어야 했다. 모질게 마음 먹어야 한다고 다시 한 번 다짐하고 아이와 함께 경찰서에 가서 신고를 접수하고 지금까지 모아왔던 진단서며 고소장을 제출하였다. 하지만, 법 없이도 살 것 같았던 모자母子에게 경찰서는 또 다른 낯선 세계의 시작이었다. 사실 경찰에 신고를 할 때는 이렇게 하면 경수네가 좀 더 책임 있는 자세로 이번 문제를 풀려고 할 거라고 기대했기 때문이었다. 하지만 이런 기대는 그리 오래 가지 않았다. 며칠 후 연락을 해온 경수네 아버지는 아이를 고소해서 범법자로 만드는 게 어른이 할 수 있는 일이냐며 오히려 화를 내는 것이었다. 아마도 경수와 함께 경찰서에 불려가서 조사서를 작성하고 막 나오는 길인 것 같았다. 사실 창혁이를 때린 아이보다 전화로 윽박지르고 무성의하게 대하며 무시했던 경수 부모가 더욱 괘씸해서 고소를 한 것이었다. 그런데 오히려 내가 큰 잘못을 한 것처럼 이야기를 들으니 억울한 마음과 걱정되는 마음이 동시에 생겼다. 그 후 며칠을 기다려 보았지만, 경찰서에서는 별 연락이 없었다. 그렇게 며칠이 더 지나고 나서 경찰서에 연락을 해보았다. 담당 형사는 이번 사건에 대한 몇 가지 기초 조사와 면담을 마쳐서 곧 검찰에 사건을 송치할 예정이라고 했다. 그 후에 기다리면 사건 처리에 대한 상황을 알 수 있을 것이라고 말해 주었다. 그 후로 연락을 받은 것은 몇 달

후에 법원에서 이번 사건에 대한 재판이 언제 열린다는 통지였다. 생각했던 것보다 일이 빨리 진행되지도 않고 딱히 뭐 해결이라고 볼 수 있는 길이 없어 보였다. 괜히 고소를 했다는 생각도 들었지만, 그렇다고 달리 이 억울함을 풀어주고 피해를 보상해줄 방법이 없어 보였다. 고민 끝에 물어물어 변호사 사무실이라는 곳을 찾아 상담을 받게 되었다. 우리가 원하는 것을 얻을 수 있고 상대에게 물질적으로 피해를 줄 수 있다는 이야기를 들으니 그나마 위로가 되는 것 같았다. 하지만 형사상 절차가 마무리 되고 민사소송을 거는 과정 등 알듯말듯 한 설명을 들으니 머리가 복잡해 지고 부담이 생기기 시작했다. 더욱 걱정이 되는 것은 비용이 생각했던 것 보다 너무 높았다. 실제로 창혁이가 다쳐서 치료받은 금액과 내가 일하지 못한 비용 등 내가 생각하고 있던 손해배상 비용보다 변호사 사무실에 지불해야 하는 비용이 더 많았다. 그래도 이분들이 도와주지 않으면 나처럼 법도 잘 모르는 사람이 상대에게 당할 수도 있다고 생각하니 불안해졌다. 결국 우리 집으로서는 거액인 착수금을 송금하기로 하고 변호사 사무실을 나왔다. 집으로 돌아오는 길에 마음이 무겁고 왠지 깊은 미궁 속으로 빠져드는 것 같은 생각에 두통이 왔다. 그래도 버스를 타고 지나는 길에 '학교 폭력 예방특별기간' '정의사회구현'이란 플랜카드와 문구는 버젓이 학교들과 경찰서 앞에 힘차게 걸려 있었다.

그 사건 이후로 아이는 다시 학교로 돌아가 표면적으로는 잘 지내는 것 처럼 보였지만, 전보다 더 말수가 적고 자신감이 없어 보였다. 학교 성적도 많이 떨어지고 있었다. 이제 고등학교 진학도 준비해야 하는데 자꾸 학업에 집중하지 못하는 것 같아 안타까웠다. 없는 형편에 뭐 남들처럼 과외도 해줄 수는 없지만 건강하고 성실하게 자라는 것만으로 대견하게 생각해 왔는데, 이제 학교에서 친구들에게 받은 상처를 평생 안고 살아야 한다는 것이 너무 서러웠다. 두고두고 추억으로 남는 것이 좋은 학창시절인데 우리 아이에게는 그렇지 못하다는 것이 제일 가슴 아팠다.

매번 장학금을 받고 열심히 공부하던 큰애도 이번 일로 마음에 상심이 컸던지 이번 학기에는 장학금을 놓치고 말았다. 괜찮다고 다독여 주었지만 민감한 사춘기 시절에 상대에 대한 또한 자신에 대한 분노가 마음에 쌓이지 않을까 하는 걱정이 들었다. 애들 아빠가 있었으면 또 달라졌을 텐데라는 괜한 원망도 해보지만 이럴수록 더욱 마음을 다잡고 살아야 한다는 생각만 하게 되었다. 그래도 조금씩 시간이 지나면서 많이 좋아졌지만, 하루 속히 이 문제가 풀려서 우리 아이들과 내가 이 족쇄에서 벗어나 자유롭고 행복한 날이 오기를 손꼽아 기다려 본다.

어느새 테이블 위에는 휴지가 수북하게 쌓여 있었다. 밖으로 잘 내색하지 않던 마음속의 이야기를 꺼낼 때마다 감정이 복받쳐 올라 왔기 때문이었다. 마지막으로 우리들이 내민 피해자─가해자 대화 모임 참석 동의서에 서명하는 아주머니의 얼굴에는 분노보다는 후련함 같은 것이 배어 있었다. 그런 엄마를 힐끔힐끔 쳐다보는 창혁이의 얼굴은 죄책감과 미안함이 함께 묻어 있었지만, 어머니의 기대와 사랑을 알고 있는 듯한 어른스러움도 엿보였다. 법원 사건 담당 조사관에게 연락을 받고 설명을 들어서 우리를 만나보기는 했지만, 결코 자신은 가해자를 용서하거나 대화할 생각이 전혀 없다고 단호하게 잘라 말하던 맨 처음 만났을 때의 아주머니의 모습은 이 제 보이지 않았다. 이제 상대를 만나도 떨리지 않을 만큼 우리에 대한 신뢰와 자신에 대한 믿음이 생겨난 것 같았다. 누구에게도 쉽게 할 수 없었던 이야기를 이렇게 들어줘서 너무 고맙고 마음이 좀 편해졌다는 아주머니의 이야기를 들으면서 우리는 자리에서 일어났다. 벌써 4시간이 넘게 이야기를 나눈 터라 늦은 가을 해는 벌써 넘어가고 밖은 이미 어두워져 있었다. 작별인사를 건네는 우리들에게 이제 경수네를 만나 이야기를 들어보고 함께 양측이 만나는 계획을 세워야 하는 일이 남아 있었다.

어색한 만남 2. 가해자측영등포구 00중학교 사건

찌는 듯이 무더운 7월의 뜨거운 열기 때문에 약속 장소인 S지하철역 근처 카페로 가는 우리의 옷은 이미 땀으로 뒤범벅이 되어 있었다. 시원한 에어컨이 켜져 있는 2층 카페로 들어서니 커다란 키에 나이에 비해 점잖아 보이는 소년과 머리가 조금 길고 장난기 많아 보이는 소년, 그리고 그들의 보호자로 보이는 아주머니 두 명이 이미 도착해서 우리 일행을 기다리고 있었다. 아주머니들의 친절하고 조금은 지나쳐 보이는 인사에 부담을 느낀 반면에, 소년들은 머쓱하게 인사만 할 뿐 계속해서 바닥만 쳐다보고 별 말이 없었다. 키가 큰 태민이는 중학교 3학년이라고 보기에는 또래 아이들보다 머리 하나는 커 보였고 말투도 어른스럽게 느껴졌다. 태민이의 어머니는 매우 조용하고 교양 있게 이야기를 꺼냈지만 말 속에는 여러번 겪은 경험에서 나오는 듯한 뭔지 모를 체념 같은 깊은 어두움이 느껴졌다. 그리고 소위 주범은 아니지만 태민이의 친구로 주변 학교 학생들의 돈을 뺏고 때리고 위협했던 행동에 단순 가담했다는 경기는 부모님과 함께 있지 않기 때문에 현재 같이 지내는 이모가 보호자를 대신해서 나왔다고 했다.

늘 그렇지만 먼저 만났던 8명의 피해자들로부터 들은 이야기와 경찰서에서 보내온 조정의뢰서의 사건경위를 읽으며 상상했던 소년들의 모습과는 확연히 다른 아이들의 모습을 보면서 조정자들에게 늘 강조되는 선입관의 위험성에 대해 속으로 다시 한 번 되새기고 있었다. 주로 이야기를 한 사람은 태민이 어머니였고, 간혹 아이들이 말을 보태는 정도였다. 마침 무더운 낮 시간이라 카페 안에 사람들이 그리 많지 않아서 우리가 앉은 구석 자리는 별로 사람들의 주목을 받지 않아도 되는 것이 다행이란 생각이 들었다.

늘 활달하고 또래들에게 대장노릇 하기를 좋아하던 아이가 언제부터인가 별로 말이 없어지고 부모에게 비밀이 많아지는 것을 느꼈다. 하지만 으레 그 또래 남자아이들이 겪는 사춘기 시절의 현상이려니 생각하고 지냈고, 딸들 키울 때와는 또 다른 사내아이의 특징이라고 여기고 넘기게 되었다. 회사 일에 늘 바쁜 남편이 여유가 좀 더 있어 아들과 시간을 보내주면 좋겠지만 대학과 고등학교 다니는 태민이 누나 둘까지 뒷바라지하려면 이제 중진을 맡은 남편에게는 역시 무리한 부탁이라고 생각했다. 나도 2년 전부터 친구와 시작한 자그마한 옷가게 일이 점점 바빠지고 해서 마음만 있을 뿐 아이에게 신경을 많이 못 써주는 것이 미안했다. 그래도 초등학교 때 제법 공부를 잘하고 리더십이 있어서 학교에서 늘 칭찬을 받던 녀석이라 항상 믿음이 갔고, 중학교 1학년 때도 전교에서 상위권에 드는 성적과 운동에도 각별한 소질이 있다는 선생님들의 말에 큰 걱정 없이 지내고 있었다. 그런데 중학교 1학년 겨울방학 때부터 점점 귀가 시간이 늦어지고 야단을 치려고 하면 반항하려는 것이 예사롭지 않게 느껴지기 시작했다. 바쁜 남편에게 괜한 걱정거리를 안겨주고 싶지 않아서 아이와 좀 더 많은 이야기를 하려고 시도했지만 번번이 아이는 겉돌고 있었고 누나들과도 잘 이야기를 하지 않았다. 그렇게 몇 달이 지나면서 아이는 어느덧 중학교 2학년이 되었다.

그러던 어느 날 문득 경찰서에서 걸려온 전화를 받게 되었다. 태민이가 어떤 아이를 때리고 자전거를 빼앗아 타고 다니다가 신고로 경찰서에 잡혀 왔다는 이야기였다. 너무 정신이 없고 떨려서 친구에게 이야기도 제대로 못하고 경찰서로 달려갔다. 경찰서에서 만난 태민이는 풀이 죽어 있었다. 거기 그렇게 앉아 있는 아이가 불쌍해 보이기도 하고, 돈이 필요하면 이야기하지 왜 남의 물건을 훔쳤는지 화가 나기도 했지만, 일단 경찰서에서 데리고 나와야겠다는 생각만 들었다. 거기에는 태민이 외에도 친구로 보이는 2명의 아이들이 더 앉아 있었다. 덩치도 태민이보다 작고 고개 숙이고 있는 모습이 이 아이들 때문에 태민이가 그렇게 되었다는 생각이 들지 않았다. 담당경찰에게 몇 가지 조사를 받고 어떻게 하면 피해자에게 변상을 하고 사과를 할 수 있는지 물었지만, 절도사건인 경우 당사자 합의와 별개로 법적인 책임도 따를 것이라는 이야기를 듣게 되었다. 부모로서의 역할을 잘못한 것 같아 창피하고 아들이 범법자가 된다는 생각이 스치면서 얼굴이 화끈 달아올랐다. 그날 밤 남편은 태민이를 데리고 방으로 들어가 사정없이 때리고 한참을 야단쳤다. 아마 부모로서 내가 느꼈던 것과 같은 깊은 좌절감 때문이었을 것이다. 그 후로 아이는 말수가 더 없어졌고 아버지와 마주치는 시간을 최대한 적게 하려고 아버지를 피해 다녔다. 그런 아들을 이해하기에 더 잘해주려고 다독이고 학교에도 찾아가 담임선생님과 면담도 했지만, 학교 성적은 점점 떨어져 가기만 했다. 이번 자전거 사건을 계기로 태민이가 반성하고 다시 좋아지기를 바랐지만 갈수록 아이가 무슨 생각을 하고 있는지 점점 종잡을 수가 없었다. 딱히 어떻게 해야 할지 모르겠고 그냥 시간이 지나면 나아지겠지 하는 기대로 살얼음판을 걷듯이 하루하루를 지내야 했다.

그렇게 몇 달을 별 탈 없이 지내는가 싶었는데 갑자기 날벼락 같은 소식이 날아왔다. 태민이가 동네 또래아이들 여럿을 지속적으로 괴롭히고 돈과 물건을 뺏고 때려서 아이들이 집단으로 경찰에 신고를 했기 때문에 태민이와 함께 경찰서로 나와 달라는 것이었다. 청천벽력 같은 소식이지만 왠지 올 것이 왔다는 생각도 들었다. 아이와 함께 경찰서에서 조사를 받으면서 그 동안 태민이에게 당한 아이들의 진술을 들었다. 너무 기가 막히는 일들 이었다. 아주 넉넉하지는 않지만, 남부럽지 않게 살고 있는 우리 형편에서 왜 태민이가 남의 물건을 빼앗고, 돈이 없으면 달라고 하면 될 것을 친구들에게 빼앗기 위해서 위협을 하고 때리고 했는지 이해가 가지 않았다. 더욱 놀라운 것은 비록 지금은 같은 학교가 아니지만, 그 아이들 중에는 같은 초등학교를 다닌 아이들이 많다는 것이었다. 그 부모들과 같은 동네에 살고 있을텐데 이제 차마 볼 수도 없을 것같이 느껴졌다. 지난번 사건에 대한 재판 결과도 아직 기다리고 있는 상황에서 또 이런 일이 생기니 너무 암담하고 가슴이 무너지는 것 같았다. 아이가 중학교나 제대로 졸업할 수 있을까 하는 불안한 마음까지 들어서 이제는 옷가게도 다 그만두고 태민이가 정신을 차릴 수 있는 일이라면 뭐든지 해야겠다는 생각만 계속 머릿속을 맴돌 뿐이었다. 조사를 받고 나와서 집에 오는 동안 태민이는 말이 없었다. 남편과 상의해서 뭔가 대책을 세워야 할 것 같은데, 또 남편이 충격을 받고 태민이와 부딪치면 아이만 더 삐뚤어질 것 같아 일단 남편에게는 말하지 않기로 했다. 남편에게 언제까지 이야기를 안 할 수도 없는 일이지만, 딸들과 이야기해보니 지금은 시간을 좀 벌어야겠다는 의견이 모아졌다. 태민이 누나들도 태민이 걱정 때문에 많이 힘들어하는 것 같아 괜히 미안했다. 며칠 후 태민이 때문에 피해를 입은 아이들을 수소문해서 나와 만나자고 연락을 했다. 실제 만나기로 한 피자집에 나타난 아이들은 4명이었다. 몇 명은 나오기로 했지만 혹시 경찰에 신고한 것 때문에 태민에게 보복을 당할까봐 겁이 나서 나타나지 않았다. 내가 태민이를 대신해서 아이들에게 사과한 뒤 피자를 사주고 몇 만원씩 되는 피해금액을 돌려주었다. 택시를 타고 가라고 택시비까지 쥐어주며 보내면서 아이들에게 앞으로 경찰서에서 잘 이야기해 달라고 부탁할 수밖에 없었다. 내 처지와 태민이 생각을 하니 온몸에 힘이 다 빠졌다. 어서 이 시간이 지나고 태민이가 어른이 되었으면 좋겠다는 단순한 생각만 떠올랐다. 이번만은 태민이가 정말 반성하고 학생의 본업에 충실한 착한 아들로 돌아가는 계기가 되었으면 좋겠는데, 나 자신도 이제는 그게 불가능할 것 같은 불길한 예감을 갖게 되었다. 아이가 잘못한 것에 대한 벌은 달게 받아야 하지만, 앞으로 이 아이가 바뀔 수 있는 길이 있을지 모르겠다. 하지만 태민이는 내가 말하려고 하면 아예 들으려 하지도 않고 오히려 내가 아들 눈치를 보고 있어야만 한다. 태민이가 자꾸 이런 행동만 한다면 갈수록 처벌 수위만 높아지고 이렇게 우리 아이가 범법자로 커가는 것은 아닌지 미래가 너무 불안하다.

우리 일행 중 한 명이 아이들과 다른 테이블에서 이야기 나누는 동안 계속된 태민이 어머니의 이야기를 들으면서 괜히 우리의 마음도 답답해졌다. 커서 조폭이 되겠다고 버젓이 이야기한다는 이 아이를 위해 우리 어른들은 무엇을 해줄 수 있을까 하는 반문만 커져 갔다. 무엇보다도 학교와 경찰에서 처벌하는 것 외에 이 아이를 바꿀 수 있는 방법은 과연 무엇일까 고민하게 되었다. 다시 아이들과 같은 테이블에 앉은 우리는 아이와 보호자들로부터 피해자-가해자 대화모임 참가동의서에 서명을 받았다. 피해 학생들과 그 보호자를 만나 그들의 이야기를 들어보는 것이 태민이와 경기에게 더 교육적이라는 우리의 설득에 두 아주머니는 흔쾌히 동의를 했고 기대를 나타내는 듯했다. 이들의 염려와 걱정은 엎질러진 물이 아니라 앞으로 더 많이 남아 있는 아이들의 미래에 있다는 것을 새삼 느끼는 순간이었다. 인사를 나누고 헤어진 후에도 우리 일행은 한동안 남아 양측이 같이 만날 대화모임을 어떻게 준비하고 설계할지를 의논했다. 카페를 나서는 우리에게 밖의 열기는 태민이 어머니의 가슴처럼 숨 막힐 듯 느껴졌다. 더위를 시원하게 식힐 소나기가 오면 좋겠다는 농담을 하며 우리는 지하철로 발길을 옮겼다.

어색한 만남 3. 피해자-가해자 대화모임강남구 00고등학교 사건

대화모임 장소로 사용할 사무실은 피해 학생과 가해 학생, 보호자, 그리고 조정을 진행할 진행팀원들로 오히려 비좁아 보였다. 고등학교 3학년이라 덩치가 어른보다 큰 아이들은 자신들의 이름이 적혀 있는 위치에 조용히 앉아 애써 서로 시선을 마주치지 않으려 노력하고 있었고, 보호자 누구도 말을 하지 않는 무거운 침묵이 흐르고 있었다. 예비 조정을 통해 이미 만나 오랫동안 이야기를 나눈 터라 당사자들은 우리들이 낯설지 않았지만 사건 후부터 만나기 부담스러웠던 사람들이 함께 직접 대면하는 불편함과 어색함이 사무실 가득히 맴돌았다. 커다란 테이블 양측에는 당사자가 서로 마주 보고 앉았고, 주조정자와 협력조정자가 다른 한 편에 나란히 앉아 있었다. 그 반대편에는 서기와 관찰을 맡은 조정팀원들이 앉아 준비를 했다. 준비가 다 되자 우리는 당사자들 서로를 간략하게 소개하고 조정팀의 역할에 대해 간략하게 소개하는 것으로 조정을 시작하였다. 맨 먼저 조정을 진행하기 위해 서로 지킬 필요가 있는 기본규칙을 큰소리로 공지하는 동안 당사자들은 자신들의 앞에 놓여 있는 기본 규칙이 적혀 있는 종이를 눈으로 따라 읽었고, 이 규칙을 지킬 것을 구두로 약속하였다. 우리가 어떤 과정을 거쳐 오늘 조정이 일어날 것인지를 설명하고 이 대화모임의 취지를 다시 한 번 설명하자 조금은 긴장감이 줄어드는 듯했다. 하지만 법원으로부터 받은 조정의뢰서에 포함된 사건경위서를 협력조정자가 읽기 시작하자 이내 분위기는 무겁게 바뀌었다. 이미 법원까지 오는 동안 여러번 조사를 받아서인지 가해 학생들은 자신들의 행동에 대해 순순히 인정하였다.

　　작년 여름 보충수업 마지막 시간이었다. 윤석이는 복도에서 교실을 바라보며 밖으로 잠깐 나오라고 사인을 주는 옆 반 문국이와 철진이를 애써 무시하고 있었다. 보충수업을 마치고 다니던 연기학원에서 실기평가를 보기로 되어 있는 날이라 긴장이 되는 데다 1학년 때 같은 반이었지만 이제는 별로 어울리고 싶지 않은 아이들이 불러내는 것이 싫어서였다. 그런데 갑자기 문국이가 교실로 들어와 무시하느냐며 소리를 지르고 윤석이의 멱살을 잡고 밖으로 끌어냈다. 밖에서 기다리던 철진이와 함께 윤석이를 끌고 화장실로 간 문국이는 평소에 자신들을 무시하고 자꾸 피해 다니는 윤석이에게 불만이 있던 터라 같이 몇 대를 때렸다. 눈가를 잡고 쓰러진 윤석이를 세운 문국이와 철진이는 작년에는 잘 어울리더니 요즘 들어 갑자기 왜 피하는지 따져 물었다. 말없이 서 있던 윤석이의 오른쪽 눈가에 피가 좀 나면서 부어오르는 것이 보이자 철진이는 수돗가에 가서 얼굴을 씻기고 앞으로 잘하고 피하지 말라는 경고를 주고 윤석이를 급히 교실로 돌려보냈다. 휴지로 눈가를 가리고 마지막 수업을 대충 마친 윤석이는 최대한 빨리 학교를 벗어나 가까운 병원으로 택시를 타고 갔다. 가는 도중 누나에게 전화를 걸어 병원으로 와 달라고 하고 병원에서 간단하게 찢어진 눈가의 봉합 수술을 받았다. 그런 후에 실기평가에 늦지 않기 위해 급하게 학원으로 갔다. 학원에는 학교에서 넘어지면서 책상에 얼굴을 찍혀서 상처가 났다고 둘러대고 평소 준비했던 연기실습에 참여하였다. 하지만, 쓰라린 눈가 상처 때문에 제대로 연기를 할 수가 없었고, 결국 수개월 연습한 실습을 망치고 말았다.

윤석이가 이야기를 하는 동안 우리는 간간이 문국이와 철진이의 표정을 살피는 것을 잊지 않았다. 고개를 숙인 채 듣고 있는 아이들의 모습이 사뭇 진지해 보였다. 윤석이의 보호자로 참석한 어머니는 그 사건 이후로 아들이 얼마나 힘들어했고 가족들이 분노해서 학교를 찾아가고 경찰서를 찾아갔는지 이야기를 꺼냈다. 문국이와 철진이는 학교에서 징계를 받고 결국 다른 학교로 전학을 갔지만, 피해자인 윤석이도 학교를 옮기라는 학교의 권유로 억울한 전학을 하게 되었고 지금까지 적응하지 못하고 있다고 했다. 또한, 경찰 신고 이후에 계속 전화와 문자로 만나자고 위협하는 문국이와 철진이 때문에 윤석이가 지난 몇 개월 동안 정신과 치료를 받고 있는 이야기와 아들 뒷바라지하느라 다니던 보험회사를 그만둘 수밖에 없었다는 자신의 이야기를 이어갔다. 또 사건 이후, 결혼해서 임신 중인 딸이 동생 문제로 시댁에 말도 못하고 혼자서 힘들어했던 이야기를 꺼낼 때는 감정이 북받쳐서 울먹였다. 무엇보다 아들이 학업에는 별 취미가 없었지만, 모델 연기를 한다고 하면서 자신의 미래를 꿈꾸고 도전하는 모습이 좋았는데, 그게 너무도 어처구니없이 무너져버려서 부모로서 가슴이 많이 아팠다는 어머니의 말에 윤석이는 말없이 굵은 눈물을 흘렸다.

고개를 들지 못하고 듣고만 있던 문국이와 철진이에게 윤석이네 이야기를 들으면서 어떤 생각이 들었고 이번에 새롭게 알게 된 것이 무엇인지 물었다. 아이들은 윤석이가 얼마나 힘들었는지 구체적으로 생각하지 못했고 자신들의 행동으로 윤석이뿐만 아니라 가족이 겪었던 괴로움이 생각보다 크다는 것을 깨닫게 되어 좀 충격적이었고 진심으로 미안하고 반성한다고 했다. 그리고 문국이는 자신이 중학교 2학년 때 윤석이처럼 다른 아이들에게 맞고 괴롭힘을 당한 비슷한 경험이 있었기 때문에 윤석이가 어떤 마음일지 조금은 알 것 같다는 고백도 했다. 아이들의 보호자로 참석한 어머니들도 미안한 마음과 사건 발생 후에 겪었던 상황을 이야기했다. 시간이 발생하고 학교에서 연락이 온 날 바로 치료비와 꽃을 사들고 윤석이네 집에 찾아가서 사과하려고 했지만, 왜 그때는 윤석이와 어머니가 만나려고 하지 않았는지 이제 오해가 풀린다고 했다. 그리고 모든 부모가 그렇겠지만 자식들의 이야기만 듣고 상황을 파악하다 보니 상황을 제대로 잘 파악하지 못한 점에 대해 이해해달라고 했다. 그러면서 고 3이 다 되어 새로운 학교로 전학을 가서 잘 적응하지 못한 아들이 한 달간이나 학교에 가지 않은 이야기와 사고치는 아들 때문에 실망한 아버지가 자식과 함께 식사도 같이 하지 않는다는 이야기를 할 때는 아이들도 어머니도 함께 울먹였다.

이렇게 서로에게 내보이기 싫었던 이야기를 주고받으면서 불신과 대결의 상대로만 여겨졌던 양측이 서로를 이해하는 정도가 점점 깊어가고 있었다. 어렵게 만들어진 자리이니만큼 본인들이 하고 싶은 말을 허심탄회하게 이야기하는 것이 필요했다. 그 후로도 얼마 동안 이런저런 사연들을 이야기하며 섭섭했던 감정들과 기대하는 것들을 나누었다. 시간이 벌써 많이 지난 관계로 잠시 쉬는 시간을 갖고 앞으로 함께 해결해야 할 쟁점들에 대해 정리하는 시간을 가졌다. 쉬는 시간 동안 우리 조정팀 일행은 각각 맡은 역할대로 양측을 따로 만나 이야기를 나눴고, 조정자들은 주요 쟁점에 대한 정리에 들어갔다. 몇 가지 이슈들에 대해 정리가 끝나자 우리는 다시 대화모임을 시작하기 위해 사무실로 모였다. 이번 대화모임을 통해 풀어야 할 정리된 주요한 쟁점들은 다음과 같았다.

- 자신의 잘못된 행동에 대한 인정과 사과
- 자신의 행동에 책임을 지는 의미로서의 변상
- 또다시 같은 피해가 생기지 않도록 재발 방지의 약속
- 약속을 잘 이행하기 위한 모니터링 방법

다시 재개된 대화모임은 처음 시작할 때와는 다르게 조금은 여유가 있고 따뜻한 분위기에서 시작되었다. 우리는 정리한 쟁점을 당사자들과 공유하

면서 혹시 누락된 부분이 있는지 확인하였다. 대체로 양측이 동의한 쟁점이었기 때문에 바로 다음 단계인 문제해결책 찾기에 들어갈 수 있었다. 문국이와 철진이는 자신들의 행동이 윤석이와 그 가족에게 심각한 피해를 준 것에 대해 인정하고 있었기 때문에 사과는 쉽게 받아들여졌다. 변상 부분에 대해서는 가해 학생들의 보호자 간에 같은 금액으로 할지 다르게 할지에 대한 협의가 쉽게 이뤄지지 않아 잠시 후에 가해 학생들의 보호자 간에 따로 협의 시간을 갖기로 하고, 재발방지 약속과 이행에 대한 부분에 초점을 맞춰 이야기가 진행되었다. 조금 전 쉬는 시간에 피해자 측인 윤석이와 어머니가 함께 본인들이 상대에게 원하는 것이 무엇인지 구체적으로 생각하고 정리하게 한 것이 큰 도움이 되었다. 문국이와 철진이 보호자 두 사람이 따로 시간을 갖기를 원해서 잠시 따로 만나서 변상금액 비율에 대한 협의를 하였고, 곧 모임은 재개되었다. 피해자가 원하는 변상금액에 대해서 가해자 측이 받아들이고 언제 어떻게 지급할지에 대해 논의를 마치니 거의 모든 합의가 다이뤄졌다. 마지막으로, 문국이와 철진이가 두 달 동안 2주에 한 번씩 우리 조정위원들과 만나 합의를 잘 이행하고 있는지 확인하고, 또 어떻게 지내는지 상담을 받으러 오는 것을 추가하였다. 이 부분은 지금까지의 경험으로 봐서 아무래도 본인들과는 대화가 잘 안 될 것을 염려한 문국이와 철진이 어머니의 요청으로 이뤄졌으며, 우리들도 흔쾌히 동의를 하였다.

당사자가 머리를 맞대고 직접 협의를 해서 만들어진 합의문에 서명을 한 뒤, 우리는 마지막으로 하고 싶은 말을 남길 시간을 주었다. 사건이 발생하고 1년여가 지나가는 동안 제대로 대화도 못 하고 마음에 앙금만 갖고 있던 사람들이라 함께 대화를 나눈 4시간이 짧게 느껴지기도 하겠지만, 그 시간 동안 이야기를 나누면서 많은 소득도 있었기 때문에 모두가 남다른 감회에

잠기는 듯 보였다.

"예전처럼 친구로 지낼 수는 없지만 더 이상 나를 괴롭히지 않겠다는 약 속이 잘 지켜지기를 바라고, 시간이 지나 다시 만나게 되면 그냥 인사할 수 있는 관계가 되었으면 좋겠습니다. 문국이와 철진이가 어떤 벌을 받는 것이 중요한 것이 아니라 자신들의 행동을 뉘우치고 학교에 잘 다녀서 졸업하고 원하는 학교나 직업을 가지면 좋겠습니다."

"이번 일로 우리만 힘들고 세상이 너무 원망스러웠는데, 문국이와 철진 이 이야기를 들어보니 애들도 나름대로 힘들고 벌을 받고 있었다고 생각해요. 그리고 자식 키우는 부모로서 그 마음은 다 똑같은 것 같은데, 앞으로 애들이 잘 커서 한 가정을 이루고 이 사회에서 잘 살아 가도록 서로 잘 키워 야겠다는 생각을 많이 했습니다. 굉장히 나오기 싫은 자리였는데 이렇게 와서 서로 이야기를 하니 한결 안심이 되고 큰 짐을 하나 덜어낸 것 같습니다. 남의 일이지만 자신들의 일처럼 준비해 주신 선생님들께 감사드립니다."

"윤석이와 어머니께 다시 한 번 사과를 드립니다. 앞으로 이번에 만든 합의를 꼭 지킬 것을 약속드리고, 저도 이제 성인이 다 되었으니까 철들어 서 부모님께 속 썩이지 않는 아들이 되겠다고 이 자리에서 약속을 드립니다. 잘 지켜봐 주십시오."

"전에도 몇 번 사고를 치고 그래서 경찰서도 가고 법원에도 갔었는데 오늘처럼 직접 만나서 이야기를 들어본 적이 없었어요. 엄마에게도 미안하고 윤석이한테도 진짜 미안합니다. 앞으로 꼭 상대방 입장에서 생각하겠습니다. 그리고 절대로 사고를 치지 않겠습니다. 혹시 친구들과 그런 상황이 생기려고 하면 그냥 피하겠습니다."

"윤석아, 우리 애 때문에 받은 상처, 내가 백 번이고 사과한다. 네가 하고 싶은 일은 포기하지 말고 꼭 이루기를 바라고, 남은 날들이 많으니 열심히 노력해서 좋은 학교 가렴. 그리고 윤석이 어머니, 힘들게 한 점 정말 사과드립니다. 진작 이런 기회가 있었으면 좋았을 것을, 그 동안 마음고생이 너무 많으셨죠? 앞으로 다시는 이런 일이 없도록 하겠습니다."

"애 키우는 부모 마음은 똑같은데, 우리 아이 잘못을 제가 어떻게 말로 갚겠습니까? 다 잘못 키운 제 잘못입니다. 윤석이와 어머님이 너그럽게 용서해 주시고 이해해 주셔서 감사합니다. 우리 아이도 이번 기회를 통해 정말 많은 것을 깨달았을 거라고 봅니다. 우리 아이가 잘 커갈 수 있도록 지켜봐 주시고 많이 도와주시면 고맙겠습니다."

문국이와 철진이는 지금까지 학교 교사와 경찰, 검찰, 법원에 이르기까지 많은 어른들에게 잘못했다고 사과하고 반성을 해왔었다. 그러나 진짜 사과를 받아야 할 사람은 바로 윤석이와 그 가족이었다는 사실을 이번 기회에 깨닫게 된 것은 큰 다행이 아닐 수 없었다. 서로 악수를 나누고 인사를 나누며 헤어지는 이들을 배웅하면서 이들이 이번 피해자-가해자 대화모임을 통해 어디에서도 얻을 수 없는 값진 경험을 했기를 바라며, 그 영향이 아이들에게 계속해서 긍정적인 결과로 작용하기를 진심으로 바랐다. 매번 그렇지만 잘된 대화모임은 그 자체로서 우리들에게 큰 보상이고 보람이었다. 이제 우리에게 남은 일은 피해보상이 실제로 이뤄졌는지 확인하고 합의문과 조정자 소견서를 작성해서 의뢰기관인 법원에 보고하는 것이었다. 출출한 생각이 들어 함께 식당으로 옮기는 우리 일행의 발걸음이 그래도 한결 가벼운 날이었다.

한국 회복적 사법 모델 개발 프로젝트

아직은 회복적 정의Restorative Justice란 용어가 생소한 한국에서 2006년부터 2008년까지 회복적 정의를 한국 현실에 맞게 적용하기 위한 노력이 새롭게 시도되었다. 한국 형사정책 연구원의 정책연구 과제로 진행된 '피해자-가해자 대화모임'이하 대화모임이 바로 그것이다. 한국 형사정책 연구원의 파트너로서 '평화를 만드는 여성회 갈등해결 센터'는 이 연구의 대화모임 실무를 맡아 조정자mediatior 역할을 수행했고, 나는 이 갈등해결 센터의 대화모임 조정자 중 한 명으로 이 연구에 참여했다. 지도교수였던 하워드 제어Howard Zehr 선생님을 통해 접하게 된 회복적 정의를 한국의 사법제도 안에서 처음 시도한다는 설렘과 더불어, 갈등해결 센터를 통해 갈등해결 교육과 조정자 양성훈련을 진행해온 나로서는 일종의 부담감 같은 것이 교차했다.

하지만 이러한 기대와 염려도 사건을 하나씩 맡아 조정자로 대화 모임을 이끄는 과정에서 사라져 갔고, 회복적 정의에 대한 의미를 실천을 통해 배워가는 귀한 경험을 하게 되었다. 무엇보다도 범죄 사건으로 인해 고통받고 있던 피해자와 그 가족, 그리고 사회로부터 낙인찍히기 쉽고 그래서 불만과 불신으로 가득 찬 가해자와 그의 가족들이 표시하는 감사와 격려는 나에게 회복적 정의에 대한 확신을 갖게 하기에 충분한 그 무엇이었다.

우리가 이번 대화모임의 모델로 삼은 것은 뉴질랜드의 가족집단 협의회 Family Group Conference, 이하 FGC이었다. 물론 뉴질랜드의 FGC와 같이 최대한 많은 가족이나 친구, 서포트 그룹 등 다양한 주변인의 참여를 이끌어내기 어려운 한국적 현실 때문에 주로 당사자 소년들과 그의 보호자주로 어머니의 참여 형태를 띤 경우가 대부분이었다. 하지만 회복적 정의의 정신과 철학을 담은 해외의 다른 많은 프로그램들과 마찬가지로, 가해자의 책임과 피해자의 필요, 가정과 지역사회의 이슈들을 다루는 안전하고 공정한 과정과 시간을 통해 특정한 범죄로 인해 발생한 여러 영향에 대해 이야기하고 그 해결책을 당사자들 스스로 만들어낸다는 그 기본적 내용과 형식에는 변함이 없었다. 새로운 문제해결 방식에 익숙하지 않은 당사자들을 이해시키는 것이 사실 가장 힘든 일이었지만, 결과적으로는 매우 높은 만족과 이해를 이끌어낸 사례들이 많았기 때문에 나름대로 의미 있는 출발이었다고 평가할 수 있다.

지난 2006년부터 3년간 진행된 회복적 정의의 한국모델 개발연구 프로젝트는 연도별 새로운 단계로 진행이 되었다. 첫해인 2006년에는 모델 개발을 위해 준비단계로서 조정팀 구성, 전체 대화모임 절차연구, 모의실험 등을 실시하여 여러가지 준비사항을 점검 하였고, 문화적 특성을 고려하여 대화모임 진행을 좀 더 효율적으로 하기 위한 조정자 훈련이 이뤄졌다. 2007년에는 서울경찰청과의 협의 아래 사건을 의뢰받아 처음으로 피해자-가해자 대화모임이 시작되었다. 의뢰된 사건 중에 총 6건의 사건이 대화모임으로 이어졌고 대부분의 사건에서 나름대로 의미 있는 당사자 간의 논의와 관계발전이 이뤄질 수 있었다. 물론 대화모임에서의 합의나 그 이 행이 사건종결을 의미할 수 없는 현실 속에서 당사자들이 참여 동기를 갖는다는 것은 쉽지 않았다. 그런데도 불구하고 자발적 참여가 가져오는 예상치 못한 신뢰의 형성이나 상대에 대한 적대감 감소 등은 앞으로의 사법공방에서 생길 수 있는 불필요한 갈등요소를 줄여주기에 충분했다. 2008년에는 서울가정법원,

서울분류심사원 등에서 의뢰된 사건들을 다루었는데, 총 14건의 최종 대화모임 또는 준비모임이 성사되었다. 전년도의 경찰 단계에서의 의뢰와는 달리 법원 단계에서의 의뢰사건들은 사건발생 이후 시간이 많이 경과 된 경우가 대부분이어서 대화모임으로 이끄는 과정도 시간과 노력이 많이 필요했다. 총 14건의 대화모임 중에 9건은 완전 합의, 2건은 부분 합의가 이뤄졌고, 3건은 최종 대화모임까지 이어지지 못했 다.

이 시험적 프로젝트가 성과에 대한 평가와 검증을 마친 후 2010 년 5월부터 서울가정법원의 소년 단독을 중심으로 화해권고위원이 위촉되어 현재 소년 사건에 대한 피해자—가해자 대화모임화해권고 모임이 진행 중에 있다. 2010년 9월 현재 약 20여 건의 사건이 15 명의 화해권고위원에게 의뢰되어 다뤄지고 있다. 한 사건당 3명의 위원이 팀을 이뤄 진행하고 있으며, 각 사건당 2명의 전문 조정위원 과 1명의 변호사로 구성되어 활동 중이다. 대부분의 경우 변상, 사과, 재발방지의 내용을 담은 최종 합의에까지 이르고 있으며, 그보다 피해자와 가해자 양측이 마주앉아 자신들의 문제를 진지하게 논의하고 함께 해결책을 모색한다는 측면에서 화해와 치유를 위한 작은 시작이 법원 안에서도 이뤄지고 있다는 데 더욱 큰 의미가 있다.

이재영 (한국평화교육훈련원 원장)

한국의 피해자-가해자 대화모임, 무엇을 배웠는가?

　나는 지난 몇 년간 진행되어온 회복적 정의의 실천 사례들을 통해 현 사법제도가 갖는 모순과 한계에 대해 많이 생각하게 되었다. 사법의 목표가 정의를 이루는 것이라면, 그 정의는 다양한 요구를 담을 수 있어야 한다. 하지만 현행 사법제도는 그러한 다양한 요구를 담기에는 매우 부적절하다. 무엇보다도 피해자가 원하는 부분이 무시된 채 일방적이고 획일화된 과정을 따르게 되어 있고, 그 결과 만을 기다리는 것이 피해자의 최선의 선택으로 인식된다. 그러나 그렇게 기다리는 사이에 사법 절차를 통해 가장 정의를 느껴야 할 피해자는 불안, 억울함, 분노, 후회, 미안함 같은 감정을 느껴야 한다는 것은 아이러니가 아닐 수 없다.

　우리가 다뤘던 학교폭력과 소년 사건에서는 더더욱 피해자와 가해자 사이에 힘의 불균형이 커서 피해자 측이 느끼는 공포와 불안은 매우 심각한 사항이었다. 청소년기를 지나온 사람이면 누구나 공감하겠지만 그 나이 때의 또래문화라는 것은 생각보다 청소년들에게 커다란 영향력을 갖는다. 물론 상대에 대한 엄한 처벌을 요구하는 경우도 있었지만, 대부분의 경우 피해 소년들이 원하는 것은 자신에 대한 폭력이나 금품 갈취와 같은 가해행위들이 더 이상 발생하지 않고 불안하지 않게 그냥 정상적으로 학교생활을 하게 해 달라는 극히 평범한 것이었다. 또한 피해 소년의 보호자들은 가해자 측의 사과와 반성 그리고 변상을 요구하는 것이 일반적이었다. 그렇다면 이러한 피해자 측의 요구가 가해 소년을 처벌한다고 해서 과연 채워질 수 있을까? 아무리 응당한 벌을 받는다고 해도 그 벌의 대상은 가해 소년이고, 그 주체는 사법기관이 된다면 피해자의 요구는 어디에서 그 요구를 인정받을 수 있을까?

가해 소년은 또 어떠한가? 형사사법이 국가와 가해자범죄자와의 게임인 것은 누구나 다 아는 상식이다. 하지만 사법제도를 통해 형성되는 정의가 가해자에게는 올바른 벌을 주고 있는지는 면밀히 들여다볼 필요가 있다. 우리가 이번 대화모임을 진행하면서 가장 중점을 두었던 핵심요소 중 하나가 가해자의 책임 부분이었다. 가해자가 자신의 행위에 대해 잘못을 인정하고 고치려는 시도를 하는 것이 바로 처벌을 하는 목적이다. 즉, 이 처벌을 통해 자신의 행위로 인한 결과를 느끼고 반성하라는 메시지를 보내는 것이다. 그러나 현실은 가해자가 자신의 잘못을 인정하는 것이 곧 더 엄한 벌을 받는 근거가 되기 때문에 바보가 아닌 이상 자신의 행위에 대해 최대한 부인을 하거나 최소화하려는 경향이 나타난다. 이 방어적 자세가 상대피해자로 하여금 더 큰 분노와 불신을 갖게 만드는 경우가 많고, 그 결과 서로에게 상처를 주는 공방과 대결로 문제해결의 장이 바뀌는 역전현상이 나타나게 된다. 그뿐 아니라, 가해 소년들은 사건발생 이후 자신의 행동에 대해 사과한 대상이 누구인가 살펴보면 더욱 흥미롭다. 자신의 행위로 피해가 발생한 후에 자신을 조사했던 학교, 경찰, 검찰, 그리고 법원의 관계자와 판사에게 자신의 행동이 잘못되었다고 사과하고 앞으로 개선하도록 하겠다는 다짐을 해왔다는 것이다. 내가 조정자로서 이들에게 물었던 질문은, "과연 자신들의 행동으로 인해 피해를 입은 사람이 누구이고 진정으로 사과를 받아야 할 대상이 누구라고 생각하는가?"이었다. 현 사법제도에서는 가해자가 피해자에게 직접 사과하는 기회보다 사법 종사자들에게 사과하는 경우가 더 많은 어처구니없는 현상이 나타나고 있는 것이다. 가해 소년의 보호자들은 더 엄한 처벌을 피하기 위해, 조금이나마 공손하게 보이려고 자녀들의 외모도 단정하게 해서 조심스럽게 경찰서와 법원을 간다고 했다. 그러나 진정 자신들이 단정히 찾아가서 사과해야 할 대상은 바로 피해자와 그 보호자라는 것을 왜 인식하지 못하는 것인가? 왜 제도가 이러한 자연스러운 인간의 반작용을 억제시키는지 심각하게 고민해야 하지 않는가? 사법은 범죄행위를 어떤 개인의 문제로 간주하는 경향이 있지만, 대화모임을 통해 느낀 정의의 요구는 비단 피해자와 가해자에게만 국한되는 것은 아니었다. 작게는 당사자들의 가족과 친구들의 요구가 있고, 넓게는 그들이 살고 있는 지역사회, 학교, 이웃의 요구가 있다. 많은 경우 피해 소년의 보호자가 원만한 문제해결을 시도하거나 요청한 첫 번째 대상은 학교다. 그러나 학교에서는 이러한 문제에 대처할 방법이나 의지를 잘 갖추고 있지 못하다. 아주 오랫동안 학교폭력의 가장 큰 피해자이자 경험자이면서도 왜 학교는 이 문제에 관해 근본적 해결에 실패해 왔을까? 그 해답의 핵심은 바로 사법제도와 마찬가지로 학교당국이 유지해온 처벌 중심의 응보적 접근에 있다. 즉, 학교폭력을 근절하기 위해서는 선도가 중요하며, 선도의 기본은 엄격한 학칙과 처벌을 통해 다시는 그런 불미스러운 일이 발생하지 않도록 하는 것이다. 하지만, 처벌이 더 강력해진다고 해서 학교폭력이 줄거나 쉽게 근절되지는 않는다. 마치 사형제도가 있다고 해서 그 사회가 덜 폭력적이고 범죄가 적은 것은 아니라는 것과 같은 이치라고 하겠다. 중요한 것은 어떻게 학교폭력의 가해자가 자신의 행동에 책임을 느끼고 스스로 개선하도록 하는 계기를 마련하도록 할 것인가이다.

물론 만병에 다 통하는 약은 없겠지만, 이 문제의 근본적 해결을 위해서는 가해 소년이 자신의 행동으로 인해 발생한 영향에 대해 직접 대면하는 과정이 반드시 필요하다. 자신의 행동이 피해자에게 어떤 결과를 주었으며 학교에는 어떤 영향을 끼쳤는지 직접 들어보고 스스로 잘못된 것을 어떻게 고쳐나갈지 만들어가는 과정이 중요한 것이지, 그 행동이 나쁘니까 이런 벌을 받아야 된다는 논리는 결코 행동의 변화를 가져오기 쉽지 않다. 또한 학교폭력은 그 당사자 만의 문제이기 때문에 학교는 최대한 외부로 그 문제를 돌리려는 경향이 나타난다. 즉, 학교에서 발생한 폭력의 문제를 사법당국에게 전가시키려는 것이다. 그 이유는 여러가지가 있겠지만 교사나 학교 안에서 폭력문제를 해결하는 데는 분명 한계가 존재한다. 하지만 학교폭력이 발생하면 그 책임에서 자유로울 수 없는 학교에서는 좀 더 현실적이고 학교와 당사자 개인과 가정에 도움이 될 수 있는 대안을 만들어야 한다. 학교폭력을 효율적으로 대응하기 위해 학교폭력 자치위원회와 같은 기구가 성립되도록 되어 있지만, 교육청 등 상부 기관에 자신들의 학교폭력 문제를 보고했을 경우에 가해질 불이익을 뻔히 알면서 순진하게 학교폭력을 보고하는 학교 관리자는 많지 않을 것이다. 결국 학교 입장에서 가장 편하고 안전한 선택은 개인 간의 싸움이니 사법기관을 통해 문제를 풀라는 것이다. 이렇듯 초기에 비사법 기관에서 문제가 해결되지 않는 경우가 빈번해지면서 고소고발이 남발하고 사법기관의 절차 속에서 서로 대결적 구조로 갈 수밖에 없는 것이 학교폭력 처리의 현주소이다.

　대화모임은 대부분 피해자와 가해자 측을 중심으로 이뤄졌지만, 학교 측 관계자가 참석한 경우도 있었다. 학교에서 벌어진 일이라 학교 측이 관여하는 것은 당연하다고 생각되지만, 사건이 사법기관으로 넘어간 이후에는 학교는 더 이상 관여할 수 없게 된다. 학교 측에서 참석하면서 피해자와 가해자 간에 어떻게 문제를 풀어갈 것인가 협의하는 과정에서 학교 측의 책임과 역할도 있다는 것을 깨닫게 되고 앞으로 어떻게 지원하는 것이 필요할지 진지한 논의가 이어질 수 있었다.

학교 측의 참여는 여러가지 면에서 의미하는 바가 컸다. 청소년 폭력이나 범죄의 문제에 대한 대응에 있어 비단 그 당사자들뿐만 아니라 지역사회의 참여가 필요하다는 상징성뿐만 아니라 앞으로 회복적 사법의 구체적 모델 개발에서 개인의 합의와 동시에 사회적 요구(범죄로부터 안전한 사회, 지역, 환경에 대한 고려가 중요하다는 것을 새삼 느끼게 해준 계기가 되었기 때문이다.

최근 소년법 개정 등의 이슈와 맞물려 회복적 정의 프로그램 도입 가능성에 대한 다양한 논의가 활발하게 진행되어 왔다. 이러한 분위기에서 2007년 11월 제4차 개정 소년법이 국회를 통과하였고 2008년 6월부터 시행에 들어갔다. 이 새 개정 소년법의 핵심 내용 중에는, ① 보호처분의 대상연령을 '10세 이상'으로 하향 조정, ② 보호사건 국선보조인 제도 도입, ③ 보호처분 다양화·내실화 및 대안교육 명령, 야간 등 외출제한 명령, 보호자교육 명령' 등 부가 처분 조치의 신설, ④ 검찰단계 처분결정 전 조사제도 도입, ⑤ 조건부 기소유예 제도 명문화, ⑥ 비행 예방정책 기본규정 신설, ⑦ 화해 권고 제도 도입 등으로 요약된다. 여기에서 '회복적 정의'와 관련하여 가장 주목되는 부분은 개정 소년법 제25조의 3 '화해권고' 규정이다. 이 규정은 재판 절차에서 판사가 당해 소년으로 하여금 피해자에게 배상 등 화해를 하도록 권고할 수 있고, 그 결과를 보호처분 결정시에 고려할 수 있도록 한 것이다. 즉, 개정 소년법은 '화해권고'라는 이름으로 피해자의 요구를 고려하고, 당사자 간의 자율적 문제해결의 여지를 열어두고 있다는 점에서, 회복적 정의

의 이념을 부분적으로 고려하고 있다고 평가할 수 있다.[1]

비록 새로 개정된 소년법이 기존의 법안에 비해 회복적 정의의 가치를 담고 있다고 해도 아직 실질적인 회복적 정의 실천모델로 이행되기에는 많은 보안이 필요하다. 특히 '화해권고'의 조정주체가 명시되어 있지 않고 구체적으로 어떻게 화해를 이뤄가기 위한 과정을 밟을 것인지 세부규정이 마련되어 있지 않기 때문에, 실질적 의미의 회복적 정의 실천으로 이어질 수 있기 위해서 점검해야 할 일이 많다. 예를 들어, 단지 당사자 간 화해를 권고하는 것이 판결의 한 선택으로 된다는 점이 행여 물질적 변상이 가능한 경제적 능력이 되는 사회부류와 그렇지 않은 계층 간의 불균형을 이룰 수 있는 위험마저 갖고 있다. 앞에 언급한 유전무죄 유전무죄의 왜곡현상이 나타날 수도 있다는 뜻이다.

이러한 한계와 어려움에도 불구하고 현재 한국에서 진행되고 있는 회복적 정의 실천 모델들은 매우 열악한 환경 속에서 열정을 갖고 진행해온 연구자, 조정자, 사법부, 학교 등 모두의 노력 덕분이다. 따라서 높이 평가되어야 한다. 하지만, 좀 더 발전적인 미래를 위해 사법당국뿐만 아니라 학생들의 미래를 책임지고 있는 학교와 교육당국, 그리고 다양한 시민사회, 지역 공동체의 참여와 협력이 더욱 절실히 요구된다.

무엇보다도 현재 제도로 발전하고 있는 회복적 정의 실천 모델들을 운영함에 있어 가장 시급하고 진지하게 검토되어야 할 것은 바로 회복적 정의 실천의 핵심이 되는 체계적이고 내용을 갖춘 조정자진행자 양성 시스템이다. 다른 나라의 사례에서도 보듯이 제대로 훈련되지 않은 조정자들이 단지 관

---

1) 한국형사정책연구원(2009), '회복적 사법 실천모델 시범 지침 효과성에 대한 비교연구 보고서', p.2.

심과 연줄이란 이유로 사법당국에 의해 조정위원, 화해권고 위원, 형사조정 위원으로 위촉되었을 경우 다양한 지역공동체가 직접 참여한다는 명분은 될 수 있을지 몰라도 실질적으로는 회복적 정의의 개념을 잘 구현해낼 수 있을지는 의문이다. 그리고 더 심각하게는 제도가 그냥 제도로서만 존재하고, 또 다른 '효율적'인 제도가 생겨나면 유행처럼 지나버리지 않을까 하는 우려이다.

또, 현재 사법제도 안에서 진행되고 있는 회복적 정의 실천 모델들도 시간이 지나고 훈련받은 조정자와 지역사회에 기반을 둔 민간 센터 같은 인프라가 좀 더 구축된다면, 사법의 틀 안에 들어오기 전그래서 소위 전과라는 꼬리표로부터 좀 더 자유로울 수 있을 때에 회복적 단계를 거칠 수 있기를 기대한다. 많은 사건의 경우 법원까지 오는 동안 지칠 대로 지친 당사자들의 요구는 이렇게 좋은 제도가 왜 진작 이뤄지지 않았는가라는 점이다. 소년 사건의 경우 학교나 지역 교육청 차원에서만이라도 의뢰가 되었다면 당사자들의 육체적, 정신적 고통을 좀 더 줄여줄 수 있지 않았을까? 앞으로 더욱 많은 연구와 시험이 필요한 지점이다.

회복적 정의의 가치와 정신을 담고 범죄로 인해 깨어진 관계까지 변화되고 좀 더 안전하고 살 만한 사회로 변화하기 위해서는 국가 주도적인 현재의 회복적 정의 모델들이 좀 더 지역사회에 기반을 둔 민간영역으로 확대되고 발전될 필요가 있다.

하워드 교수가 지적한 것처럼 회복적 정의가 삶의 방식이나 교육의 철학으로까지 확대되고 있는 세계적 추세로 볼 때, 우리는 현재의 작은 실험의 장을 벗어나 더 넓고 깊은 의미의 회복적 정의의 실천을 고민해야 한다. 그런 의미에서 정부는 지역의 자생적 갈등해결 센터나 평화센터의 설립과 운영의 필요성을 인식하고 다양한 형태의 지원과 협력을 고민해야 한다. 예를 들어, 고령화되고 있는 한국 사회의 현실과 좀 더 나이가 많은 사람들로부터 조정이나 중재를 받기를 선호하는 문화를 고려할 때, 은퇴한 많은 사회의 인력전직 교사, 경찰, 기업인, 상담사 등을 지역 분쟁의 조정자로 훈련해서 지역의 크고 작은 분쟁에 조정자로 투입하는 방안 등은 고려해볼 만한 일이라고 본다.

또한 사회적 갈등의 분출의 현장에서 많은 역할을 기대받고 있는 종교기관, 특히 이 책에서 많이 언급되고 있는 기독교 교회들은 많은 자원과 인력을 이와 같은 성서적 정의를 실천하고 하나님의 샬롬을 회복하는 일에 사용해야 한다. 이는 단순히 좀 더 나은 사회를 향한 공헌이 아니라 평화의 왕으로 오신 예수의 제자로서 응당 실천되어야 할 제자도이기 때문이고, 용서받은 사람들로서 사회 곳곳에 용서를 실천해야 할 사람들이기 때문이다. 수십억, 수백억의 자금을 들여 교회 건물을 신축하고 넓히는 데 쏟는 관심과 노력의 십분의 일만이라도 이 사회에서 범죄로 고통받고 있는 사람들피해자, 가해자와 넓은 의미에서 사회 전체을 위해 사용될 수 있다면 얼마나 좋을까?

화해기금을 조성해서 운영하는 것도 좋은 예이다. 많은 좋은 대화와 협의가 갈등당사자들 사이에 이뤄지고 사과와 용서의 의지가 있지만 현실적 경제능력의 한계로 변상금합의금을 지불할 수가 없는 상황들이 종종 나타난다. 그리고 그로 인해 그 합의한 내용이 큰 무게를 갖지 못할 때가 가장 안타까운 경우다. 이런 경우 만약 교회가 마련한 기금화해기금이 존재한다면, 이 기금으로 가해자는 피해자에게 즉시 변상을 할 수 있고 양측은 모두 만족할 수 있는 결과를 경험하게 된다. 물론 가해자는 화해기금 운영위원회가칭에 자신이 어떻게 그 돈을 변제해 나갈 것인지 계획서를 제출하고 심사를 받고 모니터링을 받아야 한다. 물론 많은 경우 소액이겠지만 이러한 제도는 가해자와 피해자에게 시급한 금전적 도움을 줄 뿐 아니라 이들로 하여금특히 가해자 좀 더 책임있고 성실하게 살아 가야 할 의무와 희망을 주는 새로운 차원의 회복적 메시지가 될 수 있을 것이다. 고무적인 것은 기독교 사설 교도소인 재단법인 아가페 소망교도소가 곧 운영에 들어갈 준비를 하고 있다는 점이다. 이 기관을 통해 회복적 정의의 기독교적 실천 모델이 많이 시험되기를 바란다.

회복적 정의를 공부하고 현재 한국에서의 적용을 고민하며 미력이나마 실천하고 있는 회복적 정의의 실무자로서 현재 이뤄지고 있는 회복적 정의 실천 모델의 범위가 비단 소년 사건이나 학생들에게만 머무르지 않고 좀 더 다양한 범위의 범죄와 갈등에 적용되어 가기를 기대해 본다. 또한 좀 더 많은 수의 회복적 정의의 동지들이 앞으로 함께하길 기대해 본다.

이재영(한국평화교육훈련원 원장)

* 혹시 지금도 이런 회복적 정의에 대해 알고 싶고 실질적인 도움을 받 고 싶은
  독자들이 있다면 아래의 연락처로 도움을 요청하기 바란다.

한국 평화교육훈련원
www.kopi.or.kr 070-8817-8690

비폭력평화물결
www.peacewave.net 02-312-1678

회복적생활교육센터
http://cafe.daum.net/RD-goodteacher

평화를 만드는 여성회 갈등해결 센터
www.peacecr.org 02-929-4846~7

사) 아시아 청소년 교정연구원
www.rjkorea.org 02-3471-1084

사) 기독교 세진회
www.sejin.org 02-744-2022

에듀피스
http://www.edupeace.net 031-711-8409

슈타이너사상연구소:평화의춤
https://steinerinstitute.tistory.com/

회복적 정의 시민사회 네트워크
www.rj.or.kr

회복적 생활교육 연구소
https://www.facebook.com/irpkorea/

한국회복적대화교육연구소
http://korcc.org/

이외에도 회복적 정의/사법 관련 단체와 연구기관이 여럿 있지만
모두 지면에 담지 못한 점을 양해해주기 바란다.